KB074815

침대위의 신

SEX & GOD: HOW RELIGION DISTORTS SEXUALITY

SEX & GOD : HOW RELIGION DISTORTS SEXUALITY

이 도서의 국립중앙도서관 출판시도서목록(CIP)은 서지정보유통지원시스템 홈페이지(http://seoji.nl.go.kr)와
국가자료공동목록시스템(http://www.nl.go.kr/kolisnet)에서 이용하실 수 있습니다.
(CIP제어번호: CIP2013020468)

SEX & GOD: HOW RELIGION DISTORTS SEXUALITY

침대위의 신

대럴 W. 레이 지음 | 김승욱 옮김

어마마마

일러두기

◎ 단행본·신문·잡지·정기간행물에는 겹꺾쇠(《 》)를, 기사·논문·영화·텔레비전 프로그램·곡명 및 공연 예술 작품에는 홑꺾쇠(〈 〉)를 사용해 표시했다.
◎ ( ) 안의 내용은 저자가 쓴 것이고, [ ] 안의 내용은 옮긴이가 보충한 것이다.
◎ 별도의 표시가 없는 한, 성경 인용구는 모두 신국제판(NIV)에서 따온 것이다.

종교에 의문을 품다

내가 심리학자가 된 지 35년이 넘었다. 심리학을 공부하기 전에는
목사가 될 운명이라고 생각해서 '기독교 일꾼들을 위한 스캐릿 대학'
에서 2년 동안 공부한 뒤 교회와 공동체에 관한 연구로 석사 학위를
받았다. 이 신학공부 덕분에 나는 대부분의 종교가 이기적이라는 확
신을 갖게 되었지만, 계속 자유주의 기독교인으로 남아 있었다. 그
뒤로 14년 동안 나는 여러 개신교 교파의 목사들과 기타 성직자들,
소수의 가톨릭 사제들과 수녀들의 교육에 참여했다. 군목들을 교육
시킨 적도 있었다. 그 일을 하면서 나는 복잡하게 층층이 얽힌 성추
문과 경제적 사기극을 목격했다. 목사들과 사제들이라고 해서 평범
한 신도들에 비해 확실하게 품행이 더 좋은 것은 아니었다. 종교가
사람들의 품행에 어떤 긍정적인 영향을 미친다는 건지 이해하기 힘들
었다. 오히려 종교가 나쁜 짓의 핑곗거리로 이용될 때가 많은 것 같
았다. 게다가 경제적인 문제에는 그래도 신속히 반응이 나오는 반면,
성적인 문제는 무시나 은폐의 대상일 뿐이었다.

세월이 흐르는 동안 나는 교회 지도자들이 성적인 비행을 저지르
는 경우가 놀라울 정도로 많다는 것을 알게 되었다. 그들 모두가 그

런 행동을 하는 것은 아니지만, 거의 대부분이 그런 행동을 숨기거나 무시하는 데 동참했다. 이 경험을 통해 나는 종교가 사람들에게 어떤 식으로 작용하며, 누가 봐도 부적절한 그런 행동들이 아주 오랫동안 모든 교파에서 허용될 수 있는 요인이 무엇인지 더 깊이 연구하게 되었다. 내가 읽어본 책이나 연구 결과 중에는 이 문제를 다룬 것이 하나도 없는 것 같았다.

종교를 떠나 性에 눈을 뜨다

내가 예수님이 지켜보신다거나 신이 심판하실 거라는 생각을 하지 않고 성적인 행동을 한 것이 과연 언제였는지 기억이 가물가물하다. 성을 의식하게 된 여덟 살이나 아홉 살 때쯤 나는 이미 성이 위험하고 더럽고 수상쩍고 입에 올리면 안 되는 것이라는 사실을 알고 있었다. 어머니는 성에 대해 상당히 개방적인 분이었는데도 여전히 알프레드 킨제이를 공산주의자로, 매스터스와 존슨은 포르노 제작자로 생각했으며, D. H. 로렌스의 작품들은 금지시켜야 한다고 주장했다. 아버지는 가끔 애매한 말을 한두마디 하시는 것 외에는 성에 관한 이야기를 입에 올리고 싶어하지 않는 것 같았다. 외가와 친가의 조부모님들은 모두 내가 사랑한 분들이었지만 평생 동안 딱 네 번의 섹스로 자식 넷을 만든 것이 전부가 아니었을까 싶다. 조부모님들 앞에서 누가 섹스를 입에 담기만 하면 그분들은 바로 하느님을 들먹이며 호통을 쳐댔다.

나는 자주 책꽂이에서 의학사전을 몰래 가져와 성에 관한 항목을 모두 읽어보았지만, 애석하게도 그런 항목은 몇 개 되지 않았다. 어머니에게도 이런저런 질문을 던져보았지만 어머니는 그 질문에 대답하는 것을 꺼리다가 결국 나를 도서관으로 데리고 가서 성에 관한 책들을 빌려주었다. 1960년대 초에 그런 책들은 대부분 '대출 제한'에 걸려 있었기 때문이다. 그래서 겨우 열두 살이던 나를 대신해서 어머니가 책을 빌려야 했다. 나는 마침내 의문을 풀 수 있게 되었다는 생각에 신이 나서 집으로 돌아왔다. 그리고 빌려온 책들을 며칠 동안 읽고 또 읽었다. 하지만 내가 원하는 대답은 거의 없고 앞뒤가 안 맞는 얘기들만 잔뜩 있어서 실망스러웠다. 의학적인 견지에서 쓴 책이라 생물학적인 '사실'들밖에 없었다.

가끔 대담하게 재미있는 소재(이를테면 실제로 섹스하는 법 같은 것)를 건드린 책도 있었지만, 그래봤자 "파트너와 소통해야 한다"거나 "파트너와의 관계에 대해 신께 기도하고, 목사님이나 신부님과 상의하라"는 말뿐이라 실망스러웠다. 그래서 책을 다 읽은 뒤에도 내가 새로이 알게 된 것은 거의 없었다. 그런데도 나는 학교에서 '성 전문가'로 유명해졌다. 금지된 책들을 실제로 읽은 사람이 나밖에 없었기 때문이다. 남자아이들은 온통 궁금한 것 천지였다. 나는 대단한 권위자라도 되는 것처럼 그들의 의문에 답해주고, 그들의 걱정에 귀를 기울였다. 하지만 아무리 책을 읽었어도 내 지식이나 그들의 지식이나 별반 다를 것이 없었다. 그래서 이런 결론이 내려지는 경우가 대부분이었다. "부모님이 그러시는데, 나도 언젠가 성에 대해 알게 될 거래. 그때까지는 성경을 읽고, 하느님께 길을 인도해달라고 기도해야 한다고 했어."

그러다가 어찌어찌 나는 킨제이 리포트[01]에 대해 알게 되었다. 나는 새로운 지식을 얻고 싶다는 생각에 어머니에게 그 책의 대출을 부탁했다. 하지만 어머니는 그 책이 음란서적이라서 도서관에 구비되어 있지 않다고 알려주었다.

그런데 어느 날 내 친구가 교회 장로인 아버지가 몰래 숨겨둔 포르노 잡지들을 발견했다. 그래서 녀석의 부모님이 집에 없을 때, 녀석과 나는 먼저 잡지에 실린 사진들을, 그다음에는 기사들을 게걸스럽게 먹어치웠다. 그 새로운 정보 덕분에 나는 곧 진짜 전문가가 되어 친구들의 질문에 훨씬 더 똑똑한 대답을 해줄 수 있게 되었다. 그 포르노 잡지에서 내가 알아차린 사실들 중 가장 중요한 것은 종교에 관한 언급이 없다는 점이었다. 사실 개중에는 심지어 반종교적인 메시지를 담고 있는 것도 있었다. 특히 몸이 많이 드러나게 변형된 수녀복을 입은 수녀들과 그들을 보며 추파를 던지는 신부들을 강조한 사진이 지금도 뚜렷이 기억난다. 그 뒤로 어느 정도 세월이 흘러 나도 나름대로 포르노 사진들을 숨겨두게 되었고, 내 남동생들도 역시 자기들만의 포르노 사진들을 숨겨두게 되었다. 결국 어머니한테 모두 들키기는 했지만, 가벼운 소동이 벌어졌을 뿐이다. 그리고 어머니가 그것들을 모두 버린 뒤 우리는 그런 사진이나 잡지를 숨기는 기술이 더 좋아졌다.

그때부터 줄곧 포르노는 나의 성적인 발달에 영향을 미쳤다. 아무리 평판이 나쁘다 해도, 포르노는 우리가 성에 대해 배울 수 있는 자료 중 하나였다. 하지만 누구나 알다시피 포르노는 자위를 위한 도구다. 아직 어린 십대 때 나는, 자위를 하지도 않고 포르노도 이용하지 않는 것처럼 행동하는 사람이 아주 많다는 사실을 깨달았다. 어떤 목사의 아들은 항상 굉장히 야한 사진들을 주머니에 넣고 다니는 걸로 유명한데도, 한 번도 자위를 한 적이 없다고 주장했다. 그리고 그의 아버지는 교회에서 만난 여자들과 불륜을 저지르다가 세 번이나 들킨 적이 있었다. "절대 인정하지 마라. 안 그러면 '호모'로 낙인 찍힐 것이다." 이것이 불문율이었다. 나는 집 뒤의 헛간에서 친구들의 야한 잡지를 곁눈질하다가 청바지 속의 그것이 일어서도 야한 사진들이 내게 영향을 미쳤다고는 감히 인정할 수 없었다. 그러니 나중에 그 사진들에 대한 기억을 떠올리며 자위행위를 했다고 인정하는 건 말할 필요도 없는 일이다.

내가 살면서 실제로 경험한 일들이 포르노가 아닌 책에서 다뤄진 것을 본 것은 J. D. 샐린저Salinger의 《호밀밭의 파수꾼Catcher in the Rye》이 처음이었다. 모두들 그 책을 끔찍하다고 생각한다는 사실이 그 책을 읽고 싶다는 내 의욕을 더욱 부추겼음은 물론이다.

스무 살에 결혼한 뒤 나는 알렉스 콤포트Alex Comfort가 쓴 《섹스의 기쁨The Joy of Sex》을 읽었다. 그리고 곧 교회가 가르친 것이 모두 틀렸다는 생각을 하기 시작했다. 하지만 내가 종교와 성이라는 사기극의 전모를 비로소 깨닫기 시작한 것은 대학원에서 심리치료사이자 성 과학자이자 무신론자인 앨버트 엘리스Albert Ellis의 강연을 들은 뒤였다.[02] 엘리스는 '자위', '항문성교', '입으로 빨기' 등 공개적인 자리에서 들어본 적이 거의 없는 단어들을 사용하면서 성에 대해 자유로이 이야기했다. 믿을 수 없을 만큼 굉장한 경험이었다. 하지만 안타깝게도 나의 삶과 직업이 모두 보수적인 세계에 속해 있었기 때문에 엘리스의 주장들을 토론하거나 연구하기가 힘들었다. '도덕군자 행세를 하는 사람들'이 가득한 교회라는 세계에서는 자기들이 사용하는 성적인 도구나 체위나 성적인 테크닉을 감히 입에 올리는 사람이 없었다. 미국 장로교, 감독파교회, 통일그리스도교회 같은 자유주의 교파의 결혼 강좌에서도 지나치게 신중하고 에두른 표현만이 사용되기 때문에 강의를 들어봤자 아무 소용이 없었다. 그런 강좌의 참가자들은 심지어 신체 부위에 관한 의학적인 설명조차 창피하다며 입에 담지 못했다.

하지만 나는 편안한 마음으로 성을 대하는 사람들이 모이는 곳을 마침내 찾아냈다. 인문학 모임, 세속적인 독서 클럽, 동성애자 그룹, 이교도 그룹, 무신론자 모임, 이신론자 모임 등등. 그런 곳에서는 성에 관한 대화와 토론이 편안하게 이루어졌다. 사람들은 성적인 테크닉에 관해서든 취향에 관해서든 숨기려하거나 수치스러워하지 않고 편안한 마음으로 개방적인 태도를 취하는 것 같았다.

그런 모임들과 교회 모임의 대조적인 분위기 속에서 종교가 우리의 성에 미치는 영향에 대해 많은 것을 알 수 있기 때문에 나는 이런 생각을 하게 되었다. "만약 성에서 종교를 배제한다면? 그러면 어떻게 될까? 어떤 영향이 미칠까? 종교는 왜 이토록 성과 복잡하게 얽히게 된 걸까? 어떤 경로를 거쳐서 지금과 같은 상황이 만들어졌으며, 이것이 교회에 무슨 이득을 가져다주는가? 우리의 성생활에 종교가 끼어드는 것이 우리에게 이득이 되는가?" 나는 이런 의문들에 흥미를 품고 조사를 한 끝에 이 책을 쓰게 되었다.

변화를 위한 용기있는 도전

책을 쓰는 사람에게는 저마다 관점이 있다. 나 또한 개인적 관점이 있어서 그것이 앞으로 진행될 논의에 틀림없이 영향을 미치겠지만, 나는 과학적인 사실에서 벗어나지 않으려고 애쓰면서 여러분이 직접 조사해볼 수 있는 자료들을 제공해줄 생각이다. 앞으로 우리는 과거와 현재의 '인간의 성'을 온전히 이해하기 위해 과학, 생물학, 인류학, 그리고 그 밖의 많은 것들을 살펴보게 될 것이다. 이 탐험을 통해 여러분이 성적인 생물로서 자신을 더 깊이 이해하게 되어 종교적인 주장이나 통제에서 벗어나 자신의 성을 자유로이 즐길 수 있게 되었으면 하는 것이 나의 바람이다. 나는 또한 "종교를 떠나면 성생활이 어떻게 변하는가?"라는 의문에 답을 찾기 위해 종교를 떠난 수많은 사람들에게서 수집한 자료도 살펴볼 예정이다.

　나의 노력이 성공한다면, 여러분은 자신의 잠재력과 자신에 대해 더 많은 것을 알게 될 것이다. 종교가 어떤 힘을 휘둘러 신도들의 삶을 왜곡시키고 있는지에 대해서도 더 자세히 알게 될 것이다. 나는 또한 여러분이 자신을 있는 그대로 받아들이고 자신의 힘을 자각하게 되기를 바란다. 나의 목표는 어려서부터 머릿속에 주입된 성적인 인식을 잘 살펴보고 성적인 존재로서 올바르게 처신하는 법에 관해 지식을 바탕으로 한 판단을 내려보라고 독자 여러분에게 도전장을 던지는 것이다. 여러 면에서 우리는 종교가 우리에게 어떤 영향을 미쳤는지 이해하지 못하면 자신을 이해할 수 없다. 설사 종교를 믿지 않는 집에서 태어난 사람이라 해도 주위를 둘러싼 문화 속에는 성에 관한 종교적 메시지들이 가득하다. 종교는 우리의 문화, 성적인 발달, 개인적 행동의 틀이다. 월경을 창피하게 생각하는 것, 자위와 혼전 성관계를 금기시하는 것, 섹스를 죄악 또는 더러운 것으로 보는 생각 등이 좋은 예다. 만약 우리가 성에 관해 종교가 늘어놓는 근거 없는 주장들을 없애버리고 합리적인 판단을 내리는 방법을 터득한다면 더 많은 지식을 바탕으로 더 충만한 삶을 살 수 있을 것이다. 교조적인 교리에서 벗어나 각자의 성적인 취향에 개의치 않고 타인을 받아들이며 윤리적 원칙을 바탕으로 우리만의 가치 체계를 만들어낼 수 있을 것이다.

이 책을 읽으면서 마음이 불편해지거나 혼란스러워지는 경우가 있을지도 모른다. 어쨌든 이 책은 우리 머릿속에 가장 깊이 박혀 있는 영역 중 하나를 다루고 있으니까 말이다. 만약 이 책의 내용에 동의할 수 없거나 불편한 기분이 든다면, 첨부된 자료 목록 중 일부를 천천히 살펴보기 바란다. 증거를 직접 조사해보기를 바란다는 뜻이다. 그러고 나서 그 자료들이 여러분에게 어떤 지식을 주고, 여러분을 어떻게 변화시키고, 삶의 새로운 길과 새로운 생각들을 어떻게 제시해주는지 생각해보기 바란다.

나는 종교와 성에 관해 많은 강연을 했는데, 강연을 들은 사람들이 자신의 머릿속에 박혀 있는 종교적 사고를 인정하고 그것에 도전한 뒤 크게 해방된 기분을 느꼈다는 내용의 이메일을 보내거나 전화를 걸어온 것이 도대체 몇 번이나 되는지 헤아리기가 힘들 정도다. 어떤 때는 거의 기적처럼 보이기도 한다. 어떤 남자가 내 강연을 들은 뒤 보내온 다음의 이메일이 좋은 예다.

아내와 저는 어젯밤 강연을 들은 뒤 머리가 빙빙 도는 것 같았습니다. 우리 부부에게 적용되는 이야기가 아주 많았습니다. 모두 우리가 차마 입 밖에 꺼내지 못하거나, 무서워서 서로에게 말하지 못한 주제들이었습니다. 결혼 생활 26년 동안 우리가 했던 모든 일들을 넘어서는 이야기였다고 하면 아시겠는지요. 우리의 결혼 생활이 어젯밤에 극적인 변화를 겪은 것 같다는 생각이 듭니다. 이제 서로에게서 숨을 이유가 없어졌으니까요.

약혼 상태인 젊은 커플도 대학 캠퍼스에서 열린 내 강연을 들은 뒤 그날 밤 집에 가서 날이 밝을 때까지 이야기를 나눈 결과 파혼하기로 결정했다는 내용의 편지를 보내왔다. 강연 덕분에 나중에 부부가 되었을 때의 섹스에 대해 자신들이 어떤 기대를 품고 있는지 자세히 살펴보게 되었는데, 결국 자신들의 성적인 스타일이 아주 다르다는 사실을 깨닫게 되었다는 것이다. 두 사람은 이대로 가다가는 성적으로 비참한 지경에 빠지게 될 것이라는 사실을 인정했다. 신앙심이 깊은 부모님의 결혼 생활에서 이미 목격한 것과 같은 일이 벌어질 것이라는 뜻이었다. 그래서 두 사람은 헤어져 좋은 친구로 남았으며, 자신들의 성적인 욕망에 대해 더 잘 이해하게 된 것 같다고 생각하고 있다.

물론 이 책에 소개된 내용들이 모든 사람에게 똑같은 영향을 미치지는 않을 것이다. 하지만 솔직한 마음으로 이 책을 읽는다면, 자신의 성에 대해 단단히 품고 있던 생각들에 대해 자기도 모르게 도전하게 될 것이고, 다른 사람들의 성에 대해서도 더 이해하게 될 것이라고 믿는다.

이 책에서 우리는 서구의 종교문화뿐만 아니라 다른 시대, 다른 문화도 살펴볼 것이다. 다른 문화들이 성을 어떻게 대했는지 조사해보면 우리 시대의 종교적 사고방식이 우리 머릿속에 얼마나 깊이 박혀 있으며, 얼마나 강력한 제약을 가하고 있는지 알게 될 것이다.

종교의 구속에서 벗어나기 위하여

1부에서 나는 종교와 성을 전반적으로 살펴보고, 모든 주요 종교들이 성에 관한 수치심과 죄책감을 만들어내기 위해 사용하는 심리적 방법들 중 일부를 밝힐 것이다.

2부에서는 우리의 생물학적 특징들을 재미있게 살펴보며 진화 과정에서 우리의 성기가 어떤 변화를 겪었고, 우리 행동이 어떻게 프로그램되었는지 알게 될 것이다. 3부에서는 지난 1만 년 동안 문화가 성과 종교에 어떤 영향을 미쳤는지 살펴보고, 다음과 같은 의문을 제기할 것이다. "침실에서 벌어지는 일에까지 간섭하는 예수라는 존재 없이도 수천 년 동안 수많은 문화가 살아남을 수 있었던 것은 어떻게 된 일일까?"

4부에서는 종교의 심리적 측면, 특히 종교가 성에 관한 생각, 신체 이미지, 결혼 생활, 가족, 문화를 어떻게 왜곡시키는지 살펴볼 것이다. 마지막으로 5부에서는 종교가 가르친 성적인 죄책감에 대해 무엇을 할 수 있는지 살펴보고 다음과 같은 질문을 던질 것이다. "신앙이 깊은 여러분의 어머니나 아버지가 결혼할 때 정말로 순결한 상태였다고 믿습니까?" 그리고 연애에 관한 우리의 낭만적인 믿음과 종교적 믿음 중 일부를 깨뜨릴 것이다.

지식이 늘어나면 더 좋은 결정을 내릴 수 있고, 옛날의 잘못된 결정이 끼친 피해를 치유할 수도 있다. 이 책은 여러분이 가정교육과 문화를 통해 습득한 종교적 프로그래밍에 의문을 제기하고, 여러분을 구속하려 드는 종교라는 사슬 없이 자기만의 길을 열어나갈 힘을 얻을 수 있도록 여러 가지 정보와 방법을 제시해줄 것이다.

종교가 성에 어떤 영향을 미쳤는지 알고 싶어하는 사람이라면 누구나 이 책에서 도움을 얻을 수 있다.

● 만약 여러분이 아직 젊어서 연애나 결혼 경험이 없다면, 이 책은 종교적인 문화 속의 데이트가 어떤 것인지 보여줄 것이다. 그래서 여러분은 종교인들이 결혼과 연애를 통해 여러분을 종교라는 덫에 가

두려고 사용하는 무의식적인 게임에 대해 알게 될 것이다.

● 만약 연애를 시작한 지 얼마 되지 않았거나 이제 막 결혼한 사람이라면, 겉으로 모습을 드러내지 않은 채 자신의 성생활에 직접적인 영향을 미치는 많은 종교적 전제들에 대해 알게 될 것이다. 이런 전제들을 조사함으로써 우리는 교조적인 교리에서 자유로이 벗어나 다양한 지식을 바탕으로 결정을 내릴 수 있게 될 것이다.

● 10년이나 20년 이상 결혼 생활을 했고, 자신이 느끼고 있는 감정과 근심이 정상적인 것인지 궁금한 사람이라면, 이 책을 통해 자신의 결혼 생활을 곰곰이 생각해볼 수 있는 기준과 더 발전시킬 수 있는 새로운 생각들을 얻을 수 있을 것이다.

● 마지막으로 종교를 믿는 신자라면, 자신의 종교와 다른 종교들을 비교해볼 기회를 얻게 될 것이다. 그러다 보면 다음과 같은 의문들이 떠오를지도 모른다. "모든 주요 종교들이 각자의 교리와 관계없이 항상 수치심과 죄책감을 이용하는 이유가 무엇일까?" "왜 여자들은 주요 종교에서 보편적으로 2류 시민 취급을 받는가?"

content

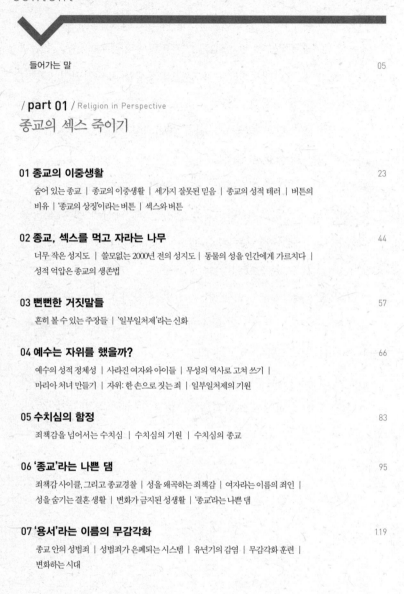

content

/ part 05 / Program Yourself for a change
종교에게서 인간에게로

종교의
섹스 죽이기

종교는 섹스가 시작되기도 전에 벌써 섹스에 간섭할 권한을 갖고 있다. 이것이 성적인 표현과 성을 왜곡시키는 바람에 사회의 지도자들을 포함한 많은 신앙인들이 성적인 기능장애를 일으키고, 충동적인 행동을 하게 된다 …….

"…… 섹스는 훌륭하지만 천국은 그보다 더 훌륭하다."

– 시티 바이블 포럼

애나는 조를 향해 빙긋이 웃으며 블라우스의 단추를 푼다. 두 사람은 4개월 전 주일학교의 독신남녀반에서 처음 만나 사랑의 꽃을 피웠다. 애나는 이미 조와 잠자리를 할 준비가 되어 있으며, 내년 안에 그가 자신의 남편이 될 것이라고 확신하고 있다. 조는 사랑스러운 눈으로 그녀를 바라보며 그녀를 향해 손을 뻗는다. 하지만 그가 브래지어 끈을 옆으로 밀어 내리고 어깨에 입을 맞추는 순간 애나는 누군가가 자신을 지켜보고 있음을 깨닫는다. 바로 예수님이다. 메리 이모님이 아주, 아주 오래 전에 주신 십자가가 벽에서 그녀를 노려보고 있다. 몇 주 동안 읽은 적이 없는 협탁協卓 위의 성경책도 화가 나서 파르르 떨고 있는 것 같다. 욕망의 맛 대신 죄악의 쓸쓸한 맛이 그녀의 입에 가득 찬다. 수치심과 죄책감에 휩싸인 애나는 한 걸음 뒤로 물러난다. "못하겠어." 그녀가 조에게 말한다.

대부분의 성인成人들은 자기들이 스스로 결정을 내린다고 생각한다. 하지만 애나처럼 종교적인 문화에 젖어 살고 있는 사람들이 내리는 결정들은 대부분 이미 누군가가 정해놓은 길을 따라가는 것에 불과하다. 우리는 자신의 성적인 정체성이 도저히 지킬 수 없는 종교적 제약의 폭정 아래에서 목을 졸리고 있음을 아예 깨닫지도 못한다.

숨어 있는 종교

이 책은 결정을 다루고 있다. 우리 대신 이미 누군가가 내려놓은 결정들과 우리가 새로 내릴 수 있는 결정들. 어쩌면 여러분이 한 번도 의문을 품어본 적이 없는 생각들, 겉으로 보기에는 종교와 전혀 상관이 없는 것 같은 생각들이 성에 관한 여러분의 결정에 제약을 가하고 있을지도 모른다. 여러분이 태어나기도 전부터 이미 누군가가 결정해놓은 것들도 있다. 선택의 여지가 차단된 결정, 금지된 결정, 강요된 결정도 있다. 결정을 내릴 때는 합리적인 것 같았는데, 사실은 자신이 받은 종교적 교육이 절대적인 영향을 미쳤음을 깨닫게 되는 경우도 있다. 설사 종교적인 가정에 태어나지 않은 사람이라 해도 종교적인 문화 속에서 자라게 된다. 아이들이 초등학교 때 하는 성에 관한 이야기부터 지금 의원들이 통과시키고 있는 법률에 이르기까지, 많은 성적인 결정들이 종교적 전제들을 바탕으로 여러분 자신이 아닌 다른 누군가에 의해 내려지고 있다.

우리는 결정을 내릴 때 과연 어떤 제약을 받고 있을까? 기독교 사회에 사는 사람이라면 하느님이 항상 자신을 지켜본다는 가르침을 받을 것이다. 불순한 생각을 해도 하느님이 아시고, 자위를 해도 하느님이 보시고, 결혼하기 전에 섹스를 하면 하느님이 벌을 내리실 것이다. 사랑하는 상대가 동성이라는 이유로 결혼할 수 없다는 말을 듣게 될 수도 있다. 성직자들은 혼전 성교가 원래 금지된 것이므로, 결혼한 뒤에만 관계를 맺는다면 피임은 필요하지 않다고 말한다. 자위행위가 결혼 생활에 피해를 입힐 것이라는 말도 한다. 그리고 태아가 잉태되는 바로 그 순간에 신이 거기에 영혼을 심기 때문에 어떤 식으로든 태아의 성장을 막으려 드는 것은 죄라고 가르친다.

만약 우리가 이슬람 국가에 살고 있는 여성이라면 짝을 고르는 일이나 자신의 몸과 관련된 일에서 결정권을 행사하는 것이 금지되어 있을 수도 있다. 이미 아내를 여럿 거느린 남자와의 결혼을 강요당할 수도 있다. 혼전 성관계에 대해서도 결정권을 행사하지 못할 수 있다. 아니, 혼전 성관계를 선택했다가는 목숨을 잃을 수도 있다. 이슬람권의 사내아이들은 여자를 어떻게 대하고 통제해야 하는지 배운다. 여자들이 자신에게 유순하게 복종할 것이라고 배운다. 코란에는 아내가 식사 준비를 하던 도중이라도 언제든 섹스에 응할 준비가 되어 있어야 한다는 말이 나온다.•

비교적 자유로운 종교에 속한 사람이라면 엄격한 가르침을 받는 일은 없을지 몰라도, 신 때문에 결정을 내릴 수 있는 폭이 좁아지는 것은 피할 수 없을 것이다. 자신의 아들이나 딸이 대학에서 섹스를 하는 것에 대해 죄책감이나 불편함을 느낄 수도 있다. 남자 조카가

• Ashraf Ali Thanawi(1863~1943)의 책 《Rights in Islam》에서 몇 가지 예를 들어보자. "남자가 성교를 위해 아내를 부르면, 아내는 요리를 하던 중이라 해도 남편의 부름에 응해야 한다." "여성이 남편의 허락 없이 (필요 이상의) 나필라 단식을 하면서 남편의 욕구에 응하는 일을 피한다면, 알라가 그녀에게 세 가지 악행의 죄를 부과할 것이다." (http://www.darululoom-deoband.com/english/books/rightsinislam.htm).

남자와 결혼하겠다고 결정한 것을 잘 이해하지 못할 수도 있다. 또한 종교의 자유로움과는 상관없이 국가가 정상 체위 이외의 섹스를 모두 중죄로 규정해놓은 경우도 있다. 부부가 성적인 기구를 사용하는 것이 불법으로 규정된 경우도 있다. 자유로운 사람일지라도 자신의 성적인 공상이나 욕망에 대해 배우자와 이야기를 나누는 것을 힘들어할 수도 있다. 이런 금기 의식은 우리를 둘러싼 종교문화 속의 수많은 미묘한 신호들에서 생겨났을 가능성이 높다.

모든 문화에는 성에 관한 나름의 규칙과 생각들이 있다. 하지만 주요 종교들은 성을 자기들이 믿는 신이 엄격히 다스린다고 생각한다. 그들이 성적인 표현을 억제하려고 애쓰는 데에는, 자기들의 교조적인 교리를 널리 퍼뜨리는 것 외에 다른 이유는 없는 듯하다.

인간의 성은 엄청나게 다양한 방법으로 표현될 수 있다. 다른 문화들을 대충 살펴보기만 해도 성적인 표현의 다양한 형태들을 많이 찾아낼 수 있다. 이슬람교, 모르몬교, 힌두교, 기독교 등의 종교적 규칙 없이 수만 년이나 존속해온 다른 문화들이 많이 있는 것을 보면, 종교적 규제와 죄책감이 과연 어디에 소용되는 건지 궁금하다. 현대 유럽의 세속주의 국가에서는 자위행위가 전혀 문제되지 않는데 가톨릭교회는 여전히 자위행위를 인정하지 않는 이유가 무엇인가? 미국에서는 가장 복음주의적이고 근본주의적인 주에서 기독교인들의 이혼율이 가장 높은데, 왜 동성 결혼이 결혼 제도에 위협이 된다고 하는가? 북아메리카의 많은 원주민 문화와 그리스 등 고대 문화들이 노래와 전설에서 동성 간의 관계를 찬양하고 있는데, 왜 동성애가 문화를 파괴한다고 주장하는가?

종교는 자신의 이득을 위해 성적인 결정권을 제한한다. 우리가 갖

고 있는 많은 믿음과 전제들은 어려서부터 종교적인 환경에서 교육
받았기 때문에 생긴 것이다. 우리는 독실한 할머니, 점잖은 주일학
교 선생님, 신앙이 깊은 체육관 코치 등을 통해 자기도 모르게 종교
적 전제들을 배운다. 성에 관한 종교적 주장들은 특히 나이가 어려서
비판적인 사고를 할 수 없는 사람들에게 영향을 미친다. 우리는 성에
관한 근거 없는 주장들을 사실로 잘못 알고 있는데, 그런 주장들 중
대부분이 종교에서 나온 것이다.

얄궂게도 이런 주장들을 반박할 증거들을 우리의 일상생활 속에서
많이 찾아볼 수 있다. 눈에 뻔히 보이는 것조차 볼 수 없게 만들어버
릴 만큼 종교적 주장의 힘이 크다는 뜻이다.

종교의 이중생활

종교적인 성생활을 하는 것은 거짓의 삶을 사는 것과 같다. 종교는
우리의 성을 왜곡시키기 때문에 종교적인 사람들은 대개 겉으로 드
러나는 삶과 개인적인 삶이 따로 있다. 부부가 모두 성생활에서 비참
함을 느끼고 있을 때에도 겉으로는 '행복한 부부'의 모습을 유지하는
식이다. 훌륭한 기독교인, 이슬람교도, 불교도, 모르몬교도라면 비
록 일상적으로 "자신을 능욕하는" 행위를 하더라도 겉으로는 자위행
위를 한다는 사실을 반드시 부정해야 한다. 은밀히 포르노를 보면서
도 겉으로는 포르노를 비난해야 한다. 자신은 육욕이 가득한 생각들
을 피하지 못하면서도 겉으로는 그런 생각을 하면 안 된다고 설교해
야 한다. 자신은 성에 관해 이런저런 생각을 하거나 독특한 성적 취
향을 갖고 있다 해도 자신의 배우자나 다른 사람들에게서 그런 점이
발견되면 반드시 비난해야 한다. 자신은 결혼 전에 여러 사람과 섹스

를 했을지라도 자녀들에게는 혼전 성교가 얼마나 나쁜지 가르쳐야 한다.

간단히 요약하자면, 종교적인 사람들은 대부분 이중생활을 하고 있다(여기서 '종교적인 사람들'은 기독교, 이슬람교, 불교, 힌두교, 모르몬교 등의 주류 종파를 따르는 사람들을 뜻한다). 우리는 수십 년 동안의 연구를 통해서 성행동sexual behavior에 관한 한 종교적인 사람들도 세속적인 사람들과 다를 것이 없다는 사실을 알고 있다. 그들은 그저 죄책감을 더 많이 느낄 뿐이다. 그 결과 정직하지 못한 생활을 하게 된다. 세속적인 사람들은 성에 대해 개방적인 태도를 취하면서 자신의 취향과 행동을 놓고 파트너와 윤리적인 협상을 할 수 있으며, 성적인 공상과 실험을 즐길 수 있다. 반면 종교적인 사람들은 성과 관련된 많은 것들을 죄악으로 보기 때문에 성에 대해 개방적이고 솔직한 태도를 취하지 못한다. 따라서 세속적인 사람들과 똑같은 행동을 하면서도 그 사실을 숨기고 부정한다.

종류를 막론하고 모든 종교가 우리의 강렬한 성충동sex drive을 이용해서 우리에게 주입하는 생각들은 종교에는 이롭지만, 우리에게는 진정한 인간이 되는 것을 금지시키는 역할을 한다. 종교의 목적은 종교를 널리 퍼뜨리는 것이다. 그리고 섹스는 그 목적을 달성하기 위한 강력한 수단 중 하나다. 이 책의 주제가 바로 이것이다.

거짓의 삶을 살면서 치러야 하는 사회적, 심리적 대가에는 자신의 성에 대해 감정적으로 무감각해지는 것, 개방적인 태도로 정직하게 성을 즐기며 사는 사람들을 향한 잦은 분노와 공격성 등이 포함된다.

크리스토퍼 히친스Christopher Hitchens는 다음의 글에서 이 점을 훌륭하게 보여주었다.

나는 공적인 인물들이 성에 관해 도덕적인 말을 늘어놓는 것이 위선 또는 그보다 더한 것의 징조라는 사실을 결코 의심하지 않는다. 대개 그들의 말은 자기들이 가장 비난하는 바로 그 행동을 하고 싶다는 욕망의 표현이다. 그래서 나는 워싱턴이나 기독교의 심장부에서 누군가가 이런저런 것들을 악으로 몰아붙이며 시끄럽게 떠들어댈 때마다 그의 이름을 내 머릿속 공책에 적어놓고 만족스러운 기분으로 시간을 확인한다. 머지않아 그가 이성의 옷을 즐겨 입는 아파치족에게 자기 몸에 오줌을 싸달라며 돈을 지불하려다가 한도를 넘어버린 비자카드를 소지한 채 황량한 모텔이나 화장실에서 무릎을 꿇고 앉아 있는 모습으로 발견될 테니까 말이다.[03]

히친스의 말은 공인들에게게만 적용되는 것이 아니다. 평범하게 종교를 믿는 사람들의 행동은 신문에 실리지 않지만, 그들이 겪는 위기도 개인과 가정에 파괴적인 영향을 미친다. 훌륭한 기독교인 아내가 남편이 숨겨둔 포르노를 발견한 뒤 경악을 금치 못하고 더 이상 남편과의 섹스를 즐길 수 없게 될 수도 있다. 훌륭한 기독교인 남편이 아내가 컴퓨터로 다른 여자와 야한 대화를 나누고 있음을 알게 된 뒤 아주 깊은 마음의 상처를 입고 결국 이혼을 요구하게 될 수도 있다. 기독교인 부모가 열네 살짜리 아들이 다른 소년과 키스하는 광경을 목격한 뒤 아들을 구타하거나 쫓아내는 등, 믿을 수 없을 만큼 잔인한 말과 행동을 보여줄 수도 있다. 이슬람교도인 아버지가 자기 딸이 어떤 남자에게 몰래 연애편지를 쓴 것을 알게 된 뒤 불같이 분노해서 딸을 심하게 구타하거나 그보다 더한 짓을 저지를 수도 있다.

이런 식으로 열거하자면 한이 없지만, 위에서 가족들의 분노를 산

행동들 중 어느 것도 성에 관한 종교적인 광기라는 측면이 아니라면 틀린 것도 아니고 비정상적인 것도 아니다. 남에게 아무런 피해를 입히지 않는 정상적인 행동이라 해도, 그것이 종교의 이름으로 사회적 제재와 심리적 학대의 대상이 된다면 그런 행동에 대해 정직한 태도를 취할 수 있는 사람이 어디 있겠는가? 성에 관한 믿음은 종교가 만들어낸 것이므로 현실 속에는 아무런 근거가 없다. 종교의 주장을 믿고 그에 따라 살다 보면 결혼 생활의 파탄, 성적인 기능장애, 아동 학대 등 많은 일들이 이어진다.

종교가 없다면 위의 사례들 중 어느 것도 그런 결말을 맺지 않을 것이다. 어린이들이 전적으로 정상적인 행동을 하면서 수치스러워할 필요도 없을 것이다. 부부들은 서로 상대를 존중하면서 성적인 욕구에 관해 의논할 수 있는 여유를 갖게 되어 성적으로도 만족스럽고 사랑이 넘치는 삶을 살아가게 될 것이다. 부모들은 정상적인 성행동과 성적인 발달에 관해 건전한 생각을 갖게 되어 자녀들에게 자신의 몸과 관련된 결정들을 내리는 요령을 가르쳐줄 수 있게 될 것이다.

세가지 잘못된 믿음

'현대' 종교의 세 가지 핵심적인 믿음이 성적인 왜곡과 성적인 테러로 이어지고, 수많은 근거 없는 주장의 지지대 역할을 하고 있다. 그세 가지 믿음은 다음과 같다.

- 내세에 대한 믿음.
- 관음증 환자처럼 모든 것을 지켜보고 모든 것을 아는 신이 내세에 우리가 얻게 될 지위를 결정한다는 믿음.

- 신이 그 내세에 들어갈 수 있는 조건으로서 특정한 성행동 이외의 모든 성행동을 배제한다는 믿음.

종교가 사람들의 행동에 진정한 영향을 미치는 것은 종교적으로 왜곡된 이 세 가지 믿음이 모두 함께 공존할 때다.

우선 단순히 내세를 믿는 것만으로는 성에 대한 부정적인 태도가 만들어지지 않는다. 예를 들어 일부 뉴에이지 종교와 대부분의 이교는 성에 대해 상당히 긍정적인데도 내세라는 개념을 갖고 있다.

관음증 환자 같은 신을 믿는 것 역시 반드시 성적인 왜곡으로 이어지는 것은 아니다. 신도들에게 자위행위를 시키거나 여러 파트너와 즐거운 섹스를 하게 만들고서 그 모습을 지켜보는 신도 있을 수 있기 때문이다. 이런 신을 믿는다면 굳이 금욕하거나 영원한 처벌을 두려워할 필요가 없을 것이다.

하지만 위의 두 가지 믿음에 세 번째 믿음이 결합되면 성적인 왜곡이 일어난다. 우리가 특정한 몇 가지 행동만을 고수하기를 신이 바라고 있다는 믿음. 신은 항상 우리를 지켜보고 있기 때문에, 신의 의지에 어긋나는 행동을 한다면 영원한 처벌을 받게 될 것이다.

이 독특한 믿음들의 조합이야말로 이슬람교나 기독교 같은 종교들을 강력하게 만들어주는 요인이다. 이 믿음들은 대부분의 주요 종교를 믿는 사람들의 행동을 이해할 수 있는 틀을 제공해준다. 이 잘못된 믿음 3종세트는 우리의 유전적 프로그램에 포함된 감정적 이끌림의 패턴을 무시하고, 독단적인 규칙들 이외의 행동을 막는 완고한 시스템을 만들어낸다. 모든 것을 알고, 모든 것을 지켜보며, 복수심이 강한 신이 특정한 성행동만 요구한다는 믿음에 겁을 집어먹은 신도들은 성적인 자기실현이나 충족에 이르지 못한 채 겉으로만 순종하면서 속으로는 비참한 삶을 살게 될 수 있다. 이런 신은 우리의 머릿속에 기생충처럼 붙어살면서 언제든 부적절한 행동을 막을 태세를 갖추고 있다.

나는 이 세 가지 믿음의 파괴적인 효과를 내 눈으로 직접 보았다. 예전에 나는 임상심리학자로서 사춘기 소년들을 위한 시설에서 일하다가 나중에는 어린이와 가족들을 위한 개인 상담소를 운영했다. 그때 나의 업무 중에는 결혼 상담도 포함되어 있었다. 그 뒤로는 조직심리학으로 내 관심이 옮겨가서 기업체 중역들, 중간관리자들, 직원들과 일하게 되었다.[04]

심리학자로서 나는 성적인 문제를 겪고 있는 사람들에게 다음과 같이 물었다. "당신의 근심, 욕망, 문제 등을 부모님, 아내, 애인에게 전달하지 못하게 막는 요인이 무엇입니까?" 사람들이 이 질문에 대답하면서 가장 먼저 보이는 반응은 두려움인 경우가 많았다. "내가 정말로 원하는 걸 남편에게 말할 수는 없어요. 그랬다가는 남편이 이혼하자고 할 거예요!" "제가 남자친구와 섹스를 고려하고 있다고는 부모님께 절대 말할 수 없어요. 그랬다가는 날 죽이려고 드실 거예요." "부모님한테는 내가 게이라는 사실을 절대 말할 수 없어요. 그랬다가는 나랑 의절하실 거예요." 이 사람들은 겁에 질린 나머지 자기 삶에서 가장 중요한 사람들에게 터놓고 속내를 드러내는 것을 상상조차 하지 못하고 있었다.

이런 두려움의 뿌리에 종교가 있음을 찾아내는 데에는 별로 힘이 들지 않았다. 종교는 사람들에게 성적인 욕망이나 행동 때문에 자신이나 타인을 부정하고, 회피하고, 심판하고, 증오하도록 강요한다.

뒤에서 보게 되겠지만, 성과 관련해서 겁에 질린 사람들은 훌륭한 결정을 내리거나 성적으로 만족스러운 삶을 살지 못한다. 그리고 자녀들에게도 그 두려움을 심어주어서 영속화시킬 때가 많다. 죄책감이 없는 섹스를 배운 사람들은 더 나은 결정을 내릴 뿐만 아니라, 파트너와 터놓고 솔직하게 대화를 나누며 타인의 성적인 취향과 욕망을 존중한다. 그들은 자신의 몸을 즐길 줄 알고, 질투나 소유욕이 강하지 않고, 남을 함부로 심판하려 들지도 않는다.

종교는 통제할 수 없는 것을 통제하려 한다. 특히 통제가 가장 어려운 시기인 청소년기의 아이들이 대상이다. 성을 부자연스럽게 억제하고, 성에 관한 허구들을 영속화함으로써 종교가 얻는 것이 무엇일까? 내가 예전에 펴낸 책 《신들의 생존법: 종교는 우리의 삶과 문화를 어떻게 감염시키는가The God Virus: How Religion Infects Our Lives and Culture》에서 살펴보았듯이, 섹스는 종교의 여러 감염 경로 중 하나에 불과하지만 효과가 몹시 좋다.

종교의 성적 테러

북미나 남미, 유럽, 오스트레일리아, 인도, 중국, 중동과 인도네시아 중 한 곳에서 자란 사람이라면 한 가지 종교가 지배하는 환경에서 어린 시절을 보냈을 가능성이 높다. 대략적으로 말해서 한 가지 종교란 기독교, 이슬람교, 불교, 힌두교, 공산주의(섹스에 관한 한 공산주의도 확실히 종교처럼 행동한다) 중 하나를 뜻한다. 이처럼 한 사회를 지배하는 종교들은 성적인 정보를 통제하고 제한해서 자기들 식의 성을 기준으로 내세우는 경향이 있다.

대부분의 종교는 사람들을 대안적인 성으로부터 고립시키려 하고,

자기들이 정한 원칙을 따르지 않는 사람들을 박해하면서 그들의 행동이 부도덕하다고 가르친다. 성적인 정보를 통제하면서 거기에 죄책감을 집어넣으면 사람들은 종교에 계속 묶이게 된다. 정보의 통제와 성적인 테러가 없다면 사람들이 수치심 때문에, 또는 용서를 받고 싶어서 계속 종교를 찾는 현상이 유지될 수 있겠는가?

성충동은 워낙 강력하기 때문에 심리적, 물리적으로 가장 강력한 수단만이 성충동을 통제할 수 있다. 이런 수단들을 종교의 성적 테러로 분류할 수 있다. 두려움은 종교의 전희다. 이것을 제대로 사용한다면, 인간이 느끼는 성적 쾌락의 모든 측면에 간섭할 수 있다.

종교의 성적 테러로 일어나는 일들은 다음과 같다.

- 이란 여성들은 사막기후 속에서도 위험할 정도로 더운 부르카를 쓰고 다닌다.
- 사제는 자위행위를 할 때마다 자신을 증오하면서 몇 시간 동안이나 기도를 드린다.
- 기독교를 믿는 아버지는 자기 딸이 남자친구와 섹스를 했다는 사실을 알고 분노를 폭발시킨다.
- 목사 부부는 흥미롭고 창의적인 섹스를 즐기지 못한다.
- 여성들은 남편에게 성행위 중에 가끔 엉덩이를 맞고 싶다는 말을 하지 못한다.
- 남편은 여성의 속옷을 즐겨 입는다는 사실을 밝히지 못한다.
- 기독교를 믿는 십대 청소년들은 섹스를 하기 전에 콘돔을 사용하자는 말을 터놓고 하지 못한다.

버튼의 비유

어렸을 때부터 자신은 물론 주위 사람들 대부분이 아주 위험한 의학적 문제를 안고 있다는 말을 들으며 자랐다고 상상해보자. 하지만 다행히도 그 문제는 누르면 불이 들어오는 간단한 버튼 하나로 통제할 수 있을 뿐만 아니라, 심지어 예방까지도 가능하다. 아이가 열두 살이 되면 어른들은 아이에게 이 버튼을 주면서, 반드시 이것을 자주 눌러야 한다고 말한다. 버튼 누르기를 게을리 하면 불빛이 서서히 희미해질 것이고, 그렇게 되면 문제가 더 심각해진다는 것이다. 만약 빛이 아주 많이 희미해지면, 이 의학적 문제가 질병으로 발전하거나 아니면 모종의 사고가 발생할 수 있다.

어른들은 이 위험이 얼마나 심각한 것인지 알려주기 위해 사진들을 보여주면서 버튼을 손에서 놓아버리는 바람에 망가진 사람들의 이야기를 들려준다. 어른들, 의사들, 종교 지도자들, 친구들 등 모든 사람들이 버튼 누르기를 게을리 했을 때 일어나는 끔찍한 일들을 증언한다. "버튼과 함께 살아가는 법을 터득해야 돼. 그리고 다른 사람들에게도 그 방법을 가르쳐줘." 사람들은 아이에게 훈계한다. "네가 버튼에 관한 책을 읽고 배운 것들을 다른 사람들에게도 가르쳐줘." 아이는 자신이 알고 있는 것을 다른 사람들에게 가르쳐주면 버튼이 더욱 오랫동안 훨씬 더 밝게 빛난다는 것을 알게 된다. 그래서 버튼을 갖고 있다는 사실을 즐거워하는 마음이 서서히 자라난다. 아이는 버튼이 자신을 보호해주기 때문에 안전하다는 느낌을 받는 것이 몹시 즐겁고 기쁘다고 다른 사람들에게 말하면서 자랑스러워한다.

이 버튼은 사람들의 삶에 속속들이 영향을 미친다. 사람들은 누군가와 이야기를 할 때도 버튼의 힘에 대해 반드시 이야기를 하고 싶다고 생각한다. 그래야 자신이 버튼에서 조금 더 손을 떼고 있을 수 있기 때문이다. 자녀들에게 버튼 이야기를 할 때면 버튼의 불이 몇 시간 동안 계속 꺼지지 않는다. 사람들은 아내와 함께 잠자리에 들어서도 자신의 버튼에 관해 이야기하고, 아내 역시 자신의 버튼에 관해 이야기한다. 그리고 두 사람이 사랑을 나누며 즐거운 시간을 보내고 나면 버튼의 불빛이 몹시 희미해진다. 물론 사람들에게는 할 일이 있다. 잔디밭의 잔디도 깎아야 하고, 책도 읽어야 하고, 프로젝트도 완수해야 한다. 하지만 궁극적으로 삶을 지배하는 것은 버튼이다.

그렇게 세월이 흐르면서 사람들은 버튼 관리에 능숙해진다. 이제는 가끔 한 번씩만 눌러줘도 며칠씩 불빛이 꺼지지 않을 정도다. 버튼에 관한 찬사를 모든 대화에 섞는 기술이 워낙 좋아졌기 때문이다. 버튼 관리에 능숙하지 못한 사람들은 가정 문제나 신체적인 문제를 겪는다. "버튼을 누르고, 다른 사람들에게도 권하세요." 사람들은 이렇게 권유한다. 하지만 문제를 겪는 사람들은 근면하지 못하기 때문에 대가를 치른다. 이렇게 버튼을 관리할 책임을 다하지 못하면서 아프다고 불평하는 사람들을 보면 슬퍼진다.

그러던 어느 날 버튼이 없는데도 건강에 전혀 문제가 없는 것 같은 사람이 나타난다. "버튼은 어디 있어요?" 우리가 묻는다. "벌써 수십 년 전에 버렸어요. 지금 어디 있는지 전혀 모르겠는데요." 상대가 주저 없이 내놓는 이 솔직한 대답에 우리는 충격을 받아 패닉 상태에 빠진다. 가장 먼저 드는 생각은 이것이다. "저 사람은 무서운 질병에 걸리거나 사고를 당할 거야." 그런데 또 다른 생각이 든다. "혹시 버튼이 꼭 필요한 물건이 아닌 건가?" 우리는 곰곰이 생각해본다. 버튼이 없다면 삶의 가치는 무엇인가? 우리는 공허함, 진정한 상실감을 느낀다. 버튼 없이 살 수 있는 사람이 있다 해도, 우리는 그들의 삶이 얼마나 비참하고 고독할지 그저 상상만 할 수 있을 뿐이다.

최고 부자들이나 가장 출세한 사람들 중 일부가 버튼을 갖고 있지 않다는 말이 가끔 들려온다. 어떤 사람들은 심지어 아이들에게 버튼을 버리라고 부추기기까지 한다. 우리는 우리 아이가 버튼 누르기를 그만뒀다가 끔찍한 질병에 걸리거나 장애를 안게 될까 봐 겁에 질린다. 따라서 우리는 버튼 누르기의 즐거움을 더 많은 사람에게 알리려고 노력을 배가한다. 그런데도 우리의 버튼이 예전만큼 오랫동안 빛나지 않는다. 하지만 우리는 빛나는 버튼에서 얻을 수 있는 따스한 위안이 이성적으로 이해할 수 있는 수준을 뛰어넘는다는 것을 알고 있기 때문에 계속 신실하게 버튼을 누른다.

'종교의 상징'이라는 버튼

버튼의 비유가 우스꽝스럽게 보일지도 모르지만, 종교적인 행위 중에는 이것과 닮은 것들이 많다. 예를 들어 가톨릭, 이슬람교, 힌두교, 불교, 시크교 등 여러 종교에서 기도할 때 묵주나 염주처럼 구슬을 이용하는 것이 있다. 성경을 가슴에 꼭 끌어안고 다니는 것, 직장이나 집이나 자동차 안에 성경을 눈에 잘 띄게 전시해놓는 행동도 마찬가지다. 집, 잔디밭, 웹페이지에 종교적인 상징을 전시해놓는 경우도 있다. 십자가를 몸에 지니고 다니는 사람도 있다. 하지만 기도용 구슬이나 성경책이나 기도용 깔개만이 버튼에 해당하는 것은 아니다. 종교적인 사람들이 갖고 있는 믿음도 버튼의 비유와 거의 흡사하다. 그들은 기도가 악을 막아주고, 질병을 치유해주고, 앞길을 밝혀주는 가르침을 내려주는 등 수많은 일들을 해준다고 믿는다. 그들은 예배나 미사나 기도회에 참석하면 영혼을 순수하고 깨끗한 상태로 유지할 수 있다고 믿는다. 그들은 성경을 비롯한 종교적인 글을 읽으면 사악한 생각들이 감히 떠오르지 못한다고 믿는다. 이런 믿음들은 모두 버튼을 누르는 행위와 다를 것이 없다. 기도는 버튼을 누르는 행위다. 성경 읽기, 교회에 나가기, 기도용 깔개 위에서 기도하기, 찬송가 부르기도 모두 버튼을 눌러서 악마나 질병 같은 문제들이 다가오지 못하게 하고 내세에 보상을 받기 위한 방법이다.

이런 상징적인 행동들에 드러나 있는 믿음의 총체성이 신도들에게 깊은 의존성을 심어준다. 상징적인 행동들은 저변에 깔려 있는 믿음을 상기시키는 수단일 뿐이다. 이런 행동들은 믿음을 강화하고, 믿음은 이런 행동들을 강화한다. 우리의 단순한 버튼 비유에서, 버튼을 누르지 않는 사람이 반드시 병에 걸리거나 사고를 당할 것이라는 믿음이 바로 상징적인 행위에 힘을 공급해준다. 그런 믿음이 없다면 상징적인 행위도 필요하지 않을 것이다.

종교는 믿음을 강화하기 위해 수천 년 동안 상징적인 행위들을 이용해왔다. 이런 행위들은 강력한 심리적 도구다. 전투가 벌어지기 전에 병사들에게 자신이 무적이라는 기분을 심어줄 수도 있고, 엄마에게 자신의 아이가 초자연적인 보호를 받고 있다는 기분을 심어줄 수도 있고, 사람들에게 신이 그들의 질병을 치유해주었다는 확신을 심어줄 수도 있다.

하지만 상징적인 행동은 조건화된 반응의 그물망 속에 포함되어 있다. 조건화된 반응은 쥐나 개뿐만 아니라 사람에게도 심을 수 있다. 어떤 생물에게 안전해지기 위해 반드시 특정한 상징이 필요하다고 가르치면, 그 생물은 위협을 느낄 때마다 그 상징을 찾아 나설 것이다. 아이가 안정감을 느끼려고 담요를 손에서 놓지 않는 것이나 개가 특정한 장난감을 좋아하는 것처럼, 우리에게 편안함을 주는 것이나 우리가 안정과 보호라는 말을 듣고 연상하게 되는 것이라면 무엇이든 그런 상징이 될 수 있다.

많은 문화가 그런 상징들을 갖고 있다. 그것은 흔한 일이지만, 특정한 종교적 맥락 속에서 사람들이 안정감을 느낄 수 있게 설계된 프로그램이기도 하다. 힌두교도라면 주머니에 가톨릭의 묵주가 들어 있다는 이유로 편안함이나 안정감을 느끼지는 않을 것이다. 이슬람교를 믿는 여성은 혹시라도 십자가 목걸이를 하게 되는 경우 십중팔구 굴욕감을 느낄 것이다. 불교도라면 침례교의 기도회에서 아무것도 느끼지 못할 것이다. 상징은 종교마다 다르다. 심지어 각 종교 안의 하위 집단마다 다른 경우도 있다. 예를 들어 남녀 중 한쪽만 지니고 다니는 상징이 있을 수 있다. 가톨릭교도들은 쓰지 않지만 개신교도들은 사용하는 상징도 있을 수 있다. 1년 중 특정한 시기나 인생의 특정한 시기에만 사용되는 상징도 있을 수 있다. 하지만 무엇보다 중요한 것은, 상징이 특정한 믿음과 짝을 이룬다는 점이다. 십자가는 죽음과 부활에 관한 믿음을 비롯해서 여러 가지 개념들과 짝을 이루고 있다. 성경이나 코란은 신이 사람들과 직접 대화를 나눌 수 있으며, 실제로 그렇게 하고 있다는 믿음을 상징한다.

인간으로서 우리는 안정감을 느끼고 싶어한다. 우리는 어려서부터 특정한 물건이나 행동을 안정감과 묶어서 생각하는 법을 배운다. 집, 재산, 은행계좌 속의 돈, 매일 일터로 출근하는 것 등에서 안정감을 연상하게 되는 것이다. 하지만 실제로는 이런 것들이 우리를 안전하게 만들어주지 못한다. 우리가 안정감을 느끼기 위해 연상 작용을 만들어냈을 뿐이다. 불안감이 들면 우리는 저축, 집수리, 경비 시스템 설치, 부업 찾기 등 안정감을 증가시키기 위한 행동을 한다. 그리고 이런 행동들은 실제로 안정감을 느끼는 데 도움이 된다.

이 경우 우리의 안정감에는 어느 정도 현실적인 근거가 있다. 은행 계좌에 돈이 들어 있으면 경제적 압박에서 어느 정도 보호를 받을 수 있다는 직접적인 증거가 있다. 집을 갖고 있다면 확실히 비나 눈을 피할 수 있다. 경비 시스템을 설치하면 불이 나거나 침입자가 있을 때 일찍 알아차릴 수 있다. 게다가 이런 시스템이 실제로 효과를 발휘한다는 직접적인 증거도 있다.

반면 상징은 강도를 당할 확률을 줄여주지도 않고, 은행계좌에 돈이 생기게 해주지도 않고, 돌려받은 세금을 어디에 투자해야 할지 결정해주지도 않는다. 상징은 단순히 조건화된 반응을 불러내서 우리로 하여금 긴장을 풀고 안정감을 느끼게 도와주며, "내세에 보상받을 것"이라거나 "신이나 천사가 우리를 지켜보고 있을 것"이라는 믿음을 상기시킬 뿐이다. 어려서부터 종교적인 가르침을 받고 오랫동안 그것을 실천해온 신자들은 이런 방법이 실제로 효과가 있다고 믿는다. "백 번이나 기도를 드렸더니 내 아들의 병이 나았어요." 애당초 아들이 병에 걸리지 않게 해달라고 기도를 드린 것도 백 번이나 된다는 말은 할 필요도 없다.

신자들은 상징적인 행동을 절대로 빼먹으면 안 된다고 믿는다. 몇 년에 한 번씩 마리아에게 기도를 하거나, 필요할 때만 묵주를 가지고 다니는 식이어서는 안 된다는 것이다. "끊임없이 기도하라." 사도 바울은 이렇게 말했다(데살로니카 전서 5:27). 나중에는 상징이 스스로 생명을 얻는다. 신자들이 상징을 제대로 보살피지 않으면, 효과를 보지 못할 것이다. 상징들은 관심을 요구한다. 기도회나 미사를 빼먹고 기도나 성경 읽기를 깜박하면, 불안감을 느끼게 된다. 버튼 누르기를 잊어버렸기 때문에 하느님은 우리를 보호해주지 않거나 상을 내려주지 않을지도 모른다.

섹스와 버튼

버튼 또는 상징이 섹스와 무슨 관계가 있을까? 상징들은 우리가 종교의 요구사항에만 정신을 집중하게 함으로써, 신의 명령대로 행동하게 만든다. 만약 신이 자위행위는 죄라고 말한다면, 밤에 침대 옆에 묵주나 성경을 둠으로써 어떤 행동이 죄인지 확실히 인식할 수 있게 될 것이다. 만약 우리가 욕망에 굴복해서 자위행위나 섹스를 하게 된다면, 묵주알을 세며 용서를 구할 것이다. 자기 아파트로 남자친구를 데려오고 싶다는 충동을 느낀 여성이라면, 애인이 오기 전에 예수님의 사진을 내려놓아야 할 것이다. 계속 벽에 걸어두었다가는 예수님이 지켜보신다는 생각에 오르가슴에 도달하지 못할 수도 있다.

성적인 유혹에 저항하기 위해 상징과 기도에 의존하면 할수록 그런 행동이 더욱 단단히 머리에 박히게 된다. 강력한 생물학적 충동은 자위행위나 섹스를 향한 욕망을 불러일으키지만, 지옥에 대한 두려움이 그 욕망과 충돌한다. 그래서 우리는 유혹에 저항하기 위해 묵주를 집어들고, 성경을 읽고, 무릎을 꿇고 앉아서 기도를 드린다. 이런 식으로 다양한 행동을 이용할 수 있지만, 그 결과는 언제나 똑같다. 종교적인 섹스에 더욱더 깊이 감염된다는 것.

유혹에 성공적으로 저항하더라도 생물학적 욕구는 대개의 경우 더욱 강해질 뿐이다. 만약 즉시 충동에 굴복한 경우에는, 무릎을 꿇고 기도하거나, 묵주를 세거나, 성경을 읽으면서 죄책감을 누그러뜨려야 한다.

또는 흥미와 에너지를 다른 쪽, 대개는 종교적인 활동 쪽으로 돌리는 방법도 있다. 선교사가 되거나, 가난한 사람들을 위해 일하거나, 주일학교의 교사가 되는 식이다. 이 방법은 대부분 종교에 이득이 된다. 종교가 사람들에게 죄책감과 불안감을 심어주면 심어줄수록, 사람들은 종교를 위해 더 열심히 일하게 된다. 특히 성적인 죄책감이 효과가 크다. 종교 때문에 성적인 자신감이 심하게 무너진 사람은 결국 종교적 활동이나 공부에 힘을 쏟기 위해 금욕을 해야 하는 수녀나 신부가 되거나, 아니면 배우자와의 섹스를 완전히 그만두는 방법을 택하기도 한다.•

상징적인 행동은 사람이 좀 더 자연스러운 행동들을 배제한 채 신에게만 계속 집중하게 만든다. 기도하지 않는 사람, 신을 찬양하지 않는 사람, 성경을 읽지 않는 사람은 신뢰할 수 없으며, 종교적인 사람들이 느끼는 위안과 안정감에 위협이 된다. 상징적인 행동을 하지 않는 사람들은 '내집단內集團'의 일부가 아니므로 수상쩍다.

상징적인 행위와 그것이 상징하는 믿음은 진짜 섹스보다 더 커다란 의미를 지니며 위안을 준다. 어떤 종교 지도자는 섹스와 신에 관한 긴 글의 말미에 다음과 같이 썼다. "이 섹스 시리즈를 마치면서 우리가 알게 된 것은, 섹스는 훌륭하지만 천국은 그보다 더 훌륭하다는 점이다."05

• 어떤 사람들은 이것을 심리적 승화로 볼지도 모른다. 즉 사회적으로 용인될 수 없는 충동이나 위험한 욕망 대신 사회적으로 용인될 수 있고 만족감이나 보람도 느낄 수 있는 활동에 힘을 쏟게 되었다는 뜻이다. 하지만 정신분석 이론보다는 인지-행동 이론을 이용하면 이런 현상을 더 쉽고 간단하게 이해할 수 있다.

종교적인 전희는 섹스가 시작되기도 전에 끼어들어 섹스를 방해할 때가 많다. 예를 들어 우리는 배우자에게 감히 새로운 형태의 섹스를 해보자고 말하지 못한다. 아무리 결혼한 사이라 해도 그런 섹스를 하는 것을 배우자가 죄라고 생각할지도 모르기 때문이다.

우리 문화는 우리에게 결혼을 평생에 걸친 배타적 관계로 생각하라고 가르친다. 하지만 뒤에서 살펴볼 생물학적, 인류학적 증거들은 이 가르침을 뒷받침해주지 않는다. 대부분의 인간들은 성적인 측면이 아주 강하기 때문에 수십 년 동안 한 가지 섹스 스타일에 묶여 있을 수 없다. 물론 수십 년 동안 성실하게 관계를 유지하는 사람들이 있기는 하지만, 그런 경우에도 종교적인 가르침으로 인해 성적인 에너지를 인위적으로 쌓아두지 말고 적절히 해소해주어야만 행복을 느낄 수 있을 것이다.

그렇게 하지 못하면 성이 스스로를 주장하고 나선다. 그리고 그것이 때로는 이례적이거나 부적절한 형태를 띠기도 한다. 그래서 '행복한 결혼 생활'을 하고 있는 수많은 종교 지도자들이 매년 정당하지 않은 성행동을 하게 되는 것이다. 교회와 '결혼'했다는 수많은 가톨릭 사제들도 마찬가지다. 수많은 신도들도 법적으로는 문제가 없지만 자기들이 믿는 종교의 도덕규범에는 어긋나는 성행동, 즉 이성 또는 동성과의 불륜이나 자위행위나 포르노 사용 같은 행동을 하고 있다. 그들은 기도, 고해, 성경 읽기, 헌금 등(버튼 누르기)을 통해 용서를 구하고는 다시 그런 성행동으로 돌아간다. 그렇게 해서 악순환이 계속 생명을 유지한다.

02 종교, 섹스를 먹고 자라는 나무

우리는 성지도sexual map를 어디에서 얻는가? 종교는 우리에게 그 지도를 쥐어주는 일에 왜 그토록 관심이 많은가? 종교의 성지도에서 성적인 억압이 왜 그토록 중요한가?

> "이 세상의 모든 즐거움 중에서 인간이 가장 신경을 쓰는 것은 성교이다. 인간은 그것을 위해 어떤 위험이라도 무릅쓸 것이다. 재산, 인격, 평판, 심지어 인생 그 자체까지도 내걸 것이다. 그런데 인간이 그만 무슨 짓을 저질렀는지 아는가? 자신이 생각하는 천국에서 그것을 빼버렸다! 기도가 그 자리를 대신 차지했다."
> – 마크 트웨인, 《노트북》, 1906

종교적 성도덕은 근본적으로 무의미하다. 모든 종교가 대체적으로 부정적이기 때문이다. 코란에 재미있고 개방적인 성을 즐기는 윤리적 방법에 관한 가르침이 있는가? 성경에 성과 관련된 자녀의 질문에 대처하는 법을 부모에게 가르쳐주는 구절이 있는가? 여성에게 오르가슴을 느끼게 해주는 다양한 방법에 대한 설교를 들은 적이 있는가? 모르몬경에 남자와 여자를 위한 구강성교를 다룬 장章이 있는가? 수십 권이나 되는 사이언톨로지 서적 중에 성적인 기구를 이용한 자위행위의 기쁨을 가르쳐주는 책이 있는가? 이 모든 종교적 문헌들 중에 사람들이 성적인 존재로서 다른 사람들과 정중하고 평등한 관계를 맺는 법을 가르쳐주는 것이 있는가?

섹스는 종교의 약점이다. 만약 종교라는 방정식에서 성적인 억압을 빼버리면 어떻게 될까? 교황이 어느 날 아침에 일어나서 "와, 어젯밤 최고의 몽정을 했습니다. 가톨릭교회가 자위행위를 정당한 것으로 인정해야 할 것 같습니다"라고 말하는 모습을 상상할 수 있는가? 모르몬교의 수장이 여성들이 최대 세 명까지 애인을 두는 것을 허락하라는 계시를 받는 일이 생길 수 있을까? 조지프 스미스Joseph Smith[모르몬교 창시자]는 자신이 원하는 만큼 많은 아내를 둘 수 있다고 허락하는 계시를 받았다고 말했다. ● 한편 1890년에 모르몬교회 지도자 웰포드 우드러프Welford Woodruff는 역시 신의 계시를 들먹이며 모르몬교의 일부다처제 관행을 폐지했다. 유타 주가 합중국의 일부로 받아들여질 수 있게 딱 맞는 시기에 하느님이 그에게 계시를 내렸다는 것이다. ●● 테드 해거드Ted Haggard, 에디 롱Eddie Long 주교, 래리 크레이그 Larry Craig 상원의원, 조지 레커스George Rekers처럼 동성애를 혐오하는 성직자들과 정치 지도자들(이들 모두 수상쩍은 행동을 하다가 들킨 적이 있다)이 교회가 반드시 동성애를 받아들여야 한다고 주장한 것과 같은 꼴이다.

이제 우리가 성에 관한 생각들을 어디서 얻고, 성적인 취향이 어떻게 생겨나는지 살펴보자. 그러고 나면 종교가 성적인 발달 과정에 어떻게 개입해서 이득을 취하는지 더 잘 이해할 수 있게 될 것이다.

● 조지프 스미스는 모두 합해 34명의 아내를 두었는데, 그중 몇 명은 겨우 열네 살이었다. 그의 아내들 중 11명은 이미 다른 남자와 결혼한 상태였지만 스미스가 신의 명령을 구실로 사실상 훔쳐오다시피 했다(http://www.wivesofjosephsmith.org/ 참조). 조지프 스미스가 죽은 뒤 모르몬교의 지도자가 된 브리검 영은 그보다 몇 단계나 더 나아가서 55명의 여성들과 결혼했다. 그들 중 적어도 여섯 명은 남편이 멀쩡히 살아 있는데도 영이 훔쳐온 사람들이었다.

●● 의회가 일부다처제의 폐지를 주(州) 인정 요건으로 규정해놓았다.

너무 작은 성지도

우리는 문화와 종교로부터 성지도sexual map를 물려받는다. 흔히 먹는 음식의 기본 틀을 물려받는 것과 똑같다. 전 세계에 존재하는 수많은 음식 종류를 생각하면, 우리가 물려받은 음식지도는 작은 편이다. 아니, 사실은 음식지도가 아주 제한되어 있기 때문에 다른 시대나 장소로 갑자기 이동하는 경우 수많은 음식을 앞에 두고도 자칫하면 굶어죽는 사태가 벌어질지도 모른다. 여러분이 브라질의 정글이나 아프리카의 칼라하리 사막에 갑자기 뚝 떨어졌다고 생각해보라. 원래 그곳에 살고 있는 주민들은 단순히 목숨을 부지하는 수준이 아니라 잘만 살고 있지만, 여러분은 음식을 잘못 먹고 식중독에 걸리거나 아니면 쫄쫄 굶게 될 것이다.

현대사회에서 우리는 우리 조상들이 들어본 적도 없는 다양한 향료와 이국적인 음식들을 통해 음식지도를 많이 확장시켰다. 그 결과 역사상 그 어느 때보다도 다양하고 흥미로운 음식을 먹을 수 있게 되었다. 하지만 이처럼 놀라운 변화가 이루어졌어도 일부 종교들은 여전히 음식의 선택권을 제한하려 한다. 유대교와 이슬람교는 돼지고기를 거부하고, 음식을 코셔[유대교의 율법에 맞게 준비한 정결한 음식. 뒤의 할랄은 이슬람교의 율법에 맞는 음식을 뜻함], 할랄(정당한 음식), 하람(정당하지 않은 음식)으로 구분한다. 힌두교는 모든 종류의 고기를 거부하고, 불교의 일부 종파들도 채식을 요구한다. 하지만 종교적인 사람들 중에서도 많은 수가 과거의 이런 규칙들을 간단히 무시한 채 흥미롭고 다양한 음식을 즐기고 있다.

섹스에 대해서도 마찬가지다. 시대별, 문화별로 엄청나게 다양한 성행동이 존재하기 때문에, 다른 민족과 다른 시대의 지식, 경험, 관습에 비하면 우리의 성지도는 손톱만큼 자그마하다. 게다가 불행히도 종교적 간섭 때문에 부정확하기까지 하다.

일부 종교가 음식의 종류를 제한하거나 음식을 준비하는 법을 규정해놓은 것처럼, 대부분의 종교는 신성한 행동과 신성하지 않은 행동, 정결한 행동과 부정한 행동을 규정해 놓고는 성행동을 제한한다.

종교적인 성지도는 주로 부족시대였던 청동기시대와 철기시대의 사고방식을 바탕으로 하고 있다. 대다수의 사람들이 현재 갖고 있는 지식도 그 정도에 불과하다. 날 때부터 성을 이해하는 사람은 없다. 따라서 분명한 가르침을 통해 성을 배워야 한다. 하지만 그보다 더 중요한 교재는 주위의 환경 속에 존재하는 수많은 암시와 신호들이다. 먼저 유아기에 우리는 "네 몸의 거기를 만지면 안 돼!"라는 말을 듣거나, 우리가 자기 몸에 호기심을 보이는 것을 부모들이 좋아하지 않는다는 느낌을 받는다. 어른들과 친구들이 던지는 농담 속에는 섹스를 어떻게 생각해야 하는지에 관한 가르침이 담겨 있다. 그래서 우리는 누군가가 다른 사람의 옷차림을 보고 "저 여자는 옷차림이 매춘부 같아"라고 말하는 것을 머릿속으로 흡수한다.

열아홉 살 때 교회 수련회에서 상담사 역할을 맡은 나는 참가자 한 명을 따로 만나서 자위행위를 하지 말라고 경고하는 성경 구절을 읽어주라는 지시를 받았다. 그 아이가 전날 밤 조금 지나치게 열을 내는 바람에 다른 아이들이 불평을 늘어놓은 모양이었다. 나도 자주 자위행위를 하며 엄청난 수치심을 느끼는 처지였으므로, 그 임무가 내게는 힘겨웠다. 그 수련회에서 나는 어떤 여자아이가 목사에게서 창녀처럼 옷을 입었다는 말을 듣고 울며 뛰어가는 광경도 목격했다. 그런데 그 목사는 그 뒤로 몇 년동안 여성 신도와 불륜을 저지르다가

두 번이나 발각되었다.

이런 경험들을 통해서 우리는 자신의 성지도를 구축하게 된다. 우리가 믿는 종교가 이슬람교인지 가톨릭인지, 정통파 유대교인지 감독파교회인지에 따라서 지도의 모양이 조금 달라지기는 하지만 한가지 공통점이 있다. 성적인 생물인 우리의 본 모습과는 거의 아무런 관계가 없다는 것. 생물학적 사실이나 진화상의 증거를 기반으로 한 부분은 하나도 없다. 뇌의 발달과 성에 관한 신경학적 연구나 인류학적 지식을 이용한 부분도 전혀 없다.

종교에 바탕을 둔 이런 지도들은 문화적 압박이 있을 때에만 갱신된다. 예를 들어 피임은 겨우 100년 전만 해도 거의 모든 종교가 죄로 간주했다. 하지만 오늘날에는 대부분의 종교들이 기혼자들의 피임에 대해 아무런 말도 하지 않는다. 심지어 피임을 여전히 못마땅하게 여기는 가톨릭교회조차도 넌지시 묵인해주는 분위기다. 또한 100년 전에는 여자가 바지를 입는 것이 상상조차 할 수 없는 일이었다. 특히 교회 안에서는 더했다. 하지만 오늘날 교회에서 바지를 입은 여성들을 모두 쫓아낸다면, 대부분의 교회가 텅 비고 말 것이다. 100년 전 혼전 섹스는 커다란 죄였다. 오늘날에는 미국인들 중 95퍼센트가 결혼 전에 섹스를 한다.[06] 교회는 지금도 혼전 성교에 반대하지만, 통계를 보면 교회의 설교에 귀를 기울이는 사람이 별로 없는 것 같다.

종교들은 천천히 성지도를 수정하고 있지만, 반발이 없는 것은 아니다. 게다가 수정된 내용조차 여전히 우리의 본 모습과는 아무런 상관이 없다. 그들의 성지도는 코란, 성경, 모르몬경 등 시대에 뒤떨어진 문헌들을 바탕으로 한 것이다. 지난 3천여 년 동안 종교의 성공은 성에 관한 근거 없는 주장들에 크게 의존하고 있었다. 지금도 다르지 않다. 도서관의 책이나 인터넷을 통해 수많은 정보를 구할 수 있는 시대에 성에 관한 근거 없는 주장들을 영속화하기가 예전만큼 쉽지 않을 뿐이다.

쓸모없는 2000년 전의 성지도

우리가 어린 시절에 손에 넣은 성지도에는 신체 이미지, 자위행위에 관한 죄책감, 성적인 취향 등 여러 가지가 포함되어 있다. 우리를 흥분시키는 것에서부터 흥분을 식게 만드는 것에 이르기까지, 월경을 대하는 태도에서부터 특정한 옷을 입을 여성의 권리에 이르기까지 다양한 것들이 포함되어 있는 것이다. 하지만 죄책감과 수치심으로 가득한 이 지도를 성의 길잡이로 이용하는 것은 광섬유망을 찾기 위해 고대도시의 하수도망 지도를 이용하는 것과 같다.

만약 우리가 갖고 있는 도시 지도가 2000년 전의 것뿐이라면 어떻게 할까? 그 지도가 오늘날 얼마나 쓸모가 있을까? 지금 내가 살고 있는 도시도 2000년 전에는 길이라고는 하나도 없는 허허벌판이었다. 어쩌면 동물들이 다니는 오솔길 몇 개쯤은 있었는지도 모르겠다. 그러니 그 벌판의 지도는 오늘날 거의 쓸모가 없을 것이다.

도시나 국가의 정확한 지도를 그리려면 실측과 끊임없는 정보 갱신이 필요하다. 특정한 지역의 모든 것을 담을 수 있는 지도는 없다. 도로 지도에 하수관의 위치가 나와 있던가? 땅이 가장 비옥한 곳이 어디인지 표시되어 있던가? 지도는 해당 영역의 모습을 비슷하게 묘사한 것에 불과하다.

종교는 내가 살고 있는 도시의 2000년 전 지도보다 나을 것이 없는 성지도를 우리에게 주려고 한다. 게다가 모든 종교는 또한 자신의 지도가 결코 틀리거나 부정확할 리 없다고 우리를 설득하려 든다. 지도를 잘 이해하지 못하거나 해석하지 못하는 사람은 이맘imam [이슬람교의 크고 작은 종교 공동체를 지도하는 통솔자]이나 신부나 목사와 의논하면 된다. 그러면 그들이 길을 알려줄 것이다.

만약 내가 지금 살고 있는 곳의 2000년 전 지도가 하느님의 계시로 작성되었으므로 철저히 정확하다고 확신한다면, 내 지도에 나와 있지 않은 모든 건물들, 콘크리트 구조물, 나무, 자동차 등을 모조리 무시해버릴 것이다. 바로 내 눈 앞에 보이는 것들을 믿지 않고 거부할 것이다. 그런데 이런 짓을 하면 차를 몰고 가다가 나무나 건물과 충돌하는 등 끔찍한 일을 당하게 될 가능성이 매우 높다. 이런 터무니없는 짓을 하는 사람이 있을까 싶겠지만, 성경을 성의 길잡이로 사용하려는 행위가 대략 이것과 비슷하다. 지난 100년 동안 우리가 인간의 성과 성적인 발달에 대해 많은 것을 새로 알게 되었기 때문이다.

기독교의 관점에서 결혼을 다룬 책들은 아주 많이 나와 있다. 그중에서도 장기적인 베스트셀러를 하나 꼽는다면, 게리 토머스Gary Thomas의 《신성한 결혼: 하느님이 우리를 행복하게 해주기보다 신성하게 만들어주려고 결혼을 고안해내신 거라면?Sacred Marriage: What If God Designed Marriage to Make Us Holy More Than to Make Us Happy》이 있다. 이 책은 섹스와 결혼에 관해 이야기하면서 기도를 잘하는 법, 예수님을 향한 믿음 안에서 갈등에 대처하는 법, 성적인 욕구를 부정하는 법을 가르친다. 페티시즘 취향을 파트너와 의논해보는 요령이라든가 재미있고 건전한 섹스에 관한 정보는 어디에도 없다. 하지만 하느님이 보실 때 섹스가 얼마나 잘못된 것인지에 관해서는 여러 가지로 설명해놓았다. 따라서 이 책의 저변에 깔려 있는 메시지, 지겹도록 되풀이되고 있는 메시지는 바로 죄책감에 관한 것이다. 이 책은 '영적인' 언어로 그 죄책감을 표현하고 있다. 하느님의 계획에서 섹스는 보잘것없는 부분이므로 믿음을 바탕으로 한 결혼 생활에서도 중요한 부분을 차지하면 안된다. 토머스는 11장인 "성적인 성자들: 기혼의 성은 영적인 통찰력과 인격 발달의 기회를 제공해줄 수 있다"에서야 비로소 섹스를 논의의 대상으로 삼는다.

결혼을 다룬 대부분의 기독교 책들과 마찬가지로 토머스의 책 역시 결혼해서 부부가 된 두 사람 사이에 엄청나게 거대한 죄책감을 만들어내는 방법을 연습할 수 있는 뛰어난 교재이다. 얄궂은 것은, 이런 책으로 공부하는 사람들 중 대다수는 아닐망정 많은 수가 결혼 전에 섹스를 하고, 자위행위를 하고, 때때로 포르노를 기웃거리면서도 그런 짓은 전혀 하지 않는 것처럼 행세한다는 사실이다. 다시 말해서, 겉으로는 천상의 영적인 존재가 자기 몸속에 살면서 밤낮으로 지켜보며 그들이 곧은길에서 벗어나지 못하게 지켜주는 것처럼 굴지만 사실은 평범한 인간들처럼 행동하고 있다는 뜻이다.

토머스의 책에는 온통 하느님에 관한 이야기뿐이다. 아니, 사실은 삼각관계에 관한 이야기라고 할 수 있다. 결혼한 사람들 사이에서 평범하게 생겨나는 유대감과 즐거움에 눈에 보이지 않는 누군가가 끊임없이 끼어들어 방해하는 이야기니까 말이다. 이런 식이라면 성적인 의사소통은 반드시 재앙으로 치닫게 되고, 궁극적으로는 이혼이나 섹스 없는 결혼 생활로 이어진다. 나는 헤아릴 수 없이 많은 기독교 신자 커플들과 이야기를 나눠보고 그들의 결혼 생활을 지켜본 뒤, 이런 종교적 가르침의 결과는 불안감과 죄책감이라는 결론을 내렸다. 몇 년 지나지 않아 섹스는 의미와 재미를 잃어버리고 기계적인 행위가 되었다가, 때로는 아예 사라져버리기도 한다.

동물의 성을 인간에게 가르치다

모든 종교는 저마다 섹스에 관해 한마디씩 떠들어대지만, 성에 관한 과학적 지식과 일치하는 내용은 거의 없다. 젊은이들이 자위행위로 자신을 더럽히지 않게 도와달라며 밤중에 예수와 알라에게 기도를 드리면서 고통스러워한 적이 몇 번이나 될까? 딸이 남자와 키스하는 장면을 신앙심 깊은 부모가 보게 된 탓에 이란, 파키스탄, 사우디아라비아에서 목숨을 잃거나 인생이 망가진 젊은이는 또 몇 명이나 될까? 자기들이 믿는 종교가 혼전 성교를 금한다는 이유로 몇 년 동안이나 성적인 박탈로 고생한 침례교도나 가톨릭교도는 얼마나 될까? 성교육이 종교적으로 금지되어 있기 때문에 원하지 않는 임신을 하거나 성병에 걸린 아이들은 몇 명이나 될까?

수많은 사람들이 종교 때문에 나무랄 데 없는 파트너와의 관계를 금지당하고 있다. 신부나 이맘이 이러이러한 행동을 하면 지옥에 떨어지거나 장님이 될 거라고 말했기 때문에, 수많은 사람들이 전혀 문제될 것이 없는데도 즐겁게 자신의 몸을 즐기지 못하고 있다.

신앙이 깊은 사람들은 대부분 섹스가 신성하다고 주장할 것이다. 종교의 '신성한 율법들'은 하나같이 널리 전도에 나서고 싶어하는 해당 종교의 이해관계와 부합한다. 종교가 진정 인간적인 성적 표현을 허용하는 경우는 드물다. 종교들은 이렇게 주장한다. "우리는 짐승이 아니다. 따라서 성적인 표현에 있어서도 짐승처럼 행동하면 안 된다." 하지만 종류를 막론하고 모든 종교는 인간보다 동물에 훨씬 더 가까워 보이는 성행동을 권유한다.

예를 들어 교황이 정해준 성행동은 떠돌이 개나 소나 고양이의 성적 표현과 놀라울 정도로 흡사하게 보인다. 이슬람교나 남부 침례교의 성관념은 곤충들의 번식 전략과 아주 흡사하다. 대부분의 동물들은 발정기가 되거나 성적으로 번식할 수 있는 시기에만 섹스를 한다. 반면 인간들은 언제든 섹스가 가능하다. 번식은 인간의 성에서 작은 일부분에 불과하다. 그보다는 기분 전환과 유대감이 훨씬 더 중요하다. 따라서 오로지 번식만을 위한 섹스는 인간이 아니라 동물과 비슷한 행동이다. 인간들은 아이 한 명을 낳을 때까지 수천 번이라도 섹스를 즐길 수 있지만, 개나 곤충은 그렇게 하지 않는다.

성적 억압은 종교의 생존법

성적인 금제禁制는 모든 주요 종교의 DNA 안에 포함되어 있다. 성적인 금제가 없다면 종교 자체가 붕괴할지도 모른다. 가장 성공적인 종교들은 성적인 억압과 성에 대한 비난에 기대고 있다. 그들은 성적인 억압으로 쌓인 에너지와 죄책감을 성장과 권력 유지에 이용한다. 성적인 억압이 없다면 종교는 이점을 잃어버릴 것이다.

서구 종교들만 이런 전략을 사용하는 것은 아니다. 동양 종교들도 서구 종교 못지않게 억압적이다. 힌두교와 불교는 여러 가지 방법으로 섹스를 이용한다. 불교 스님들과 비구니들은 섹스를 할 수 없다. 그리고 아주 어린 나이의 소년들이 절에서 교육을 받는다.[07] 달라이 라마는 관용을 이야기하면서도 동성애가 잘못이라고 말한다. 아시아 사람들이 믿는 대부분의 불교 종파는 자위행위에서부터 동성애와 항문성교에 이르기까지 다양한 성적 표현을 규제하고 비난한다. 일본과 태국의 불교는 수백 년 전부터 부처가 되고자 하는 여성의 열망이 남성보다 훨씬 더 약하다는 생각을 고수하고 있다. 그들은 또한 여성들이 매달 피로 땅을 더럽힌다고 주장한다. 서구(즉 캘리포니아) 불교도들은 여성주의에서 가져온 현대적인 생각들로 불교를 깨끗이 정리했지만, 불교 역시 여성에게 너그럽지 않기는 이슬람교나 기독교와 마찬가지다. 힌두교에는 특히 월경 중의 여성에 관한 규정이 있다. 또한 카스트제도는 서로 섹스를 할 수 있는 상대를 제한한다. 동양의 종교를 옹호하는 사람들은 성적인 억압이라는 주제와 부딪혔을 때, 성을 긍정적으로 다룰 뿐만 아니라 심지어 성에 관한 가르침까지 제시하고 있는 수많은 힌두 경전들을 언급한다. 하지만 이런 경전들이 있다 해도, 힌두교는 성적으로 억압적이다.

인도의 힌두 관습을 조사해보면, 공공장소에서 하는 키스, 월경 중의 섹스, 포르노가 금지되어 있음을 알 수 있다. 힌두교는 여러 면에서 빅토리아 시대의 영국보다 더 정숙함을 강조한다. 어떤 사람들은 빅토리아 시대에 영국이 인도에 영향을 미쳤기 때문이라고 주장하지만, 힌두교의 성적인 억압은 수천 년 전까지 거슬러 올라간다. 최근 여성의 처우를 다룬 《뉴스위크》 기사에서 인도는 165개국 중 141위로 세계 최악의 국가 중 하나였다.[08] 인도 인구의 80퍼센트가 힌두교도이므로, 인도에서 이루어지는 성적인 억압 중 대부분은 힌두교와 관련되어 있다. 하지만 이슬람교도 일정 부분 기여하고 있음이 틀림없다. 여성에 대한 성적인 억압은 인도 사회의 모든 카스트에 널리 퍼져 있다. 《뉴스위크》 조사에 관한 정부 답변에서 한 관리는 종교가 성적인 억압의 근본 원인일 가능성이 높다는 사실은 언급하지 않은 채, 여성을 찬양한 힌두교 경전만을 인용했다.

한편 정통파 유대교는 여성이 월경 중일 때와 그 뒤로 7일 동안 섹스를 금지한다. 여성이 부정한 존재라는 고대의 인식에 바탕을 둔 관습이다. 매달 3분의 1에 해당하는 기간 동안 부정한 존재로 취급받으면서 여성들은 무슨 생각을 할까?

모든 종교는 성적인 금제가 계몽, 구원, 죄로부터의 해방, 신과의 친밀한 소통을 위해 필요하다고 말한다. 하지만 이런 주장에서 초자연적이거나 영적인 측면을 제거하고 나면, 모든 것이 모래성처럼 무너져 내린다. 내가 인생의 가장 커다란 즐거움 중 하나를 거부한다면 그 이유가 무엇일까? 커다란 초자연적 보상이나 엄청난 처벌이라는 전제 조건이 없다면, 그런 식으로 즐거움을 거부하는 행위는 납득하기 힘들다. 게다가 그렇게 성적인 즐거움을 희생하는 것이 헛된 일이 될 가능성도 얼마든지 존재한다.

만약 이슬람교의 신이 옳다면, 기독교인들은 인생을 즐겨도 될 것이다. 어차피 이슬람교의 지옥에 떨어지게 될 테니까 말이다. 만약 침례교의 신이 옳다면, 가톨릭 신부들의 금욕은 즐거움을 누릴 수 있는 잠재능력의 커다란 낭비이자 아무 짝에도 쓸모없는 고생일 뿐이다.

종교를 널리 퍼뜨리는 데 성적인 억압이 필수적이라는 사실을 인정하고 나면, 우리 자신을 위해서 새로운 성적 기본틀을 구축할 수 있게 된다. 이처럼 새로운 기본틀을 만들고, 현실성 있는 지도를 고안하기 위해서는 반드시 생물학, 심리학, 역사, 인류학을 잘 알아야 한다. 여러 시대와 다양한 문화 속의 성을 살펴보고, 인간의 성이 얼마나 넓고 깊은지 이해해야 하기 때문이다. 이런 정보와 지식으로 무장한 뒤에는 그것을 바탕으로 자신의 성에 대해 결정을 내릴 수 있게 된다. 또한 장기적이고 성실한 관계를 통해 유대감을 형성했을 때 느낄 수 있는 기쁨을 계속 유지하려면 섹스를 어떻게 보아야 하는지도 배울 수 있게 된다.

섹스에서 종교를 제거하면 교조적 교리의 방해가 없는 탐구가 가능해진다. 종교에서 말하는 도덕보다 윤리가 더 중요해진다. 이제 성에 관한 종교의 근거 없는 주장들을 살펴보자.

뻔뻔한 거짓말들 03

교리를 주입하는 과정에서 성에 관한 흔한 인식들이 많이 만들어진다. 이런 믿음들은 우리가 모르는 사이에 우리에게 심오한 영향을 미칠 때가 많다.

흔히 볼 수 있는 주장들

성에 관한 우리의 인식 속에는 근거 없는 주장들이 많이 내재되어 있다. 대부분의 사람들은 이런 주장들에 의문을 품거나 자세히 살펴보지 않는다. 사실 이런 주장들에 의문을 품는 것은 곧 종교에 의문을 품는 것이기도 하다. 가톨릭에 의문을 품지 않고서야 어찌 동정녀 출산에 의심을 품겠는가? 이슬람교에 의문을 품지 않고서야 어찌 무함마드가 아홉 살 소녀와 결혼하는 '아동성애적' 행동을 저지른 것을 자세히 살펴볼 수 있겠는가? 모르몬교의 창시 과정 자체에 의문을 품지 않고서야 어찌 1840년대에 조지프 스미스가 모르몬교를 믿는 남자들은 많은 아내를 취해도 된다는 계시를 받은 것과 1890년에 우드러프가 '안면을 바꿔서' 모르몬교도는 오로지 한 명의 아내만을 취해야 한다는 계시를 받았다고 주장한 것에 대해 논할 수 있겠는가? 지금 이야기한 이것들이 모두 성에 관한 근거 없는 주장들이다.

창세기에 가장 먼저 등장하는 이야기도 성에 관한 근거 없는 주장이다. "······이에 그들의 눈이 밝아 자기들의 몸이 벗은 줄을 알고 무화과나무 잎을 엮어 치마를 하였더라"(창세기 3:7). 아담과 이브가 정확히 무슨 행동을 했는지는 어디에도 밝혀져 있지 않지만, 어쨌든 섹스와 관련된 행동임은 분명하다!

코란에는 여자들이 월경 중에 병을 앓는다는 주장이 나온다.

> 소The Cow 2:222. 그들이 그대(오 무함마드여)에게 월경에 관해 묻는다. 대답은, 그것은 질병이니 그 시기에는 여자들을 건드리지 말고, 그들이 정결해질 때까지 그들 안에 들어가지 말라. 그들이 스스로를 정화한 뒤에는 알라께서 너희에게 명령하신 것처럼 그들 안으로 들어가라. 진정으로 알라께서는 자신에게 의지하는 자들을 사랑하시며, 정결함에 신경 쓰는 자들을 사랑하신다.

로마서 5장 12절에서 바울은 원죄가 아담에게서 시작되었으며, 그것이 아담 이후의 인류를 모두 타락시켰음을 분명히 한다. "이러므로 한 사람으로 말미암아 죄가 세상에 들어오고 죄로 말미암아 사망이 왔나니 이와 같이 모든 사람이 죄를 지었으므로 사망이 모든 사람에게 이르렀느니라." 이 이해하기 힘든 주장으로 인해 수백 년 동안 수많은 사람들이 고통을 겪었다. 이 주장에 따르면, 사람은 불완전하게 태어난 존재이고, 사람에게 성이 있다는 사실 자체가 바로 그 증거다. 특히 여자들의 경우에는 성 때문에 영원한 저주를 받을 수 있다.

아니, 실제로 그렇게 될 것이다. 여자는 남자를 유혹해서 '타락'의 원인을 제공했으므로, 더 죄가 많고 수상쩍다.

다른 근거 없는 주장들은 우리의 성행동과 구체적으로 관련되어 있다. 자위행위는 씨앗을 흘리지 말라는 신의 명령에 어긋난다. 창세기에서 세상을 떠난 형제의 아내를 임신시키는 대신 자신의 씨앗을 흘리는 편을 택한 가엾은 오난의 이름을 따서 자위행위는 수백 년 동안 '오나니즘'이라고 불렸다. 그런데 현대의 종교 전문가들은 죽은 형제의 아내를 임신시킨다는 당시의 기묘한 관습을 깜박 잊어버렸는지 이 관습을 시행하지 못한 것을 죄의 목록에 포함시키지 않는다. 그들은 형제의 아내가 십중팔구 원하지 않을 텐데도 그녀와 관계를 맺는 행위가 아니라 씨앗을 흘리는 행위를 범죄로 본다.

성에 관한 이런 근거 없는 주장들의 목록은 놀랄 만큼 길다. 몇 가지만 간단히 예를 들어보자.

- 우리가 섹스를 할 때 하느님이 지켜보신다.
- 예수님은 우리가 자위행위를 하는 것을 싫어하신다.
- 동성애는 간음보다 훨씬 더 큰 죄이다.
- 여자들은 주인 앞에서 정숙함을 위해 몸을 가려야 한다.
- 여자들은 거의 모든 상황에서 남편의 성적인 요구에 응해야 한다.
- 결혼의 울타리 밖에서 이루어지는 섹스는 언제나 잘못이다.
- 포르노는 여자와 아이들에게 해롭다.
- 종교 지도자들은 성과 결혼에 관해 조언할 수 있는 자격을 갖추고 있다.
- 월경은 더럽기 때문에 월경 중인 여자와 섹스하면 안 된다.
- 아이들과 청소년들에게 섹스에 관해 가르치는 것은 실제로 섹스를 하라고

부추기는 꼴이다.

- 아이들에게 예수님의 계획을 가르친다면 성적인 유혹에 저항하는 데 도움이 될 것이다.

- 성적인 공상은 잘못이다. 마음속에 욕망을 품는 것만으로도 간음을 저지른 것이다.

- 우리와 똑같은 성적인 감정을 느끼는 사람은 없으므로 틀림없이 우리가 죄인이다.

- 혼전 성교는 결혼 생활에 해를 끼친다.

- 결혼한 부부라도 지나치게 섹스를 많이 하는 것은 잘못이다.

- 여자들은 섹스를 즐기지 않는다.

- 남자가 여자에게서 원하는 것은 섹스뿐이다. 여자는 예수님의 성적 수문장이다.

- 혼전 순결과 금욕은 오랫동안 행복한 결혼 생활을 하는 데 도움이 된다.

- 섹스 파트너가 많은 여자는 헤프다.

- 섹스 파트너가 많은 남자는 그저 여자를 이용할 뿐이다.

- 여자는 반드시 남자에게 순종해야 한다.

- 항문성교는 하느님이 보시기에 혐오스러우며 잘못된 일이다.

- 간음을 저지른 자는 처벌받아 마땅하다.

- 여자는 남자를 유혹해서 타락하게 만든다.

- 구강성교는 자연의 법칙에 어긋난다.

- 하느님은 잉태의 순간에 영혼을 끼워 넣는다.

- 성적인 쾌락은 위험하다.

- 길에서 벗어난 목사들도 예수님이 명령한 것처럼 용서받을 자격이 있다.

이 밖에도 수없이 많은 근거 없는 주장들이 우리가 머릿속에 넣어

가지고 다니는 성지도에 포함되어 있다. 이런 주장들 중 대부분 또는 전부를 믿지 않는 사람도 있겠지만, 믿는 사람들도 많다. 이런 주장들은 성적인 발달과 성을 즐기는 능력에 직접적으로 영향을 미치며, 자녀 교육은 물론 투표 성향에도 영향을 미친다.

기독교의 근거 없는 주장 중에서도 가장 유해한 것을 하나 꼽는다면 일부일처제 신화가 있다.

'일부일처제'라는 신화

일부일처제가 자연스러운 상태라는 인식이 워낙 깊이 머릿속에 박혀 있기 때문에 대부분의 기독교인과 유대인은 자기들이 믿는 신을 섬겼던 가장 거룩한 남자들(솔로몬, 다윗, 아브라함 등등)이 수많은 아내들과 첩들을 거느렸다는 사실을 완전히 무시해버리는 능력을 발휘한다. 솔직히 예수가 정의한 것과 같은 형태의 일부일처제는 대다수의 기독교인들조차 실천하지 않고 있다.

예수는 평생 섹스 파트너를 한 명만 두는 것을 일부일처제로 정의했다.

> 마태복음 5:31~32. "누구든지 아내를 버리거든 이혼 증서를 줄 것이라 하였으나 나는 너희에게 이르노니 누구든지 음행한 연고 없이 아내를 버리면 이는 저로 간음하게 함이요 또 누구든지 버린 여자에게 장가드는 자도 간음함이니라."

가장 극단적인 간음이 저질러진 경우가 아니라면, 이혼은 논외임을 분명히 밝힌 구절들은 이 밖에도 또 있다. 고린도전서에 나오는 사도 바울의 다음과 같은 말이 좋은 예다.

> 고린도전서 7:10~11. "혼인한 자들에게 내가 명하노니 (명하는 자는 내
> 가 아니요 주시라) 여자는 남편에게서 갈리지 말고 만일 갈릴찌라도 그냥
> 지내든지 다시 그 남편과 화합하든지 하라. 남편도 아내를 버리지 말라."
> 39절 "아내가 그 남편이 살 동안에 매여 있다가 남편이 죽으면 자유하
> 여 자기 뜻대로 시집갈 것이나 주 안에서만 할 것이니라."

예수는 자신의 말이 무슨 뜻인지 분명히 하기 위해 다음과 같이 말
했다.

> 마태복음 19:4~6. "예수께서 대답하여 가라사대 사람을 지으신 이가
> 본래 저희를 남자와 여자로 만드시고 말씀하시기를, 이러므로 사람이
> 그 부모를 떠나서 아내에게 합하여 그 둘이 한 몸이 될찌니라하신 것을
> 읽지 못하였느냐. 이러한즉 이제 둘이 아니요 한 몸이니 그러므로 하나
> 님이 짝지어 주신 것을 사람이 나누지 못할찌니라."

예수와 바울에게 혼전 성관계는 말할 필요도 없는 일이었다. 이런
인식을 바탕으로 기독교는 배우자가 죽었을 때만 유일한 예외로 인
정하는, '평생 한 명의 파트너'를 일부일처제로 정의했다. 배우자 중
한쪽이 간음을 저지른 경우에도 피해를 입은 다른 한쪽 배우자 역시
재혼할 수 없다. 그런데 오늘날 이런 일부일처제를 실천하고 있는 기
독교인이 과연 몇 명이나 될까? 혼전에 섹스를 한 모르몬교도, 불륜
을 저지른 침례교도, (간음을 제외한 다른 사유로) 혼인 무효 선언을 받

아낸 가톨릭교도, 이혼 뒤에 재혼한 모든 사람은 일부일처제를 따르고 있는 것이 아니다.

미국 하원의장을 지냈으며 대단히 보수적인 가톨릭 신자인 뉴트 깅리치Newt Gingrich는 세 번 결혼했고, 그 밖의 파트너가 과연 몇 명이나 있었을지는 아무도 모른다. 따라서 성경의 정의에 따르면 그는 결코 일부일처제를 실천하는 사람이 아니다. 그럼 전국복음협회의 전前 회장인 테드 해거드는 일부일처제를 실천했는가? 그는 남창과 섹스한 적이 있다고 시인했다. 대형 교회의 전도목사인 얼 폴크는 일부일처제를 실천했는가? DNA 검사 결과 그의 '조카'가 사실은 그의 아들임이 밝혀졌다. 그가 제수씨와 섹스를 해서 아들을 낳은 것이다(그 아들은 조카의 자격으로 지금 그의 교회를 물려받는 중이다). 죽은 형제의 아내와 잠자리를 하라는 규정이 성경에 나오는 것은 사실이지만, 아무래도 얼은 자신의 형제가 죽을 때까지 기다릴 수 없었던 것 같다.

해거드와 폴크의 신도들 중에도 그들만큼이나 일부일처제에 어긋나는 생활을 하는 사람들이 많다.[09] 어떤 사람들은 뉴트 깅리치나 복음 전도사인 조이스 마이어 같은 사람이 순차적 일부일처제serial monogamy를 따르고 있다고 말할 것이다. 하지만 '순차적 일부일처제'라는 개념은 말이 되지 않는다. 기독교 전통에 따르면, 일부일처제는 한 가지뿐이다.

따라서 일부일처제는 대다수의 기독교인들 사이에서 허구가 된다. 적어도 이슬람권의 남자들은 이 문제를 걱정할 필요가 없다. 아내가 네 명까지 허용되기 때문이다. 게다가 무함마드는 그보다 훨씬 많은 아내들을 자신에게 허락했다.

결혼 생활 속에 예수를 어떻게 끌어들일 것인지에 관해 지금까지 수많은 사람들이 수많은 설교를 했다. 나도 그런 설교를 들은 적이 많은데, 그 설교를 한 목사들 중 적어도 10여 명은 나중에 불륜을 저지르다 발각되거나 아내와 이혼했다. 2000년에 교회 연구가 조지 바나^{George Barna}가 실시한 연구에 따르면, 근본주의자들의 이혼율이 가장 높았다.[10] 이혼율에서 수위를 차지한 종파는 비非종파^{non-denominational}[정치적 또는 신학적 이유로 기존의 종파 구분을 인정하지 않고 자율성을 유지하는 교회들이나 기독교 단체들을 일컫는 말], 감독파교회, 침례교, 오순절교회파였다. 예수님은 이 사람들의 결혼 생활에 별로 영향을 미치지 않은 모양이다.

목사들의 이혼율은 전체 인구의 이혼율과 대략 비슷하다.[11] 결혼 생활에 예수님을 기꺼이 맞아들이라고 설교하고 가르치는 사람들의 이혼율이 다른 사람들과 똑같다면, 예수님 요법이 효과가 없음이 분명하다.

종교치료사이자 사우스웨스턴 신학교 졸업생인 로이 오스틴^{Roy Austin} 박사는 바나의 연구에 대해 다음과 같이 자신의 의견을 밝혔다.

> 복음주의와 근본주의 커플들은 마법을 바라는 것 같은 생각을 할 때가 많은데, 그 때문에 결혼 생활의 어려움에 준비가 잘 되어 있지 않다. 무신론자들은 신을 믿지 않기 때문에 신이 자신의 결혼 생활을 구해줄 거라고 기대하지도 않는다. 순전히 '두 사람이' 해결해야 하는 문제라는 생각이 마법에 대한 기대를 없애버린다.[12]

《신성한 결혼》의 저자이자 워싱턴 주 벨링검에 있는 복음주의 영성센터 소장인 게리 토머스는 "기독교인들이 '행복이 아니라 거룩함'을 찾는 데 결혼 생활을 이용해야 한다"고 말한다. 그는 교회가 지나치게 너그럽기 때문에 이혼이 늘어난다고 본다. "기독교인들은 결혼을 그리스도에게 봉사할 기회로 생각할 필요가 있다. 기독교인이 이혼하는 것은 그리스도에 대한 헌신보다 자신의 행복을 우선하는 행동이다." 이 사람이 주장하는 대로 예수를 따르다보면 불행한 결혼 생활과 이혼에 이르게 될지도 모른다는 사실을 쉽게 알아차릴 수 있다.

　지금까지 종교가 신도들에게 영원히 주입하려 드는 수많은 근거 없는 주장들 중 몇 가지 예를 들어보았다. 다음 장에서는 조금 다른 맥락에서 더 많은 주장들을 살펴볼 것이다.

04 예수는 자위를 했을까?

기독교에서 성의 상징들은 어떻게 되었는가? 기독교는 왜 일부일처제를 요구하는가? 초창기 기독교인들은 모두 성에 냉담했는가?

예수의 성적 정체성

하느님이 섹스 중인 사람들을 지켜보고, 사람들이 자위를 언제 하는지도 알고 있고, 누군가가 다른 사람을 욕망에 찬 시선으로 바라보는 것도 지켜보고 있다는 주장은 성에 대해 강한 반감을 지닌 신화의 영향을 받은 초기 기독교 저작들에서 나온 것이다. 신약성서와 '니케아 이전의 교부들The Ante-Nicene Fathers'● [원래는 니케아 신경이 반포되기 이전, 기독교 초기 시대에 나온 글들을 모은 책의 제목. 여기서는 그 책에 글

● 니케아 이전의 교부들은 서기 100년에서 325년까지 기독교에 관한 글을 쓰고, 기독교를 옹호했다. 오늘날 대부분의 기독교인들은 그들의 저작에 대해 잘 모르지만, 그들의 저작은 오늘날 기독교인들의 믿음 중 많은 것들의 바탕이 되었다. 니케아 이전의 교부들로는 클레멘트, 이그나티우스, 폴리카르프, 유스틴 마르티르, 이레나에우스, 테르툴리아누스 등이 있다.

이 실린 교부들을 가리킨다]은 유혹에 빠지지 않기 위해 섹스를 피하라고 충고했다. 기독교 저작들과 전통적인 견해에 따르면 예수는 사실상 고자나 마찬가지다.●● 예수는 랍비라고 불렸다. 유대문화에서 랍비는 아내를 여읜 사람이 아닌 이상 언제나 유부남이었다. 그렇다면 예수가 결혼하지 않은 채 랍비가 될 수는 없었던 것 아닌가? 서른 살의 나이에 예수가 독신이었을 가능성은 희박하다. 하지만 아내가 있었다면 예수는 자동적으로 성적인 존재가 된다. 자녀를 두었다면 더욱더 그렇다. 하지만 예수의 결혼이나 자녀 출산은 그를 무성無性적인 존재로 보는 기독교의 인식에 방해가 될 것이다.

한편 예수가 원래 여자였는데 남자로 간주되었을 가능성도 있다(10장에서 안드로겐 무감성 증후군을 다룬 부분 참조). 만약 그가 처녀의 몸에서 태어났다면, 곧 처녀생식으로 잉태되었다는 뜻이다. 처녀생식이란 수컷의 정자로 수정되는 과정을 거치지 않은 채 암컷이 혼자 번식할 수 있는 능력이다.[13] 하지만 처녀생식으로 태어나는 것은 언제나 암컷뿐이므로, 만약 처녀생식으로 태어난 인간이 있다면 그도 여성일 것이다. 따라서 생물학적으로 봤을 때, 동정녀 출산이 사실이라면 예수는 여성이었을 것이다.

생물학적인 시각에서 동정녀 출산을 바라보는 것은 흥미로운 일이다. 기독교에서 섹스는 항상 부정한 행위로 간주된다. 그러니 구세주가 부정한 행위로 태어났다고는 말할 수 없지 않은가? 성에 부정적이었던 초기 기독교의 세계관에 그런 주장은 허용될 수 없었다. 따라

●● 예수가 실제로 고자를 입에 담은 적이 있는데, 스스로 고자가 되는 것이 좋은 생각이라고 말하는 듯하다. "어미의 태로부터 된 고자도 있고 사람이 만든 고자도 있고 천국을 위하여 스스로 된 고자도 있도다. 이 말을 받을만한 자는 받을찌어다."(마태복음 19:12).

서 초기 기독교 저술가들은 거슬리는 사실들을 지워버리는 편집 작업을 했다. 아내, 자녀, 성행위를 통한 예수의 잉태 등은 모두 예수를 성적인 존재인 두 명의 인간에게서 태어난 성적인 존재로 만들어버릴 터였다. 그리고 이것은 성에 냉담하던 초기 기독교인들에게 부담이 되었다.

사라진 여자와 아이들

그렇다면 예수의 뒤를 따른 사람들은 어떤가? 당시 유대문화에서 결혼은 믿을 수 없을 만큼 중요한 일이었다. 요즘도 특히 정통파 유대교인들은 그때와 다를 것이 없다. 따라서 예수의 추종자들 중 대다수가 결혼하지 않았을 것이라고 믿기는 힘들다. 베드로는 분명히 기혼자였고(누가복음 4:38), 바울도 확실히 아내들을 언급했다. "우리가 다른 사도들과 주의 형제들과 게바와 같이 자매 된 아내를 데리고 다닐 권이 없겠느냐"(고린도전서 9:5). 대부분의 전문가들은 예수의 제자들 중 적어도 일부는 기혼자였다고 인정할 것이다.

하지만 신약성서에서 아내들은 제외되어 있다. 아이들도 마찬가지다. 그렇게 많은 제자들과 추종자들이 있는데, 그중에 아이가 있는 사람이 전혀 없다는 것이 가능한 일일까? 예수와 그 제자들이 모두 동성애자라서 아내나 아이들이 필요하지 않았을 것이라는 주장을 내놓은 사람도 있지만, 그건 좀 무리한 해석 같다.

그렇다면 여자와 아이들은 어떻게 된 걸까? 기독교 성경학자에게 물어보면 그는 아마 이렇게 대답할 것이다. "여자들은 중요한 존재로 여겨지지 않았기 때문에 그들을 언급할 필요가 없었습니다." 이 대답에 어느 정도 정당성이 있는 것은 사실이지만, 그래도 사내아이들은 중요한 존재였다. 하지만 베드로나 바울의 아들들, 요한의 손자들이 성경 속 어디에 언급되어 있는가?

카리스마적인 창시자가 존재할 때, 후손은 항상 문제가 된다. 무함마드의 자녀들과 손주들이 어떤 문제를 일으켰는지 한번 보라. 이슬람교가 수니파와 시아파로 갈라진 이유 중 하나는 바로 무함마드의 자녀들과 그의 핵심 추종자들이 영적인 계승을 놓고 벌인 싸움이었다. 모르몬교가 조지프 스미스의 아들 일파와 브리검 영Brigham Young 일파로 갈라진 것은 또 어떤가? 가부장 문화에서 아들들은 아버지의 재산과 명성을 물려받을 권리가 있다. 특히 장남들이 그렇다. 오럴 로버츠Oral Roberts [1918~2009, 미국의 유명한 텔레비전 전도사]의 아들이 그의 제국을 이어받은 것이나 빌리 그레이엄Billy Graham의 아들이 아버지의 직위를 이어받은 것처럼, 초기 기독교인들도 사도들의 아들들(과 딸들)을 받들었을 것이다.

사도들의 자손이 존재했을 것이라는 점에는 의심의 여지가 없다. 바울은 그 자손들 중 일부를 알고 있었을 법도 한데, 글에서는 예수의 사도들을 많이 언급하지 않았고 그들의 자손에 대해서는 한 번도 언급하지 않았다.

많은 교육을 받은 유대인 관리였던 바울에게 결혼은 지상명령처럼 피할 수 없는 일이었을 것이다. 그가 아내와 자식들을 버리고 지중해 지역을 돌아다니며 새로 등장한 기독교를 전도한 걸까? 그렇다면 그의 자녀들과 손주들은 어떻게 되었을까? 그들의 이야기는 왜 문헌에서 쏙 빠져버렸을까? 어떻게 그런 일이 벌어졌을까?

나는 두 가지 이유가 있었을 것이라고 짐작한다. 첫째, 기록에 자녀를 남기는 것이 정치적으로 불편했다는 점. 둘째, 기독교의 무성성이라는 허구의 중요성. 1세기 말에 점점 성장하고 있던 교회의 성직자들과 기독교 창시자들의 후손들 사이에 모종의 투쟁이 벌어졌을 가능성이 높다. 당시 막 싹을 틔우는 단계였던 성직자 집단이 이 투쟁에서 궁극적으로 승리를 거둔 뒤 예수, 바울, 베드로 등 중요 인물들의 피를 이어받은 자들의 이름을 지우는 데 심혈을 기울였을 것이다. 아무 혈연관계가 없는 성직자들이 일단 우위를 점한 뒤 아내와 자손들을 배제한 채 역사를 다시 쓴 것이다.

그 뒤로 교회가 예수의 이야기에 등장하는 여성 인물들의 비중을 줄인 것이야말로 특히 여성들이 의도적으로 이야기에서 배제되었다는 좋은 증거이다. 빌립 복음서, 마리아 복음서, 피스티스 소피아 복음서에는 모두 마리아와 베드로 사이의 갈등이 묘사되어 있다. 이 복음서들의 모든 이야기에서 베드로는 마리아가 여자라는 이유로 그녀의 말에 반기를 든다. 하지만 이 문헌들을 비롯한 많은 자료들은 여성이 한때 중요한 역할을 했음을 보여준다. 마리아 복음서처럼 최근 들어 이런 문헌들 여러 편이 재발견되었지만, 이 문헌들의 연대는 모두 서기 200년대에서 500년대 사이이다. 이 문헌들은 기독교가 창시된 뒤 400~500년 동안 널리 유통되다가 제거되었을 것이다.

고대역사 전문가인 리처드 캐리어 박사는 다음과 같이 말한다.

기독교가 시작된 날부터 여성들은 확실히 중요한 존재였다. 바울은 신도들을 위해 집과 자금을 제공해준 여러 여성들에게 감사의 뜻을 표하고, 그들도 교회 일에 평등하게 참여할 수 있다는 규칙을 정했다. 고린도서에 포함된, 여성을 깎아내리는 구절이나 디모데서는 위작으로, 후대에 기독교가 여성을 혐오하게 되었음을 보여준다. 바울은 거의 평등주의자에 가까웠으며, 사도행전에는 많은 여성 개종자들의 역할이 분명하게 언급되어 있다. 따라서 사도들의 아내/딸/어머니(그리고 자녀들)에 대한 언급이 없는 것이 한층 더 기괴하다.[14]

초창기의 많은 기독교 저술가들에게는 힘을 쥔 여성들 또는 불편한 여성들을 글에서 제외해야 할 이유가 있었다. 초기 기독교의 강력한 가부장제 모델이 힘을 쥔 여성들을 허용하지 않았으므로, 나중에라도 의문이 생기지 않도록 아예 그 여성들의 이야기를 빼버리는 것이 최선이었다. 여자들과 아이들의 이야기가 전혀 등장하지 않는 새로운 문헌을 위조한 사람들도 있었다. 기독교 학자들은 '라틴 기독교의 아버지'라고 불리는 테르툴리아누스(서기 160~220)를 수백 년 동안 우러러보며 그의 글을 인용했는데, 그는 놀라울 정도로 심하게 여성을 경멸하는 사람이었다. 따라서 그가 조성한 분위기를 따라 모든 이야기에서 가능한 한 여성이 제거된 것은 그리 놀라운 일이 아니다.

무성의 역사로 고쳐 쓰기

최근에도 종교가 다른 버전의 이야기들을 없애버리고, 여성들에 관한 내용을 제거한 새로운 이야기를 쓴 사례가 여럿 있다. 우선 모르몬교는 조지프 스미스의 시신이 식기도 전에 자신의 역사를 새로 쓰기 시작했으며, 지금도 계속 고쳐 쓰고 있다. 독실한 모르몬교 신자에게 조지프 스미스나 브리검 영의 아내가 몇 명이었느냐고 한번 물어보라. 그 신도는 아마 두 사람의 아내가 각각 34명과 54명(몇 명쯤 오차가 있을 수 있다)이었다고 말하지 않을 것이다. 모르몬교 성직자들이 일부다처제 결혼을 부정하거나 깎아내리고 있기 때문이다. 심지어 조지프 스미스의 아내였던 에마 스미스조차 남편이 죽은 뒤 그가 일부다처제 결혼을 했다는 사실을 부정하는 캠페인을 벌였다. 하지만 브리검 영은 일부다처제를 실천했을 뿐만 아니라, 유타 주에서 자신의 추종자들에게 일부다처제를 권하기까지 했다. 그런데도 모르몬교회는 초창기에 중요한 역할을 했던 이 여자들과 아이들의 공을 기리지 않는다.[15]

가톨릭은 처음부터 자신의 역사를 다시 쓰는 작업을 활발히 진행해왔다. 예를 들어 서기 325년에 니케아 회의에서 승리를 거둔 사람들과 반대편에 섰던 자들은 그 직후 관련 문헌에서 이름이 삭제되었다.[16] 당시 최고의 이단자는 알렉산드리아의 주교 아리우스(250~336년경)였지만, 그의 이른바 '이단'을 따르는 사람이 엄청나게 많았다. 그중에는 심지어 로마 황제 두 명도 포함되어 있었다. 그런데도 니케아 회의의 승리자들은 역사를 고쳐 썼다. 콘스탄티누스는 아리우스의 저작들을 불태우고 금서로 지정하라는 명령을 내렸다. 그 때문에 오늘날 우리는 가톨릭 저술가들이 그를 비난한 글 외에는 그에 대해 알아볼 길이 거의 없다. 아리우스파는 니케아 회의 이후에도 100년 동안 제국의 몇몇 지역에서 계속 성세를 누렸지만 그 뒤로 그들의 저작은 대부분 사라져버렸다.

역사적으로 '불편한' 인물들을 문헌에서 삭제해버린 두 번째 이유는 성과 관련되어 있다. 기독교의 시각에서 볼 때 섹스는 부정한 행위였다. 기독교인들에게 "예수가 섹스를 했습니까?" 하고 물은 뒤 그들의 신체적인 반응을 살펴보라. "베드로가 아내와의 섹스를 즐겼습니까?" "예수가 사랑했던 마리아와 마르타가 오르가슴을 제대로 즐긴 적이 있습니까?" 같은 질문도 괜찮다. 기독교 신자들은 이런 질문들을 머리에서 처리하지 못한다. 기독교 창시자들을 무성적인 존재로 보고 있기 때문이다.

기독교의 이런 믿음과, 이슬람교도들이 창시자의 성에 대해 갖고 있는 믿음을 비교해보자. 무함마드는 언제, 누구랑 섹스를 해야 하는지, 성노예를 어떻게 취급해야 하는지 등 여러 가지 문제에 관해 온갖 조언을 내놓았다. 모르몬교 창시자들도 대단히 성적인 존재였다. 모르몬교에서는 심지어 예수도 기혼자로 본다. 모르몬교는 처음부터 일부다처제를 시행했지만, 전체적인 기독교 문화 속에 받아들여지려고 노력하는 과정에서 역시 무성적인 종교로 점점 변화했다.

다른 종교와 달리 기독교에서는 무성성이 워낙 중요하기 때문에, 창시자들이 성적인 존재가 아니었음을 나타내기 위해 역사를 자꾸만 고쳐 쓰는 작업이 계속 이어지고 있다. 이처럼 기독교가 무성성을 이상으로 보는 탓에 이 이상에 부응하지 못하는 사람은 죄책감을 느끼게 된다.

마리아 처녀 만들기

무성성의 이상은 예수의 어머니조차 처녀로 만들어버릴 만큼 중요했다. 가톨릭교회는 마가복음 6장 3절에 예수의 형제들과 누이들이 언급되어 있는데도● 그들의 존재를 열렬히 부정한다. 만약 마리아에

● 마가복음 6:3. "이 사람이 마리아의 아들 목수가 아니냐 야고보와 요셉과 유다와 시몬의 형제가 아니냐 그 누이들이 우리와 함께 여기 있지 아니하냐 하고 예수를 배척한지라." 이 밖에 마태복음 12:46, 요한복음 2:12와 7:3, 사도행전 1:14, 갈라디아서 1:19 등 성경에 예수의 형제자매들이 언급된 부분이 무려 다섯 군데나 된다.

게 다른 자녀들이 있었다면, 마리아가 성교라는 부정한 행위를 했다는 뜻이므로 가톨릭 신화에 나오는 것처럼 순수하고 더럽혀지지 않은 사람이 될 수 없다. 그런데 이 신화는 교리문답 전체의 기반을 이루고 있다. 마리아는 요셉과 결혼한 것이 아니라 하느님과 결혼했으며, 하느님이 그녀를 임신시켰다. 요셉은 그저 마리아가 어린 나이에 남자친구와 성행위를 하다가 임신한 사람이라고 창피를 당하지 않게 해주는 편리한 존재였을 뿐이다. 교회의 주장에 따르면, 마리아와 요셉은 결혼했지만 결코 잠자리를 갖지 않았다. 요셉이 마리아 주위에 오랫동안 머무르지도 않았다. 마리아는 그리스도를 낳기 전에도, 임신 중에도, 그를 낳은 뒤에도 항상 처녀였다(가톨릭교회의 교리문답, 2차 영역본, 496~511). 예수가 12살 때 신전에서 사건을 일으킨 뒤로 요셉의 존재는 한 번도 언급되지 않는다.

이 주장은 현재 수녀들을 상대로 한 성적 왜곡에서 그대로 되풀이된다. 수녀들은 예수와 '결혼'한 상태로 금욕한다. 마리아 숭배도 강하다. 교황 자신은 물론 많은 수녀들과 사제들이 예수보다 마리아를 우선적으로 숭배한다. 비록 그들 자신은 이런 사실을 부정하겠지만, 그들의 행동을 보면 무엇이 사실인지 알 수 있다. 교황 요한바오로 2세는 총에 맞은 뒤 병원으로 실려 가는 동안 계속 "마리아, 나의 어머니시여"라고 중얼거렸다. 그리고 1년 뒤 그는 몸이 회복된 것을 마리아에게 감사하기 위해 파티마로 순례여행을 떠났다.

지금까지 가톨릭 교리를 중점적으로 살펴보았지만, 동정녀 출산은 그리스 정교와 개신교에도 영향을 미치고 있다. 뉘앙스는 조금 다를지라도, 그들은 모두 창시자를 무성적인 존재로 본다는 공통점을 지니고 있다. 예를 들어 모든 기독교 종파에 공통적으로 적용되는 니케아 신경에는 다음과 같은 기본적인 개념이 포함되어 있다.

> ……그분은 우리 인간들을 위하여, 또 우리의 구원을 위하여, 하늘에서 내려오시어, 성령으로 동정녀 마리아로부터 육신이 되시고, 사람이 되시었으며…….[17]

많은 개신교도들이 이용하는 사도신경도 마찬가지다.

> 나는 전능하신 아버지 하나님, 천지의 창조주를 믿습니다. 나는 그의 유일하신 아들, 우리 주 예수 그리스도를 믿습니다. 그는 성령으로 잉태되어 동정녀 마리아에게서 나시고…….[18]

이 신경들을 조금씩 변형시킨 것들도 있지만, 동정녀 마리아에 관한 언급은 빠지는 법이 없다. 이 신경들은 원래 믿음을 표준화하고, 교회의 핵심적인 주장에 따르지 않는 자들을 박해하거나 제거하기 위해 고안된 것이었다.

현대의 비종파주의자●들은 자기들에게는 이런 신경들과 같은 것이 없다고 주장하지만, 동정녀 출산의 정당성에 대해 질문을 던져보면 다음과 같이 응수할 것이다. "성경에 그렇게 적혀 있으니 틀림없이 사실이겠죠."

우리는 초창기 기독교 창시자들이 인간이라는 사실을 알고 있으므

● 비종파주의는 기독교 세계 여기저기에서 등장한 초대형 교회들에 적용되는, 모호하고 혼란스러운 용어다. 이 교회들은 대개 신학적, 정치적 독립성, 카리스마적인 지도자 단 한 명이라는 특징을 지니고 있다. 윌로크릭, 갈보리 교회, 코너스톤 펠로쉽, 그리스도 커미션 펠로쉽(필리핀) 등이 여기에 포함된다.

로, 그들 역시 자위행위, 결혼, 섹스 등을 하고, 자녀를 낳고, 가끔은 불륜도 저지르고, 가슴속에는 확실히 욕망을 품고 있었을 것이라는 결론을 내릴 수 있다. 하지만 기독교 경전에서 이 창시자들은 인간적인 욕망에 전혀 영향을 받지 않는 존재로 묘사되어 있다. 고린도서에서 바울이 "육체의 가시"를 언급했을 때에만 그가 뭔가 문제를 안고 있다는 사실이 아주 은근히 암시되어 있을 뿐이다. 하지만 그가 정확히 무엇을 말하고자 했는지는 그저 추측만 할 수 있을 뿐이다. 어쩌면 자위행위를 너무 많이 하는 것이 그의 고민이었을 수도 있고, 아니면 술을 너무 많이 마신다거나 정부情婦를 두고 있다는 것이 고민이었을 수도 있다.• 하지만 이런 짓을 저지른 종교 지도자들은 바울 이전에도 있었다.

자위: 한 손으로 짓는 죄

대부분의 종교가 그렇듯이, 기독교도 자위행위는 나쁜 짓이라고 가르친다. 기껏 좋게 말해봐야, 수상한 짓이라는 정도다. 시애틀의 초대형 교회 마스힐의 설립자인 마크 드리스콜도 많은 종교 지도자들과 마찬가지로 자위행위에 반대한다.

"……자위행위는 여성과 상관없는 성행동이기 때문에 일종의 동성애일 수 있습니다. 만약 남자가 아내와 성적으로 친밀한 행위를 하면서 자위를 한다면 그것을 동성애적 행동이라고 볼 수는 없습니다. 하지만 아내가 없는 방에서 그런 행동을 하는 남자는 동성애 행동과의 경계에 서 있

• 고린도후서 12:7~9. "여러 계시를 받은 것이 지극히 크므로 너무 자고하지 않게 하시려고 내 육체에 가시, 곧 사단의 사자를 주셨으니 이는 나를 쳐서 너무 자고하지 않게 하려 하심이니라."

는 것입니다. 특히 그가 거울로 자신의 몸을 보면서 그 모습에 흥분한다면 더욱 그렇습니다."[19]

나홀로 섹스self-sex는 사람들에게 최초의 섹스이다. 이것을 비정상으로 규정하는 것은 자연스러운 성을 왜곡하는 짓이다. 아이는 자신의 중요하고 은밀한 성행동이 변태적인 행위라는 말을 곧 어디선가 듣게 될 것이고, 이것이 아이의 영적인 성장, 결혼, 시력 등에 문제를 야기할 가능성이 높다.

가슴속에 욕망을 품기만 해도 간음한 것과 같다는 예수의 말은 자위행위를 둘러싼 죄책감에 딱 맞는 영양분을 제공해준다.●● 자위행위에는 대개 약간의 상상력과 시각화 능력이 필요하다. 여성들에게 다행인 것은, 예수가 말한 간음이 남자와 기혼 여성 사이의 일이었다는 점이다. 독신 여성은 간음을 저지를 수 없다. 또한 성경은 여성들의 자위를 금하지 않는다. 비록 대부분의 기독교 종파가 여성들의 자위라는 말에 인상을 찌푸리기는 하겠지만 말이다.

간음이라는 개념은 남자의 소유권과 직접적으로 관련되어 있다. 간음을 금지한 것은 한 남자가 다른 남자의 재산에 간섭하는 것을 막기 위해서다. 출애굽기 20장 14절에 나오는 "간음하지 말찌니라"라는 규정, 17절에 나오는 "네 이웃의 집을 탐내지 말찌니라. 네 이웃의 아내나 그의 남종이나 그의 여종이나 그의 소나 그의 나귀나 무릇 네 이웃의 소유를 탐내지 말찌니라"라는 규정 그대로다.

●● 마태복음 5:27~28. "또 간음치 말라 하였다는 것을 너희가 들었으나 나는 너희에게 이르노니 여자를 보고 음욕을 품는 자마다 마음에 이미 간음하였느니라."

일부일처제의 기원

흥미로운 것은, 십계명에 배우자를 몇 명까지 둘 수 있는지가 전혀 언급되어 있지 않다는 점이다. 출애굽기와 신명기가 집필되던 당시 일부다처제는 유대교와 그 주변 문화권에서 일상적으로 시행되던 제도였다.

서기 1세기 로마 치하에서 일부일처제의 로마인들은 일부다처제의 유대인들을 눈감아주었다. 헤롯 왕은 유대인이었기 때문에 아내를 여럿 둘 수 있었다.● 당시 헤롯의 이런 행동에 대해 목소리를 높이는 사람이 없었던 것은 그것이 사회적으로 허용되는 행위였기 때문이다. 많은 문화권과 마찬가지로 유대인 사회에서도 일부다처제를 실천하는 사람들은 대체로 상류계급이었다. 여러 명의 아내를 부양하려면 잉여자산이 필요하기 때문이다. 따라서 일부다처제가 가장 널리 시행되던 시기에도 대다수의 유대인들은 현실적인 문제로 인해 일부일처제를 고수했을 것이다.

일부일처제를 지키던 그리스와 로마의 지배가 300년 동안 이어진 탓인지, 일부다처제는 상류계층에서조차 서서히 인기를 잃었다. 하지만 유대교가 일부다처제를 공식적으로 불법으로 규정한 것은 11세기에 이르러서였다.[20]

예수는 유대인들이 일부다처제를 시행하는 것을 틀림없이 직접 보았을 텐데도 일부다처제에 반대하는 말을 전혀 하지 않았다. 그보다 후세에 신약성서를 쓴 사람들도 역시 일부다처제를 비난하지 않았다.

● 유대의 역사가인 플라비우스 요세푸스는 헤롯이 9명의 아내를 두었으며, 자녀는 적어도 15명이었다고 말한다. 그들 중 적어도 다섯 명의 이름이 알려져 있다. 도리스, 마리암네 1, 마리암네 2, 예루살렘의 클레오파트라, 말타케가 그것이다.《The Works of Flavius Josephus, War of the Jews, Book 1, 28:4》

디모데전서 3장 12절에 나오는 "집사들은 한 아내의 남편이 되어"라는 구절은 기독교인들도 일부다처제를 시행하고 있었음을 시사한다. 일부 기독교인들이 한 명 이상의 아내를 두지 않았다면, 굳이 집사들에게 위와 같은 조건을 요구하지 않았을 것이다.

기독교가 처음 싹을 틔우던 시기에 유대교 안팎의 세상에서는 모두 일부일처제와 일부다처제가 뒤섞여 있었다. 기독교가 로마의 지배를 받는 비非유대인 사회로 번져나갈 때에도 이미 일부일처제를 시행하는 지역들이 많았으므로 일부다처제는 이슈가 되지 않았다. 하지만 일부다처제를 시행하던 북아프리카와 아라비아반도에서는 조정이 필요했다. 교회는 일부다처제를 탐탁지 않게 여겼지만, 당시에는 많은 사람들을 기독교로 개종시키는 것이 더 중요했다. 일단 한 지역이 기독교로 개종하고 나면, 교회는 서서히 압력을 가해서 일부다처제를 몰아냈다. 아내를 여럿 거느린 부유한 개종자에게 세 아내 중 두 명을 포기하라고 요구하는 것은 지나친 일이었지만, 그 부자의 아들들에게는 한 명 이상의 아내를 두는 것을 자제해달라고 요구할 수 있었다. 다시 말해서 초기 교회는 혹시 개종할지도 모르는 사람들을 소외시키지 않고, 부자들에게도 접근하기 위해 일부다처제 문제에 관해 대체로 침묵을 지켰다는 뜻이다.

기독교가 일부일처제를 주장하는 것은 성경에 바탕을 둔 행동이 아니다. 초기 교회 지도자들은 일부다처제를 비난하는 것을 내켜하지 않기도 했다. 구약성서의 핵심적인 인물들도 모두 아내를 여럿 두었다. 아우구스티누스(서기 354~430)는 유대 족장들의 일부다처제를 비난하지 않았지만, 이제는 일부다처제가 더 이상 필요하지 않다고 말했다. 그는 유대 족장들이 아내를 여럿 둔 것은 단순히 아이를 많이 낳고 싶었기 때문이라는 억지주장을 만들어내서 사람들에게 가르쳤다. 그는 반드시 많은 자녀를 낳아야 하는 시대가 지났으므로, 이제는 일부일처제가 더 바람직하다고 말했다. 하지만 직접적으로 일부다처제를 비난한 적은 없다. 만약 여러분이 아우구스티누스의 이런 주장에 혼란을 느낀다면, 여러분 혼자만 그런 것이 아님을 알아주기 바란다.

기독교가 탄생한 뒤 처음 몇 세기 동안은 일부 기독교인들이 일부다처제를 따랐을 가능성이 높다. 하지만 기독교는 상류계급보다는 이미 일부일처제를 실천하고 있던 하층계급의 운동이었다. 따라서 바로 이 점 때문에 처음부터 일부일처제가 기준으로 받아들여졌을 것이다. 교회는 5세기에 들어서야 비로소 공식적으로 일부다처제를 불법화했고, 그 뒤로는 이것이 기본적인 원칙이 되었다.

하지만 아우구스티누스로부터 1천 년 뒤인 마르틴 루터Martin Luther의 시대에도 일부다처제 문제는 여전히 고개를 내밀고 있었다. 루터는 1524년 1월 13일에 그레고르 브뤽에게 보낸 편지에서 다음과 같이 밝혔다. "나는 사람들이 여러 아내와 결혼하는 것을 금지할 수 없다고 고백합니다. 그것이 성경에 어긋나지 않기 때문입니다."[21]

현대의 기독교 문화는 성경에 일부다처제[22]는 물론이고 일처다부제를 금하는 구절도 없다는 사실을 무시하고 있다. 결혼과 관련된 문제에서 성경은 대체로 침묵을 지키는 편이다. 모르몬교는 일부다처제에 대해 고민하지 않았다. 예수에게 세 명의 아내가 있었다고 믿었기 때문이다. 조지프 스미스는 처음부터 일부다처제를 규정으로 정했다.[23]

모르몬교, 힌두교, 이슬람교의 일부다처제에서 볼 수 있듯이, 종교는 일부일처제가 아닌 결혼 제도 속에서도 상당한 성공을 거둘 수 있다. 기독교의 일부일처제는 처음 3세기 동안의 문화적 압력이 낳은 결과일 뿐이다. 이 기간 동안 기독교 내부에서 엄격한 일부일처제가 발전했다.

결혼 생활에서 느끼는 성적인 기쁨은 신약성서에 언급되어 있지 않다. 그런 기쁨을 장려하는 구절도 없다. '니케아 이전의 교부들'은 성적인 기쁨이라는 개념에 노골적인 적의를 드러냈다. 언제든 예수가 돌아와 우리를 심판할 것이라는 이 교부들의 믿음은 곧 우리가 항상 성적인 순결을 지키지 않으면 지옥에 떨어질지도 모른다는 것을 뜻했다. 모르는 것이 없고, 엿보는 것을 좋아하고, 복수심이 강한 존재로 신을 설정한 탓에 성에 대해 강한 죄책감과 두려움을 느끼는 종교가 만들어진 것이다.

이제 이번 장의 제목을 통해 제기한 의문에 답을 해보자. 예수는 자위를 했을까? 만약 그가 실존인물이라면, 사춘기 때 자위행위를 했을 가능성이 높다. 자신의 몸으로 이런저런 실험을 해보지 않는 소년은 드물다. 하지만 아예 날 때부터 성에 냉담한 사람들도 있다. 만약 예수가 그런 사람이었다면, 아마 평생 자위행위를 한 적이 없을 것이다. 예수는 다음과 같이 말했다.

마태복음 19:12. "어미의 태로부터 된 고자도 있고 사람이 만든 고자도 있고 천국을 위하여 스스로 된 고자도 있도다. 이 말을 받을만한 자는 받을찌어다."

어쩌면 예수는 날 때부터 고자였는지도 모른다. 그렇다면, 그런 고자가 어떻게 섹스와 결혼에 관해 조언할 수 있었을까?

이제 대부분의 종교에서 섹스가 그토록 중요한 자리를 차지하는 이유, 종교가 섹스를 그토록 많이 이용하는 이유를 이해하기 위해 수치심과 죄책감의 메커니즘으로 주의를 돌려보자.

수치심과 죄책감은 어떻게 다른가? 수치심은 어떻게 해서 사람들이 계속 종교에 물들어 얌전히 지내게 하는가? 이슬람교와 기독교의 수치심은 어떻게 다른가?

죄책감을 넘어서는 수치심

종교적인 죄책감과 수치심은 조직을 갖춘 대부분 종교의 1차적인 도구지만, 종교마다 사용하는 방식이나 강도는 다르다. 이슬람교, 힌두교, 기독교의 성적인 체제가 각각 다른 이유가 무엇일까? 이 질문의 답은 대체로 이 종교들이 수치심과 죄책감을 이용하는 방식에서 찾아볼 수 있다.

논의를 진행시키기 위해서 먼저 종교적 죄책감을 어떤 규칙이나 도덕적 원칙을 어겼을 때 느끼는 감정이라고 정의하자. 다른 사람들은 아무도 나의 행동에 대해 모를지라도, 모든 것을 보시는 신은 알고 있다. 죄책감은 일단 입력되고 나면 나 외에 다른 사람은 전혀 모를 때에도 여전히 기능을 발휘한다. 자위행위가 신의 율법에 어긋나는 행위라고 배운 사람은 그 행위를 할 때마다 자신의 행위에 대해 아는 사람이 전혀 없는데도 죄책감을 느낄 것이다.

수치심은 이보다 더 깊은 감정으로, 다른 사람들의 심판뿐만 아니라 수치심을 느끼는 본인의 정체감 역시 여기에 관련되어 있다. 사람이 특정한 행동을 하면 나쁜 사람, 망가진 사람, 병든 사람이 된다는 것이 곧 수치심의 기반이다. 이슬람교를 믿는 여성들은 날 때부터 결혼 전에 순결을 잃으면 돌이킬 길이 없다고 배운다. 순결을 잃은 여성은 신과 주위 사람들 앞에서 병들고 더러운 사람이 되는 것이다. 이런 믿음은 공포심을 만들어냄과 동시에, 수치심으로 이어질 수 있는 행동을 피하는 데 정신을 집중하게 만든다. 이슬람 여성들은 신의 이러한 율법을 어긴 여자들의 사례를 이야기로 듣기도 하고, 직접 눈으로 보기도 한다. 일상 대화에서 순결의 상실은 더러움, 불결한 것, 질병과 동일시되며, 사회적 유대 관계, 지위, 지원의 상실과도 연결된다. 더러워진 여성은 따돌림과 학대의 대상이다. 1장에 나온 버튼의 비유와 놀랄 만큼 흡사한 얘기다.

수치심은 죄책감과는 완전히 다른 차원의 프로그래밍이다. 수치심을 느끼는 사람은 그런 행위를 한다는 생각만으로도 질병과 사회적 배척을 떠올린다. 그리고 실제로 그 행동을 하게 되면 정서적으로 엄청난 혼란이 일어난다. 어쩌면 더럽고 불결한 느낌에 압도되어 자신이 무가치한 인간이라는 생각을 하게 될 수도 있다. 다시 말해서, 수치심은 심리적으로 깊은 흔적을 남긴다. 이슬람교도였다가 지금은 무신론자가 된 미국 여성의 다음 이야기는 이 점을 잘 보여준다.

나의 성적인 성숙이 시작되자 어머니가 내 방에 들어와 앉더니 이렇게 말했다. "절대 네 몸을 스스로 만지지 마. 그랬다가는 시집도 못 갈 거야." 이것이 내가 받은 성교육의 전부였다. 나는 어머니의 말뜻도 알고 있었고, 내 몸을 만지고 싶은 충동을 느낀 적도 없었다. 하지만 그다음 해에 충동과 이런저런 생각들이 생겨났다. 나는 거의 2년 동안 아무런 짓도 하지 않고 그런 충동에 저항했지만, 어느 날 밤 마침내 무릎을 꿇고 혼자서 처음으로 오르가슴을 느꼈다. 다음 날 아침 나는 수치심에 휩싸인 나머지 병이 나버렸다. 학교에도 가지 않았다. 그때 내가 느낀 더러움, 역겨움, 두려움을 어떻게 설명해야 할지 모르겠다. 나는 고작 열네 살의 나이에 시집도 갈 수 없는 몸이 되었다고 두려워하고 있었다. 내 미래의 남편이 내 행동을 알아차릴 능력이 있어서 날 거부하게 된다는 건지 궁금했다. 그리고 오래지 않아서 나는 신앙심이 아주 깊어졌다. 알라에게 나의 헌신을 보여주고 수치심에서 벗어날 방법을 찾고 싶었다. 나는 대개 충동에 저항했지만 가끔 거기에 굴복했고, 그러고 나면 모든 과정이 다시 처음부터 시작되면서 알라에 대한 나의 헌신이 점점 깊어졌다.

다행히도 이 여성은 이슬람교를 떠나 지금은 아무런 수치심이나 죄책감 없이 자위행위나 애인과의 섹스를 즐기고 있다. 하지만 그녀가 겪은 시련은 이슬람교뿐만 아니라 기독교, 힌두교, 모르몬교 등 여러 종교의 수많은 여성 신도들이 지금도 겪고 있는 일이다.

수치심은 원래 뿌리가 깊기 때문에 죄책감에 비해 지워버리기가 훨씬 더 힘들다. 수치심을 느끼는 사람은 실제로 자신이 영원히 더러워졌다는 사실이 포함된 새로운 정체성을 만들어낸다. 죄는 기도나 고해를 통해 용서받을 수 있을지 몰라도, 수치심은 개인의 정체성에 지울 수 없는 흔적을 남긴다. 수치심을 느끼는 사람은 자신이 더러워졌다거나 병들었다는 생각에 너무 빠져든 나머지 비이성적이고 자기 파괴적인 행동을 하기도 한다.● 또한 조금이라도 숨을 돌릴 수 있을 것이라는 희망을 안고 신앙에 더욱 깊이 빠져드는 경우가 일반적이다.

수치심은 죄책감보다 더 파괴적인 경우가 많기 때문에, 나는 여기서 수치심에 초점을 맞출 것이다.

수치심의 기원

수치심을 불러일으키는 행동은 가족과 주변 사람들로부터 죄보다 더 강한 반응을 이끌어낸다. 어머니의 말씀에 순종하지 않는 죄를 지은 소녀가 죄책감을 느낄 수도 있고, 어머니가 화를 낼 수도 있다. 하지만 소녀는 집안일이나 요리를 평소보다 더 돕는 걸로 어머니의 사랑을 되찾고 앞으로 나아갈 수 있을 것이다. 반면 수치심과 관련된 규칙을 어긴 사람은 아무리 참회하고 기도해도 그 오점을 깨끗이 씻어낼 수 없다. 어머니나 아버지가 아무리 용서해주어도 그 수치스러운 행동은 지워지지 않는다. 게다가 주위 사람들, 특히 가족들까지도 자신이 더러워졌다는 새로운 정체성을 받아들이게 된다. 따라서 수치스러운 행동을 저지른 소녀나 여성(수치를 강조하는 문화에서 관심의 초점이 되는 것은 대개 여성들이다)은 처벌을 받는 데서 그치지 않고 나병 환자처럼 고립된다.

고대 그리스에서 '아이도스^aidos'(수치심)라는 단어는 남녀 모두에게

● 죄책감과 수치심, 특히 극단에 이른 죄책감과 수치심이 아주 흡사하다는 생각이 든다면, 제대로 본 것이다. 이 두 가지를 구분하는 내용만으로 채워진 책들도 많이 나와 있을 정도다. 하지만 여기서는 논의가 지나치게 학문적으로 흐르는 것을 막기 위해, 단순한 구분법을 쓰고 있다.

적용되었지만, 여성의 경우에는 성적인 의미가 강했고 남성의 경우에는 '명예'가 좀 더 관련되어 있었다. 남자가 수치를 당하는 곳은 전쟁터이고, 여자가 수치를 당하는 것은 성적인 부분이었다. 그리스 전설에 따르면, 아이스크히네 여신이 사람들에게 수치심을 주어 사람들이 특정한 행동을 피하게 만들었다고 한다.

신약성서(원래 그리스어로 집필되었다)에서 '아이도스'라는 단어는 딱 두 번 사용되는 데, 여성이 자신이나 주위 사람들을 수치스럽게 만들지 않기 위해 정숙함을 지켜야 한다는 부분에서 한 번, 주제를 특정할 수 없는 부분에서 한 번이다.

> 디모데전서 2:9. "또 이와 같이 여자들도 아담한 옷을 입으며 염치와 정절로 자기를 단장하고 땋은 머리와 금이나 진주나 값진 옷으로 하지 말고."

역사적으로 여러 시기에 기독교는 수치심을 중요한 도구로 사용했지만, 여기에는 대개 수치심의 규칙을 위반한 자에게 벌을 내릴 수 있는 친밀한 사람들의 집단이나 부족이 필요하다.

종교개혁과 함께 '모든 신자가 곧 사제'라는 의식이 등장하면서 기독교는 수치심에서 멀어져 죄책감과 좀 더 가까워지게 되었다. 개신교도들은 신과 직접 소통할 수 있었으므로, 사제나 교회 관리가 아니라 신에게 직접 용서를 구해야 했다. 이 때문에 공동체의 중요성이 줄어들고 개인이 더욱 중심이 되었다. 기독교, 특히 개신교가 수치심보다 죄책감을 더 강조하는 것은 십중팔구 이 때문일 것이다.

수치심의 종교

많은 서구인들은 섭씨 38도의 더위 속에서도 머리에서 발끝까지 감싸는 옷을 입게 만들 만큼 여성들을 완벽히 억압하고 사람들을 통제하는 이슬람교의 힘에 경이를 느낀다. 이슬람교는 기독교와는 몹시 다른 방식으로 성적인 통제를 실시하는데, 이 차이의 뿌리는 두 종교가 처음 시작되었을 때의 상황에까지 이어져 있다. 이슬람교는 부족의 종교로 시작된 반면, 기독교는 처음부터 개인 또는 가족적 종교의 성격이 강했다. 기독교는 팔레스타인에서부터 출발해 한 번에 한 명, 또는 한 가족을 개종시켰다. 하지만 이슬람교에서는 무함마드가 자신의 부족을 이끌고 정복에 나서서 성공한 뒤, 개종이 영적인 성격 못지않게 군사적인 성격을 띠었다. 무함마드는 정치 천재이자 군사 천재였으며, 자신의 업적과 카리스마를 이용해 미신을 잘 믿는 주위 부족들을 설득해서 알라가 자신의 편임을 믿게 만들었다. 여기에 칼도 설득의 도구로 사용되었다.

따라서 부족 전체가 이슬람교로 개종하는 경우가 많았다. 당시 아라비아 반도에는 유대인, 기독교인, 기타 이교도 부족들이 살고 있었는데, 무함마드는 이 부족들 사이의 분열과 갈등을 이용해서 우세한 위치를 점했으며, 궁극적으로 그들을 지배하는 자리에 올라섰다. 그리고 자기 부족의 관습과 전통을 자신의 새로운 종교에 주입했다. 그가 실행에 옮긴 많은 전통들과 관념들은 이미 그가 정복한 부족들의 삶 속에 포함되어 있었으므로 새로운 신자들이 굳이 커다란 변화를 도모해야 할 필요가 없는 경우가 많았다. 전부는 아니지만 대부분의 부족들이 일부다처제를 시행하고 있었던 것이 좋은 예이다. 여성들은 기본적으로 소유물이었으며, 아버지나 남편의 철저한 통제를 받고 있었다. 서기 600년대에 신생 종교인 이슬람교는 한 집단 전체를 통째로 개종시키는 경우가 많았다. 그러면 그 집단들은 몇 가지 사소한 수정만을 거쳐서 자기들의 전통을 계속 고수했다. 메카도 이미 이교도의 신성한 성지였던 것을 무함마드가 손쉽게 변화시켜서 알라를 위한 예배와 순례의 도시로 만들었다.

무함마드는 분열되어 있던 지역을 하나의 종교 아래 통합했으며, 거기에 우월한 군사력을 동원했다. 정복, 전쟁, 남성의 지배권은 이슬람의 상징이었다. 그 뒤로 수백 년에 걸쳐 정치적 분열이 일어났지만, 이슬람교의 부족시대적 본질은 지금도 고스란히 남아 있다.

이와는 대조적으로 기독교는 지하운동으로 시작되었다. 기독교에는 이슬람처럼 강렬하고 탄탄한 부족적 뿌리가 없다. 뿌리는 유대교에 있을지 몰라도, 기독교는 그 부족적 뿌리에서 재빨리 멀어졌다. 300년이 넘는 기간 동안 로마 당국의 눈을 피해 숨거나 도망치다가 서기 400년대에 이르러서야 비로소 자기 발로 설 수 있었기 때문이다.

여러 면에서 기독교보다는 이슬람교가 고대 이스라엘의 부족들과 더 흡사하게 보인다. 구약성서와 코란을 나란히 놓고 읽어보면, 율법과 계명이 놀라울 정도로 비슷하다는 것을 알 수 있다. 두 경전 모두 그들의 신에게 절하지 않는 자들의 살해를 허용할 뿐만 아니라, 심지어 명령하기까지 한다. 그리고 두 경전 모두 성노예를 허용한다.

출애굽기 21:7~11. "사람이 그 딸을 여종으로 팔았으면 그는 남종같이 나오지 못할찌며 만일 상전이 그를 기뻐 아니하여 상관치 아니하면 그를 속신케 할 것이나 그 여자를 속임이 되었으니 타국인에게 팔지 못할 것이요 만일 그를 자기 아들에게 주기로 하였으면 그를 딸같이 대접할 것이요 만일 상전이 달리 장가 들찌라도 그의 의복과 음식과 동침하는 것은 끊지 못할 것이요 이 세 가지를 시행하지 아니하면 그는 속전을 내지 않고 거저 나가게 할 것이니라."

코란 [viii] 24장 [빛] 31절. "믿는 여자들에게 말하노니 시선을 내리깔고 은밀한 부위를 지키며 저절로 드러나는 것 외에는 장신구를 드러내지 말라. 머리덮개를 가슴까지 쓰게 하고, 남편이나 아버지, 남편의 아버지, 아들이나 남편의 아들, 형제, 형제들의 아들, 자매들의 아들이나 그들의 여자, 오른손이 소유한 자들(여성 성노예)이나 (여자가) 필요하지 않은 남자 하인들을 제외하고는 다른 사람들에게 장신구를 드러내지 않게 하라……."

두 구절 모두 남자 가장에게 전적인 통제권을 주고, 여성을 경제적, 정치적 가치를 지닌 소유물로 취급한다. 가부장적인 성격이 대단히 강하며, 성적인 규칙을 위반했을 때 남자보다 여자에게 더 심한 처벌을 내린다는 점도 같다. 수치심에 강하게 초점을 맞춘다는 점도 같다.

개인주의적 죄책감을 바탕으로 한 기독교의 현대적 방식은 사람을 돌팔매질로 죽이거나, 목을 잘라 죽이거나, 수치심을 부추겨서 자살 폭탄공격에 나서게 만드는 일 같은 것은 허락하지 않는다. 만약 기독교가 비키니를 입었다는 이유로, 또는 사순절 기간에 단식을 제대로 하지 못했다는 이유로 여성들을 사형에 처했다면 세속주의가 지금처럼 발달할 수 없었을 것이다. 이것이 이슬람교의 이점이다. 이란이나 사우디아라비아 같은 나라에서 라마단 기간에 단식의 규칙을 어긴다면 신체적으로 해코지를 당할 위험이 있다. 그러니 비키니를 입는 건 말할 필요도 없는 일이다.

이슬람교는 어떻게 이런 상황을 만들 수 있었을까? 신자들은 태어나서부터 명예와 수치심이라는 개념을 깊이 주입당한다. 이슬람 공동체가 없던 곳에 새로 이슬람 공동체가 생기면, 구성원들 사이의 긴밀한 관계 덕분에 종교적 원칙을 실천하게 만들기가 쉬워진다. 가능한 경우에는 심지어 샤리아의 율법을 시행하는 별도의 법정마저 연다. 뉴욕의 아일랜드계 주민이나 런던의 인도계 주민과 어떤 점이 다른 것일까? 그들도 자기들만의 관습과 전통을 갖고 있는 것은 마찬가지지만, 이슬람 공동체만큼 자기들만의 시스템을 실행에 옮기지는 못했다. 테오 반 고흐Theo Van Gogh 살인 사건, 이슬람 율법에 따라 살만 루시디Salman Rushdie에게 내려진 판결, 네덜란드의 전직 의원 아얀 히르시 알리Ayaan Hirsi Ali에 대한 살해 협박●, 무함마드를 등장시킨 만화 때문에 벌어진 폭동과 살해 협박과 살인 사건, 네덜란드에서 젊은 여성들을 대상으로 벌어진 명예살인, 이 모든 것은 이슬람에서 수치심의 문화가 어떻게 작동하는지 보여주는 사례들이다.

수치심의 문화는 아주 어려서부터 두려움과 자연스러운 방어기제를 이용해 순응적인 인간을 길러내는 간단한 심리적 방법을 이용한다. 자주 제재를 가할 필요는 없다. 아이들에게 관련 내용을 가끔 보여주고 들려주면 아이들 스스로 그것을 내면화할 것이다. 서구인들

● 테오 반 고흐는 이슬람 세계의 여성들에 관한 단편영화를 만들었다가 암스테르담에서 이슬람교도 남성에게 살해되었다. 그와 공동작업을 했던 아얀 히르시 알리는 협박 때문에 그때부터 줄곧 경호를 받으며 숨어 살고 있다. 살만 루시디도 《악마의 시》를 발표했다는 이유로 내려진 이슬람 종교재판관의 판결 때문에 위협받고 있다.

은 사우디아라비아에서 공개 참수형이 시행되었다거나 젊은 여성들이 애인과 도망쳤다는 이유로 친오빠들의 손에 목숨을 잃는다는 얘기에 경악한다. 토론토에 사는 어떤 이슬람교도는 딸이 자신의 명령에 반항해서 남자친구에게 편지를 썼다는 이유로 딸을 죽였다.

이런 이야기들이 이슬람 문화 속에서 살고 있는 아이들에게 어떤 영향을 미칠지 상상해보라. 그들이 살고 있는 나라가 서구국가라 해도 상관없다. 세속적인 서구국가의 주민들은 자신이 결코 그런 일을 당하지 않을 것이라고 확신하지만, 이슬람 문화 속에서 자라는 아이들에게는 그런 확신이 없다. 설사 상냥하고, 애정이 넘치고, 신앙심이 덜한 부모 밑에서 자라는 아이들이라 해도, 자기들의 종교에 섬세하게 맞춰져 있다는 점은 바뀌지 않는다. 그래서 그들은 알라의 명령을 충실히 따르지 않는다면, 자신도 그런 운명에 처할 수 있다는 두려움을 쉽사리 내면화한다.

남자들은 여자들만큼 수치심 때문에 고통을 받지 않지만, 그래도 이슬람교도의 삶에서 수치심은 결코 사라지지 않는 힘을 행사한다. 남자들은 자기 집안에 있는 모든 여자들의 정조에 대한 책임, 믿음을 지키고 자신의 종교가 모욕당했을 때 보복에 나설 책임을 지고 있다. 그들은 자신의 가문이나 공동체가 수치를 당하지 않도록 반드시 전쟁터에서 용기를 보여주어야 한다. 이슬람교가 남성에게 부과하는 수치심의 규율에 따르면, 남성들은 알라나 무함마드를 더럽혔다고 생각되는 사람에게 항상 벌을 내려야 한다. 다시 말해서 남자들은 반드시 가정과 공동체 내부의 순수성을 지켜야 한다.

오늘날 이슬람교가 세속화에 효과적으로 적응할 수 있게 해주는 첫 번째 요인은 바로 이 수치심이다. 공동체 구성원들의 성은 언제나 가문이나 공동체에 묶여 있다. 성에 관한 알라의 규칙을 어기는 것은 가정과 공동체를 모두 더럽히는 짓이다. 이런 강력한 왜곡 덕분에 이슬람은 세속주의의 성적인 영향으로부터 계속 고립을 유지할 수 있다. 젊은이들은 사회적 제재나 폭력적 처벌에 대한 두려움 때문에 자신의 가슴이 명하는 것을 따르지 못한다. 그래서 남녀 모두 건전한 성적 탐구를 통한 성장을 할 수 없다.

모르몬교, 여호와의 증인, 사이언톨로지 같은 현대 신흥종교들은 기독교 주류 종파들보다 훨씬 더 수치심에 비중을 두고 있다. 신흥종교들은 폐쇄적인 공동체를 만들어 교리를 깊이 주입함으로써 신도들을 세상과 분리시키는 경우가 많다. 그들은 또한 신도들에게 서로를 감시해서 교리에 어긋나는 행동이 보이면 윗사람에게 보고하라고 요구한다.

한 사람의 행동 때문에 가문 전체가 수치를 당할 수 있다. 예를 들어 여호와의 증인 신도는 다른 신도가 죄를 범하는 것을 보았을 때 반드시 장로들에게 보고할 의무가 있다. 그러면 장로 두 명이 조사에 나선다. 그 결과 실제로 죄가 저질러졌다는 결론이 내려지면, 장로 세 명으로 이루어진 징계위원회가 소집된다. 여기서 내려질 수 있는 징계는 가벼운 질책에서부터 죄상 공개나 출교 처분에 이르기까지 다양하다.

징계위원회는 징계 해당자에게도 다른 사람들이 죄를 범하는 것을 목격한 적이 있는지 밝히라고 권유한다. 다른 사람들의 죄를 목격하고도 보고하지 않았다면 죄책감에서 자유로울 수 없기 때문이다. 이슬람교와 달리 여호와의 증인은 경쟁하는 종교가 많고 세속주의의 영향도 큰 사회에 속해 있다. 따라서 신도들을 외부의 사상으로부터 차단하는 것이 몹시 중요하다. 여기에 죄책감과 수치심이 주요 도구로 쓰이고 있다.

　수치심이 종교에만 한정된 것은 아니라는 말을 반드시 하고 넘어가야겠다. 수치심은 종교나 초자연적인 현상과 상관없이 쓰일 수 있다. 다만 종교들이 신도들을 얌전하게 순응시키고, 그들의 성행동을 통제하거나 제한하는 데 수치심이 강력한 도구가 된다는 사실을 발견했을 뿐이다. 이 심리적 도구에 대해 지금까지 알게 된 사실들을 바탕으로, 이제 죄책감과 수치심이 어떻게 해서 종교의 수많은 악습과 폐해를 가능하게 하는지 살펴보자

'종교'라는 나쁜 댐 06

죄책감은 종교가 사람들을 통제할 때 사용하는 핵심적인 도구다. 죄책감은 효과적인 의사소통을 방해하고, 성적인 자신감과 즐거움을 무너뜨린다.

> "포르노그래피: 사람들이 억압하려고 하는 모든 성적인 자료에 붙여진 이름."
> – 알렉스 콤포트, 《섹스의 기쁨》

사우디아라비아에는 대중의 도덕을 지키는 일을 맡은 종교경찰이 있다. 그들은 종교적인 복장 규정이나 행동 규정을 어긴 사람들을 체포한다. 즉 공공장소에서 두 사람이 키스를 한다면 종교경찰이 그들을 체포해서 기소할 수 있다. 여성이 몸을 제대로 가리지 않은 채 공공장소에 나가도 공공의 안전을 위협하는 위험인물로 간주된다. 발목이나 얼굴을 노출했다는 이유로 기소된다는 뜻이다. 그리고 기소된 본인과 가족들 모두 가혹한 처벌을 받을 수도 있다. 5장에서 설명했듯이, 수치심은 개인과 가문 모두에게 공동체가 압력을 가하게 만들기 때문에 엄청나게 효과적인 도구다.

종교경찰이라는 개념이 우리에게는 경악스럽겠지만, 종교경찰 말고도 통제 방법은 얼마든지 있다. 예를 들어 죄책감 사이클은 자기통제와 자기검열을 만들어내는 효과적인 방법이다. 그 작동 경위는 다음과 같다.

죄책감 사이클, 그리고 종교경찰

모든 종교에는 금지된 일이나 죄로 간주되는 일이 있다. 아이들은 자라면서 많은 사례들, 이야기, 미묘한 신호 등을 통해 이런 것들에 대해 배운다. 성과 관련된 부분에서는 비밀주의, 조심스러운 표현, 어른들의 행동, 가끔 접할 수 있는 공개적인 사례 등이 모두 어린이에게 규칙을 어기면 무서운 일을 당한다는 두려움을 심어주는 역할을 한다. 성적인 잘못이 발견되거나 그런 행동을 했다고 의심받으면 처벌, 추방, 굴욕을 당하는 경우가 많기 때문에, 아이들은 성에 관한 교훈을 확실히 내면화한다. 게다가 이런 규칙을 어긴 사람은 그 사실을 숨길 길이 없다. 비록 부모는 모를지라도 신은 확실히 알고 있기 때문에, 당사자가 죄를 고백하지 않는다면 신이 처벌을 내리실 것이다. 아이들에게는 이런 이야기들이 강렬한 효과를 발휘한다. 아이들은 세 살 때부터 일곱 살 때까지 마법을 들먹이는 이야기에 몹시 취약하기 때문이다. 그래서 바로 그 시기에 신이 모든 것을 지켜보신다거나 처벌을 내리신다는 마법적인 이야기를 아이들에게 가르친다. 이 사고방식은 아이의 머릿속에 완전히 새겨져서 아이가 어른이 된 뒤에도 계속 효과를 발휘할 때가 많다.

이제 지금 현재의 상황을 살펴보자. 어린이들은 뭔가 나쁜 짓을 하면 반드시 용서를 구하는 기도를 드려야 한다고 배운다. 기도를 하지 않거나 죄를 고백하지 않으며 신이 벌을 내릴 것이다. 이 시나리오가 죄책감 사이클을 구축한다.[24]

규칙을 어기거나 죄를 저질렀을 때는 자신이 믿는 종교로 눈을 돌려 용서를 구해야 한다. 따라서 가톨릭 신자가 침례교 목사에게 죄를 고백하지는 않는다. 침례교 신자가 이슬람 성직자에게 용서를 구하지도 않는다. 반드시 자신에게 죄를 가르쳐준 종교로 돌아가 용서를 구해야 한다. 이건 마치 종교가 우리에게 먼저 병을 감염시킨 뒤, 가짜 치료제를 주는 것과 같은 상황이다.

예전에는 이슬람교도였지만 이제는 무신론자가 된 아얀 히르시 알리는 훌륭한 저서 《이단자Infidel》에서 죄책감 사이클의 완벽한 사례를 보여준다. 지역 주민들에게 인기가 있던 이맘 아브시르의 이야기다. 그는 설교를 할 때는 결혼 전에 친밀한 관계를 맺는 것이나 죄스러운 생각을 하는 것에 강력히 반대했지만, 실제 행동은 조금 달랐다. 알리는 자신과 함께 있을 때 그의 행동에 대해 다음과 같이 말한다.

나는 점점 더 죄스러운 생각을 하게 되었다. 단둘만 있을 때 아브시르는 내게 키스를 하곤 했다. 진짜 키스였다. 길고 부드럽고 짜릿하기 때문에 죄가 되는 키스. 키스가 끝난 뒤 나는 알라 앞에서 내가 나쁜 사람이 된 것 같아서 정말로 신경이 쓰인다고 그에게 말하곤 했다. 그러면 아브시르는 이렇게 말했다. "만약 우리가 결혼한 사이라면 죄가 되지 않겠지. 이제부터 의지력을 발휘해서 다시는 하지 않도록 해야 해." 그래서 하루나 이틀 정도 우리는 마음을 굳게 먹고 자제했지만, 그다음 날 서로를 만나면 다시 키스를 했다. 아브시르는 이렇게 말했다. "난 너무 약한 사람이야. 하루 종일 당신을 생각하고 있어."

알리는 다음과 같은 결론을 내린다.

지금 생각해보면 아브시르는 결코 못된 인간이 아니었다. 그는 그저 나처럼 정신적인 감옥에 갇혀 있었을 뿐이다. 아브시르와 나, 그리고 무슬림 형제 운동에 동참한 모든 젊은이들은 최대한 우리의 사랑하는 예언자처럼 살고자 했지만, 알라의 마지막 전령이 주신 율법이 너무 엄격해서 우리를 위선으로 이끌었다. 하지만 그 당시 나는 아브시르와 이슬람 둘 중 하나가 속속들이 잘못됐을 것이라는 생각밖에 하지 못했기 때문에, 당연히 이슬람보다는 아브시르가 잘못된 것이라는 결론을 내렸다.

성충동은 사람들을 한 방향으로 밀어붙이고, 종교는 죄책감 사이클을 이용해서 사람들을 반대 방향으로 밀어붙인다. 그리고 여기서 생기는 내적 갈등으로 인해 사람들은 비참한 기분에 빠져 자신을 탓하면서 곧장 종교로 돌아오게 된다. 이 사이클에 제대로 감염된 사람들은 어려서부터 어떤 행동이 죄인지 배우면서 머릿속에 도덕적인 경찰을 키워 자신의 모든 생각과 행동을 끊임없이 감시한다. 이것은 양심과 다르다. 양심은 종교가 있건 없건 생겨나는 것이다. 우리 문화는 살인과 거짓말이 나쁘다는 것을 우리에게 가르쳐준다. 반드시 종교만이 이런 것을 가르쳐줄 수 있는 것이 아니다.[25]

죄책감이 생겨나는 정신적 경로는 다르다. 이 경로는 일반적인 문화적 훈련의 영향을 받지 않고, 종교적 교리 주입과 직접적으로 연결되어 있다. 그래서 살인이나 거짓말에 대해서는 똑같이 잘못이라고 느끼는 사람들이, 그 밖의 다른 문제에 대해서는 죄책감을 느끼는 대상이 달라질 수 있다.

간단한 정신적 실험만으로도 이 점을 증명할 수 있다. 가톨릭 신자인 메리는 태어났을 때부터 매주 미사에 나가 기도를 해야 한다고 배웠다. 그래서 미사에 빠지면 죄책감을 느낀다. 장로교 가정에서 자란 샐리는 교회에 나가는 것은 좋은 일이지만 의무 사항은 아니라고 배웠다. 그래서 그녀는 예배에 빠지더라도 그럴 만한 이유(예를 들어 연세가 많은 할머니를 찾아뵙는 일)가 있다면 죄책감을 느끼지 않는다. 날 때부터 줄곧 무신론자인 주디는 교회에서 일요일을 낭비하는 일은 꿈에도 생각하지 않는 사람이기 때문에 교회에 나가지 않는 것에 대해 전혀 죄책감을 느끼지 않는다. 이 세 여성은 모두 거짓말과 살인이 나쁘다고 믿고 있으며, 그런 행동에 혐오감을 느낀다. 따라서 이 '생각 실험'은 각각의 종교가 신도들에게 특정한 죄책감 패턴을 각인시키지만 신도들의 일반적인 도덕심이나 준법정신에는 아무런 영향을 미치지 않는다는 것을 보여준다.

물론 종교와 상관없는 죄책감도 존재한다. 우리는 대개 잘못된 결정을 내리거나 누군가에게 못되게 굴었을 때 죄책감을 느낀다. 하지만 종교와 상관없는 이런 죄책감은 사회 전반에 퍼져 있는 문화적 기대와 직접적으로 연결되어 있는 반면, 종교적 죄책감은 확실히 특정 종교와 연결되어 있다. 이 모델을 이용하면 사람들이 죄책감을 느끼는 대상을 찾아내서 어린 시절의 종교적 교육에 이르기까지 그 근원을 곧장 더듬어 올라갈 수 있다.

종교적 훈련으로 인해 사람들이 죄책감을 느낄 수 있는 행동으로는 다음과 같은 것들이 있다.

- 교회에서 헌금통에 돈을 넣지 않았다.
- 누군가를 위해 기도해주겠다고 약속해놓고, 정작 기도할 때 그 사실을 잊어버렸다.

- 주님의 이름을 헛되이 사용했다.
- 욕정에 물든 생각을 했다.
- 구원받아야 하는 사람을 알고 있으면서도 신경을 쓰지 않았다.
- 거지 앞을 지나가면서도 동냥그릇에 돈을 넣어주지 않았다.
- 교회에 갈 때 성경책을 들고 가는 것을 잊었다.
- 주님이 원하시는 일, 이를테면 병원에 가서 환자들을 만나는 일 같은 것을 하지 않는다.
- 주일학교 수업 준비에 충분한 시간을 쓰지 않는다.
- 기도할 때 이기적인 소원을 말했다.
- 내가 사랑하는 사람들을 다른 사람들보다 먼저 챙겼다.
- 어떤 결정을 해야 할지 갈등을 느꼈다. 내가 더 훌륭한 신자였다면 고민스러운 문제의 답이 명확하게 보였을 것이다.

이런 목록은 한없이 얼마든지 이어질 수 있다. 종교적 죄책감은 바닥이 없는 구덩이와 같다. 종교적 죄책감과 일반적인 문화적 죄책감을 구분하는 것은 종교가 신도들의 정신에 미치는 영향을 이해하는 데 매우 중요하다. 머릿속에 종교경찰이 자리 잡고 있다면, 종교에 감염된 상태가 훨씬 더 쉽게 유지될 것이다. 실재하는 종교경찰은 필요 없게 된다.

성을 왜곡하는 죄책감

종교적인 환경에서 자라는 아이들은 성적으로 하지 말아야 하는 행동이 무엇인지 배운다. 동성애, 욕정, 자위행위, 포르노 같은 것들이 죄라는 사실도 배운다. 그래서 아이들이 자라 결혼할 나이가 되기 훨씬 전부터 이런 생각들이 아이들의 머릿속에 깊이 새겨지기 때문에 신앙심이 깊은 사람들이 성경험이 거의 또는 전혀 없거나, 자신의 성에 대해 잘 모르는 경우가 많은 것도 그리 놀라운 일이 아니다.

이런 훈련의 결과로 만들어지는 죄책감 사이클은 일종의 자기검열 체제를 만들어낸다. 성과 관련된 수많은 행동들과 생각들이 자칫하면 영원한 처벌로 이어지기 때문에, 이것이 남몰래 품고 있는 생각들을 남들과 이야기하거나 겉으로 표현하지 말아야 할 강력한 이유가 된다. 이런 두려움 때문에 사람들이 자신의 생각과 행동을 감추게 되면서, 적절하고 정상적인 성 표현이 억압된다.

이것은 마치 댐으로 강을 막는 것과 같다. 조만간 물이 댐 너머로 흘러넘치거나, 댐을 옆으로 돌아 흘러갈 것이다. 물을 적절히 조절해서 흘려보낸다면 관개 사업이나 여가 활동처럼 이로운 일에 쓰일 수 있으며, 하류 지역이 물에 휩쓸려 파괴될 가능성도 줄어들 것이다. 하지만 단순히 물을 가둬두기만 하면 문제가 생긴다.

성적인 금기 의식에 묶여 있거나 성적인 억압에 좌절한 사람들은 결국 성적인 에너지를 발산하게 되겠지만, 그것이 자신 또는 타인에게 파괴적인 형태를 띨 가능성이 있다. 자유로이 자신을 표현하는 사람들을 비난하며 그들에게 종교적 제재를 가하려 할 수도 있고, 타인을 향해 필요 이상의 공격성을 드러낼 수도 있고, 비밀리에 불륜 관계를 맺어서 가정과 애정을 무너뜨릴 수도 있다. 하지만 무엇보다도 나쁜 것은, 그들이 가장 약한 자를 노려서 신체적, 언어적, 성적 학대를 자행할 가능성도 있다는 점이다. 성충동과 에너지를 무시하는 것은 홍수조절 계획이 없는 댐과 같다.

종교적인 죄책감은 정상적이고 솔직한 충동을 비틀어서 알아보기도 힘든 형태로 왜곡시킨다. 많은 교회에서, 오랫동안 섹스를 한 적이 없는 여자들이 주방에 모여 분노하며 남들의 소문을 쑥덕거린다. 수많은 남성 장로들이 자신의 아내나 자식을 학대하다가 발각되었다. 교회의 주요 인사들이 성충동에 굴복해서 저지른 사건들은 성직자의 오직汚職 사건 통계에도 반영되지 않는다. 하지만 그들이 성충동에 굴복해서 잘못을 저지르는 비율이 적어도 성직자들의 경우와 비슷할 것이라고 보는 편이 합리적일 것이다. 교회 안의 모든 사람이 성적인 좌절감을 겉으로 발산하고 있다는 뜻은 아니다. 하지만 3장에서 언급했던 이혼율, 그리고 앞으로 살펴보게 될 포르노와 아동 학대 통계 등을 통해 짐작할 수 있듯이, 그런 사람이 많다고 보아야 할 것이다.

성행동은 감추기가 쉽기 때문에 종교적인 사람들의 성행동을 수치화할 방법은 없다. 하지만 아동 학대를 저지르고도 수십 년 동안 감출 수 있었던 사제들이나 오랫동안 신도들과 불륜 관계를 맺으며 심지어 아이까지 낳고도[26] 들키지 않았던 목사들의 경우를 생각하면, 그런 짓을 하는 사람들이 교회에 많이 있을 것이라고 생각하지 않을 이유가 없다.

지난 30년 동안 나는 평신도들 사이에서 수십 건의 조용한 스캔들을 목격했다. 그러다가 내가 이 문제를 분명하게 깨달은 것은, 두 교회의 평신도 고위 인사 세 명이 같은 주에 다양한 형태의 부적절한 행동이나 학대 행위를 하다가 적발되었을 때였다. 그중 한 사람은 어릴 때부터 자기 자식을 학대한 것이 밝혀졌다. 교회의 주요 인사였던 한 여성은 자기 남편이 아니라 목사가 아버지인 아이를 기르고 있었다. 오랫동안 교회를 위해 봉사하며 '가족의 가치'를 내세우던 세 번째 사람은 동성애 행위가 폭로되어 교회에서 쫓겨났다.

이제 교회 구성원들 사이에서 항상 섹스가 이루어지고 있음을 인정할 때가 되었는데도, 여전히 섹스는 비밀로 숨겨져 있으며, 상대에 대한 착취나 학대로 이어지는 경우도 아주 많다. 다음의 세 가지 통계가 이 점을 뒷받침한다.

1. 미국에서 종교의 세력이 가장 강한 지역에서 이혼율도 가장 높다.
2. 아동 학대와 성 학대를 예측할 수 있는 최고의 지표 중 하나는 부모의 신앙심이다. 부모의 신앙심이 깊을수록 자녀를 학대할 가능성이 높다.[27]
3. 포르노 사용 빈도가 가장 높은 곳은 유타 주와 미시시피 주이다.[28] 모르몬교가 우세한 유타 주가 인터넷 포르노 사용 빈도에서 네 가지 척도 모두에 대해 1위를 차지했다. 일반적으로 말해서 종교적으로 보수적인 지역일수록 포르노 사용 빈도가 다른 지역보다 조금 높다. 종교의 세력이 가장 강한 지역에서 포르노 사용 빈도가 떨어지는 것은 일요일뿐이지만, 평일에 그 감소분을 충분히 채울 만큼 따라잡는다.

이 세 가지 통계가 종교라는 댐에 막힌 성욕과 관련되어 있을까? 이런 통계를 통해 종교의 성적 억압이 미치는 영향을 간접적으로 알 수 있을까? 대답은 '그렇다'인 것 같다.

이제 종교가 강요하는 성적 죄책감이 어떻게 해서 남성보다 여성에게 더 강력한 영향을 미치게 되는지 살펴보자.

여자라는 이름의 죄인

감정 표현, 타인과의 상호작용, 감화력 면에서 남녀 간의 차이는 유아 시절부터 분명히 드러난다. 다시 말해서, 여자 아기들은 어머니와 다른 아이들의 감정 상태에 남자 아기들보다 더 주의를 기울인다는 뜻이다. 이처럼 여자 아기들이 감정적 환경에 대해 높은 감수성을 드러내는 데에는 유전적 바탕이 있는 듯하다. 여성들은 평생 동안 남성에 비해 다른 사람들과 더 많은 교류를 하고, 더 많은 이야기를 하고, 더 많은 이야기를 듣는다. 또한 남성들에 비해 일반적으로 감정적 환경에 자신을 잘 맞출 줄 안다. 여기에는 연령이나 문화의 구분이 없는 것 같다.

여성들이 이처럼 전반적으로 감정적 환경에 예민하다는 것은, 그들이 감정적 메시지와 문화적 사고방식을 남성들에 비해 더 신속하고 쉽게 흡수한다는 뜻이다. 종교는 오로지 여성들만을 겨냥한 죄책감 메시지를 만들어내서 여성들의 이 감수성을 이용한다.

모든 주요 종교는 성적인 도덕을 지킬 책임을 대부분 여성에게 지운다. 종교는 여성이 정절을 지켜야 하고, 여성이 자신의 성을 통제하고 숨겨야만 남성이 유혹받지 않는다고 가르친다. 이렇게 정절, 정숙, 성도덕을 강조하는 사고방식에 감염된 여성은 이런 가치들이 무너졌을 때 쉽게 죄책감을 느낀다. 실제 상황과 상관없이, 여성 스스로 이런 가치들이 무너졌다고 상상하는 경우도 마찬가지다. 여성이 남성의 요구에 굴복한다면, 그것은 여성의 잘못이다. 여성이 남성을 유혹한다면, 그것 역시 여성의 잘못이다. 어떤 종교는 심지어 강간조차 여성의 잘못으로 돌린다.

성폭력 상담가인 새라 하그리브즈는 다음과 같이 썼다.

여성들은 마태복음 6장 14~16절의 "너희가 사람의 과실을 용서하면 너희 천부께서도 너희 과실을 용서하시려니와 너희가 사람의 과실을 용서하지 아니하면 너희 아버지께서도 너희 과실을 용서하지 아니하시리라"라는 구절 때문에 고뇌한다. 그들은 스스로를 괴롭히면서 자신에게 굴욕과 공포를 준 사람을 용서하려고 애쓴다. 심지어 용서가 분노를 치유하는 마법의 약이라는 믿음 때문에 자신의 진정한 감정을 억누르는 사람도 있는데, 이것이 더 나쁜 경우다. 자신을 공격한 사람을 용서하지 못한다면, 용서하지 못한 자신에게 문제가 있는 것이 되고 상처도 영원히 치유될 수 없는 것이 되어버린다. 강간범에게 용서받을 가치가 있다고 보는 이런 생각은 솔직히 제정신으로 할 수 있는 것이 아니다.[29]

이런 강렬한 프로그래밍 때문에 여성들은 남성들보다 더 자주, 더 강하게 성적인 죄책감을 경험한다. 이럴 때 대책으로 제시되는 것이 종교에 의지하는 것이다. 종교는 그들에게 용서할 의무가 있으며, 상대를 용서하지 않으면 예수님을 섬길 자격이 없다고 가르친다.

이런 종교적 주장은 왜곡의 극치이다. 여성들도 기도를 하거나, 예배와 미사에 참석하거나, 성경 공부를 하거나, 여성들만의 종교 모임에 나갈 수 있지만 그래도 그들이 여자라는 사실 자체가 죄라는 점은 변하지 않는다. 이브가 '남자를 타락시킨' 죄를 지은 것처럼, 모든 여성들은 기독교와 이슬람교는 물론 그 밖의 많은 종교에서도 죄인이다.

게다가 종교는 여성들이 아이의 도덕적 발달에 책임을 져야 한다고 가르치는 경우가 많다. 아이를 교회에 데려가지 않는 것은 도덕적으로 태만한 짓이다. 이처럼 죄책감을 부추기는 메시지들이 워낙 강력하기 때문에 종교를 믿지 않는 어머니들조차 아이를 교회에 보내거나 직접 데려가는 경우가 있다. 교회에서 아이들은 금욕 외에는 길이 없다는 가르침, 순결의 반지 같은 것들에 노출된다. 하지만 교회의 가르침 중에서도 무엇보다 중요한 것은 대부분의 성적인 문제에서 책임을 져야 할 사람은 여성이라는 메시지다.

앨런 밀러와 존 호프먼은 종교를 대하는 남녀 간의 차이를 위험 회피 함수로 보았다. 위험을 회피하는 성향이 강한 사람일수록 신앙심이 강하고 교회 출석률도 높다는 것이다. 다시 말해서, 위험을 회피하는 사람들은 자칫 신이 아닌 다른 편에 서게 될 수도 있는 위험을 무릅쓰고 싶어하지 않는다.[30] 우리의 죄책감 가설에도 이 주장이 잘 들어맞을 것 같다. (수치심과 죄책감을 부추기는 교육을 통해 배운 것처럼) 신의 처벌을 가장 두려워하는 여성들은 두려움과 죄책감을 줄여주는 행위, 예를 들어 교회에 출석하는 행위 등을 하게 될 가능성이 남자보다 높다. 신의 처벌을 덜 두려워하거나 위험 회피 성향이 약한 남자들은 교회에 깊이 빠져들 필요성도 그만큼 적다.

크리스토퍼 히친스도 최근 한 강연에서 비슷한 주장을 했다.[31]

아이를 잃는 것은 여성에게 믿을 수 없을 만큼 충격적인 경험이다. 물론 남자도 충격을 받지만, 아이를 뱃속에서 기르고 깨어 있는 시간 중 상당 부분을 아이에게 할애하는 사람은 여자다. 따라서 여자와 아이의 유대는 무엇보다 강력하다……. 만약 기도를 하거나 사제에게 뭔가를 바쳐서 아이를 구할 수 있는 가능성이 아주 조금이라도 있다면, 여자는 그렇게 할 것이다. 그런 경우 나는 그 여성을 탓할 수 없다. 하지만 그토록 깊은 사랑과 헌신을 이용해서 이득을 취하려 하는 사제는 얼마든지 비난할 수 있다.

이 말은 왜 대체로 아버지들보다 어머니들이 아이를 교회에 데리고 가서 종교적인 가르침을 받게 하는 일에 훨씬 더 열성적인지를 심리적으로 확실히 설명해준다.

성을 숨기는 결혼 생활

죄책감 사이클은 신앙심이 깊은 부부 사이의 성적인 의사소통을 방해하고, 두 사람 모두 죄책감과 더불어 성적인 좌절감을 계속 느끼게 하는 데에도 훌륭한 효과를 발휘한다. 죄책감 사이클이 어떻게 그런 효과를 내는지 살펴보자. 성적인 취향은 평생 동안 이런저런 변화를 겪으며 발전한다. 어떤 사람들은 자신이 동성애자임을 깨닫기도 전에 먼저 결혼을 해버리기도 하고, 또 어떤 사람들은 배우자의 성충동이 너무 강하거나 약해서 좌절감을 느끼기도 한다. 배우자에게 페티시즘이 있다는 것을 알게 되는 경우도 있다. 열아홉 살에서 스무 살 사이의 젊은이들에게 성적인 탐험과 발견의 기회가 주어지지 않는다면, 자신의 취향이나 자기 몸의 반응에 대해서 어떻게 알아낼 수 있을까?

여성 신도는 어린 나이에 결혼할수록 자신의 성에 대해 잘 모르기 마련이다. 여기에 성적인 공상, 자위행위, 성적인 실험, 포르노를 입에 담는 것에 대한 엄청난 두려움이 덧붙여지면, 젊은이들은 평생 성적인 발전을 방해할 수도 있는 심각한 장애를 안고 결혼 생활을 시작하는 꼴이 된다.

이런 사람들은 죄책감을 바탕으로 한 종교적 가르침 외에는, 의사소통의 틀을 전혀 갖고 있지 않다. 직업상 그동안 수백 명의 사람들을 만나 이야기를 나누면서 나는 신앙이 깊은 신혼부부와 세속적인 환경에서 자란 신혼부부의 성적인 테크닉이 엄청난 수준차를 보인다는 것을 알게 되었다. 신앙심이 깊은 신혼부부들은 문자 그대로 어둠 속을 헤매는 경우가 많았다. 성에 관해 어느 정도 경험이나 테크닉을 갖고 있는 경우에도, 그들은 예전의 성경험이 탄로날까 봐 두려워서 잘 드러내려 하지 않는다. 또한 오로지 금욕만을 강요하는 가르침과 순결 되찾기 운동으로 인해 남녀 모두 결혼 전의 성행동이나 배우자 이외의 사람과 했던 성행동을 수치스러워하게 된다.

그 결과 여성들은 심지어 남편과 섹스를 하고 있다는 사실조차 부정한다. 만약 결혼 전에 금욕에 성공한 여성이라면, 아무것도 모르는 상태에서 결혼과 함께 성을 경험하게 된다. 한편 남편은 예전에 성경험이 있었다는 말을 감히 하지 못한다. 그랬다가는 성적인 이중 기준이 금방 드러나게 되기 때문이다. 부부 중 한 사람, 또는 두 사람 모두 결혼 전에 성경험이 있었을 가능성이 대단히 높으므로 결국은 거짓말을 바탕으로 결혼 생활을 시작하게 되는 셈이다.

'순결 되찾기' 운동에 동참하는 여성도 똑같은 죄책감에 시달린다.[32] 순결 또는 순수함을 되찾을 수 있다는 웃기는 주장은 제쳐두더라도, 이 운동은 순전히 죄책감을 주입해서 성을 통제하려는 종교의 시도일 뿐이다. 만약 순결을 되찾은 여성이 재혼한다면, 자신의 예전 성경험에 대해 이야기할 때 경멸적인 표현을 쓰는 수밖에 없지 않은가. 그녀가 예전 파트너들에게서 배우고 경험한 것은 모두 나쁘고 잘못된 것으로 정의된다. 그녀가 순결을 되찾았으므로, 그녀의 섹스 파트너는 새 남편뿐이다. 이런 우격다짐의 논리를 고안해낼 수 있는 것은 종교 아니면 정신분열증 환자뿐이다.

물론 이런 광기가 여성에게만 국한된 것은 아니다. 여성들과 맞먹는 경험을 하는 기독교인 남성들을 나는 많이 알고 있다. 그들이 성에 관해 갖고 있는 생각과 금기 의식은 종교적 교리와 가르침에 깊이 뿌리박혀 있다. 가톨릭 사제들과 수녀들은 우리에게 그런 가르침을 내려줄 수 있는 최고의 교사들이다. 성경험이 가장 적은 사람들이 대단히 파괴적인 생각에 영원한 생명을 불어넣고 있는 것이다. 1998년에 아일랜드의 막달라 마리아 갱생원들[1767년 더블린에서 처음으로 문을 연 시설로 성매매 여성이나 미혼모 등의 갱생을 목표로 내걸었으나, 20세기 초부터 감옥처럼 변해서 수용자들은 노예나 다름없는 취급을 받았다. 강제 노동은 물론 성 학대도 있었다고 알려졌으며, 한 갱생원이 다른 곳으로 옮겨간 뒤 부지에서 묘비도 이름도 없는 시체가 100구 넘게 발견되기도 했다고 한다]을 다룬 다큐멘터리 〈추운 곳의 섹스Sex in a Cold Climate〉는 이곳 수녀들의 믿을 수 없을 만큼 잔인한 교육과 성적인 메시지를 보여주는 교훈적인 작품이다.

몇 년 전 한 여성에게서 다음과 같은 편지가 왔다.

스물두 살 때 저는 가톨릭을 믿는 착한 남자와 결혼하면서 가톨릭으로 개종했습니다. 종교적인 분위기가 별로 없는 집에서 자랐지만, 그때는 남편의 신앙심도 매력으로 보였습니다. 그때까지 제가 경험해보지 못한 측면이었기 때문에 확실히 매력적이었습니다. 우리는 대체로 죽이 잘 맞는 것 같았습니다. 저는 남편의 성실성과 정직성이 좋았습니다. 남편의 자신감도 제 마음을 녹였습니다. 남편에게 성적인 경험이 없다는 사실은 처음부터 분명히 드러나 있었습니다. 저는 결코 문란한 사람이 아니었지만, 두어 명의 남자친구와 적잖이 경험을 한 적이 있었습니다. 저는 남편처럼 섹스에 대해 딱딱한 생각을 지니고 있지 않았기 때문에 결혼 뒤에는 남편도 좀 느슨해질 것이라고 생각했습니다. 우리도 결혼 전에 같이 잔 적이 있지만 그리 황홀한 경험은 아니었습니다. 남편은 우리가 혼전에 섹스를 했다는 사실 때문에 죄책감에 짓눌려 있는 것 같아서 저는 그 이상 남편을 유혹하지 않았습니다.

결혼 뒤 우리는 곧 내리막길을 걷기 시작했습니다. 결혼 첫날밤에 저는 남편에게 특별한 기쁨을 주고 싶어서 입으로 해주기로 했습니다. 결혼 전에 남편은 반드시 정상위만을 고집했습니다. 하지만 이제는 결혼했으니까, 침실에서 우리가 무슨 짓을 하든 우리가 알아서 할 일이라고 생각했습니다. 세상에, 그게 얼마나 잘못된 생각이었는지요! 남편은 제가 무엇을 하려는 건지 알아차리고는 거의 제 머리를 물어뜯을 것처럼 굴었습니다. 제가 그토록 대죄를 저지르고 있다는 사실을 저는 정말 몰랐습니다. 구강성교를 금하는 설교는 들어본 적도 없고, 결혼 전에 신부님과 상담할 때도 그것이 잘못이라는 말을 들은 적이 없습니다. 하지만 남편에게는 잘못이었습니다. "이런 건 매춘부들이나 하는 짓이야. 내 아내는 절대 안 돼." 남편은 그 행위를 지칭하는 단어를 차마 입에 담지도 못했습니다! 거기서 눈치를 챘어야 하는 건데. 그 뒤 3년 동안 여러 가지로 애를 써보았지만 저는 섹스에 관해 남편과 도무지 이야기를 나눌 수 없었습니다. 남편은 제가 무엇을 원하는지 알아볼 생각이 전혀 없는 것 같았고, 가끔 긴장을 풀고 색다른 것을 시도해보자는 말도 무조건 거부했습니다. 그는 제가 뭔가 제안을 내놓으면, 마치 외계인을 보는 것 같은 반응을 보였습니다.

결혼하고 3년 반쯤 세월이 흐른 뒤 저는 교회에 나가는 것도, 성적인 좌절감이라는 장벽을 극복하려고 애쓰는 일에도 완전히 넌더리가 났습니다. 그런데 그 무렵 남편이 다른 도시에 갈 일이 생겼을 때 매춘부들을 만난다는 사실을 알게 되었습니다. 저는 남편과 그 문제에 대해 이야기를 해보려고 했지만, 남편은 도무지 이야기할 생각이 없었습니다. 남편이 당황해서 회개하고 있는 것은 분명했지만, 그래도 변하는 것은 하나도 없었습니다. 지금 되돌아보면 제가 정말 멍청했다는 생각이 듭니다. 모든 징조들이 뻔히 드러나 있었는데, 제가 주의를 기울이지 않았던 겁니다. 그 직후 우리는 이혼했습니다.

신앙심이 깊은 신혼부부들에게 이것은 드문 일이 아니다. 성적인 문제만 제외하면 서로 잘 어울리는 부부가 섹스에 대해 도통 의사소통을 하지 못하거나, 서로의 성적인 취향을 조절해서 맞추지 못한다. 함께 이런저런 실험을 하며 성장하지도 못한다. 예수님이 그들을 항상 지켜보고 있고, 죄의 가능성이 항상 잠복하고 있기 때문이다.

세속주의자들은 섹스를 좀 더 자연스럽게 받아들이는 듯하다. 많은 경우 부부가 모두 이미 여러 명의 상대와 경험을 한 적이 있고, 자신이 원하는 것에 대해 이야기를 나누는 것이 비록 처음에는 좀 어색할지라도 그리 중대한 문제가 되는 것 같지는 않다. 내가 연구를 위해 실시한 설문조사와 임상 경험에서도 이런 증거가 드러난다. 세속적인 가정에서 자란 사람들은 자신의 몸을 훨씬 더 편안한 자세로 대하며, 자위행위를 한다는 사실을 쉽사리 인정하고, 안전한 섹스와 콘돔 사용에 대해 터놓고 이야기를 나누며, 전반적으로 성적인 이야기를 꺼리지 않는다. 내가 대학 캠퍼스에서 만난 세속주의 모임이나 인문학 모임이나 무신론자 모임에서 토론할 때는 분위기가 편안하고 자연스러웠다. 하지만 '그리스도를 위한 캠퍼스 십자군' 모임이나 침례교회의 주일학교에서 그런 토론을 했다면 당장 쫓겨났을 것이다.

변화가 금지된 성생활

결혼 생활을 하다 보면 몇 년 안에 다양성과 변화를 향한 충동이 생긴다. 아내가 정상위 외에 다른 체위를 해보고 싶어할 수도 있고, 남편이 구강성교를 시험해보고 싶어할 수도 있고, 아내가 남편이 가끔 머리카락을 잡아당겨줬으면 좋겠다는 생각을 하게 될 수도 있고, 남편이 아내가 가끔은 매춘부 같은 옷을 입어줬으면 좋겠다는 생각을 하게·될 수도 있다. 하지만 부부가 모두 이런 것이 잠재적인 죄라고 생각한다면, 불행히도 이런 생각이 실행에 옮겨지는 일은 없을 것이다.

죄책감 사이클은 부부 모두가 성적으로 좁은 틀 안에 조용히 머무르게 만든다. 배우자의 반응이 두려워서 자신이 원하는 것을 제대로 전달할 수 없는 상황이 몇 년 동안 지속되면 섹스는 서서히 생명을 잃지만, 성충동은 사라지지 않는다. 남편은 포르노를 사용하게 될 것이고, 자위 횟수도 늘어날 것이다. 아내는 남편의 신체적 접촉을 피하게 되고, 로맨스 소설을 예전보다 많이 읽기 시작하며, 자녀 교육이나 교회 활동에 푹 빠질 것이다. 남편은 친구들과 어울리거나 차고에서 취미생활에 몰두하며 많은 시간을 보낼 것이다.

그러던 어느 날 남편이 숨겨둔 포르노 잡지들을 발견한 아내는 자신이 거부당했다는 생각에 심한 상처를 입는다. 그래서 남편에게 결혼 생활을 더럽혔다며 무자비한 공격을 퍼부을지도 모른다. 한편 남편은 아내가 쓰레기 같은 로맨스 소설들을 수십 권씩 읽어대는 것을 보며 아내가 로맨스는 좋아해도 자신은 좋아하지 않는 것 같다는 느낌을 받는다. 이렇게 서로 상처를 받은 두 사람은 끊임없이 서로의 흠을 찾아내고 극단적인 말로써 서로를 학대하게 될 수도 있다.

상황이 아주 나빠지면 목사에게 결혼 생활에 관한 조언을 구하겠지만, 목사는 그들에게 함께 기도하자고 할 뿐이다. 실제 성행동에 대해 충고를 하려다가는 성경에 어긋나는 생각이 드러날 위험이 있기 때문에 목사가 할 수 있는 것은 그뿐이다. 목사가 아니라 신부인 경우에는 더 심각하다. 신부는 성을 직접 경험하면 안 되는 존재이기 때문이다. 개신교 목사는 사실 신도들과 똑같은 문제로 고민하고 있을 가능성이 높지만, 아내와 터놓고 이야기를 나눌 수 없다는 이중고를 겪고 있을 것이다. 이런 문제들은 종교가 전파하는 질병이지만 아무도 그 사실을 인정하지 않는다.

우리가 지금까지 설명한 행동 주기는 교회의 범위를 훨씬 넘어선 곳까지 영향을 미친다. 종교적 훈련과 교리 주입은 자연스러운 충동과 상충하는 내면 상태를 만들어낸다. 사람이 자신의 성충동 때문에 저주스러운 기분을 느낀다는 뜻이다. 신은 사람을 성적인 존재로 창조해놓고, 그 충동을 행동에 옮긴다는 이유로 벌을 내린다. 주입된 교리는 신자에게 교회의 가르침이 틀릴 리 없으니 성충동은 틀림없이 죄이며 사탄의 유혹이라고 말한다.

이처럼 엉뚱한 곳에 화살을 돌리는 탓에 근본적인 원인이 밝혀지지 않아서 치료법을 찾아내는 것도 불가능해진다. 마치 콜라 다섯 개와 아이스크림 한 통을 매일 먹어치운 탓에 당뇨에 걸렸고 지금도 악화되고 있다는 사실을 믿으려 하지 않는 당뇨병 환자와 같다. 증상을 완화시키는 치료야 가능하겠지만, 조만간 병이 본격적으로 진행되면서 치명적인 결과를 낳을 것이다.

종교는 생각의 방향을 틀어놓는 기술의 달인이다. 예를 들어 평범한 성적인 생각을 왜곡하고 비틀어서 뭔가 죄책감을 유도하는 생각으로 만들어버리는 식이다.

다음의 사고 과정을 비교해보라.

종교적인 사람

1. "하느님은 포르노를 싫어하신다. 나는 유혹에 굴복해서 어젯밤 포르노 사이트를 본 것에 죄책감을 느낀다."
2. "나는 남편을 사랑하지만 신임 목사님을 보면 달아오른다. 이런 생각을 하는 나는 혐오스러운 인간이다."

비종교적인 사람

1. "어젯밤 포르노 사이트를 보면서 즐거웠다. 그런 사이트를 찾아낸 것이 다행이다. 아내와 함께 시도해보고 싶은 것들이 몇 가지 떠올랐고, 그 사이트를 보면서 자위를 한 것도 즐거웠다."
2. "어제 새로 입사한 사람을 보면 달아오른다. 남편에게 그 사람 이야기를 해주어야겠다. 남편은 내가 다른 남자에게 달아오른다는 사실을 즐거워하는 것 같다."

이 사람들 중 누가 오늘 밤 더 즐거운 시간을 보낼까? 누가 자신의 성과 조화를 이루고 있는가? 부적절한 행동이나 통제할 수 없는 감정이 갑자기 홍수처럼 몰려오는 경험을 겪을 가능성이 높은 건 어느 쪽인가?

이런 사고방식을 잘 보여주는 이야기가 있다. 예전에 기독교 신자였으며 지금은 에보니 엑소더스 프로젝트에 속해 있는 캔더스 고럼이라는 여성이 보내준 이야기다.[33]

어린 시절부터 성인기 초기까지 헤아릴 수 없이 많은 종교(여호와의 증인, 연합감리교, 비종파/복음주의, 침례교)를 경험하면서 섹스는 두려운 것이라고 배웠다. 모든 사람이 일단 결혼한 뒤에는 섹스가 좋은 것이라고 말했지만, 그 울타리를 벗어난 섹스에 대해서는 상당히 다른 얘기를 했다. 섹스는 우리의 인생을 파멸시키고 우리의 평판에 영원한 오점을 남길 수 있는, 질병을 퍼뜨리는 무시무시한 괴물이 되었다. 나는 어렸을 때 성, 안전한 섹스, 자위행위는 물론이고 심지어 남녀 간의 차이에 대해서조차 교회의 교육기관에서 종교에 편협되지 않은, 직접적인 정보를 배운 기억이 전혀 없다. 교회에서는 오로지 금욕만 가르쳤다. 내가 섹스에 대해 아는 것은 모두 5학년 때의 D.A.R.E 수업, 번식을 다룬 과학 수업, 9학년 때의 보건 수업, 그리고 친구나 개인적인 경험에서 배운 것이 전부였다.

'자신의 몸을 만지는 것'과 키스는 수치스러운 죄였다. 내가 '여성의 아름다움을 제대로 인정하는 행위'라고 부르는 것도 역시 잘못이었다. 만약 내가 레즈비언이라면, 하느님은 간음을 저지르는 이성애자보다 나를 훨씬 더 미워하실 테니까 말이다. 비록 나는 레즈비언이 아니지만, 레즈비언의 사랑을 확실히 인정한다는 점이 걱정스러웠다. 때로는 이성과의 만남보다 더 심하게 걱정스러울 정도였다.

고등학교 때 처음으로 애인을 사귀는 동안 나는 임신이나 질병을 걱정하기보다는 내가 '그것을 할' 때마다 하느님이 나를 지켜보고 있다는 사실에 당황스러운 마음이 더 컸다. 나는 미덕을 포기한 나를 하느님이 미워하실 것이라고 확신했으며, 영원히 지옥에 떨어져도 싸다고 생각했다. 그러면서도 그 행위는 계속했다. 가끔은 죄책감과 수치심이 극단적으로 강해져서 행위가 끝난 뒤 정말로 속이 메스꺼워지기도 했다. 그래서 먹은 것이 올라오지 않도록 침대에 누워 몇 분 동안 꼼짝도 하지 말아야 했다. 대학에 들어갔을 때 나는 결혼 전에는 섹스를 자제하기로 굳게 결심하고 있었다. 그러다 생애 처음으로 원나잇 스탠드를 한 후 수치심을 느꼈다. 하지만 그 뒤로도 모임에서 꽤나 순수하게 사람들과 '어울리다가' 또 하룻밤의 관계를 경험했다. 그리고 두 번 모두 나는 한동안 금욕하며 회개했다.

그러다가 안정적인 관계를 맺게 되면서 나는 하느님이 내 순수한 마음을 인정하고 나를 사랑해 줄 것이라고 나 자신을 설득했다. 하지만 슬프게도 이런 낙천적인 생각은 오래 가지 않았고, 나는 하느님에 대한 두려움과 남자에 대한 사랑으로 인해 깊은 우울증에 빠져들어갔다. 육체적 사랑의 강렬한 기쁨과 나를 사랑하면서도 증오하는 하느님 중 하나만 골라야 한다니.

나는 대학시절의 애인과 스무 살 때 결혼했다. 하느님이 우리의 결혼을 정하셨다는 예언을 믿고, 우리가 하느님의 계획을 미뤄서는 안 된다고 생각했기 때문이다. 하지만 결혼 생활을 하면서도 나는 성과 투쟁을 벌여야 했다. 포르노? 그건 혐오스러웠다. 항문성교? 그것은 소돔과 고모라가 무너진 원인이었다. 음란한 말을 하는 것은? 불경스러웠다! 성인용 '장난감'을 파는 가게에도 가봤지만 젤과 로션을 사왔을 뿐이었다. 남편과 내가 종교에서 탈출한 것이 우리 결혼 생활뿐만 아니라 성생활을 위해서도 우리가 할 수 있는 최선책 중 하나였다는 말만으로도 충분할 것이다. 한때 나는 종교적 금기, 섹시한 암여우처럼 굴어야 한다는 사회적 메시지, 그리고 결혼 이후에도 계속되었던 섹스로 인한 죄스러운 고통, 이 모든 것이 더해져서 더 극적인 오르가슴을 얻게 되었다고 믿었다.

지금은 그런 메스꺼움을 느끼지 않은 지 벌써 몇 년이 흘렀다. 이제 나는 남편이 동의해주기만 한다면 모험적인 행위든 전통적인 행위든 얼마든지 해볼 수 있다. 사람들에게 결혼한 뒤의 섹스만이 좋은 것이라고 가르치는 대신, 우리는 종교에서 벗어난 이후의 섹스가 더 좋다고 산 위에서 큰소리로 외쳐야 한다!

캔더스는 다른 사람들도 종교에서 빠져나올 길을 찾기를 바라는 마음에서 자신의 이야기를 글로 썼다. 따라서 그녀의 에보니 엑소더스 프로젝트는 흑인 여성들이 종교에서 벗어나도록 돕는 데 초점을 맞추고 있다.

'종교'라는 나쁜 댐

종교가 내세우는 근거 없는 주장 중에는, 종교가 없으면 사람들이 거칠어져서 성적으로 끔찍한 짓들을 할 것이라는 것이 있다. 하지만 이 주장을 뒷받침하는 증거는 없다. '무신론자들의 지도자가 수십 명의 소년을 성추행한 혐의로 유죄판결'이라든가 '무신론자의 이혼율이 최고'라는 신문 기사가 과연 몇 건이나 될까? 비종교적인 사람들은 종교적 죄책감이라는 상시적인 방해 요소가 없기 때문에 자신의 성생활과 연애 관계를 훨씬 잘 조절하면서 이끌어나가는 경우가 많다. 그들은 욕망을 댐처럼 가둬두려 하지 않고, 적절한 방향으로 수로를 터준다.

캔더스의 이야기에서 보았듯이, 종교적 죄책감은 행동을 막아주지 못한다. 조금 속도를 늦춰줄 수는 있겠지만, 궁극적으로는 생물학적 본능의 승리다. 캔더스의 행동은 합리적인 생각이나 맑은 머리로 내린 결정을 바탕으로 한 것이 아니다. 종교는 그녀의 성충동을 막는 댐을 세웠다. 그리고 그 댐이 넘쳤을 때 그녀는 지독한 죄책감을 느껴서 심지어 신체적으로도 혐오 반응이 일어날 정도였다. 죄책감은 성행동을 합리적으로 통제하는 능력을 저하시킨다. 그 결과 더 예측하기 어려운 상황, 종교적인 사람에게는 심지어 놀랍기까지 한 상황이 만들어진다. 캔더스는 가장 뜻밖의 시기에 성행동을 했으며, 자신이 충동을 조절할 수 없다는 사실에 경악했다. 이는 모든 주요 종교의 신도들은 물론, 많은 종교 지도자들 사이에서도 흔히 나타나는 패턴이다.

종교는 비판적인 사고의 입을 막아버리고 한 집단 전체를 맹목적으로 만들 능력이 있다. 종교는 신도들의 마음을 완전히 감염시키기 때문에, 아이들이나 그 밖의 사람들을 대상으로 한 터무니없는 성행동들이 수백 년 동안이나 아무런 도전도 받지 않고 지속될 수 있었다.

"고위 인사들이 섹스가 죄라고 경고할 때, 거기서 배워야 할 중요한 교훈이 있다. 고위 인사들과 섹스를 하면 안 된다는 것."

—맷 그로닝Matt Groening

종교 안의 성범죄

2011년에 오스트레일리아의 한 가톨릭학교 교장이던 로버트 베스트 수도사가 1969년부터 수십 명의 소년들을 성폭행한 혐의로 기소되었다. 이 학교의 지도신부인 제럴드 리즈데일 역시 연쇄강간 혐의로 기소되었다. 두 사람에게 성폭행을 당한 피해자들 중 26명이 나중에 자살했다는 주장도 나왔다. 이런 강간범들이 어떻게 수십 년 동안 들키지 않고 지낼 수 있었을까? 누군가 이런 사건을 알게 되었을 때 느꼈을 분노는 어디로 갔는가?

많은 목사들과 사제들이 기가 막힐 정도로 부적절하거나 불법적인 행동을 하는데도 가톨릭교회는 입을 다물고 있다. 신부가 아동 성폭행을 저지른 사실이 발각되면, 대개 수십 년에 걸쳐 피해자가 수십 명에 이른다는 보도가 나온다. 또한 예전에 교회 당국에 이 사실이 통보된 적이 있고, 부모들이 불만을 제기한 적이 있으며, 심지어 경찰에 신고가 들어간 적도 있지만 아무 소용이 없었다는 보도도 나온다. 상대가 이성이든 동성이든 어쨌든 불륜을 저지른 개신교 목사들은 그저 용서를 구하기만 하면 일자리에서 쫓겨나지 않을 수 있다. 어떤 목사들은 어린이를 성폭행하다가 들킨 뒤 어린이의 가족에게 조용히 돈을 지불하고(교회 금고에서 나온 돈이다) 계속 강단에 서서 설교를 한다.

이것을 공립학교의 교사나 교장의 경우와 비교해보자. 공립학교 교장이 학생과 어떤 식으로든 성적인 행동을 하면 즉시 해고된다. 교회와 공립학교가 책임을 지는 방식에는 엄청난 차이가 있다. 학교는 공적인 책임을 져야 하고, 교회는 개인적이고 종교적인 책임을 진다. 어떤 교회에서는 부모들이 불만을 제기하고, 주교에게도 사실이 통보되고, 변호사들의 서한이 교회로 날아오기도 한다. 때로는 이런 일들이 20년 동안 계속되기도 한다. 미국의 공립학교 체제에서는 누가 그런 불만을 제기한다면 즉시 조치가 취해진다. 세속적인 학교의 교장들은 자신이 직접 의심스러운 행동을 하는 것은 고사하고, 성적인 학대가 의심되는 사례를 보고하지 않은 것만으로도 심각한 곤경에 처한다. 하지만 가톨릭교회의 체제에서는 성직자들이 질책을 받거나 공적인 책임을 요구받지 않는다. 교회는 대체로 관계당국이 개입하거나 소송이 제기되어야만 행동에 나선다.

지금은 상황이 바뀌고 있다고 말하는 사람도 있지만, 정말 그렇다고 단언하기는 힘들다. 새로운 사건들이 끊임없이 튀어나오고 있기 때문이다. 선진국에서 교회는 법적인 압박을 받고 있지만, 아프리카, 남아메리카, 중앙아메리카 등지의 가톨릭교회와 복음주의 교회에는 법적인 압력이 존재하지 않는 것이나 마찬가지다. 물론 이들 지역에서도 최소한 미국이나 유럽 못지않게 많은 사건들이 발생할 것이다. 이들 지역에서 교회가 미리 선제적인 조사에 나선다는 증거도 없다. 서구 교회들이 수백 년 동안 그런 사건들을 은폐해왔는데, 그들이라고 해서, 하물며 법적인 압력도 거의 존재하지 않는데, 똑같은 행동을 하지 않을 리가 없지 않은가.

성범죄가 은폐되는 시스템

건전한 환경을 유지하려면 내부에서 자라난 전통과 외부의 신선한 공기가 섞인 체제가 필요하다. 모든 체제들은 스스로를 고립시키는 경향이 있다. 지역 전기회사든 군대든 상관없이 모든 체제들은 남들이 주변을 캐고 다니는 것도 싫어하고 외부인들이 이래라저래라 하는 것도 싫어한다. 조직심리학자로 28년간 일하면서 나는 고위급 인사들이 회사의 이익이라는 미명하에 엄청난 윤리적 실수를 저지르는 것을 수십 번이나 보았다. 그런 실수들의 뿌리는 대개 체제에 묶인 편협한 생각에서 찾을 수 있었다.

현명한 CEO들은 '신선한 공기'를 들여놓으려고 애쓸 것이다. 규정상 반드시 필요하지 않더라도 외부감사를 의무 사항으로 정할 수도 있고, 가끔 외부인사를 영입하거나 직원들을 힘들지만 새로운 분야로 재배치할 수도 있다. 조직 전체에 새로운 생각들이 계속 흐르도록 업계의 최신 흐름에 대한 지속적인 교육과 개방적인 토론을 강력히 주장할 수도 있다. 이런 것이야말로 자기 안에 고립된 편협한 생각을 막는 최선책이다.

위의 방법 중 가톨릭교회가 실천하는 것이 있는가? 가톨릭교회는 세계에서 가장 오래되고 가장 규모가 큰 체제다. 가톨릭교회는 적어도 1,800년 동안 존재해왔다. 자기 안에 고립된 편협한 체제의 궁극적인 사례이기도 하다. 수백 년 동안 많은 사람들이 개혁을 시도했지만, 그들 중 대부분이 파문당했다. 그나마 이 정도면 운이 좋은 것이다. 운이 나쁜 사람들은 처형당했다. 많은 사람들이 제2차 바티칸 공의회(1962~1965)를 효과적인 개혁이라고 평하지만, 그것은 교회가 시대에 적응하려는 필사적인 시도였다. 핵심적인 개혁은 이루어지지 않았다. 특히 섹스의 문제가 그렇다. 수녀들과 사제들은 지금도 독신과 금욕을 고수하고, 피임은 금지되어 있고, 여성들은 여전히 열등한 성이고, 결혼 전에는 오로지 금욕뿐이다. 편협한 체제들은 스스로를 개혁하는 법이 없다. 많은 가톨릭 신자들이 예전과는 달라졌지만, 십계명을 무시하면서도 교회에는 계속 나가고 있다. 교회가 신도들을 대하는 방법을 시대에 맞게 갱신하는 경우가 있더라도, 그것은 언제나 자기들 체제를 위해서다. 따라서 아동 성폭행을 저지른 사제들의 문제는 가톨릭교회 안에서 지금도 앞으로도 계속 풍토병처럼 남아 있을 것이다.

지금까지 가톨릭교회에 초점을 맞췄지만, 개신교 조직도 외부감사의 방문을 지극히 싫어하기는 마찬가지다. 그들은 성추문이 발생하면 해당 목사를 조용히 다른 지역으로 넘기거나 쫓아낸다. 형사범으로 고발하는 경우는 드물다. 범죄의 요건을 갖추지 않은 성적인 비행(예를 들어 목사의 간통)은 처음 한두 번까지는 대개 그냥 무시된다. 목사의 아내가 입을 닫고 침묵을 지키기만 한다면, 범죄는 저질러지지 않은 것이다.

남을 돕는 직업, 즉 심리학자, 정신과 의사, 일반 의사, 사회복지사

등은 고객과 성관계를 맺었다가는 직장에서 쫓겨나는 것은 물론이고 심지어 형사범으로 기소될 수도 있다. 치료를 위해 생겨난 인간관계가 본질적으로 신성하다는 인식 때문이다. 고객과의 성적인 접촉은 가장 심각한 윤리 규정 위반이다. 목사와 사제도 역시 남을 돕는 직업으로 여겨지지만, 그들에게는 윤리적, 법적 감시가 따르지 않는다. 종교가 성직자들을 특별히 보호해주고, 그것이 성 학대 사건을 은폐하는 역할을 한다.

목사들 중에서도 가장 보호받는 사람들은 신도와 돈을 가장 많이 끌어모으는 사람들이다. 백만 달러의 가치가 있는 사람을 해고하기는 어렵다. 일단 초대형 교회 건물을 지은 뒤에는 교회 건설을 위해 받은 담보대출 때문에 카리스마적인 리더가 나서서 교회로 돈을 끌어와야 한다. 그 리더는 또한 이사들을 설득해서 큰 건물을 새로 지으면서 감당해야 할 재정적 부담을 나눠지게 만드는 경우가 많다. 엄청난 담보대출금이 있는 상태에서 카리스마적인 목사가 매년 2~3백만 달러를 끌어온다면, 가벼운 간통 정도야 봐줄 수 있다. 만약 누군가 이러한 간통을 문제 삼는다면, 이사들의 표결로 이사회에서 쫓겨나거나 불명예를 뒤집어쓰고 교회에서 쫓겨날 수 있다. 아니, 이 두 가지 처벌을 모두 당하는 경우가 보편적이다.

분노는 어디로 갔을까? 이런 상황이 벌어지게 된 요인으로는 적어도 두 가지를 꼽을 수 있다. 유년시절의 교리 감염과 정신의 무감각화.

유년기의 감염

어른의 마음에 자물쇠를 채우는 작업은 어린 시절 정신을 감염시켜 종교적 권위를 맹목적으로 따르게 만드는 것으로 시작된다. 어린 시절의 교리 주입은 여러 가지 방법으로 시행되지만, 대개 시작은 순진하게만 보이는 교회의 동요들을 부르는 것이다. 〈예수님은 작은 아이들을 사랑하셔〉, 〈사자굴의 다니엘〉, 〈예수님은 나를 사랑하셔〉 같은 노래들 말이다. 자비로우신 예수님을 강조하는 이야기들도 마찬가지 역할을 한다. 예수님의 무조건적인 사랑에 대해 어린 시절부터 계속 듣다 보면, 어린이들은 점점 정신이 무뎌지면서 안전하다는 느낌을 갖게 된다. 교회에서 아이들에게 전달하는 메시지는 덩치 크고 위험해 보이는 어른들로 가득한 무서운 세상에서 안전을 갈망하는 아이들의 발달 단계에 딱 들어맞는다. 동요와 이야기는 놀라울 정도로 상냥하고 애정이 넘치는 신이 언제나 우리에게 주의를 기울이시며 우리를 보호해준다는 메시지를 은연중에 전달한다. 아이들에게 들려주는 이야기 중에 아이가 암컷 곰에게 먹히는 내용이나 명령에 따르지 않았다는 이유로 처형당하는 이야기가 나오는 경우는 없다.[34]

어린이의 마음속에서 사제나 목사는 신과 맞먹는 좋은 사람으로 자리 잡는다. 단순한 연상 현상 덕분이다. 아이들에게 훌륭하고, 사랑이 넘치고, 우리를 보호해주는 신에 대한 이야기를 들려주는 사람 또한 그러한 품성을 갖추고 있을 것이라는 연상 작용. 이것이 성인기까지 계속 유지되어 이어진다. 여기에 권위를 지닌 윗사람을 존중해야 한다는 메시지가 덧붙여지면, 대부분의 아이들은 모든 종교적 인물에게 쉽사리 경의를 표하며 어른이 되어서도 같은 행동을 계속한다.

신과 함께 있으면 안전하다는 메시지가 일단 머리에 각인되고 나면, 사춘기 직전 무렵에 메시지의 내용이 바뀐다. "하느님의 규칙을 따르지 않으면 그 무조건적인 사랑을 받을 수 없다"는 것이다. 이 시점에서 죄와 수치심에 관한 메시지가 진지하게 도입된다. 종교는 사춘기 직전의 어린이와 사춘기 청소년들에게 그들이 곤경을 겪는 것은 자신의 사악한 본성 때문이라고 가르친다.

메시지들을 이런 식으로 강력하게 조합시키면, 사람들은 열등감을 느끼게 된다. 하느님은 온통 좋은 점뿐인데, 사람은 유년기-사춘기-성인기를 거치면서 줄곧 근본적으로 결함이 있고 죄를 짓는 존재라고 생각하게 되는 것이다. 특히 여성들이 그렇다. 이처럼 혼란스럽고 사실에도 어긋나는 생각이 사람들에게 받아들여지는 것은, 어린 시절에는 생존에 필요한 것이라면 무엇이든 받아들일 수 있게 마음이 열려 있기 때문이다.● 사제와 목사를 포함해서 주위의 어른들이 모두 "하느님은 너의 안전 또는 구원을 위해 중요한 분"이라고 말한다면, 어린이는 이 말을 거역할 수 없다고 느낄 가능성이 높다. 이런 가르침은 대개 주일학교, 교리문답 등의 형태를 띠고 어린 마음에 이런 메시지들을 감염시킨다.

우리는 언어와 종교적 개념을 주위의 문화로부터 동시에 습득한다. 아이는 생존에 유용한 정보와 종교의 감정적, 심리적 조작을 구분할 능력이 없다. 아이가 일단 종교의 가르침에 감염되면, 그 가르침이 깊숙한 곳에 자리를 잡기 때문에 생각을 바꾸기가 거의 불가능하다. 모국어를 전부 잊어버리는 일이 상당히 힘들 듯이, 종교적 가르침을 모두 잊어버리는 것도 힘든 일이다. 이제 여기에 대부분의 종교가 자기네 지도자들에게 덧씌우는 신비적인 분위기를 덧붙여 보자. 사람들은 종교 지도자들이 선하신 신에게 자기들보다 가까이 다가가

● 어린이의 발달 과정에서 각인의 중요성에 대해서는 10장에서 좀 더 이야기하겠다.

있다고 생각하기 때문에, 성직자들의 말은 평범한 사람들의 하찮은 의견보다 더 강력하고 더 커다란 권위를 지닌다.

이 모든 것이 종교 지도자들 주위에 신화를 만들어내는 힘을 지니고 있다. 그래서 사람들은 종교 지도자들이 아는 것도 많고, 능력도 뛰어나고, 하느님에 가까운 중요한 인물이라고 생각하게 된다. 따라서 감히 종교 지도자에게 도전하는 사람은 누구든 신실하지 않거나 심지어 하느님에게 반항하는 사람이라는 낙인이 찍힌다.

목사와 사제들은 자동으로 이례적인 존중을 받는다. 해당 종교를 믿지 않는 사람들도 목사와 신부를 존중한다. 이것은 부족 안에서 추장이나 샤먼이 지녔던 힘과 같다. 대부분의 인간 집단은 모종의 위계질서에 복종한다. 그리고 이런 위계질서에서 윗자리에 있는 사람을 존중하는 것은 생존을 위해 커다란 가치를 지니고 있으며, 외부 집단이나 위험 요소들로부터 구성원들을 보호해준다. 어린이가 능력 있는 사람들을 찾아내서 공손하게 존중하고, 그들의 권위 하에서 집단의 규칙을 따르는 것은 생존이라는 강력한 동기에 따르는 행동이다.[35]

종교는 윗사람에게 경의를 표하는 성향을 강탈해가서 이용하고 있다. 사제들은 최고의 사냥꾼도, 최고의 병사도, 최고의 영업사원도 아니지만 '신을 섬기는 사람'으로서 자동적으로 높은 지위를 얻는다. 어떤 사람들은 4년간 신학교에 다니거나 신학박사 학위를 받았다면, 그것이 곧 존중받을 자격이 있다는 뜻이라고 주장하기도 한다. 하지만 신학은 지난 천 년 동안 눈곱만큼도 발전하지 않았다. 인간에 대한 지식과 이해에 아무것도 덧붙일 수 없는 직업이 과연 어떤 존중을 받을 수 있을까? 미신 이외에는 아무런 훈련을 받은 적이 없고, 일련의 직업적 윤리를 지킬 필요도 없는 상황에서 남을 돕겠다고 나선 사람들이 어떤 존중을 받을 수 있을까?

이런 체제 덕분에 가톨릭 성직자, 카리스마적인 설교자, 이맘 등은 결코 잘못을 저지르지 않는 사람들로 여겨진다. 그들의 말이 곧 신의 말이다. 어린 시절의 감염은 종교 지도자를 맹목적으로 신봉하는 마음 주위에 눈에 보이지 않는 보호막을 둘러준다. 하지만 이 보호막이 반드시 다른 종교까지도 보호해주지는 않는다. 그래서 개신교도들은 아동 성폭행을 저지른 사제를 감싸는 가톨릭 주교의 행동이 부도덕하다는 사실을 깨달을 수 있지만, 자기네 목사의 부도덕이나 불법에는 눈 먼 장님이 된다.

무감각화 훈련

이제 집단의식의 두 번째 구성 요소인 무감각화를 살펴보자. 대다수의 신자들을 대상으로 한 무감각화 훈련은 곧 지도자의 일탈 행위를 무시하게 하는 조건화를 뜻한다. 카를 마르크스는 종교가 아편이라는 유명한 말을 남겼다. 그다지 틀린 분석이 아니다. 종교적인 사람들은 자기네 종교의 세계관을 지지하기 위해서라면 엄청난 양의 정보를 기꺼이 무시해버릴 수 있다.

예를 들어 대부분의 개신교도들은 가톨릭교회 내부에 성직자들의 성추행이라는 중대한 제도적 문제가 널리 퍼져 있음을 알고 있다. 그들은 심지어 금욕이나 가톨릭 위계질서가 제공하는 보호 등 합리적인 원인조차 찾아낼 수 있다. 가톨릭교도들이 이렇게 끊이지 않고 터져나오는 추문에 자기들보다 더 분노하지 않는 것을 믿기 힘들다고 생각하는 사람들도 많다. 사람들이 계속 성당에 나가면서 가톨릭교회에 헌금을 하는 것도 놀랍게만 보인다. 다시 말해서, 합리적인 관찰자라면 가톨릭교회의 문제를 명확히 볼 수 있다는 뜻이다.

그렇다면 이번에는 성당에서 미사를 마치고 나오는 가톨릭 신자들에게 똑같은 문제에 관해 질문을 던져보자. 그러면 그들은 "썩은 사과 하나가 전체를 썩게 만들지는 않는다", "그것이 큰 문제이긴 하지만 교회는 이천 년의 역사에서 이보다 더한 일도 겪었다", "세속적인 사회가 교회를 공격한다", "우리 신부님은 절대 그런 짓을 할 분이 아니다" 등 다양한 답변을 내놓을 것이다. 하지만 이런 말들은 이미 오래 전부터 후렴처럼 자주 듣던 것이다. 심지어 사제에게 추행을 당한 아이들의 부모조차 이런 주장을 한다.[36] 추문이 공론화되고 증거들이 꼼꼼히 기록되는 동안에도 사람들은 꿋꿋이 성당에 나가 미사를 드리고, 헌금을 내고, 해당 신부를 위해 기도한다. 그들의 마음이 워낙 효과적으로 무감각화되어 있기 때문에 그 어떤 합리적 사고도 그들에게 영향을 미치지 못한다.

이런 무감각화 메커니즘의 근원을 거슬러 올라가면 어린 시절의 교리 주입에 다다른다. 대부분의 어린이들은 자기가 믿는 종교에 의문을 품지 않는다. "왜 가톨릭 말고 이슬람교는 안 가르치세요?"라고 물어볼 생각을 하는 어린이는 없을 것이다.

이처럼 모든 것을 받아들이는 어린 시절의 흔적이 종교를 믿는 성인들 대부분의 마음속에도 남아 있다. 종교적인 사고는 일단 한번 자리를 잡으면, 종교 자체에 대한 비판적 사고를 막는 역할을 한다. 하지만 다른 종교에 대한 비판적 사고 기능은 아무 문제없이 잘 작동한다. 이런 사고방식에 감염된 사람들의 수가 많아지면, 성직자가 나쁜 짓을 하더라도 비난받을 가능성이 거의 없다. 아일랜드의 학교와 고아원에서 80년 동안 저질러진 가톨릭 성직자들의 성추행에 관한 보고서를 읽어보면, 가톨릭 신자가 대부분인 경찰관들이 주교들과 마찬가지로 피해자의 하소연을 무시하기 일쑤였으며, 피해자들의 신고 내용을 깎아내리거나 심지어 피해자를 위협하는 짓까지도 했음을 명확히 알 수 있다.[37] 개신교를 믿는 미국의 경찰관도 성직자에 대해서는 역시 똑같은 맹목성을 지니고 있다. 범인이 침례교 목사든 가톨릭 신부든, 피해자는 대개 지위 면에서 성직자에게 미치지 못하기 때문에 당국의 눈에는 신뢰성이 덜한 것으로 보인다.

변화하는 시대

다행히 시대가 좋은 쪽으로 바뀌고 있다. 사회가 세속적으로 변하면 변할수록, 집단적인 종교의식을 유지하기가 힘들어진다. 그 결과 수십 년 동안 이어져온 성추행 사건들이 마침내 폭로되기 시작하고 있다. 경찰도 예전보다 더 나은 교육을 받고, 사건을 조사하면서 건전한 의심을 품을 수 있게 되었다. 인터넷은 사람들이 교회 내부의 포식자들에 대해 훨씬 더 많은 정보를 접할 수 있게 해주고, 먼 곳까지 자신의 이야기를 알릴 기회도 더 많이 제공해준다.

가톨릭 신도들의 교회 출석률은 1990년 이후로 줄곧 줄어들었으며, 미국 내 교구의 10퍼센트가 문을 닫았다. 활동 중인 사제도 24퍼센트 감소했다. 미국 가톨릭의 성장에 연료를 계속 공급해주는 것은 거의 전적으로 이민자들뿐이며, 신임 사제들 중에도 이민자들이 많다.[38] 2009년 퓨 리서치의 연구에 따르면, 미국에서 태어난 가톨릭 신자들 중 교회를 떠나는 사람이 네 명이라면 새로 가톨릭으로 개종하는 사람은 한 명밖에 안 된다.[39] 이런 쇠퇴의 원인 중 하나로 성추문을 꼽을 수 있을 것이다. 기타 원인으로는 인터넷 세대가 성년에 이른 것이 있다. 아무리 심하게 무감각화 훈련을 받은 사람이라도 교회가 범죄에 공모했음을 폭로하는 증거들이 눈사태처럼 쏟아지는 상황에서는 눈을 뜰 수도 있기 때문이다.

불행히도 추행의 피해자였던 사람들이 그 추행을 가능하게 하고 은폐했던 교회에 여전히 깊은 충성을 바치는 경우가 많다. 겉으로 보기에는 자신의 성생활을 망치고, 말로 할 수 없는 감정적 고뇌와 학대의 원인이 되고, 범인을 알면서도 오랫동안 보호해준 조직에 계속 충성하는 것이 비합리적이다. 킴 미셸 리처드슨Kim Michele Richardson 의 《굽히지 않는 아이The Unbreakable Child》는 가톨릭계 고아원에서 오랫동안 성적인 학대를 당했던 여성의 이야기이다. 그녀를 포함해서 40명의 여성들은 처음으로 로마 가톨릭 수녀들로부터 합의를 이끌어냈다. 이것은 끔찍한 사건이지만, 그래도 그녀는 여전히 충실한 가톨릭 신자이며 심지어 자신의 자녀들도 가톨릭계 학교에 보내고 있다. 어린 시절의 감염과 학대의 힘이 이 정도이다. 이 책의 서평 중에는 다음과 같은 말이 있었다. "오로지 한 곳, 즉 용서만을 향해 나아가는 강인함과 불굴의 믿음에 대한 아름다운 이야기다."⁴⁰ 종교적 감염이라는 맥락이 아니라면, 누가 여기서 용서를 떠올리겠는가? 이런 사건에서 용서의 기본적인 목적은 피해자가 계속 종교를 믿게 하는 것이다. 교회는 용서하지 못하는 사람에게 문제가 있다는 생각을 계속 끌고 나간다. 용서는 피해자를 위해 인지적 부조화를 해결하려는 시도다. 하지만 그런 효과는 내지 못하고, 오히려 가해자에게 쏟아지는 관심의 초점을 흐리게 하는 역할을 한다. 피해자는 용서를 통해서만 계속 교인으로 남아 자기 돈을 바치고, 자녀들을 다시 교회 체제 안에 집어넣을 수 있다!

이번 장에서는 주로 가톨릭교회에 초점을 맞췄지만 이슬람교, 불교, 모르몬교, 개신교에 대해서도 똑같은 분석을 할 수 있다. 이런 문제는 가톨릭에만 존재하는 것이 아니다. 단지 현재 가톨릭 쪽에서 그런 문제들이 더 두드러지게 보일 뿐이다. 'StopBaptistPredators.org'를 방문하거나 '종교로부터의 자유 재단'이 발행하는 블랙칼라 범죄 기록을 읽어보면 다른 종파에서 일어난 수천 건의 사건들을 접할 수 있다.

종교를 믿는 사람들은 확실히 무감각화되어 있지만, 우리가 "분노는 어디로 갔는가?"라는 질문을 던진다면 무감각화를 막는 데 도움이 될지 모른다. 모든 종교가 성직자들의 탈선과 성추문을 숨기거나 무시하는 것을 막는 데 우리도 힘을 보탤 수 있다. 소셜미디어에 새로운 사건들이 올라오면 하이라이트를 붙이고, 주위 친구들에게 지역 내의 성추문을 알리고, 사람들이 이 문제에 계속 관심을 갖게 하면 된다. 통계자료를 보면, 모든 종교에 썩은 사과는 단지 한 개가 아니라 수천 개임이 분명히 드러나 있다. 종교 지도자들이 신도들에게 영원히 엄청난 피해를 입히고 있는 현실을 종교주의자들이 그냥 지나치게 내버려두면 안 된다.

종교만 모르는
인간의 생물학

거룩한 생물학 08

생물학에 대한 최소한의 이해도 없이 성을 이해하는 것은 불가능하다. 우리가 공정하고 균형 잡힌 시각으로 이 문제에 접근하고 있음을 확실히 보여주기 위해 먼저 종교식 생물학 religious biology을 살펴본 뒤 과학적인 생물학을 살펴볼 것이다.

성경의 생물학

성경의 생물학은 모든 생물들이 느닷없이 생겨나는 것으로 시작된다. 최초의 인간 아담은 흙에서 창조되었다. 그리고 그런 아담에게 모든 동물들에게 이름을 붙여 그들을 분류할 시스템을 만들어내는 임무가 맡겨진다. 그런데 그가 조금 외로워하자 신은 그를 재운 뒤 갈비뼈 하나를 떼어내서 '배우자'를 창조해주었다.*

창세기에서는 적어도 한 마리의 뱀이 말을 할 수 있고, 두 그루의

● 여담이지만 흥미로운 이야기를 하나 하자면, 음경에 음경뼈baculum라고 불리는 뼈가 들어 있는 동물이 많다. 이 점에 대해서는 나중에 다시 이야기하겠지만, 음경뼈를 가진 동물이 많은 반면 인간에게는 그런 뼈가 없다는 사실을 고대인들이 알아차렸을 가능성이 있다. 실제로 신이 아담에게서 떼어간 것이 갈비뼈가 아니라 음경뼈라고 주장하는 사람들도 있다. 남녀의 갈비뼈 숫자가 똑같기 때문이다.

나무가 초자연적인 힘을 갖고 있다. 선악과가 달린 지식의 나무와 생명의 나무가 그것이다. 당시 사람들의 수명은 수백 년이나 되었다(아담은 930살까지 살았고, 므두셀라는 969살로 최장수 기록을 세웠다).

창세기 속의 동물들은 또한 성적인 존재였다. 따라서 노아는 방주에 동물들을 쌍쌍이 태우라는 명령을 받는다(무성생식을 하는 도롱뇽이나 도마뱀에 대한 언급은 없다).[*]

이 밖에도 성경에는 다음과 같은 설명들이 나온다.

- 박쥐는 새다(레위기 11:13~19).
- 토끼는 되새김질을 하는 반추동물에 속한다(신명기 14:7).
- 곤충들은 네 발 짐승이다(레위기 11:2~23).
- 메뚜기, 귀뚜라미, 베짱이는 발 위에 다리가 있기 때문에 먹어도 된다(레위기 11:21).
- 창세기에서 아담과 이브는 아들 둘을 낳는데, 그중 한 명이 다른 한 명을 죽인다. 형제를 죽이고 살아남은 카인은 무슨 수를 썼는지 아내를 얻어 아들 에녹을 낳는다(카인의 아내가 된 여자가 어디서 생겨났는지는 아무도 모르는 것 같다).
- 불임이 되는 것은 여자들뿐이다(남자는 결코 불임이 되는 법이 없다). 다행히도 성경의 생물학은 불임을 극복해낸다. 아브라함의 아내인 사라는 여든 살이 넘은 나이에 임신을 해서 "아브라함에게 아들을 낳아주었다"(창세기 21:1~2).
- 신약성서에서 바울은 몰타에 발이 묶였을 때 독사에게 물린다(사도행전 28:8~9). 현재 몰타에 독사가 살지 않는다는 사실은 둘째 치고, 예전에도

- 무성생식은 하나의 개체가 자신의 유전자만을 물려받은 후손을 만들어내는 것이다.

그 섬에 독사가 있었다는 증거는 없다.

- 고린도전서에서 바울은 죽은 씨앗만이 싹을 틔울 수 있다고 말한다(15:36).

- 라자로처럼 사람이 죽었다가 살아나기도 한다. 예수가 십자가에 못 박힌 뒤 많은 성자들의 무덤이 열리고 그 무덤 속에 있던 사람들이 예루살렘 주위를 걸어다녔다(마태복음 27:52).

- 예수가 무화과나무를 저주하자 그 나무가 곧장 시들었다(마가복음 11:12~14).

- 예수가 물고기를 몇 배로 불려서 5천 명을 먹였다(마가복음 8:19).

- 간질병을 앓는 소년이 예수의 명령 한마디로 즉석에서 나았다(마태복음 17:18).

코란의 생물학

하디스[무함마드의 언행록]에는 발생학과 관련된 이야기가 아주 많다. 잉태 과정은 남녀의 정자를 이용해서 40일 동안 계속되며, 배아는 40일 동안 덩어리로 변하고, 그다음 40일 동안 거기에 살이 붙는다. 뼈에 관한 언급은 전혀 없다. 86장 6~7절에서 코란은 다음과 같이 말한다. "그는 허리와 갈비뼈 사이에서 콸콸 쏟아져나오는 액체로 만들어진다." 난자에 대한 언급은 없다.

식물학에 대해서는 다음과 같이 말한다(20:53). "……그것으로 우리는 각각 구분되는 다양한 식물들의 쌍을 만들었다." 많은 식물들이 쌍을 이루지 않고 암수의 생식기관을 한 몸에 갖고 있다는 사실은 언급되어 있지 않다.

또 다른 종교의 생물학

모르몬경을 살펴본다면, 콜럼버스가 나타나기 전에도 미국에 말이 존재했음을 알게 될 것이다(그런데 인디언들은 콜럼버스가 다녀간 뒤에야 비로소 말을 발견한 듯하다). 또한 조로아스터교의 경전 아베스타에는 모든 생물이 씨앗에서 창조되었다는 말이 나온다.●

이런 종교적 문헌에는 사실 생물학과 관련된 내용이 별로 없고, 혹시 있다 해도 놀라울 정도로 부정확한 내용들뿐이다. 다음 장에서 우리는 인간의 섹스뿐만 아니라 다른 많은 생물들의 섹스와 관련해서, 그 어떤 경전에도 나오지 않는 풍부한 정보를 살펴볼 것이다.

● II장 27(70). "그곳으로 남자와 여자의 씨앗, 지상에서 가장 위대하고 가장 선하고 가장 훌륭한 자들의 씨앗을 가져오라. 그곳으로 모든 종류의 소의 씨앗, 지상에서 가장 위대하고 가장 선하고 가장 훌륭한 소의 씨앗을 가져오라."

동성애는 1,500종 이상의 생물에게서 발견된다. 호모포비아는 오로지 한 종에게서만 발견된다. 어느 편이 더 부자연스럽게 보이는가?

— 《허핑턴 포스트》에서 에폭스가 한 말

생식기의 생물학

"돈을 따라가라"는 말은 모두 들어본 적이 있을 것이다. 성과 관련된 문제에서는 생물학의 원칙을 따르는 것이 중요하다. 성적인 면에서 종교가 우리에게 어떤 영향을 미치고 있는지 이해하려면, 우리의 자연스러운 생물학적 성향이 어떤 것인지 알아야 한다.

인간의 성을 이해하기 위해 우선 다른 동물들의 성기가 어떻게 발달했는지 연구해볼 수 있다. 그들의 성기는 왜 우리 것과 그토록 다른가? 동물에 따라 성기의 크기에 차이가 있는 이유는 무엇인가? 간혹 암컷의 성기가 수컷의 성기와 비슷하게 생긴 종이 있는 이유는 무엇인가?

성기는 종을 막론하고 언제나 가장 역동적이고 적응력이 높은 기관 중 하나다. 또한 진화 과정에서 우리가 어떤 변화를 겪었으며, 다른 종과 어떻게 다른지 이해할 수 있는 틀을 제공해주기도 한다. 이번 장은 종교가 성에 미치는 영향을 이해하는 것을 도와주고, 종교와 상관없는 성에 대한 몇 가지 생각들을 제공해줄 것이다.

'현대 식물분류학의 아버지'인 카롤루스 리나에우스Carolus Linnaeus (1707~1778)는 생식기, 즉 암술, 수술, 꽃잎을 기준으로 삼으면 가장 쉽게 꽃을 분류할 수 있음을 알아냈다.[41] 이 때문에 어떤 사람들은 그가 섹스에 집착했다고 말한다. 하지만 현대의 진화생물학은 생식기가 분류에 중요한 역할을 한다는 점을 확인해주었다. 생식기가 대부분의 다른 기관들보다 더 빠르게 진화하고 변한다는 것이 커다란 이유 중 하나다. 이런 신속한 변화 덕분에 우리는 생식기의 차이를 바탕으로 생물들 사이의 섬세한 차이를 구분해서 거의 똑같아 보이는 동물들이 사실은 완전히 다른 종일 수도 있음을 밝혀낼 수 있다. 생식기는 섹스와 성선택sexual selection의 세계에서 벌어지고 있는 일들에 대해 우리에게 많은 것을 가르쳐준다.

오리 "생식기 전쟁"

오리들은 섹스를 많이 한다. 오리 암컷은 마음에 드는 수컷을 발견하면 그의 주의를 끌기 위해 그 주위에서 유혹적인 자태로 뒤뚱뒤뚱 걸어다닌다. 암컷의 이런 행동은 자신이 특정 수컷과 짝짓기를 하고 싶다는 뜻을 드러내는 것이지만, 수컷들은 모두 그 행위에 참여하고자 한다. 그래서 암컷이 스스로 선택한 상대와 짝짓기를 하고 나면 다른 수컷들이 떼를 지어 달려든다. 암컷은 도망치려고 하지만 한꺼번에 서너 마리의 수컷을 상대로 이길 수는 없는 노릇이다. 따라서 이것은 문자 그대로 강간이며, 암컷은 이런 행위를 좋아하지 않는다.

과학자들에게 오리의 이런 행동은 오랫동안 수수께끼였다. 오리의 세계에서는 왜 그토록 강간이 많이 일어날까? 암컷은 정말로 짝짓기 상대를 선택할 수 있는 권리를 갖고 있는 건가? 오리의 음경은 왜 큰가?

영국 셰필드 대학의 퍼트리샤 브레넌 박사는 오리의 섹스에 관한 전문가이다. 오리 섹스 연구자가 있으니 얼마나 다행인가. 브레넌 박사가 밝혀낸 오리 짝짓기의 신비를 요약하면 다음과 같다.

오리의 음경은 작은 몸에 비해 놀라울 정도로 커서 몸 전체 길이와 맞먹는 경우가 많고, 매번 짝짓기 계절이 돌아올 때마다 새로운 음경이 자라난다. 필요하지 않을 때 그 커다란 것을 계속 가지고 다닐 필요는 없기 때문이다.[42] 수컷의 음경은 몸속에 숨어 있다가 때가 되면 3분의1초 만에 밖으로 '뒤집어져' 나온다. 여기서 '뒤집기'는 안팎이 바뀌었을 뿐, 발기와 같은 현상이다. 즉 오리가 짝짓기를 할 준비가 되었을 때 풍선에 바람을 넣어 부풀리듯이 음경을 몸 밖으로 밀어내는 것이다.

수컷들이 대규모 집단을 이루고 있을 때는 음경의 길이가 15~20퍼센트 더 길어진다.[43] 경쟁이 그리 심하지 않다면, 지배적인 위치를 차지하지 못한 수컷들의 음경은 비교적 평범한 길이로 자라나며 음경이 큰 녀석들에 비해 몇 주 더 빨리 몸속으로 흡수된다. 경쟁 때문에 번식에 성공할 확률이 낮아서 음경을 다시 몸속으로 흡수한 뒤, 다음 해에는 좀 더 행운이 찾아오기를 기대하는 것이다.

토론토-스카보로 대학의 메이다이앤 앤드레이드 박사에 따르면, "오리는 기본적으로 사회적 환경에 맞춰서 자기 음경을 만들어낸다고 할 수 있다."[44]

생물학자들은 수십 년 전부터 그렇게 작은 동물이 거대한 음경을 갖고 있는 것에 놀라움을 금치 못했다. 오리의 음경에 관해서 모든 정황을 설명해주는 이론을 아무도 찾아내지 못했지만, 브레넌 박사가 마침내 과격한 방법을 시도해 보기로 하면서 실마리가 풀렸다. 브레넌 박사의 방법이란 암컷의 생식기를 해부하는 것이었다. 남성 과학자들은 암컷을 살펴볼 생각은 아예 해본 적이 없는 것 같다. 그런데 놀랍게도 브레넌 박사는 암컷의 생식기가 몸속 아주 깊은 곳까지 연결되어 있으며, 모양이 나선형 나사처럼 생겼음을 밝혀냈다. 그런데 그 방향이 수컷과 반대였다(그러면 수컷이 짝짓기를 하기가 힘들어진다). 생식기 끝에는 주머니가 있는데, 이 주머니는 정액이 알까지 도달하지 못하도록 담고 있는 역할을 했다. 브레넌의 실험에 따르면, 암컷은 생식기의 힘을 빼서 수컷이 쉽게 들어올 수 있게 해줄 수도 있고, '나사를 돌리듯이' 죄서 수컷의 진입을 어렵게 만들 수도 있었다. 난자를 수정시킬 권리를 다투는 진화 전쟁에서 수컷들은 순전히 물리적인 힘을 사용했지만, 암컷들은 거기에 효과적으로 대응하는 전략을 갖고 있었다.

한편 수컷을 대상으로 한 실험에서는 수컷이 음경을 꺼내 암컷의 몸속에 넣고 사정하는 속도가 엄청나게 빠르다는 사실이 밝혀졌다. 암컷의 생식기 구조를 알고 나니 이제는 수컷의 이러한 특징도 모두 이해된다. 이것은 단순히 암컷과 수컷 사이의 전쟁이 아니라, 생식기 사이의 전쟁이다. 브레넌 박사는 수컷이 빨리 성기를 삽입해서 짝짓기를 할 수 있도록, 그리고 암컷은 자신의 허락 없이 순식간에 짝짓기가 이루어지는 것에 저항할 수 있도록 각자의 생식기가 함께 진화해왔을 것이라는 가설을 세웠다. 그리고 암컷이 실제로 알을 수정시킬 상대를 고를 수 있는지 알아보기 위해 새끼 오리들의 DNA를 검사해본 결과 수정된 알의 97퍼센트가 암컷이 좋아하는 상대의 자식이었다.

학자들은 다양한 종의 오리들을 살펴본 결과, 이 싸움이 아직 끝나지 않았음을 밝혀냈다. 이 생식기의 공진화 과정에서 각각의 종들은 저마다 다양한 단계를 밟고 있다. 짝짓기 전략에 따라 수컷과 암컷의 생식기 모양과 크기가 다양하다는 뜻이다. 이런 현상을 '성적으로 상반되는 공진화sexually antagonistic co-evolution'라고 부르는데, 많은 육지 생물에게서 이런 현상이 발견된다.

거미, 곤충, 토끼, 하이에나에게서도 이런 공진화의 사례를 많이 볼 수 있다. 소금쟁잇과의 곤충 15종을 대상으로 한 연구에서는, 종마다 수컷은 짝짓기를 용이하게 하는 쪽으로, 암컷은 짝짓기를 방지하는 쪽으로 전략을 발전시켰음이 드러났다. 각각의 종은 짝짓기 방법, 짝짓기 상대를 선택하는 법, 짝짓기 과정을 뜻대로 통제하는 법 등에 관해 독특한 해결책들을 갖고 있다.

생식기와 번식주기의 모든 측면들을 면밀하게 살펴보면, 성적인 경쟁의 과거와 현재 모습에 대해 많은 것을 알 수 있다. 어쩌면 해당 생물이 어떻게 해서 지금의 모습에 이르렀는지도 알 수 있을지 모른다. 성적인 경쟁과 성적으로 상반되는 공진화라는 개념을 무기로, 이제는 우리와 좀 더 가까운 친척에게 주의를 돌려 다음과 같은 질문을 던질 수 있게 되었다. 그들의 생식기가 지닌 생리학적 특징과 번식주기를 통해 우리가 알 수 있는 것이 무엇인가? 지금 그들은 어떤 단계에 이르러 있으며, 어떻게 해서 여기까지 오게 되었는가? 먼저 일련의 사실들을 살펴본 뒤, 그 사실들이 가리키는 방향으로 따라가보자.

고릴라 "사이즈는 중요하다"

대부분의 포유류에서 암컷과 수컷의 신체 크기 차이는 일부다처제 polygyny● 여부를 예측할 수 있게 해주는 좋은 지표다. 신체 크기 차이가 크면 클수록, 수컷은 더 많은 암컷과 짝짓기를 하며 암컷들을 통제하려고 한다. 암수 간의 크기 차이는 성적이형性的異形이라고 불린다.

모든 영장류 중에서 고릴라는 성적이형의 정도가 가장 크다. 고릴라에게는 신체 크기가 중요하다. 다 자란 수컷 마운틴고릴라의 몸무게는 220킬로그램인 반면, 암컷의 몸무게는 97.7킬로그램이다. 수컷이 암컷보다 두 배나 더 큰 셈이다. 하지만 수컷의 음경 길이는 겨우 4센티미터에 불과하다.

고릴라도 음경뼈를 갖고 있다. 음경에 들어 있는 이 뼈는 짝짓기에 도움이 되는데, 대부분의 포유류가 이 뼈를 갖고 있다. 인간을 제외한 모든 영장류도 여기에 포함된다. 인간 외에 음경뼈가 사라진 동물로는 코끼리, 말, 고래, 돌고래 등이 있다.

실버백[등에 은색 털이 나 있는, 나이 많은 고릴라 수컷] 수컷은 대개 2~5마리의 암컷을 거느리며, 다른 '블랙백' 수컷(미성숙한 수컷)이 주위에 있어도 결코 짝짓기 권리를 공유하지 않는다. 수컷은 다른 실버백들이 손을 대지 못하게 자신의 암컷을 지키지만, 암컷은 언제든 마

● polygyny는 '많은 아내'를 뜻한다. 현대적인 문화권에서는 polygamy라는 단어를 쓰는 경우가 많다[우리말로는 둘 다 '일부다처제'이다.]. 이 단어의 반대, '많은 남편'을 뜻하는 말은 polyandry이다. 이런 용어들은 모두 결혼이라는 개념과 관련되어 있고 동물들은 결혼하지 않으며, 뒤에 나오듯이 대부분의 동물들이 심지어 일부일처제를 지키지도 않지만, 이 책에서는 polygyny라는 용어를 사용하겠다.

음이 내키면 지금의 무리를 떠나 다른 무리로 갈 수 있다. 암컷들이 평생 동안 무리를 바꾸는 횟수는 평균 2~3회 정도다. 어떤 경우에는 무리를 떠나 단 한 마리의 수컷하고만 짝짓기를 하기도 한다. 고릴라들의 섹스 시간은 고작해야 1분 정도다. 조건만 맞는다면, 아주 쉽고 신속하게 암수가 어울려 즐길 수 있다는 얘기다.

대개는 몸집이 가장 큰 수컷이 20~30마리 정도의 집단을 지배한다. 실버백들이 서로 죽을 때까지 싸우는 경우는 드물지만, 자신의 자리를 노리는 녀석들을 쫓아버리기 위해 일부러 강한 힘을 과시하기도 한다.

암컷들은 대개 7~8세 때 자신의 짝이 될 실버백을 찾아 자신이 태어난 무리를 떠난다. 이 나이쯤이면 이미 성적으로 성숙한 상태이지만, 암컷들은 12~14세가 되어서야 비로소 짝짓기를 시작하는 경우가 많다. 이에 비해 수컷들은 10~11세 때 자신이 태어난 무리를 떠나 대개 고독한 생활을 하다가 마침내 암컷들을 모아 15~18세 때 짝짓기를 시작한다. 고릴라 세계에서는 암컷을 두고 경쟁이 치열하다. 모든 수컷이 하렘[이슬람 국가에서 후궁들이 사는 곳, 따라서 여기서는 수컷이 여러 암컷을 거느리는 것을 뜻하는데 이런 경우 '하렘'이라는 용어를 많이 쓴다]을 만들 수는 없기 때문에, 하렘을 만드는 데 실패한 수컷들은 다른 수컷의 집단에 짝짓기 권리가 없는 수컷으로 합류해 지배자에게 복종하거나 계속 혼자 살아간다.

고릴라는 음경 스펙트럼에서 오리와는 정반대편에 서 있다. 신체적인 크기는 인상적이지만, 고릴라에게는 커다란 음경이 필요하지 않다. 고릴라의 섹스 횟수 또한 다른 3종의 유인원(침팬지, 보노보, 인간)에 비해 훨씬 적다. 그 결과 수컷들은 정액을 많이 생산할 필요가 없기 때문에 고환의 크기가 침팬지의 4분의 1, 인간에 비해서는 절반이 안 된다.

침팬지 "최고의 정자가 승리한다"

고릴라에 비하면 침팬지는 성적으로 지극히 왕성하다. 암컷들은 하루에 몇 번씩 짝짓기를 하기도 한다. 배란 중일 때 암컷의 성기는 분홍색으로 부풀어 올라 발정기 임을 널리 알림으로써 무리에 속한 모든 수컷의 시선을 끈다. 원래 침팬지 암컷들이 성적으로 아주 왕성한 편이지만 그렇다고 무턱대고 짝짓기를 하지는 않는다. 최고의 수컷이 가장 많은 기회를 얻을 뿐만 아니라, 그나마 발정기 때만 교미가 가능하다. 계급이 낮은 수컷은 경우에 따라 짝짓기 기회를 얻지 못할 수도 있다.

수컷이 최고의 자리에 오르는 데에는 지능과 사교성이 유용할 수 있다. 예를 들어 다른 수컷들을 모아 연합을 결성할 수 있는 수컷이라면 자신의 의지력과 지능만으로 지배자 자리에 올라설 수 있을 것이다. 제인 구달Jane Goodall은 《인간의 그늘에서In the Shadow of Man》라는 책에서 계급이 낮아서 무리의 외곽에서 몇 년을 보낸 수컷 침팬지 마이크의 이야기를 들려준다. 마이크는 어느 날 빈 휘발유 깡통의 힘을 알아낸다. 깡통을 들어서 동료들에게 과시한 뒤 손에 쥐고 달리거나 앞으로 밀어대면 다른 수컷들이 모두 겁을 먹는다는 사실을 깨달은 것이다. 그 덕분에 마이크는 약 넉 달 만에 자기 무리의 지배자 자리에 올라섰다.

침팬지의 생식기 구조는 고릴라와 선명한 대조를 이룬다. 우선, 침팬지의 음경은 8센티미터로 고릴라보다 훨씬 더 크고 길다. 또한 고환도 매우 커서 인간의 두 배나 된다. 섹스를 많이 해서 정액을 많이 생산할 필요가 있기 때문이다. 수컷들은 하루에 몇 번씩이나 짝짓기를 할 수 있지만, 오로지 발정기의 암컷에게만 관심을 보인다. 박물학자 칼리 윌슨은 다음과 같이 지적했다.

> 침팬지의 고환은 거대해서 모든 영장류 중에 가장 크며, 인간 남성 평균의 두 배나 된다······. 녀석들은 이 거대한 고환으로 지나칠 정도로 많은 양의 정액을 생산해낸다. 자신의 파트너가 최근에 짝짓기를 한 수컷의 정액이 혹시 몸속에 남아 있다 하더라도 그것을 모두 씻어낼 수 있을 만한 양이다. 간단히 말해서, 수컷 침팬지의 고환이 큰 것은 암컷들이 헤프기 때문이다. 이런! 공정을 기하기 위해 덧붙이자면, 수컷들도 헤프다.[45]

침팬지의 정액에는 나중에 마개처럼 굳어지는 성분이 들어 있다.[46] 단백질이 응고해서 만들어지는 이 마개는 자기보다 나중에 짝짓기를 하는 수컷의 정자가 난자를 수정시키지 못하게 막는다. 이런 전략을 사용하는 동물들이 많다.● 침팬지들이 성적으로 워낙 왕성하기 때문에, 수컷들은 다른 수컷들이 난자를 차지하지 못하게 막을 방법을 반드시 갖고 있을 수밖에 없다.

이런 것을 '정자 경쟁'이라고 부른다. 정자 경쟁에는 두 종류가 있

● 일처다부제(여러 수컷과 짝짓기를 하는 것)를 따르는 종의 수컷들은 정액 속의 성분으로 마개를 만들게 해주는 유전자를 갖고 있는 경우가 많다. 이런 유전자는 암컷의 파트너가 여럿일 때에만 유용하게 쓰일 수 있을 것이다. 보노보와 침팬지도 이 유전자(SEMG1과 SEMG2)를 갖고 있으며, 인간도 역시 갖고 있다.

는데 첫째는 단순히 남보다 많은 양의 정자를 생산하는 것이고, 둘째는 남의 정자가 난자에 도달하는 것을 막는 것이다. 앞에서 언급한 마개가 바로 이 방해 작전의 일부다. 하지만 정자 경쟁은 여기서 끝이 아니다. 나중에 짝짓기를 한 수컷의 정액 속에 마개를 녹이는 PSA라는 성분이 들어 있어서 난자를 향한 경주에 뛰어들 수 있기 때문이다. 침팬지 암컷의 몸속에서 전면전이 벌어지고 있는 셈이다. 또한 신체 크기, 음경의 모양, 암컷의 생식기 구조 등의 요소에 영향을 받지 않는 진화의 압박이 여기에 작용하고 있다.

침팬지의 생물학적 특징들을 따라가다가 고도로 발달된 정자 경쟁 시스템을 발견하게 된다는 사실은, 암컷들이 다수의 수컷들과 짝짓기를 하는 현상이 수천 세대 동안 계속 이어져 왔다는 뜻일 수 있다. '생물학의 원칙을 따라가'면 생물들이 실제로 어떤 짝짓기 전략을 쓰고 있는지 알 수 있다.

보노보 "암컷은 신비주의자"

짝짓기 전략은 유전자상으로 아주 가까운 관계의 생물들 사이에서도 몹시 다르게 나타나는 경우가 많다. 보노보가 고릴라나 침팬지와 많이 다른 것이 그 예다. 보노보는 4종의 대형 유인원 중 가장 몸집이 작고 가장 희귀하다. 한때는 침팬지의 일종으로 분류되어 몸 크기가 다른 침팬지보다 10퍼센트 작다는 이유로 피그미침팬지로 불리기도 했지만, DNA 연구 결과 사실은 다른 종임이 밝혀졌다.

보노보는 침팬지보다 인간에 더 가까운 것처럼 보인다. 예를 들어 침팬지는 개들과 같은 체위를 선호하지만, 보노보는 얼굴을 마주보는 정상위를 훨씬 더 좋아한다. 심지어 키스도 좋아하며, 섹스 상대의 성별에도 그리 관심을 쏟지 않는다. 네덜란드의 위대한 영장류 학자인 프란스 드 발Frans de Waal은 수컷 보노보 두 마리가 한참 동안 프렌치키스를 하는 영상을 보여주었더니 학생들이 경악했다는 이야기를 한 적이 있다.[47]

근본주의 교회의 신도들이 창조에 대해 배우려고 동물원에 현장학습을 나갔다가 보노보 두 마리가 서로의 눈을 지그시 바라보며 키스와 섹스를 하는 모습을 보게 되었다고 상상해보라. 아마 학습 계획이 완전히 물거품이 될 것이다.

보노보 사회에서 섹스는 번식의 도구라기보다 유대감 형성, 긴장 완화, 갈등 관리의 도구로 훨씬 더 중요하다. 보노보들 사이에 싸움이 벌어졌을 경우, 두 녀석이 자기들 사이의 긴장을 누그러뜨리려고 성기를 문지르거나 섹스를 하는 경우가 많다. 아주 맛있는 과일나무나 기타 먹이를 발견한 보노보도 몹시 흥분해서 다른 보노보와 섹스를 한 뒤에 자리를 잡고 앉아서 먹이를 먹곤 한다. 무리 내에 불안한 긴장이 감돌 때에는 많은 보노보들이 긴장을 완화시키기 위한 섹스를 한다.

보노보들은 많은 파트너들과 자주 섹스를 한다. 보노보 사회의 지배자는 암컷들이다. 암컷들이 밀접한 연대를 맺고, 수컷들의 남성호르몬이 멋대로 날뛰지 않게 감시한다. 수컷이 지나치게 고집을 피우려 들면, 가장 서열이 높은 암컷 두세 마리가 그 수컷에게 달려들어 녀석의 처지를 알게 해준다. 먹이가 발견되면 대장 암컷들이 가장 좋은 것을 가져가고, 그다음에는 서열이 높은 암컷들의 새끼들이 기회를 얻는다.

보노보 사회에서 암컷은 자신이 태어난 무리를 떠나 여기저기 떠돌다가 들어가고 싶은 무리를 찾으면 그 무리의 고위급 암컷에게 성적으로 접근한다. 음핵을 맞대고 문지르고 고위급 암컷의 털을 골라주는 것이다. 이 과정을 거쳐서 젊은 암컷이 새로운 무리에 받아들여지면, 처음에 접근했던 고위급 암컷과의 사이에 유대가 생긴다. 무리 내의 모든 암컷들은 수컷보다는 다른 암컷들과 훨씬 더 깊은 유대 관계를 맺고서 평생 그 관계를 이어간다. 암컷들끼리의 섹스 횟수도 수컷과의 섹스와 같거나 오히려 더 많다.

반면 수컷들은 자신이 태어난 무리를 떠나지 않고 어미와 강한 유대 관계를 유지한다. 서열이 높은 암컷의 아들들은 덩달아 지위가 높지만, 가장 높은 자리는 언제나 암컷 몫이다.

암컷의 음핵은 엄청나게 커서, 새끼손가락과 비슷한 크기다. 보노보는 음핵 자극을 통해 오르가슴을 포함해서 많은 쾌락을 얻는 듯하다. 프란스 드 발에 따르면, 오르가슴을 느낄 때 암컷 보노보는 이를 꽉 물고 강하게 집중하는 표정을 짓는 등 인간 여성과 매우 흡사한 표정을 짓는다.[48] 보노보들은 또한 혼자서 또는 다른 보노보들과 함께 다양한 방법을 동원해서 손으로 성기를 자극한다. 보노보 사회에서는 자위와 섹스의 다양한 조합이 관찰되었으며, 그 모든 행위가 정상적인 성적 표현의 일부로 여겨질 만큼 흔하다.

포유류 중에서도 보노보는 유독 발정기가 반쯤 숨겨져 있다. 보노보와 비슷한 전략을 쓰는 것은 인간뿐이다. 대부분의 포유류는 발정기에 들어서서 임신이 가능할 때에만 짝짓기를 하지만, 보노보는 아무 때나 짝짓기를 하는 것 같다. 발정기가 시작된 암컷들은 전보다 더 분홍색으로 변한 생식기를 과시하지만, 이런 생식력 과시는 (침팬지처럼) 섹스를 많이 하고 싶다는 초대장이 아니다. 보노보들은 평소에 이미 섹스를 많이 하고 있기 때문이다.

보노보 암컷은 임신과 출산을 마친 뒤 보통 4~5년 동안 새끼를 돌보며, 새끼가 젖을 뗄 때까지 다시 임신하지 않는다. 하지만 섹스는 계속된다. 인간의 경우와 마찬가지다. 인간 여성도 아기에게 젖을 먹이는 동안에는 대개 임신이 억제된다. 자연이 우리에게 "이 아이가 스스로 제 몸을 돌볼 수 있게 되기 전에는 다른 아이를 낳지 말라"고 말하는 듯하다. 현대 여성들은 옛날처럼 오랫동안 젖을 먹이지 않기 때문에, 수렵과 채집으로 살아가던 조상들이나 보노보에 비해 훨씬 더 빨리 다시 임신할 수 있게 된다.

보노보와 다른 영장류의 신체 구조가 어떻게 다르고 어떻게 비슷한지 비교해보는 것은 재미있다. 보노보의 음경은 침팬지처럼 몸에 비해 큰 편이고, 음경뼈가 들어 있다. 암컷들은 인간처럼 가슴이 발달해 있다. 크기는 작지만, 가슴이 납작한 침팬지에 비하면 확실히 존재를 알 수 있을 정도다. 수컷의 고환은 매우 커서 많은 양의 정액을 생산하는데, 아마도 자기보다 먼저 짝짓기를 한 다른 수컷의 정액을 씻어내거나 경쟁을 벌이기 위해서일 것이다. 보노보의 정액은 침팬지의 정액과 똑같은 방법으로 다른 수컷의 정자가 들어오지 못하게 막는다. 보노보는 또한 '빨리 하기'의 도사라서, 보통 7~15초면 섹스가 끝난다.[49]

고릴라, 침팬지, 보노보의 섹스를 비교하면, 대단히 수컷 중심적이고 일부다처제인 고릴라의 시스템에서부터 침팬지의 수컷 중심적이고 파트너가 많은 시스템까지, 그리고 대단히 암컷 지향적이고 파트너가 많은 보노보 시스템에 이르기까지 성적인 전략의 스펙트럼이 드러난다. 녀석들은 각각 자기들만의 특정한 성 전략에 유전적으로 묶여 있다.

인간 "음경 수수께끼"

인류 전체가 수렵과 채집에 종사했던 2만 년 전에 인간들은 무엇을 하고 있었을까? 옛날 인간의 성생활에 대한 힌트는 우리 유전자, 생리, 신체 구조 속에 들어 있다. 예를 들어 인간 남성의 고환은 일부다처제인 고릴라보다는 한참 크지만 성적으로 왕성한 침팬지나 보노보에 비하면 절반 크기밖에 되지 않는다. 인간의 정액 생산량도 고릴라에 비하면 많지만, 보노보나 침팬지 수준에는 미치지 못한다. 이런 사실들을 통해 과거와 현재 인간들의 성적인 취향에 관해 무엇을 알아낼 수 있을까?

보노보와 똑같이 인간들의 발정기도 숨겨져 있으며, 인간들은 언제든 섹스를 할 수 있다. 섹스가 번식보다는 사회적 유대감을 다지는 데 기여한다고 볼 수 있는 대목이다. 남녀 간의 신체 크기에 차이가 있는 것과 고환이 큰 것은 인간에게 일부다처제 성향이나 복수 파트너 전략이 있음을 시사하며, 인간이 일부일처제주의자라는 주장을 반박한다. 여성의 가슴은 진화의 관점에서 보면 완전히 수수께끼지만, 발달한 가슴이 남녀 모두에게서 많은 관심을 끄는 것을 보면 인류 역사에서 대단히 중요한 역할을 했기 때문에 성적으로 선택되었다고 봐도 될 것 같다.

인간 여성들은 좋아하는 남성 취향을 결정할 때 생물학적 요인의 영향을 많이 받는다. 오래 전부터 여성들이 매력적이라고 생각하는 남성의 몸매와 얼굴에 관한 연구들은 상충하는 결과를 내놓았다. 그런데 존스턴의 연구팀이 여성의 배란 주기를 변수로 포함시킴으로써 이 수수께끼를 풀었다.[50] 임신이 가능한 기간 동안 여성들은 대단히 남성적인 얼굴을 선호했다. 하지만 그렇지 않은 시기에는 좀 더 여성적인 얼굴을 선호했다. 휴즈Hughes와 갤럽Gallup의 연구에서는 남성의 어깨와 엉덩이 비율로 섹스를 시작하는 나이, 파트너 수, 바람을 피울 가능성 등을 예측할 수 있음이 밝혀졌다.[51] 이 모든 사실들은 남녀 모두 무의식중에 생물학적 요인의 지배를 받고 있음을 강하게 시사한다.

인간의 음경에는 음경뼈가 없으므로, 발기를 위해서는 철저히 음경에 압력을 가하는 시스템에 의존해야 한다. 음경뼈가 있었다면 인간 남성도 쉽게 발기할 수 있었겠지만, 뼈가 없으므로 발기를 위해 건강을 유지해야 한다. 자연의 모든 특징들이 그렇듯이, 여성들도 가장 '건강한 특징'을 지닌 남성을 선택할 때가 많다.

인간의 음경은 다른 영장류들에 비해 몸과의 상대적 크기와 절대적 크기 모두 상당히 큰 편이다. 인간의 음경이 왜 이렇게 커졌을까? 제프리 밀러Geoffrey Miller는 저서 《연애The Mating Mind》에서 다음과 같이 썼다.

> 음경만 빼고는 모든 조건이 똑같은 호미니드 남성 두 명 중에서 음경이 짧고, 가늘고, 덜 유연한 남성보다 길고, 굵고, 유연한 남성을 여성이 지속적으로 선호한다면, 음경을 크게 만드는 유전자가 널리 퍼질 것이다. 현대 남성의 음경이 비교적 큰 편인 것을 보면, 확실히 크기가 중요한 요소였던 것 같다. 그렇지 않았다면, 현대 남성들은 침팬지 크기의 성기를 갖고 있었을 것이다……. 인간 남성의 음경은 청각, 후각, 미각 자극을 만들어내는 데 특별히 잘 적응되지는 않은 것 같다. 그렇다면 여성의 선택을 이끌어낼 매개로 남는 것은 촉각이다.

음경이 여성의 질과 함께 진화했다는 이론도 있다. 인간의 머리가 커지면서 산도産道도 커져야 했으므로 음경도 덩달아 커졌다는 것이다.

크기는 둘째 치고, 인간의 음경은 생김새도 다른 대형 유인원들과 다르다. 귀두가 커져서 꼭대기를 버섯처럼 덮고 있는 모양이 다른 영장류와 워낙 달라서 여기에 뭔가 진화적으로 중요한 기능이 있는 건가 하는 짐작이 든다. 인간과 다른 영장류의 음경이 다르게 생겼다는 것은, 우리가 410만 년 전에 침팬지/보노보와 갈라져 나온 뒤 일정수준의 경쟁이 압력으로 작용해서 변화를 이끌어냈음을 시사한다. 하지만 왜 하필 이런 모양을 하게 된 걸까? 이 모양이 주인에게 어떤 이득을 주는 걸까?

영국 맨체스터 대학의 생물학 교수인 로빈 베이커Robin Baker는 음경의 모양이 펌프 역할을 하기에 완벽하다는 사실을 알아냈다. 정액을 질 밖으로 퍼내는 펌프 말이다![52] 음경은 질 안에 있는 정액을 최대 80%까지 퍼낼 수 있다. 자기보다 먼저 관계를 맺은 남성의 정액을 제거하는 것이다. 음경의 모양에 관한 이 간단한 사실로 다른 여러 가지 점들을 설명할 수 있다. 인간의 정사 시간은 다른 영장류에 비해 왜 그토록 오래 걸리는가? 침팬지나 보노보의 교미는 7~15초 만에 끝나고, 고릴라는 1분 만에 끝난다. 반면 인간은 4분 이상이다.[53] 이 시간이라면 양쪽 모두 즐거움을 느끼는 동안 남성이 다른 남자의 정액을 퍼내고 자신의 것을 내놓기에 충분하다. 일단 사정을 하고 나면, 남성의 성기는 자신의 정액마저 퍼내지 않도록 급속히 물렁해진다.

베이커의 연구에 뒤이어, 뉴욕 주립대학의 갤럽과 버치Burch는 다음과 같은 사실을 밝혀냈다.

여러 종류의 인공 음경, 여러 종류의 인공 질, 정액의 다양한 인공 합성

성분 비율, 정액의 점도에 상관없이 전체에 걸쳐서 인공 정액의 제거가 활발히 일어났다. 정액 제거의 규모는 찌르기의 깊이와 직접적으로 비례 했으며, 정액의 점도와는 반비례했다. 인공 음경의 여러 특징들을 바꿔 본 결과, 두부의 융기 부분과 포피의 소대가 정액 제거 효과를 내는 핵심적인 형태학적 특징으로 파악되었다.[54]

음경의 해부학적 구조에 대한 이야기는 이쯤 해두고, 인간 남성의 정액을 살펴보면 침팬지나 다른 동물들과 마찬가지로 응결되는 성질을 지니고 있다. 어떤 학자들은 정액이 사정 후 몇 초 만에 응결된다고 지적한 바 있다.[55] 이 기능은 정자가 난자를 향해 가는 동안 정액이 새지 않게 해주거나, 아니면 다른 정자가 난자에 도달하는 것을 막는 기능을 하는지도 모른다. 인간의 정액은 침팬지나 보노보처럼 단단한 마개를 만들지 못하지만, 그래도 다른 정자를 방해할 정도는 된다.

진화 과정에서 인간의 음경 모양이 바뀌고, 고환이 커지고, 음경뼈가 사라지고, 정액이 마개 역할을 할 수 있게 된 이유는 무엇일까? 인간이 일부다처제를 따르고 있으며, 남녀를 막론하고 여러 파트너와 관계를 맺을 가능성이 있기 때문이다. 좀 과격한 발언처럼 들릴지 몰라도, 유전적 증거는 역사를 통틀어 여성의 약 80퍼센트가 자손을 남긴 반면 남성은 겨우 40퍼센트만이 자손을 남겼음을 보여준다.[56] 이 놀라운 사실은 세월이 흐르는 동안 여자들이 번식에서 남자들보다 더 큰 성공을 거뒀으며, 성공한 남자들이 두 명 이상의 여자들을 상대로 번식했음을 뜻한다. 이 주장이 상식에 어긋나는 것처럼 보일지도 모르지만, 역사 속에서 남자들은 항상 가장 위험한 자리에 있었음을 명심해야 한다. 오늘날에도 직장에서 목숨을 잃는 사람의 93퍼센트가 남성이다. 수렵과 채집을 하던 시절은 물론 전사들을 중시하던 과거 문명에서는 상황이 지금보다 훨씬 더 나빴을 것이다. 인류의 역사에서 많은 남성들이 번식의 기회를 얻지 못하고 젊은 나이에 세상을 떠났다. 게다가 거의 모든 사회에서 정점에 있는 남성들은 바닥에 있는 남성들보다 더 많은 여성들을 차지할 수 있었다(휴 헤프너Hugh Hefner 효과). 인간 여성들도 지위가 높은 남성에게 더 매력을 느낀다.

이 모든 사실들, 음경의 모양과 크기, 음경뼈의 부재, 큰 고환, 긴 정사 시간 등은 번식과 관련해서 남성이 강한 압박을 받으며 적응한 결과물이다. 인간 남성의 성기는 여러 상대와 짝짓기를 할 수 있어서 경쟁이 몹시 치열한 환경에서 진화했다. 여성들은 특정 타입의 남성에게 매력을 느끼는 쪽으로 진화한 반면, 남성들은 다른 남자의 정액을 제거해서 자신의 정자가 가장 먼저 난자에 도달하게 하는 전략을 발전시켰다. 진화 과정에서 생겨난 특징들 중 몇 가지만 꼽아 봐도 이 정도다. 남성과 여성, 남성의 성기와 여성의 성기, 정액의 화학적 구성과 질의 화학적 구성이 한데 어우러져 춤을 추고 있는 꼴이다. 그리고 그 결과 다른 영장류들과 비슷한 면도 있고, 독특한 면도 있는 짝짓기 전략이 마련되었다.

섹스 파트너 미스터리

수십 년 동안 학자들은 성관계 파트너의 숫자를 묻는 질문에서 여자들보다 남자들이 훨씬 더 높은 숫자를 이야기하는 현상을 이해하지 못했다. 어떤 사람들은 남자들이 실제보다 과장된 대답을 내놓았을 것이라고 추측했고, 또 어떤 사람들은 여자들이 파트너 수를 실제보다 줄여서 말했을 것이라고 추측했다. 이 수수께끼가 풀린 것은 알렉산더와 피셔[57]가, 여성은 설문을 기획한 연구자가 자신의 대답을 볼 것이라고 의심할 때 파트너의 숫자를 훨씬 줄여서 말한다는 사실을 밝혀냈을 때였다. 자신의 대답이 익명으로 처리된다고 생각한 여성들이 말한 파트너 숫자는 그보다 많았고, 여성들에게 지금 거짓말탐지기와 연결되어 있다고 알려주었을 때는 숫자가 더욱더 올라갔다. '거짓말탐지기'가 언급되었을 때 여성들이 내놓은 대답은 남성들과 똑같았다. 남성들의 대답은 이런 식의 변화를 보이지 않았다. 학자들은 여성들이 파트너의 숫자를 줄여서 말한 것은, 우리 문화가 여성들에게 순결성을 기대하기 때문이라고 해석했다.

지난 60년 동안 인간의 성과 행동에 관해 엄청난 양의 연구가 이루어졌다. 그 결과들을 종합하면, 모든 사람의 90~95퍼센트가 결혼 전에 섹스를 하며 대부분 궁극적으로는 그 때의 파트너와 결혼하지 않는다. 한편 킨제이는 남성들 중의 50퍼센트, 여성들 중의 26퍼센트가 혼외 관계를 맺는다는 사실을 밝혀냈다.[58] 이 밖에도 모든 부부의 50퍼센트가 이혼하며, 이 사람들 대부분이 재혼 전에 한 명 이상의 사람들과 성관계를 맺는다는 사실 또한 고려해야 한다. 정확한 숫자를 파악하기는 힘들지만, 죽을 때까지 복수의 사람들과 성관계를 맺는 사람들의 비율이 아주 높다는 사실에는 의심의 여지가 없다.

현재 인간들의 체제는 일부일처제가 아니다. 전에도 그랬던 적은 한 번도 없다. 연구에 따르면, 인간들은 수백만 년 전부터 다수의 파트너와 짝짓기를 하는 생물이었다. 기껏해야 순차적인 복수 파트너제(serial polygamy, 파트너의 성별과 상관없이 두 명 이상의 상대와 짝짓기를 하는 것)를 따르면서 한동안 누군가와 유대 관계를 유지하다가 다른 상대들에게로 옮겨가는 식이다.*

생물학의 원칙을 따라가다 보면 우리가 어떤 존재인지에 대해서 종교를 따를 때보다 훨씬 더 많은 것을 알 수 있다. 더 많은 정보를 원한다면, 참고 문헌에 제시된 책과 논문 등을 한번 살펴보기 바란다.[59] 이제 우리가 독특한 성적인 존재로 발달하는데 생물학적 요인들이 어떤 영향을 미치는지 살펴보자.

● 내가 여기서 serial polygamy라는 단어를 일부러 쓴 것은 '순차적 일부일처제serial monogamy'라는 개념이 별로 말이 되지 않기 때문이다. 일부일처제의 정의는 평생 한 사람의 섹스 파트너만을 두는 것이다. 예수의 정의도 그러했고, 대부분의 기독교 종파가 따르는 정의도 그러하다. 살면서 한 명 이상의 파트너와 섹스를 한다면, 일부일처제의 정의에 들어맞지 않는다. 복수의 파트너를 두었기 때문이다.

우리의 성행동과 취향은 다양한 영향의 산물이다. 우리에게 영향을 미치는 요인들에 대해 우리는 자각하지 못하거나 마음대로 통제하지 못하는 경우가 많다.

"혐오감은 미생물에 대한 직관적인 반응이다."

— 스티븐 핑커Steven Pinker, 《빈 서판The Blank Slate: The Modern Denial of Human Nature》

보이지 않는 지도

앞 장에서 살펴본, 성에 관한 생물학적 지식은 우리를 독특한 성적인 존재로 만드는 여러 요인들을 이해하는 기초가 되어준다. 이번 장의 논의를 위해 나는 지도라는 개념을 사용할 것이다. 이 지도는 우리의 유전자, 신경세포 간의 연결, 문화적 훈련 속에 들어 있다. 이 지도 덕분에 우리는 대개 의식적으로 생각하지 않아도 성이라는 세계를 돌아다닐 수 있다. 남성의 발기나 여성의 윤활 작용 같은 것이 발생하는 데에는 생각이 필요하지 않다. 그저 적당한 자극만 있으면 된다. 사실 생각은 오히려 방해가 될 수 있다. 이것은 섹스가 무의식적인 활동임을 보여주는 한 예에 불과하다. 우리의 성지도는 우리를 흥분시키는 상대와 흥분을 오히려 가라앉히는 상대가 따로 있는 이유를 알려준다. 이제 우리의 성지도가 어디서 생겨났는지 살펴보고 다음의 질문들에 답해보자.

- 뇌는 상대를 찾아 섹스를 하도록 어떻게 프로그래밍되어 있는가?
- 그 프로그램은 어디서 온 것인가? 그 프로그램에서 유전자의 비중과 문화의 비중은 각각 어느 정도인가?

성지도는 우리가 성의 세계를 이해하고 돌아다니는 방법을 제시해준다. 성의 세계에는 우리 자신뿐만 아니라 모든 사람의 몸과 마음이 다 포함되어 있다. 우리가 특정 상대에게는 전화번호를 알려주고, 또 다른 특정 상대에게는 전화번호를 알려준다는 생각만 해도 몸이 움츠러드는 것은 이 지도 때문이다.

먼저 우리 뇌가 어떻게 프로그래밍되어 있는지 살펴보자. '하드웨어'처럼 단단히 각인된 부분은 무엇이고, 훈련과 환경에 좀 더 유연하게 반응하는 부분은 무엇인가? 뇌는 독특한 발달 과정을 거친다. 예를 들어 갓 태어난 신생아의 뇌는 먼저 부모를 알아보고 반응하는 법을 배워야 한다. 연구에 따르면, 신생아들은 몇 주 안에 이 임무를 해낸다. 아기는 엄마가 개나 고양이와는 다르다는 사실을 어떻게 아는 걸까? 개나 고양이와는 다른 인간의 얼굴을 알아볼 수 있는 기본적인 틀이 인간의 뇌에 유전적으로 프로그래밍되어 있기 때문이다.

아기의 다음 임무는 부모의 얼굴에 세세한 부분들을 채워 넣는 것이다. 아기는 이제 엄마와 아빠를 알아볼 수 있기 때문에 마음 놓고 안정감을 느낄 수 있다. 이 시기에 이처럼 안정된 애착 관계를 형성하지 못한 아기는 나중에 커서 변화와 스트레스를 잘 견디지 못하는 등

문제를 드러낼 가능성이 있다.[60]

짝을 선택할 때도 비슷한 과정을 밟는 것 같다. 입양된 딸들을 상대로 한 대규모 연구에서는 여성들이 자신의 양부와 닮은 남자를 남편으로 선택하는 성향을 드러냈다. 양부가 딸을 많이 지지하고 격려해줄수록, 딸이 양부를 닮은 남편을 선택할 가능성이 높아졌다.

왜 굳이 입양한 딸들을 연구 대상으로 삼았을까? 그들이 자신을 키워준 남자와 유전적으로 연결되어 있지 않기 때문이다. 따라서 양부와 닮은 남자를 남편으로 선택하는 성향이 나타난다면, 그것은 유전자가 아니라 조건화나 각인의 산물일 것이다.

이 연구 결과가 짝을 선택하는 과정에서 나타나는 다양한 변화들을 모두 설명해주지는 못했지만, 여성의 머릿속에서 모종의 각인이 효과를 발휘한다는 증거는 보여주었다. 여성들은 아버지 또는 자신을 키워준 남자에게 긍정적인 애정을 품고 있는 경우, 그와 비슷한 얼굴을 찾도록 무의식적인 프로그래밍이 되어 있는 것인지도 모른다. 이 연구를 진행한 학자들은 아들들에게도 같은 방법론을 적용해보았지만, 이런 식의 프로그래밍이 존재한다는 증거를 찾을 수 없었다.[61]

뇌는 자신에게 적당한 짝이 누구인지 어떻게 아는 걸까? 이스라엘 키부츠에 사는 3,000쌍의 부부를 대상으로 한 연구에서는, 서로 피가 이어지지 않은 아이들이 적어도 여섯 살 때까지 한집에서 자라는 경우 나중에 결코 서로 결혼하지 않는다는 사실이 밝혀졌다. 웨스터마크 효과● 라고 불리는 이 현상은 어린이의 뇌가 자신과 아주 가까운

● Edvard Alexander Westermarck(1862~1939)의 이름을 딴 것. 웨스터마크는 스웨덴어를 쓰는 핀란드 철학자 겸 사회학자로 결혼, 족외혼, 근친상간 금기 등을 연구했다. 사람들이 가까운 친척에게 끌리지 않는 데에는 생물학적 이유가 있으며, 근친상간 금기에 관한 프로이트의 주장이 반드시 옳다는 증거는 별

곳에서 자란 사람에게는 성적인 흥미를 잃도록 프로그래밍되어 있다는 가설을 가능하게 해준다. 이런 현상이 나타나는 것은 아마 근친상간의 위험을 최소화하기 위해서일 것이다.

지금까지 설명한 것은 선천적인 프로그래밍을 보여주는 두 가지 사례다. 이 연구 결과들은 성적인 취향과 선택이 대개 우리의 의식 밖에서 이루어진다는 것을 보여준다. 즉 우리가 알든 모르든 눈에 보이지 않는 지도가 우리의 길잡이 역할을 하고 있다는 뜻이다.

진화는 음경, 여성의 가슴, 엉덩이 등 성별에 따른 외양의 차이를 지금과 같은 모습으로 형성시켰지만, 짝을 선택하는 과정에 대한 연구에서 알 수 있듯이 인간의 뇌 또한 진화의 영향을 받았다. 다음의 내용은 섹스의 신경학적 측면이라는 복잡한 주제를 지극히 단순하게 요약한 것이다. 우리의 목적은 복잡한 성적 발달 과정을 살펴보면서 종교가 가장 기초적인 차원에서 우리에게 어떤 영향을 미치는지를 특히 중점적으로 알아보는 것이다.

3층짜리 지도

인간의 뇌는 3개 층으로 프로그래밍되어 있다. 그리고 각각의 층은 성적인 취향과 성향을 저마다 이리저리 비틀어놓는다. 첫 번째 층은 유전자로 인한 유전적 프로그램이다. 두 번째 층은 유전자와 그 발현에 영향을 미치는 환경적 영향이다. 세 번째 층은 우리가 사회적 존재이자 문화적 존재로서 '빈틈을 메우는' 방식과 관련되어 있다. 이 세 번째 층은 피드백 고리가 되어 우리가 섹스 상대를 선택하는 과정

로 없다는 의견을 처음으로 내놓은 사람이 바로 웨스터마크였다.

에 영향을 미침으로써 다시 유전자에도 영향을 미친다.

1층 – 유전자 속의 성 XX 또는 XY 염색체와 거기에 실려 있는 유전자가 성별을 결정한다.● 유전자 안에는 번식을 위해 필요한 몇 가지 행동에 대한 프로그램을 포함해서 남녀의 뇌를 형성하는 프로그램이 들어 있다.

많은 사람들은 이 염색체가 성에 영향을 미치는 유일한 요인이라고 믿는다. 하지만 많은 연구 결과들은 우리가 물려받은 염색체와 유전자 이외의 몇 가지 요인들이 섹스와 성행동에 영향을 미친다는 것을 보여준다. 태아가 성장하는 동안 유전자는 특정 장기나 세포의 형성 같은 구체적인 작업을 수행한다. 그리고 이 작업이 끝나면 때로 유전자의 기능이 꺼지기도 한다. 태아는 자궁 안에서 여러 가지 조건에 따라 유전자들이 켜졌다 꺼졌다 하면서 수행하는 작업의 결과로 성장한다. 이 과정은 다른 많은 종의 생물들과 비슷하면서도 우리 종에게만 독특한 체계적인 순서에 따라 이루어진다. 그리고 이것이 바로 성적인 프로그래밍의 첫 단계이다.

쌍둥이를 대상으로 한 여러 연구들은 사람이 특정한 타입의 파트너를 선택하는 데에 유전자가 중요한 역할을 수행한다는 것을 보여준다. 이런 연구 중에 가장 규모가 큰 것으로는 스웨덴 태생의 쌍둥이 7,200명을 대상으로 한 연구를 꼽을 수 있다.[62] 이 연구는 성적인 취향의 18~39퍼센트가 유전적이라는 결론을 내렸다. 또 다른 연구

● 이것이 성별에 영향을 미칠 수 있는 다른 가능성들을 무시한 발언임은 나도 알고 있다. 그러나 그 다른 요인들이 흔하지 않은 정도가 아니라 희귀하기 때문에, 논의를 단순화하기 위해서 우선 기본적인 줄기만을 따르기로 하겠다. 다른 요인들에 대해서는 2층의 유전외적 요인에 관해 설명할 때 살펴보겠다.

에서 마이클 베일리J. Michael Bailey와 리처드 필라드Richard C. Pillard는 남성 동성애자의 일란성 쌍둥이 형제 또한 동성애자인 경우가 전체의 52 퍼센트이지만 이란성 쌍둥이의 경우에는 겨우 22퍼센트에 불과하다고 밝혔다.[63] 레즈비언의 경우에도 일란성 쌍둥이 중 한쪽이 레즈비언이라면 나머지 한 명 또한 레즈비언인 경우는 거의 50퍼센트인 반면, 이란성 쌍둥이는 16퍼센트인 것으로 나타났다. 이런 연구 결과는 성적인 취향에 유전자가 커다란 영향을 미친다는 것을 보여준다.

우리가 갖고 있는 성지도의 1층 구성 요소, 즉 유전자는 하드웨어처럼 단단히 프로그래밍되어 있어서 변할 가능성이 별로 없다. 하지만 나머지 두 층에도 나름대로 발언권이 있다.

2층: 유전외적 요인 – 약에 취한 유전자 두 번째 층도 자궁 안에서 형성된다. 태아는 양수 속에서 화학적 합성물에 둘러싸여 있으며, 탯줄을 통해 어머니로부터 영양분을 공급받는다. 모든 것이 잘 진행되면, 유전자가 정해진 순서에 따라 켜졌다 꺼졌다 하면서 건강한 아이가 만들어질 것이다. 이처럼 태아가 성장하는 과정은 화학 반응들이 연쇄적으로 일어나는, 지극히 복잡한 과정이다.

모체의 입장에서 보면, 태아는 외부의 침입자다. 따라서 어머니의 면역 체계를 자극해 공격을 유발할 수 있기 때문에, 태아가 모체의 혈액과 직접 접촉하는 것이 제한된다.

이런 보호 조치는 모체에 존재하는 많은 오염 물질과 위험한 화학 물질이 태아의 몸속으로 들어가는 것도 막아준다. 그러나 불행히도 일부 화학 물질과 오염 물질은 모체와 태아 사이의 장벽을 넘나들 수 있다. 그리고 몇몇 약품과 보조제 또한 태아의 성장에 방해가 될 수 있다. 그 밖에도 어머니가 먹는 음식, 담배나 술, 모체의 스트레스 등도 태아의 성장에 영향을 미칠 수 있다. 어머니와 태아 사이에는 섬세한 균형이 유지되고 있다. 태아는 최대한 크게 자라고 싶어하지만, 어머니는 살아서 나중에 또 아기를 낳을 수 있게 되려면 태아의 성장을 어느 정도 제한해야 한다. 이 '싸움'의 결과가 태아의 성장과 성적인 발달에 영향을 미칠 수 있다. 특히 사내아이들의 경우가 그렇다.

지난 10여 년 동안 학자들은 외부적인 영향, 즉 '유전외적 요인'에 의해 유전자가 영향을 받을 수 있음을 보여주었다. 예를 들어 스트레스가 높아지면 다 자란 수컷 쥐들의 행동에 큰 변화가 일어나서 남성성이 줄어든다. 니코틴에 노출되면 수컷 쥐들의 고환이 변할 수 있다. 가소제인 디에틸헥실 프탈레이트는 고환의 기형을 유발한다. 이물질의 영향을 받은 고환은 무게가 덜 나가고, 테스토스테론 수치도 암컷 수준으로 줄어든다.[64] 이런 효과는 많은 동물에게서 관찰되며, 인간도 다를 바 없다는 증거가 점점 쌓이고 있다.

때로 극단적인 변화로 인해 심지어 태아의 성별까지 바뀌는 경우도 있다. 에스트로겐은 자궁 안의 초깃값 호르몬이다. XY 염색체를 완전히 갖춘 사내아이 태아가 무슨 이유로든 테스토스테론을 공급받지 못하면 여자로 성장한다. XX 염색체를 갖춘 여자아이 역시 자궁 안에서 고용량 테스토스테론에 노출되면 음경과 고환이 생겨난다.

내면의 여성성 인간의 모든 태아는 처음에 여성으로 출발한다. 남성은 잉태 순간부터 수천 가지 화학 반응들이 순서대로 이어지면서 몸을 서서히 남성화시킨 산물이다. 이 화학 반응 중 몇 가지가 방해를 받으면, 남자가 더 남자다워질 수도 있고, 남성성이 줄어들 수도 있다.

자궁 안에서 성장하는 동안 남성의 뇌는 급격히 분비되어 신경계에 영향을 미치는 테스토스테론의 영향을 받아 프로그래밍된다. 그런데 뭔가가 이 과정을 방해하거나 테스토스테론의 양이 줄어든다면, 남성의 뇌 프로그램이 달라진다. 이것이 동성애, 이성애, 양성애, 트랜스젠더 등 다양한 성적 취향이 나타나는 이유 중 하나다. 유전자, 호르몬, 환경은 독특한 인간을 만들어낸다. 그래서 어떤 경우에는 몸과 마음이 남성과 여성에 대한 종교적 정의에 부합하지 않는 사람들이 생겨나기도 한다.

호르몬과 유전자가 사람의 성장과 성적인 취향에 영향을 미친다는 것을 보여주는 사례 중 하나는 안드로겐 무감성 증후군Androgen Insensitivity Syndrome(AIS)이다. 희귀 질환인 AIS를 지닌 사람은 성적인 특징이 남성과 여성 사이의 중간쯤 어딘가에 존재하거나, 아예 완전히 역전된다. AIS에는 완전한 AIS와 불완전한 AIS, 두 종류가 있다. 완전한 AIS라면, 사내아이 태아가 안드로겐 무감성을 유전적으로 타고난 탓에 여자가 되어버린다. 즉 몸에게 남자가 되라고 명령을 내리는 호르몬에 무감각하기 때문에 태아가 남성을 뜻하는 Y 염색체를 갖고 있다 해도 성장 과정에서 자연스레 여성의 몸이 만들어진다.[65]

불완전한 AIS는 안드로겐에 부분적으로만 무감각한 것을 말한다. 이 증후군을 지닌 아기는 가슴이 발달한다든가, 고환이 밑으로 내려오지 않는다든가, 음경의 끝이 아니라 아래쪽에 요도가 발달하는 식으로 성별이 모호해진다. 호르몬에 부분적으로만 무감각한 탓에 몸에 전달되는 신호가 뒤죽박죽 뒤섞여 있기 때문이다. 따라서 사내아이 태아에게 남성과 여성의 특징이 모두 나타난다.

AIS는 성별이 종교주의자들의 주장처럼 단순한 문제가 아님을 증명한다. 미국에는 불완전한 AIS를 지닌 사람이 적어도 7,000명 살고 있다. 그들은 여자처럼 보이고 여자처럼 행동하지만 유전자는 남성이다.

유전자와 유전외적 요인은 성에서 몹시 중요한 의미를 지닌다. 사람이 자신의 성적인 특징을 선택할 수 있다는 증거는 어디에도 없다. 따라서 선택이 가능하다는 주장은 신학적인 개념이지, 생물학적인 개념은 아니다.

3층 – 청바지 속의 성 프로그래밍의 세 번째 층은 태어난 후 성인기 초기까지 진행된다. 유전자는 우리에게 데이트 상대를 구하는 법이나 우리에게 가장 즐거운 체위를 가르쳐주지 않는다. 이런 성적인 특징은 다층적인 과정을 통해 발달한다.

어린이와 청소년은 유전적으로 결정된 성장 단계를 거치지만, 유전외적인 요인과 문화적인 영향에도 취약하다. 예를 들어 아이들은 열두 살 때까지 주위에서 들을 수 있는 언어를 모두 흡수할 수 있다. 하지만 열두 살이 되면 뇌의 속도가 조금 느려지거나, 언어 습득이라는 기능을 꺼버리는 것 같다.

아이들이 배울 수 있는 언어는 주위에서 직접 접할 수 있는 것들 뿐이다. 이 경우 아이들은 문법과 구문, 어휘와 미묘한 음조와 억양을 배우면서 인류 문화의 아주 중요한 일면인 언어를 힘들이지 않고 흡수해버린다. 같은 집에서 자란 두 아이가 같은 언어를 아주 다르게 배울 수도 있다. 예를 들어 남북전쟁 이전의 미국에서 노예 생활을 하는 아이는 농장 주인의 아이와 나란히 자라면서도 같은 언어를 아주 다르게 말했다. 영국에서도 하인과 귀족이 쓰는 말이 따로 있었다. 문화적인 압박은 언어 습득에 강한 영향을 미칠 수 있다.

성의 경우도 마찬가지다. 성의 몇몇 측면은 1층과 2층에서 결정되지만, 3층의 과정, 즉 문화적 학습에 더 취약한 측면들도 있다. 사춘기가 시작되면서 호르몬들이 마구 분비되면 청소년들은 섹스에 대해 무엇이든 흡수할 수 있는 상태가 된다. 이 시기에 1,2차적 성적 취향을 포함해서 좋아하는 것과 싫어하는 것이 많이 결정된다.[66] 1차적 성적 취향이란 동성애, 이성애, 양성애, 트랜스젠더 등 중추적인 취향을 말한다. 하지만 1차적 취향은 성의 발판일 뿐이다. 완전한 성적 존재가 되기 위해서는 아직 채워 넣어야 할 것이 많기 때문이다. 그래서 나타나는 것이 2차적 성적 취향이다. 특정한 몸매에 성적인 페티시를 느껴서 실제로 행동에 옮기는 것이 한 예다. 즉 사람마다 특별히 성적인 흥분을 느끼는 대상이 바로 2차적 취향이다.

가슴에 털이 난 남자에게 매력을 느끼는 여성, 특정한 크기의 가슴을 지닌 여자에게 매력을 느끼는 남성, 입술이 관능적이고 키스도 잘하는 남자를 좋아하는 여성, 유혹적인 옷차림으로 유혹적인 행동을 하는 여자를 원하는 남성, 지극히 지적인 남자를 좋아하는 여성……, 이런 2차적 취향의 목록은 사실상 무한하지만, 사람들 각자의 목록에는 한계가 있다. 예를 들어 어깨가 넓고 목소리가 묵직한 남자를 좋아하는 여성이라면 키가 크고, 몸이 호리호리하고, 테너 목소리를 지닌 남성에게는 아예 관심을 보이지 않을 것이다. 하지만 그런 남성도 다른 여성의 취향에는 꼭 맞는 사람이 될 수 있다.

청소년들은 주위의 환경 속에서 성에 관한 단서를 찾으려고 한다. 그러나 십대 두 명이 같은 경험을 하더라도 각자 완전히 다른 영향을 받을 수 있다. 즉 언니는 위험을 무릅쓰는 '나쁜 남자'에게 강한 매력을 느끼는 반면, 여동생은 그런 남자에게 아무런 관심을 보이지 않는 식이다. 이렇게 각자 매력을 느끼는 요인은 청소년기에 나타나지만, 이 요인들은 유전자와 유전외적 요인과 문화라는 성지도의 3개 층이 합작해서 만들어낸 산물이다.

주위 환경 속에서 성적인 신호를 파악하려는 충동은 믿을 수 없을 만큼 강렬하며, 갖가지 사건이나 경험의 영향을 아주 잘 받는다. 이제부터 두 사람의 이야기를 들려주겠다. 먼저 스물여덟 살인 찰리의 이야기다.

나는 가톨릭 집안에서 자랐으므로, 가톨릭을 믿는 동성애자로서 당연히 겪어야 하는 수치심의 사이클을 모두 겪었다. 하지만 가톨릭과 동성애자라는 요소 외에 내게는 세 번째 요소가 있었다. 남자들이 풍선을 터뜨리는 모습을 좋아하는 페티시가 있다는 것. 진짜다!

처음에는 풍선이 터지는 것에 대한 두려움으로 시작되었지만, 사춘기를 거치면서 어찌된 영문인지 페티시가 되었다. 아버지의 무릎 위에서 엉덩이를 맞았던 아이가 나중에 그 행동에 성적인 의미를 부여하는 것처럼, 나도 그 두려움을 에로틱한 것으로 바꿔놓았던 것이다. 재미로 풍선을 터뜨리던 남자들이 내 눈에 아주 무서웠는데도, 그와 동시에 믿을 수 없을 만큼 섹시했다.

다음은 마흔여섯 살 남자의 이야기다.

형과 나는 동네에 있는 군수품 잉여 물자 상점의 쓰레기통을 자주 뒤졌다. 거기서 재미있는 물건들을 많이 찾아낼 수 있기 때문이었다. 어느 날 우리는 포르노 잡지 여섯 권을 발견하는 대박을 터뜨렸다. 우리가 거기서 포르노를 찾아낸 것이 처음은 아니었지만, 그 잡지들은 최고였다. 우리는 그것을 집으로 가져와서 몰래 보았다. 그중 한 잡지에 결박 장면을 담은 사진이 여러 장 있었다. 그 사진들이 내 머릿속에 불로 지진 것처럼 찍혀버렸다. 나는 누군가를 묶는다는 생각에 아주 강렬한 흥분을 느껴서 섹스는 아예 생각도 나지 않았다. 그냥 여자를 묶는다는 생각만으로 흥분한 것이다. 세월이 흐른 뒤 나는 형과 '좋았던 옛 시절'에 대해 이야기하게 되었다. 형과 나는 지금도 서로 못하는 이야기가 없다. 형은 섹스에 대해 항상 나보다 모험을 즐기는 편인데, 놀랍게도 그 잡지 이야기를 하며 정말 흥분했다고 말했다. 그런데 충격적인 것은, 형은 자신이 묶이는 상상을 하며 흥분했다는 점이다! 형은 수십 년 동안 자신이 그런 것을 공상으로 꿈꿨다고 말했다. 여자가 자신을 완벽히 통제하는 것이 좋다고 했다. 우리 둘 다 그 잡지를 보기 전에는 결박에 대해 생각해본 적이 없었다. 하지만 그 뒤로 우리가 각자 서로 다른 결박 행위를 시행하고 있었음을 알게 되었다.

2차적 취향은 대개 사람이 가장 커다란 자극과 만족을 얻는 섹스의 종류를 결정한다. 남녀 모두 2차적 취향을 갖고 있으며, 이것이 짝을 선택하는 데 영향을 미친다. 내 지인 중 한 명은 대략 6개월마다 여자친구를 바꾸는 것 같았다. 그런데 5년 동안 그를 지켜보면서 나는 그의 여자친구들 중에 몸매가 서로 놀라울 만큼 비슷한 사람이 많다는 것을 알게 되었다. 그리고 나중에 그의 어머니를 만났을 때 나는 모든 것을 이해할 수 있었다. 그의 어머니는 그가 그때까지 데이트했던 모든 여자들의 나이 든 모습이었다.

청소년들은 주위 환경 속에서 성적인 신호를 찾아내려 애쓰면서 자신이 속한 문화 속에서 무엇이 매력적이고 무엇이 매력적이지 않은지를 습득한다. 만약 문화가 소년들에게 작은 발이나 커다란 가슴이 매력적이라고 가르친다면, 소년들은 어른이 된 뒤에 그런 특징들에 초점을 맞추게 될 가능성이 높다. 만약 문화가 소녀들에게 최고의 곰 사냥꾼이나 〈아메리칸 아이돌〉에서 최고의 가수로 꼽힌 사람이 가장 바람직한 상대라고 가르친다면, 소녀들 역시 이런 가르침의 영향을 받을 것이다.

2차적인 취향은 문화 전체를 지배할 수도 있고, 어떤 유전자가 후손에게 전해질지 결정하는 역할을 할 수도 있다. 여성들의 몸매가 그 증거다. 예를 들어 어떤 문화권에서는 여자들의 엉덩이가 대체로 큰 편이다. 수천 년 동안 그런 특징이 성적으로 선택되었기 때문이다. 유전자가 남자들에게 엉덩이가 큰 여자를 고르라고 말하는 것은 아니다. 주위 환경이나 몸의 특정 부위에서 신호를 찾아보도록 뇌를 프로그래밍할 뿐이다. 인간의 뇌가 인간의 얼굴 특징을 알아보도록 프로그래밍되어 있을 뿐 처음부터 특정 얼굴을 알아보게 프로그래밍되어 있지는 않은 것처럼, 성적으로 의미를 지니는 신체 부위를 알아보는 것도 뇌가 그렇게 프로그래밍되어 있기 때문이다. 거기에 문화가 나서서 그 성적인 의미가 무엇인지 사람들에게 가르쳐주는 것이다.

성호르몬의 변화는 나이를 막론하고 언제나 뇌에 영향을 미치지만, 특히 스무 살 이전에 가장 큰 영향을 미친다. 뇌에 성호르몬이 넘쳐흐르는 시기에 뭔가 일이 벌어지면, 그것이 그 사람의 성행동과 취향에 영구적인 흔적을 남길 수 있다. 그리고 그런 변화가 특정 문화권 안에서 지속적으로 일어난다면, 문자 그대로 한 민족 전체의 몸매가 그 취향대로 바뀔 수도 있다.

사회적 신호 배우기

사회적 환경은 호르몬을 증감시켜야 할 때가 언제인지 우리의 성지도에게 알려준다. 성지도 중에서도 이것은 자동으로 돌아가는 부분이다. 그리고 이 부분에 영향을 미치는 요인들은 아주 어렸을 때 일찍부터 습득된다. 오리 수컷은 자신의 지배력을 인식하고 자신이 오리의 위계질서 속에서 어느 자리에 맞는지 알아보는 법을 배운다. 인간들도 거의 비슷하다. 파티장에 들어설 때 우리는 무의식적으로 사람들과 주위 신호를 평가한 뒤 그 집단의 사회적 구조에 맞게 자신의 행동을 조정한다. 파티장 안에 남녀가 각각 몇 명인지, 그들이 어떤 옷을 입고 있는지, 서 있는 자리가 어디인지, 어떤 자세로 어떤 몸짓을 사용하고 있는지 무의식적으로 살펴본 뒤 이런 신호들을 바탕으로 그 자리에서 가장 중요한 사람이 누구인지 파악해서 그에 맞게 행동하는 것이다.

이때 파티장 안에 있는 사람들의 호르몬 수치를 살펴본다면, 지위가 높은 사람의 테스토스테론 수치가 그렇지 않은 사람에 비해 높다는 것을 알게 될 것이다. 연구 결과들은 어떤 사람의 지위에 관한 주위의 평가가 달라지면 그에 따라 테스토스테론을 비롯한 여러 호르몬들이 증가하거나 감소하는 것을 보여준다.[67]

남성의 공격성과 승부욕에 관한 연구들은 남성들이 스포츠에 참여하거나 경기를 보고 있을 때 자신의 팀이 이기면 테스토스테론 수치가 급격히 늘어난다는 것을 보여준다. 또한 승리 이후에 섹스를 하고 싶다는 강력한 욕구를 느끼는 남성들이 많다. 그러나 자신의 팀이 지면 테스토스테론이 줄어든다. 승리는 남성에게 승부욕을 불어넣고, 패배는 자기보다 우월한 적 앞에서 덜 공격적으로 행동하게 만든다.

이런 의미에서 인간은 다른 많은 생물종과 비슷하다. 남성들은 승부와 공격성 앞에서 호르몬 수치의 변화를 경험하며, 승리를 거두면 성욕을 느낀다. 여성들도 스포츠 경기를 보거나 구경할 때, 그리고 위험을 무릅쓴 행동을 할 때 테스토스테론 수치에 변화를 보인다.[68] 그렇다면 종교도 호르몬에 영향을 미칠 수 있을까? 종교 활동 때문에 테스토스테론이 늘어나거나 줄어들 수 있을까? 이 문제를 연구한 사람은 아무도 없지만, 대부분의 종교의식들은 복종이라는 개념을 바탕으로 다음과 같이 복종하는 행동을 이끌어낸다.*

- 기도 중에 고개를 숙이는 것

- 무릎 꿇기

- 기도 중에 깔개 위에서 엎드리는 것

- 복종에 관한 노래를 부르는 것

- 여성들은 머리를 가리고 남성들은 모자를 벗는 것

- 사제나 목사의 말에 아무런 의문을 품지 않고 조용히 귀를 기울이는 것

- 신에게 이야기할 때 순종적인 말을 사용하는 것

- 탄원의 의식에 참여하는 것

이 모든 행동들이, 특히 여성들의 경우, 사회적 복종을 나타내는

---

* 아랍어로 '이슬람'은 '복종하다'라는 뜻이다. 하지만 기독교, 불교, 힌두교, 바하이교 등 여러 종교들도 복종을 자기들의 구호로 사용하고 있다.

행동이다.

교회에 다니면서 이렇게 끊임없이 복종하다 보면 테스토스테론 수치가 낮아질지 모른다. 하지만 모든 사람의 테스토스테론 수치가 낮아지는 것은 아니다. 같은 교회에 속한 사람들 중에서 적어도 한 명, 즉 사제나 목사의 호르몬 수치는 오히려 높아질 가능성이 높다. 연단에 서서 수백 명, 수천 명의 사람들에게 복종하라고 말하는 것은 고릴라나 침팬지가 지배적인 행동을 내보이는 것과 크게 다르지 않다. 나는 연구 과정에서 많은 전직 목사들을 인터뷰했다. 그들 모두 신도들 앞에 서서 설교할 때 감정적인 도취 상태였다고 말했다. 다른 사람들에게 복종하라고 말하는 행동이 호르몬의 강렬한 변화를 이끌어냈음이 분명하다.

호르몬은 동기와 의욕을 조절하는 시스템에서 중요한 역할을 한다. 의욕, 지배, 복종에 관련된 호르몬이 테스토스테론만 있는 것은 아니지만, 테스토스테론이 중요한 역할을 하는 것은 사실이다. 여러 변수들 중에서도 한 가지가 유난히 두드러진다. 교육 수준이 높고 경제적으로 성공한 사람일수록 종교에 심취할 가능성이 낮다는 것. 이 반대도 대체로 진실이다. 즉 교육 수준이 낮고 경제적으로 불안정한 사람일수록 종교에 심취할 가능성이 높다.

종교가 끊임없이 복종을 가르치는 것이 삶의 다른 측면들과 성취에도 영향을 미칠까? 예를 들어 신앙심이 가장 강한 사람들의 교육 수준과 사회경제적 지위가 낮은 경우가 많다는 점을 감안하면, 종교가 복종을 가르치는 것이 교육적 성취와 경제적 발전에 부정적인 영향을 미치는 게 아닐까? 미국에서 종교의 세력이 가장 강한 주들은 경제 발전과 교육 수준 면에서 대체로 가장 낮은 수준에 머물러 있다. 유타 주만이 예외다. 이것이 높은 신앙심과 관련된 현상일까? 종교적 권위에 대한 복종이 높게 평가되는 곳에서는 진화론을 가르치는 것에 반대하고 창조론을 옹호하는 사람들이 승승장구하는 것 같다. 하지만 아직은 논란의 여지가 있는 문제인데, 이 문제에 관한 연구는 거의 없거나 아예 없다. 내가 보기에는 이제 이 문제를 연구해볼 때가 된 것 같다. 종교가 인간의 의욕과 학업 성취도에 어떤 영향을 미치는가 하는 문제 말이다.

은유에 젖은 뇌

유명한 신경학 교수인 로버트 새폴스키Robert Sapolsky는 뛰어난 에세이 ≪이것이 은유에 젖은 뇌This Is Your Brain on Metaphors≫에서 우리 뇌가 물리적 경험과 은유를 처리할 때 같은 부위를 사용한다고 썼다.[69] 인간의 뇌는 설계되었다기보다는 공업용 테이프로 이어붙인 것과 같은 꼴이다. 진화 과정에서 은유만 따로 처리하는 부위가 만들어지지 않았기 때문에, 우리 뇌는 이미 비슷한 정보를 처리하고 있는 부위를 이용하게 되었다. 뭔가 썩은 냄새나 맛을 느끼면, 뇌에서 뇌도insula라는 부분이 미각적으로 역겨운 반응을 일으킨다. 우리가 뭔가 역겨운 생각을 할 때 반응하는 것도 역시 같은 부분이다. 맛을 느끼는 것은 맛에 대해 생각하는 것과는 다른 행동인데도, 뇌는 이 두 가지를 같은 부위에서 처리한다. 그래서 어느 정도까지는 나쁜 맛과 나쁜 맛에 대한 생각을 잘 구분하지 못한다.

이것이 종교와 성에 무슨 의미가 있을까? 종교적인 가르침은 뇌에서 역겨움을 비롯한 부정적인 반응을 처리하는 부위와 성을 연결시키는 메시지들로 가득하다. "동성애는 역겹다"는 말을 몇 번이나 들으면 뇌에서 역겨움을 처리하는 부위와 동성애가 연결될까? 심지어 동성애자 자신도 이런 종교적 가르침을 바탕으로 자신의 성을 역겨움과 연결시킨다. 그렇다고 해서 동성애를 그만둘 수 있는 것은 아니다. 다만 자신의 행동에 역겨움을 느끼게 될 뿐이다.[70]

내가 성인기 초기에 다니던 교회의 장로 한 분은 텔레비전에 나오는 모든 것이 역겹다고 즐겨 말하곤 했다. 어느 날 내가 친구와 함께 그 장로님의 집에 갔을 때, 텔레비전에서 토크쇼가 방송되고 있었다. 누군가가 화면 속에서 구강성교를 언급하자 장로님은 텔레비전을 향해 쿵쿵거리며 걸어가서 꺼버렸다. "텔레비전에서 들어본 것 중에서도 가장 역겨운 소리구나." 장로님은 이렇게 말했다. 마치 커다란 벌레가 들어 있는 썩은 사과를 방금 한입 베어 문 사람 같은 표정이었다. 은유적인 역겨움이 물리적 경험처럼 뇌도에서 처리되면서 그런 표정이 만들어진 것이다.

종교적 프로그래밍은 정상적이고, 자연스럽고, 몹시 즐거운 행동을 상상조차 할 수 없을 만큼 역겨운 것으로 왜곡해버리는 힘을 지니고 있다. 위에서 말한 장로님은 수십 년이 흐른 뒤 자신의 자식 두 명을 추행한 혐의를 받았다. 그가 그렇게 자식들을 학대하는 데 그의 종교적 지도와 생물학적 지도 사이의 갈등이 영향을 미친 건 아닐까?

종교적 지도 – 둘로 나뉜 뇌

청소년들이 섹스는 나쁘고 자위행위는 자신의 몸을 범하는 것이며 결혼할 때까지 성적인 행동을 하면 안 된다고 되뇌이는 문화적 메시지를 받아들이는 것은 가능하다. 하지만 그렇다고 해서 이런 문화적 메시지가 그들이 섹스를 하는 것을 막아주지는 못하기 때문에, 청소년들은 죄책감과 더불어 자신에 대한 역겨움을 느끼게 된다.

뇌에서 성행동을 일으키는 부위와 죄책감이나 역겨움을 느끼는 부위는 서로 다르다. 이 두 부위가 항상 연결되어 있는 것도 아니다. 그런데도 우리는 자신이 하나로 통일된 뇌를 지닌 통일된 사람이라서 자신의 행동을 통제할 수 있다는 환상을 품고 있다. 게다가 자신이 통제할 수 없는 행동을 했을 때 그 행동을 정당화하고 합리화하는 정교한 방법까지 갖고 있다.

마크 레그너러스Mark Regnerus는 저서 《금단의 과실Forbidden Fruit》에서 종교가 청소년에게 미치는 영향을 살펴보았다. 광범위한 연구를 바탕으로 그는 대부분의 십대들에게, 심지어 신앙심이 깊은 십대들에게조차 종교가 그다지 영향을 미치지 못한다는 것을 보여주었다. 그의 결론은 다음과 같다.

> 복음주의 개신교도들이 성적인 태도와 성행동이라는 측면에서 미국에서 가장 보수적이라는 것이 일반적인 인식이다……. 복음주의자들이 주류 개신교도, 흑인 개신교도, 젊은 유대교도에 비해 성에 대해 보수적인 태도를 유지하고 있는 것은 사실이다. 그들은 섹스를 하면 죄책감을 느끼게 될 것이라고 생각할 확률이 (모르몬교도에 이어) 두 번째로 높으며, 섹스를 즐거운 일로 생각할 확률은 가장 낮고, 섹스를 하면 자신의 파트너가 자신을 경멸하게 될 것이라고 생각할 확률이 가장 높다. 하지만 신앙심이 깊은 집단 중에서 복음주의 개신교를 믿는 청소년들이 섹스를 할 가능성이 가장 낮은 것은 아니다. 사실 두 가지 데이터에서 모두 그들은 미국의 다른 청소년들과 그다지 구분되지 않는다.

이런 결과는 나 자신의 연구를 비롯해서 많은 연구 결과들과 일치한다. 예를 들어 나는 1만 명의 사람들을 대상으로 실시한 온라인 설문조사에서 신앙심이 깊은 가정에서 자란 사람들과 신앙심이 가장 약한 가정에서 자란 사람들의 성행동에서 아무런 차이도 찾아내지 못했다.[71] 유일한 차이점은 그들이 느끼는 죄책감의 수준뿐이었다. 신앙심이 깊은 십대들은 훨씬 더 강한 죄책감을 느끼면서도 여전히 섹스를 한다. 십대들이 두 개의 마음을 갖고 있다는 강력한 증거인 셈이다. 그들 뇌의 한 부분은 종교적인 믿음을 품고 있지만, 다른 한 부분은 자연스러운 성충동을 따른다. 그리고 이 두 부위는 서로 이야기를 자주 주고받지 않는다. 종교적인 부위가 주인의 섹스를 막지 않는 것만은 분명하다.

예전에 종교를 열심히 믿었던 젊은 여성이 들려준 다음의 이야기는 두 부위가 서로 분리되어 있음을 잘 보여준다.

내 남자친구와 나는 정말로 뜨거운 사이였지만, 근본주의 대학에 다니고 있었기 때문에 결혼 전의 섹스는 절대로 금지되어 있다는 생각이 머리에 단단히 박혀 있었다. 섹스를 하다가 들키면 학교에서 추방될 터였다. 따라서 우리는 실제 성교만 빼고 모든 것을 했는데, 어느 날 밤 남자친구가 '신의 눈God's eyes' 앞에서 결혼하자고 제안했다. 우리는 무릎을 꿇고 앉아서 신에게 우리 결혼을 축복해달라고, 이제부터 우리를 부부로 생각해달라고 열렬히 기도했다. 그러고는 침대로 뛰어들어 죽어라 섹스를 해댔다. 정말이지 놀라운 밤이었다. 앞으로도 영원히 잊지 못할 정도로. 다른 누군가를 그토록 가까이 느껴본 적은 처음이었고, 그토록 강렬한 쾌감을 느낀 것도 처음이었으며, 그토록 안심이 된 것도 따스함을 만끽한 것도 처음이었다. 내 마음속에서 그날 밤은 의심의 여지가 전혀 없는, 신에게 축복받은 밤이었다.

그 뒤로 며칠 동안 나는 우리가 한 일에 대해 철저히 냉정을 지켰지만, 남자친구는 이상하게 굴면서 거리를 두려고 했다. 남자친구와 이야기를 해보려고 해도 아무 소용이 없었다. 내가 언제 다시 데이트를 할 수 있겠느냐고 물었더니 그는 그냥 웅얼거리기만 했다. 나는 점점 미칠 것 같았다. 우리는 이미 결혼했는데 왜 이러는 걸까? 그날 밤 내게 키스하며 그토록 강한 사랑과 따스함을 주고 나를 안심하게 만들어주던 그 놀라운 남자는 어디로 간 걸까?

몇 주가 지나는 동안 우리는 거의 제대로 만나지도 못했다. 그러던 어느 날 밤 남자친구가 전화로 "이야기 좀 하자"고 말했다. 우리는 도서관의 은밀한 구석자리에서 만났다. 그런데 남자친구는 죄책감으로 괴로워하면서 우리가 학장에게 가서 죄를 고백하고 다시는 섹스를 하지 않겠다고 약속해야 한다고 말했다. 나는 남자친구가 나와 결혼한 상태를 유지하는 것을 원하지 않는다 해도 우리가 한 일에 전혀 잘못을 느끼지 않는다고 말했지만 그의 마음은 요지부동이었다. 나는 우리의 행동이 아름다웠으며 분명히 신에게서 받은 것이었으므로 학장에게 가서 고백할 생각이 전혀 없다고 말했다. 만약 남자친구가 혼자 학장을 찾아가 사실을 털어놓는다면, 나는 확실히 학교에서 쫓겨날 터였다. 이미 학기가 거의 끝난 무렵이었으므로, 나는 기말고사가 끝날 때까지 기다려달라고 남자친구에게 말했다. 그리고 기말고사가 끝나자마자 그 학교를 그만두고 일반 대학으로 편입했다. 남자친구와는 다시 만나지 않았다. 그것이 내 종교의 종말의 시작이었다. 그토록 아름다운 일이 틀렸다니 말이 되지 않았다.

다행히도 나는 그 뒤로 좋은 연인들을 여럿 사귄 뒤 나를 행복하게 만들어주는 남자를 만났다. 이 남자친구도 종교를 조금 믿는 편이지만, 그것이 기분 좋은 섹스나 기분 좋은 관계에 방해가 되지는 않는다.

첫 번째 남자친구의 성지도는 마음이 하나라는 잘못된 생각을 바탕으로 멀리 길을 돌아가면서 예수라는 지형지물을 통과했다. 그 결과 그는 자기 뇌의 두 영역을 통합시킬 수 없었다. 그가 뇌의 한 부분에서 느껴지는 역겨움을 다스리는 방법은 다른 부위가 한 짓을 고백하고, 이 두 부위가 계속 분리되어 서로 의사를 나누거나 통합될 수 없게 유지하는 것밖에 없었다. 그는 앞으로도 자신의 성행동으로 인해 당혹감을 느끼면서 엄청난 죄책감과 후회를 느낄 가능성이 높다.

청소년들에게 문화적 성패턴이 각인되고 나면, 그것이 그들의 성취향에서 계속 중요한 자리를 차지하게 된다.[72] 일부 종교지도가 어른의 성에 어떤 영향을 미치는지 살펴보자. 무슬림 남성들은 결혼 생활에서 남자가 지배권을 쥔다는 강력한 메시지를 청소년기 내내 주입받는다. 코란은 대단히 남성 중심적이어서 여성들은 거의 의미 없는 존재로 취급받는다. 무함마드는 자신이 원하는 여자 모두와 결혼했다. 개중에는 심지어 아홉 살짜리 소녀도 있었다. 일부다처제가 사회적으로 허용되어 있었고, 사람들은 깊이 생각해보지도 않고 딸을 내주었다. 여성들에게 적용되는 규칙과 처벌은 남성들의 경우보다 훨씬 더 가혹하다. 남녀는 어려서부터 분리되어 자라며, 남녀의 처우가 다른 것에서 남성의 특권이 분명히 드러난다. 많은 이슬람 국가에서 소년들은 교육, 특히 종교교육을 받는 반면 소녀들은 집 밖의 학교에서 최소한의 교육만 받는다. 여성들은 남성들을 기쁘게 하고 아이를 낳는 것이 존재 목적이라고 배운다. 남성들은 특히 외국에서 이교도 여성과 섹스하는 것이 알라의 뜻을 거스르는 죄가 아니라고 배운다. 그러나 무슬림 여성에게 남편이 아닌 남자와의 섹스는 모두 범죄다.

이런 메시지들이 청소년기에 각인된 무슬림 남성들은 서구의 기준으로 보면 여성 혐오증이라고 할 만한 여성관을 갖고 있다. 다음은 온라인에서 부유한 아랍 남성을 만나 장거리 연애를 했던 미국 여성의 이야기이다.

처음 몇 번은 그가 이곳까지 비행기로 날아와 나를 만났다. 우리는 1~2주 동안 함께 지내면서 정말 즐거운 시간을 보냈다. 나는 이 남자에게 푹 빠져 있었다. 그는 미국의 명문 대학을 나와 레바논에서 전문직업인으로 성공한 사람이었다. 집안사람들은 아직 신앙심이 강했지만, 그는 세속적인 면이 강해서 이슬람 신앙에 그다지 개의치 않는 것 같았다. 그는 여자를 어떻게 대해야 하는지 알고 있었으며, 침대에서도 놀라운 연인이었다. 나는 아이가 대학에 다니고 있어서 대개 돈에 쪼들렸으므로 비행기를 타고 중동까지 날아갈 형편이 아니었다. 거의 1년 동안 나를 만나려고 미국을 여러 번 오간 뒤 그는 자기가 비용을 대줄 테니 자신을 만나러 오라고 제의했다. 정말 굉장한 기회였다. 그런데 내가 공항에 도착했을 때 나를 마중 나온 사람은 그가 아니라 그의 아버지였다! 내가 곧장 그의 아버지 집으로 가서 거의 하루를 기다린 뒤에야 비로소 내 남자친구가 나타났다. 그의 아버지와 어머니가 나를 대하는 태도에는 문제가 없었지만, 나는 몹시 불편했다. 두 사람이 영어를 거의 못했고, 나는 아랍어를 전혀 못했기 때문이다. 남자친구는 나를 만나서 반가운 것처럼 굴었지만 내 몸을 건드리려고 하지 않았다. 내가 그토록 좋아하는 열정적인 키스도 없었다. 나는 그곳에 머무르는 2주 동안 내내 그의 부모 집에 있어야 한다는 것을 곧 알게 되었다. 그와 단둘이 보내는 시간은 거의 없다시피 했다. 우리가 어디를 가든 그의 아버지가 함께 있었다.

무엇보다 신경에 거슬린 것은 그가 다른 사람처럼 군다는 점이었다. 그는 전혀 애정을 보이지 않았으며, 마치 내가 그 자리에 없는 것처럼 부모와 이야기를 나눌 때가 많았다. 공공장소에서는 불안해 보였고, 나와 가까이 있고 싶지 않은 기색이 역력했다. 나를 자기 집으로 데려간 적도 전혀 없었다. 나는 이런 것들에 관해 그와 이야기를 해보려고 했지만 둘만 있는 시간이 거의 없었고, 그는 진지한 이야기를 나누고 싶은 기분이 전혀 아닌 것 같았다.

간신히 두어 번 섹스를 하기는 했지만, 미국에서 했던 섹스와는 완전히 달랐다. 그 이상한 여행에 대해 이런 이야기들을 늘어놓자면 한도 끝도 없다. 낯선 외국에 가게 된 것은 즐거웠지만, 그 뒤로는 그에게도 그가 속한 문화에도 전혀 흥미를 느끼지 못했다.

이것을 '문화적 차이'로 돌릴 수도 있겠지만, 이 남자의 성지도는 이슬람교에 뿌리를 두고 있다. 비록 미국에 있을 때는 미국인처럼 행동할 수 있었지만, 고향에 있을 때는 종교적인 문화가 그의 성지도에 강력한 영향을 미쳤다. 그래서 성격도 달라진 것처럼 보였다. 아마 그의 성지도도 환경에 맞게 바뀌었을 것이다. 미국에서 그는 몇 주 동안 이슬람교의 성지도를 효과적으로 무시할 수 있었지만, 고향에서는 그렇게 할 수 없었을 것이다.

복종의 효과

태어났을 때부터 한시도 쉬지 않고 복종하라는 가르침을 받는 사람의 호르몬은 어떤 반응을 보일까? 이슬람교든 기독교든 다른 종교든, 종교적인 사람의 내부에서 성호르몬과 스트레스호르몬이 전투를 벌일 때 종교적인 메시지는 강한 영향을 미친다. 몸은 "성충동을 행동으로 옮기라"고 말하는 반면, 종교는 "그랬다가는 지옥에 떨어질 것"이라고 말한다. 이처럼 끊임없는 갈등을 겪다 보면 결국 성이 왜곡될 것이다.

종교적인 규제와 두려움을 강조하는 메시지에 평범한 생물학적 충동이 더해지면 사람은 반드시 스트레스를 받게 되어 있다. 로버트 새폴스키는 비비를 대상으로 한 연구에서 사회적 관계가 건강과 복지에 미치는 영향을 증명하기 위해 테스토스테론, 스테로이드, 스트레스호르몬의 직접적인 측정 수치를 이용했다. 그의 연구가 중요한 것은 인간의 호르몬도 스트레스 상황에서 비비와 비슷한 패턴을 나타내기 때문이다. 수십 년 전부터 사회적 고립은 사람이 경험할 수 있는 가장 강한 스트레스 요인 중 하나로 지목되었다. 하지만 사회적 고립이 인간과 비비에게 얼마나 극단적인 스트레스를 주는지를 실제로 보여주는 측정 결과가 나온 것은 최근의 일이다.[73] 사회적 고립은 우울증, 질병, 소화기 질병, 면역력 감소 등 정신적, 신체적으로 많은 문제를 일으킬 수 있다.

종교는 신자들을 통제하고 충성심을 확보하는 데에 사회적 고립이라는 무기를 이용한다. 종교를 떠나는 것은 사회적으로 고립될 위험을 무릅쓰는 행위이므로, 거기에 따르는 신체적, 정신적 결과도 감당해야 한다. 복종의 메시지에 이런 사회적 추방의 위협을 곁들이면, 사람들이 교회를 떠나는 것을 막을 수 있다. 실제로 많은 교회들이 신도들을 유순하게 만들기 위한 핵심적인 도구로 사회적 고립을 이용한다. 그래도 교회에서 탈출한 사람들은 대개 자신이 속해 있던 공동체와 가족들로부터 고립되었으며 강한 제재를 받았다고 말한다. 종교 안에 머무르는 사람들도 생물학적인 충동을 억압하고 무시해야 한다는 압박 때문에 스트레스를 받을 수 있다. 또한 섹스에 대해 생각하는 것만으로도 비난을 당하며 죄책감을 부추기는 강력한 교육을 받는다. 이 때문에 우울증, 정서적 문제, 스트레스 관련 질병에 시달리는 경우도 많다.

갈등에 빠진 지도

우리의 성지도는 하나가 아니다. 유전적 지도와 유전외적 지도처럼 우리가 거의 의식하지 못하는 것이 있는가 하면, 경우에 따라 우리가 의식할 수도 있는 사회적, 문화적 지도도 있다. 우리는 사회적이면서 생물학적 종種이라서 종교와는 상관없이 존재하는 성패턴과 성향을 갖고 있다. 종교는 섹스를 한 가지 틀에 억지로 꿰어 맞추려고 애쓰면서, 현실적이지도 않고 우리의 생물학적 뿌리와도 전혀 상관없는 복잡한 층을 그 위에 덧씌운다. 이제 3부에서는 각기 다른 문화권들의 인간의 성에 대한 인식을 살펴보자.

신이 잊어버린
성의 문화인류학

성에 대한 서구의 개념에는 인간의 경험이 아주 조금 반영되어 있다. 성적인 경험, 믿음, 실제로 행해지고 있는 일들은 엄청나게 다양하다. 이번 장에서는 성적인 다양성을 이해하기 위해 주요 종교들이 용납될 수 있는 행위의 범위를 임의적으로 좁게 설정해서 성을 제한하는 과정을 살펴보겠다.

> "인간의 성교가 지닌 가장 중요한 생물학적 기능이 무엇이든 잉태는 확실히 그 기능이 아니다. 잉태는 다만 가끔 발생하는 부산물일 뿐이다."
> – 재레드 다이아몬드Jared Diamond

부처, 예수, 무함마드 이전의 성

농경시대 이전에는 거의 모든 사회가 수렵과 채집에 종사했다. '현대' 사회에서는 수렵−채집 집단이 변방으로 밀려나거나 아예 사라져버렸지만, 아마존이나 아프리카 같은 곳에는 아직 충분한 숫자가 남아 있어서 농경시대 이전의 삶과 주요 종교가 등장하기 이전의 성적인 관습을 연구하고 추측해볼 수 있다.

수렵−채집 부족들은 인구 증가 속도가 아주 느렸기 때문에 수만 년 동안 거의 비슷한 인구 수준을 유지했다. 농경 사회에서 사는 사람들보다 질병은 더 적고, 전체적인 건강 수준이 높고, 수명도 길었으므로 수렵−채집은 성공적인 생활 방식이었다. 다시 말해서, 인류 역사의 99.5퍼센트에 해당하는 기간 동안 우리는 수렵가−채집가로

서 성공적인 삶을 살았다는 뜻이다.[74]

수렵-채집 생활은 그 자리를 탈취한 농경 생활과 아주 다른 특징을 지니고 있다. 예를 들어 수렵-채집 사회의 주민들은 농경 사회 주민들과 달리 아이를 지나치게 많이 낳을 수 없었다. 능률적으로 갖가지 열매와 뿌리를 채집하면서 동시에 한 명 이상의 아이를 데리고 다닐 수 있는 여자는 어디에도 없기 때문이다. 영아 살해가 인구 조절의 한 형태이기는 했지만, 젖을 먹이는 여성들은 번식력이 떨어지므로 영아 살해가 자주 쓰이지는 않았을 것이다. 수렵-채집 사회의 여성들은 대개 농경 사회 여성들보다 훨씬 더 오랫동안, 최대 4년까지 아이에게 젖을 먹였다. 그래서 아이들이 채집을 돕는 법을 배울 수 있는 나이에 이르러서야 비로소 젖을 떼는 경우가 많았다. 그 결과 아이들의 터울이 대략 4년으로 조절되었다.

여성들은 채집을 통해 가족이 섭취하는 열량의 60~70퍼센트를 제공했다. 농경시대 이전의 유적들을 발굴한 결과나 오늘날의 수렵-채집 부족을 통해 이를 확인할 수 있다. 아주 최근까지도 아프리카, 오스트레일리아, 남아메리카는 물론 북아메리카에서도 여러 면에서 그런 증거들을 볼 수 있었다.

농경 사회에 비해 수렵-채집 사회는 좀 더 완벽하게 주위 환경을 이용한다. 그들이 식량과 치료에 관해 갖고 있는 지식은 놀라울 정도며 그들의 식단은 대부분의 농경 사회 식단보다 10~12배나 많은 종류의 음식들로 구성되어 있는 경우가 많다.

농경이 종교와 성적인 개념에 얼마나 중요한 영향을 미쳤는지 이해하려면, 먼저 농경시대 이전의 종교와 섹스가 어땠는지 알아보아야 한다. 그다음에 우리는 초기 농경 사회에서부터 오늘날의 주요 종교들이 등장한 시기까지 역사를 쭉 살펴보면서 섹스와 종교의 변화를 짚어볼 것이다.

농경 이전 사회 또는 반半농경 사회의 성

농경시대 이전에 섹스와 종교는 어떤 관계였을까? 아프리카, 폴리네시아, 아마존, 중국의 문화는 아마도 농경시대 이전에 존재했을 다양한 종교적, 성적 관습들을 우리에게 보여준다. 이것들을 조사해보면 오늘날의 종교가 현대 문화 속에서 성에 어떤 영향을 미치고 성을 어떻게 규정하는지 알 수 있다.

탄자니아의 하드자 Hadza**족과 리프트 계곡** 하드자족은 인류 진화의 요람과 가까운 리프트 밸리[동아프리카대지구대의 다른 이름. 세계 최대의 지구대로 인류 조상들의 화석이 많이 발견되었다]에 살고 있다. 1959년 메리 리키[Mary Leaky]가 오스트랄로피테쿠스의 화석을 처음으로 발견한 곳과도 가깝다.[75] 수렵-채집 부족인 하드자족은 수백 년 동안 농업화 경향에 저항해왔다. 그 결과 지금은 변방으로 밀려나 자신들이 전통적으로 차지하고 있던 땅의 90퍼센트를 잃어버렸다. 그들은 이동 생활을 하며 땅의 자원을 이용한다. 시간이라는 개념은 거의 없다. 그들의 유전자는 10만 년 전의 것으로 추정된다. 어쩌면 지상의 거의 모든 집단보다 인류의 뿌리에 훨씬 더 가까운 사람들인지도 모른다.

그들은 인구밀도가 아주 낮기 때문에 질병이 발생해도 큰 문제가 되지 않는다. 폭력 사건과 살인도 드물다. 그들은 수천 년 동안 같은 지역에서 살아왔지만 거의 흔적을 남기지 않았다. 자주 이동하는 편이라서 물건을 소유할 필요도 욕망도 느끼지 못한다. 게다가 그들은 공식적인 지도자를 인정하지도 않는다. 그들의 공동체는 사람들이 항상 드나들면서 집단 사이를 오가는 유동적인 형태를 띠고 있다.

여성들은 사람들이 섭취하는 열량의 대부분을 공급하고, 남성들은 고기를 사냥해서 단백질을 공급한다. 이웃의 농경 부족들과는 달리 그들은 식량을 저장하지도 않고 가뭄을 겪지도 않는다. 그들은 언제든 먹을 것을 찾아낼 수 있다. 음식의 종류도 다양하고 영양분도 풍부하다. 또한 먹을 것을 채집하는 데에는 비교적 시간이 많이 들지 않아서 사람들과 어울리는 데 많은 시간을 쓴다. 농경 부족에 비하면 하드자족의 인구는 적은 편이지만 몸은 대단히 건강하다.

하드자족의 종교에 대해 하버드 대학의 인류학 교수 프랭크 말로 Frank Marlowe는 미니멀리즘을 닮았다고 묘사했다. 한 세대 전까지만 해도 그들은 심지어 죽은 사람을 땅에 묻지도 않았다. 지금은 죽은 사람을 땅에 묻기는 하지만 장례식 같은 것은 전혀 없으며, 사람들은 죽은 사람에 대해 감정을 거의 드러내지 않는다. 내세라는 개념도 없다. 죽음은 그저 삶의 일부에 불과한 것으로 보인다. 그들은 오늘의 삶을 사는 것과 사교적인 교류를 즐기는 것에 집중한다. 말로는 몇 가지 되지 않는 그들의 의식儀式 중 하나에 대해 다음과 같이 설명했다.

······마이토코, 즉 여성의 사춘기 입문식은 열매들이 익는 시기에 열린다. 사춘기를 맞은 소녀들이 캠프에 모여 동물의 지방을 온 몸에 바르고 구슬로 몸을 장식한다. 그리고는 소년들의 뒤를 쫓아다니며 다산多産 막대기로 소년들을 때리려고 한다.[76]

기독교나 이슬람교의 종교의식과는 상당히 다른 이 의식은 성적인 성격을 띠고 있으며, 여성이 그들 사회에서 강력한 지위를 차지하고 있음을 보여준다.

지난 세기에 하드자족을 한곳에 정착시켜 농사를 짓게 만들려는 압박이 끊이지 않았다. 대개 정부와 선교사들이 힘을 합쳐 추진한 일이었는데, 무력이나 강압이 동원된 경우가 많았다. 하지만 언제나 대부분의 하드자족이 채집 생활로 돌아가버렸다. 프랭크 말로의 관찰 결과는 다음과 같다.

> 선교사들이 가끔 몽고와모노Mongo wa Mono로 와서 사람들을 개종시키려고 한다. 하지만 대개는 몇 달 이상 버티지 못한다. 하드자족의 아이들과 십대들은 기독교의 노래를 자주 부르고, 하드자족은 선교사들이 제공해주는 음식을 반긴다. 하지만 기독교로 개종한 사람은 거의 없다. 하드자족을 정착지에 옮겨 놓으면 채집 생활이 끝날 것이라고 생각하는 사람들이 많았지만, 놀랍게도 현실은 그렇지 않았다. 심지어 오늘날에도 조금이라도 농사를 짓는 하드자족은 거의 없다. 하드자족의 성인들 대부분은 살면서 일시적으로 정착지에 살았던 적이 있는데도 그런 경험은 언제나 단기간에 그쳤으며, 그들이 채집 생활로 돌아가 전통적인 문화를 대부분 고수하며 살아가는 것을 막지 못했다.[77]

섹스와 성적인 관계에서 주도권을 쥐고 있는 것은 여성들이다. 남녀는 몇 년 동안 함께 살다가 갈라져서 다른 짝을 찾는다. 그래서 대부분의 하드자족은 평생 동안 파트너가 여럿이다. 결혼이나 이혼은 존재하지 않는다. 만약 여성이 자신을 대하는 남성의 태도가 마음에 들지 않으면, 그냥 그 남성과 헤어진다. 가끔 남성이 아내를 한 명 이상 두는 경우도 있다. 비록 드물기는 해도 하드자족의 문화에서 금지된 일은 아니다. 아이들은 집단 내에서 충분한 보살핌을 받고 자라며 남성들은 모든 아이들의 복지에 커다란 관심을 갖고 있는 것처럼 보인다. 하드자족은 아이 아버지가 누구인지 가리는 데에는 그다지 관심이 없다. 외부인과의 결혼에서 태어난 아이들 역시 차별을 당하지 않는다.

> 이웃 문화권의 남성들과 결혼하는 하드자 여성의 비율은 최대 5퍼센트 정도다.
>
> 하드자 여성들은 외부인과 결혼해서 아이를 낳은 뒤에는 대개 그와 헤어져 하드자 캠프로 돌아와서 아이를 기른다. 하드자 여성들이 워낙 독립적이라서 다른 부족 남자들의 태도를 참아주지 못하기 때문인 듯하다. 이처럼 외부인과 결혼했던 여성들이 돌아왔을 때, 다른 사람들이 그들에게 낙인을 찍고 따돌리는 듯한 행동은 눈에 띄지 않는다.[78]

하드자족은 물론 다른 수렵-채집 부족들에게서 자주 볼 수 있는 현상 중 하나는 바로 여성들의 독립성이다. 아내가 남편 못지않게, 또는 남편보다 훨씬 많은 식량을 제공하고 마음 내키는 대로 사방을 돌아다니는데 남편이 어떻게 아내를 뜻대로 휘두를 수 있겠는가. 아내는 재산으로 간주되지 않으며, 공동체 내에서 남성과 똑같은 자유를 누린다. 여성은 청소년기부터 성적으로 성숙한 독립적인 인간으로 대우받기 때문에 자신이 원하는 상대를 고를 수 있는 모든 권리를 지니고 있다.

폴리네시아의 망가이아 섬 사람들　폴리네시아에서는 성에 대해 긍정적이고● 평등한 문화가 수천 년 동안 번성했다. 망가이아 섬이 좋은 예다. 이 섬의 주민들은 남태평양의 고립된 섬에서 물고기를 잡고 텃밭을 일구며 살고 있다. 이들의 문화에서 섹스는 대개 긍정적인 것이며, 섬 사람들이 가장 중요하게 여기는 것은 성적인 즐거움, 특히 여성의 성적인 만족과 다중 오르가슴이다. 낭만적인 사랑이 반드시 섹스와 연결되지는 않는다. 성에 대한 제한은 거의 없으며, 그나마 있는 제한 규정들은 왕족이나 엘리트들에게만 적용된다.

　망가이아 섬의 젊은이들은 데이트를 하지 않는다. 키스부터 시작해서 애무로 점점 단계를 밟으며 친밀도를 높이는 과정도 없다. 젊은이들에게 성교란 친밀한 만남의 당연한 결과일 뿐이다.

　문화인류학자인 도널드 마샬Donald Marshall에 따르면, 젊은 남녀들 중 "실질적인 성경험"을 한 적이 없는 사람은 100명 중 1명도 안 된다고 한다.[79] 젊은이들이 결혼 전에 가능한 한 많은 상대를 만나는 것은 오히려 권장 사항이다. 자위 역시 정상적인 행위로서 권장된다.[80] 포피절제supercision●●를 거친 소년은 남성 멘토에게서 성적인 테크닉에 대해 아주 자세히 배운다. 소년은 성생활을 시작할 때 여성의 신체 구조에 대해서도 아주 잘 알고 있어야 한다. 망가이아 섬의 소년들(10대 초반에서 20대 초반까지)은 일주일 내내 밤마다 평균 세 번의 오르가슴을 경험한다. 스물여덟 살이 되면 1주일에 5~6일 동안 밤마다 평균 두 번의 오르가슴을 경험한다. 남성이 오르가슴을 한 번 느낄 때 파

● 성적인 긍정성이란 상호 동의 하에 이루어진 모든 성행위를 기본적으로 건전하고 즐거운 것으로 인식하며, 성적인 즐거움과 실험을 장려하는 태도를 말한다.

●● 포피를 부분적으로 자르는 행위를 뜻하지만 할례와는 다르다. 주로 폴리네시아 문화권에서 발견된다.

트너에게는 2~3번의 오르가슴을 느끼게 해주어야 한다는 것이 일반적인 인식이다.[81]

서구와 접촉하기 전에 망가이아 여성들은 성적으로 평등했다. 심지어 남성보다 우월하게 여겨질 때도 있었다. 여성들은 연인이 자신을 기쁘게 해주기를 당연한 듯이 기대했으며, 가끔 다른 여성들과 어울려 즐길 수도 있었다. 망가이아의 종교는 성에 그다지 깊이 관여하지 않았다. 종교를 기반으로 한 성적 금기가 존재했다는 증거는 거의 없다. 영국인 선교사들이 처음에 그곳에서 맞닥뜨린 성관념은 빅토리아 시대의 성과 완전히 달랐기 때문에, 그들은 기독교의 억압적인 관습과 인식을 그곳 문화에 불어넣으려고 열심히 애썼다.

오늘날 망가이아 섬은 기독교의 지배를 받고 있지만, 성에 관한 종교적인 가치관을 주입하려던 선교사들의 시도는 대체로 실패로 돌아갔다. 기독교의 성적인 죄책감과 수치심이 망가이아 섬의 주민들을 물들이지 못했기 때문에 지금도 혼전 성교가 널리 행해지고 있고 이곳 사람들은 주로 기분 전환과 오락이 섹스의 목적이라고 생각한다.

중국의 나Na족 수렵-채집 부족들은 사냥과 목축을 하면서 농사도 짓는 사람들에게 밀려 사라졌다. 사냥과 목축과 농사를 함께 하는 사람들은 토질이 나빠지면 가축들을 이끌고 다른 곳으로 이동했다. 나족은 지금도 그렇게 살고 있다.

모수오Mosuo라고도 불리는 나족은 약 4만 명 규모의 부족으로, 중국 윈난성과 쓰촨성의 경계에 살고 있다. 그들은 결혼과 자녀 양육에 관한 우리의 종교적 인식과 많이 어긋난 생활을 하기 때문에 특히 흥미롭다.

나족은 결혼을 하지 않는다. 그들의 언어에는 심지어 남편과 아내를 뜻하는 단어조차 존재하지 않는다. 그들의 문화에서 소년과 소녀는 사춘기 때 아이에서 곧장 어른이 된다. 그리고 어른이 되자마자 성적인 자유를 얻는다. 나족은 모계사회이므로 친척 관계가 어머니를 통해 연결되어 있다. 따라서 대부분의 사람들이 이모나 외삼촌과 밀접한 관계를 맺는다. 모계사회에서 여성들은 가부장제 사회의 남성들과는 다른 방식으로 무리를 이끈다. 의사 결정을 내릴 때 좀 더 여러 사람의 의견을 듣고 의논하는 협력적인 태도를 보이며, 남을 자기 뜻대로 통제하는 것을 목표로 삼지도 않는다. 그들이 원하는 것은 모두 조화를 이루고 사는 것과 가족이 번성하는 것이다. 9장에서 설명한 보노보 사회의 모계 시스템과 조금 닮은꼴이다.

여성의 집은 섹스가 이루어지는 가장 주된 장소다. 남자는 항상 여자를 방문하지만, 아침이 되면 반드시 여자의 집에서 나와야 한다. 남녀는 같이 살지 않는다. 아이의 아버지가 누군지도 중요하지 않다. 아이는 어머니의 집에서 어머니 손에 자란다. 아이에게 남자 부모 역할을 해주는 것은 외삼촌이다. 어머니는 아이의 아버지가 누군지 모를 수도 있고, 아이의 아버지가 누구든 상관하지 않을 수도 있다. 여성들은 남성들과 마찬가지로 자신의 성적인 자유를 지킨다. 사람들은 자신이 경험한 파트너들의 숫자를 자랑거리로 삼지만, 그래도 공개적으로 터놓고 이야기하지는 않는다.

가정 안에서 여성들은 자신의 성경험에 대해 다른 여성들과 이야기를 나눌 수 있다. 남성들끼리도 마찬가지다. 하지만 남녀가 섞여 있는 곳에서 섹스 이야기를 하는 것은 온당치 못한 일이다. 나족의 여성들은 성에 대해 개방적인 것으로 유명하다. 심지어 자기 부족이 아닌 사람들에게도 마찬가지다. 마르코 폴로는 1265년에 나족을 찾아와 만난 뒤 다음과 같이 썼다. "그들은 외국인이든 누구든 다른 남자가 자기 아내, 딸, 누이, 그 밖에 집 안에 있는 어떤 여성이라도 마음대로 하는 것을 불쾌하게 여기지 않는다."[82] 마초 이탈리아인이었던 폴로는 외국인들과 즐기겠다는 결정을 내린 사람이 여성임을 깨닫지 못했다.

　나족은 인간이 특정한 성적 제도에 맞게 프로그래밍된 상태가 아님을 보여준다. 여성들도 성에 관해 남성들만큼 독립적인 태도를 취할 수 있으며, 자녀를 건강하고 훌륭하게 기르는 데에 반드시 서구식 가족이 필요한 것도 아니다. 마지막으로 나족은 선입관으로 가득한 우리의 연애 관계 유형으로 쉽사리 분류할 수 없다. 거의 모든 면에서 남녀가 동등하기 때문이다.

　나족은 신앙심이 깊어서 자기들의 고대종교인 다바뿐만 아니라 일종의 불교도 함께 믿고 있다. 다바에는 비의 신, 산신, 동굴신 등 많은 신들이 있으며, 대개는 성별이 없지만 가장 중요한 신들 중 일부에게는 성별이 있다. 다른 많은 문화권과 마찬가지로, 나족의 종교에도 문화권 전체의 성적인 역학 관계가 반영되어 있다. 따라서 태양은 여성이고 달은 남성이다.[83] 그리고 나족의 주신은 여신인 게무Gemu다.[84]

　1950년대에 중국 정부는 나족에게 결혼을 강요하려고 여러 가지 잔인한 방법으로 압박을 가했다. 중국 공산당은 성에 관한 한 보수적이기로 악명이 높다. 거의 주요 종교들과 비슷한 수준이기 때문에, 나족의 생활 방식이 자신들의 신조와 어긋나는 것으로 보였을 것이다. 하지만 최근에는 정부도 통제와 압박을 완화했고, 그 결과 나족은 다시 옛날의 성적인 관습으로 돌아갔다.[85]

종교적 독단과 성

주요 종교들은 결혼, 자녀 양육, 성에 관해 많은 독단적인 주장들을 갖고 있다. 심지어 인간의 본성과 성에 관한 주장까지도 내놓는다. 그들의 주장은 반드시 성별이 다른 두 부모가 자녀를 키워야 하며, 결혼 전의 성적인 행동은 결혼 생활에 해가 되고, 인간의 최대 행복을 위해 결혼은 반드시 필요하며, 자위행위는 자연에 어긋나는 행위이고, 여성은 남성에게 반드시 복종해야 한다는 등 다양하다. 그들은 종교가 성을 통제하지 않으면 인간들이 미친 듯이 날뛰면서 부도덕한 행동을 일삼으며 가정과 아이들에게 신경을 쓰지 않을 것이라고 말한다.

하지만 지금까지 우리가 살펴본 세 곳의 문화에서 종교의 이런 독단적 주장들은 통하지 않는다. 사람들은 예수, 무함마드, 조지프 스미스, 부처 등이 성과 결혼과 자녀 양육에 대해 지시하지 않았어도 수천 년 동안 행복하게 살면서 자녀를 낳아 길렀다. 이 세 곳의 문화와 우리 문화를 비교해보면, 현대 종교들이 인간의 본성과 섹스에 대해 내놓는 주장들을 뒷받침하는 데이터가 없음을 알 수 있다. 비록 인간의 성이 정확히 어떤 것이라고 단언할 수는 없지만, 서구의 종교들이 주장하는 모습이 아닌 것만은 확실하다.

12 성과 초기 종교

초기 농경 사회의 종교가 섹스에 어떤 영향을 미쳤는가?

수렵- 채집 시대 종교의 제거

수렵-채집 사회에서 농경 사회로의 이행은 이란과 이라크의 비옥한 초승달 모양 땅과 중국, 인도 등 여러 곳에서 9천여 년 전에 급속히 이루어졌다. 농사를 지으면 구할 수 있는 식량의 양이 100배나 늘어나서 100배나 더 많은 사람들을 먹여 살릴 수 있으므로, 농부들의 출산율이 곧 수렵-채집 사회의 출산율을 넘어서면서 농경문화가 수렵-채집 집단의 땅을 꾸준히 잠식해 들어갔기 때문이다.

수렵-채집 부족과 농부와 목동 사이의 갈등은 전 세계에서 1만 년 동안 계속 진행되고 있다. 20세기 내내 학자들은 "농경시대 이전에 유럽에 살았던 사람들은 어떻게 되었는가?"라는 주제를 놓고 고민했다. 어떤 학자들은 고대 유럽인들이 이웃 부족들로부터 농사를 배워 역시 농부가 되었다고 주장했지만, 2009년에 7,500년 이상 된 무덤들에서 추출한 고대 유럽인들의 DNA를 연구한 결과는 다음과 같았다.

> ……수렵-채집 부족과 초기 농부들이 유전적으로 직접 연결되어 있다는 증거는 거의 없다. 오늘날 유럽인들의 유전자와 초기 유럽인들의 유전자 사이에는 공통점이 거의 없다.[86]

이런 주장은 여러 군데서 찾아볼 수 있다. 농부들은 수렵-채집 부족을 자기들 무리와 통합시킨 것이 아니라 제거해버렸다.

수렵-채집 부족의 영역을 침범한 농부들이 자기들이 쫓아낸 사람들의 문화적 관습을 채택한 경우는 드물었다. 그 결과 성과 종교에 관한 완전히 새로운 관습들이 만들어졌다. 수렵-채집 생활을 하던 사람들이 농부들의 침범을 물리치고 소수나마 살아남았다 해도, 그들의 종교는 살아남지 못했다. 미국 대초원 인디언들의 종교 역시 명맥을 잇지 못했고, 기독교가 그 자리를 차지했다. 서기 800년대에 아프가니스탄 사람들이 믿던 부족 종교도 스러지고 이슬람교가 그 자리를 차지했다. 종교의 침범으로 인해 특히 많은 변화가 일어난 부분은 성적인 관습과 이성 간의 관계였다.

수렵-채집 사회에서는 남녀가 사회적, 정치적으로 평등한 경우가 더 많다. 수렵-채집 생활을 고수하고 있는 부족들 중 74.3퍼센트에서, 결혼한 부부는 시가와 처가 중 한쪽을 택해서 함께 살 수 있다.[87] 그리고 수렵-채집 부족들은 양쪽 부모 모두의 혈통을 따르는 경향이 있다.

결혼이 유동적이다 못해 비공식적인 경우에는 이런 관습이 잘 들어맞는다. 하지만 농경이 시작되면서 이런 패턴이 결정적으로 변화했다. 사람들이 재산을 소유하게 된 것이 인간사회에 엄청난 영향을 미쳤기 때문이다. 사람들은 식량이 늘어나면서 덩달아 엄청나게 늘어난 인구를 먹여 살리는 일에 초점을 맞췄다. 양성 간의 평등은 훨씬 더 드문 일이 되었다. 여성들은 4년 터울이 아니라 2년 터울로 아이들을 낳기 시작했으며, 아이들은 중요한 노동력이 되었다. 농부들은 땅과 작물을 지켜야 했고, 작물을 보관하고 가축을 기를 공간이 필요해졌다. 이 모든 일에는 수렵-채집 사회와는 아주 다른, 노동력과 자원의 집중이 필요했다.

결혼은 지주들 사이에서는 훨씬 더 구조화되었지만, 지주가 아닌 사람들 사이에서는 그리 심하게 구조화되지 않았다. 땅을 소유했다는 것은 곧 그 땅을 물려받을 자식들을 통제해야 한다는 의미였다. 따라서 아내를 성적으로 통제할 필요가 있었다. 하드자족의 여성들은 새로운 남편을 얻을 것인지, 아니면 다른 남자와 즐길 것인지를 스스로 결정할 수 있지만 농경 사회에서는 그런 사고방식이 금기였다. 누구의 자식인지 모르는 아이가 아니라 반드시 지주 본인의 자식에게 땅을 물려줘야 하기 때문이었다.

초기 농경 문명의 종교와 성

모든 문화에는 성에 관한 금기와 규제가 있는 듯하다. 극단적인 경우에서부터 거의 없다시피 할 만큼 느슨한 곳에 이르기까지 정도의 차이만 있을 뿐이다. 이제부터 현대적인 종교가 등장하기 이전의 농경문화권 세 곳을 살펴보면서 그들의 성적인 관습이 어떠했고, 종교가 거기에 어떤 영향을 미쳤는지 알아볼 것이다.

그리스의 성: 신성한 매춘부와 게이 병사 고대 그리스는 계급제 농경 사회였다. 상류계급은 많은 땅을 갖고 있었으며, 하층계급은 작은 땅에서 일했고, 노예계급은 지주와 정부政府 모두를 섬겼다.

상류층 남성들은 30대가 되어서야 비로소 결혼하는 경우가 많았고, 여성들은 결혼할 때까지 외부와 차단된 생활을 했다. 그 결과 성매매가 대단히 중요할 뿐만 아니라 심지어 명예스럽기까지 한 직업이 되었다. 매춘부는 여성뿐만 아니라 남성도 있었는데, 남성들은 남녀 매춘부를 모두 찾아갈 수 있었다. 고대 그리스에서 성매매는 합법이었을 뿐만 아니라, 시 당국이 유곽을 소유하고 통제하는 경우도 많았다. 예를 들어 아테네의 위대한 정치가 솔론은 유곽에서 걷은 세금으로 아프로디테 신전을 후원했다. 때와 장소에 따라서는 신성한 매춘부들이 종교적인 의식과 요건의 일부가 되기도 했다.

당시 사람들이 여성들을 바라보던 시각은 데모스테네스의 말에 잘 요약되어 있다. "쾌락을 위해서는 고급 창부가 있고, 일상적인 욕구를 위해서는 첩이 있고, 합법적인 자녀를 낳아주고 가정을 충실히 지켜줄 사람으로는 아내가 있다."[88] 한편 법은 혼외정사를 한 여성들을 가혹하게 다뤘다.

그리스에서는 나이가 지긋한 남자들이 소년들이나 청년들과 성적인 관계를 맺는 경우가 많았다. 군대에서도 병사들이 훈련 중인 소년의 멘토가 되는 것이 일반적이었다. 그리고 이 소년이 멘토에게 성적인 봉사를 하기도 했다. 일단 성년이 된 남자는 결혼을 해서 아이를 낳는 것이 당연한 일이었지만, 과거의 어른들처럼 자신 또한 소년을 취할 수도 있었다. 동등한 처지에 있는 사람들 사이의 동성 관계는 장려되지 않았다.

그리스의 신들은 성을 감추지 않았다. 그들은 섹스를 하고, 결혼을 하고, 불륜을 저지르고, 사생아를 낳았다. 그 밖에도 별의별 행동을 다 저질렀다. 다른 신을 강간하기도 하고, 인간과 섹스를 하기도 하고, 성적인 문제 때문에 다른 신을 살해하거나 해치기도 했다. 인간의 성에 포함되어 있는 온갖 극적인 일들이 그리스의 종교에도 그대로 투영되어서 그리스 종교는 사람들의 성적인 관습, 도덕관, 금기를 거울처럼 비췄다.

당시의 많은 농경 사회들과 마찬가지로 그리스에서도 종교와 성이 농경 사회의 요건과 밀접하게 연관되어 있었다. 여성들은 열등한 존재였으며, 남편이나 아버지의 통제를 받는 소유물이었다. 상류층 여성들은 남의 눈에 띄지 않게 집 안에만 있어야 했지만, 하류층 여성들은 거리에서 일상적인 일과 허드렛일을 하는 모습이 눈에 띄기도 했다. 여성들에게 정치적 힘은 거의 없었으며, 중매결혼이 일반적이었다.

성에 관한 그리스의 종교적 관습은 기독교나 이슬람교와 상당히 달랐다. 현대 종교와 달리 그리스의 종교는 성에 크게 영향을 미치지 않았다. 성적인 규칙들에 더 많은 영향을 미친 것은 신이 아니라 재산과 후손을 지키고 확보하려는 가부장의 욕구였다. 그리스 사람들이 여성과 아이를 대한 태도에는 강한 반발이 느껴질 수 있지만, 성을 둘러싼 종교적 죄책감은 거의 없었다. 특히 남성들의 경우가 그랬다.

로마의 성: 아내를 지나치게 사랑하지 말라 로마의 종교도 그리스의 경우와 비슷하게 섹스에 대해 거의 언급하지 않았다. 지배 계층은 자식의 친자 여부, 정숙하고 올바른 행동에 신경을 썼다. 기혼 여성들은

반드시 남편하고만 섹스를 해야 했지만, 남편은 상대가 다른 기혼 여성만 아니라면 얼마든지 혼외정사를 즐길 수 있었다. 로마 사회에서 성매매가 흔히 이루어진 것도 놀랄 일은 아니다. 동료들 사이의 동성애 행동에는 강력한 제재가 가해졌지만, 신분이 높은 남자가 노예나 남성 매춘부와 관계를 맺는 것은 상관없었다.

아내를 지나치게 사랑하는 것은 남성성이 부족한 증거로 받아들여졌다. 사실 위대한 장군 폼페이우스는 아내를 지나치게 사랑한다는 이유로 로마 원로원에서 많은 놀림을 당했다.

화산재에 묻힌 폼페이가 1748년에 발견되어 발굴이 시작되면서 로마인들의 섹스에 대해, 특히 포르노에 대해 많은 것이 밝혀졌다. 가정과 유곽의 벽에서 성적인 장면을 정교하게 묘사한 그림들이 발견된 것은 로마인들이 오늘날 인터넷으로 포르노를 보는 사람들처럼 시각적인 자극을 즐겼음을 암시한다.

로마의 종교는 그리스, 에트루리아 등 다른 문화권의 종교와 신들을 합친 것이었다. 가장은 어느 신을 섬길 것인지 결정할 책임이 있었으며, 반드시 신을 만족시키는 것도 그의 책임이었다. 점성술 등 미신의 힘이 여전히 강력했으며, 서기 300년대에 기독교가 부상하기 전에는 획일적인 종교가 로마를 지배한 적이 없었다.

그래도 짧게나마 성적인 억압이 이루어진 시기가 몇 번 있었다. 아우구스투스(기원전 63~서기 14)가 상류층과 중류층의 간통에 제재를 가하려 했던 것이 한 예다. 아우구스투스는 종교적인 합리화를 부분적으로 이용했지만 그 기간이 길지 않았으며, 그도 자신이 정한 법을 제대로 지키지 못했다.

기독교가 부상하면서 비로소 성적인 억압이 본격적으로 시작되었다. 제국 말기에 기독교 저술가들은 성에 집착했다. 그들은 이교도의 성행동에 독설을 퍼부었으며, 동정녀 출산이나 금욕 같은 개념들을 적극 옹호했다.

그리스와 로마의 사례에서 우리는 훌륭하게 형성된 농경문화권의 성패턴을 볼 수 있다. 성적인 관습에 종교는 중요한 요소가 아니었지만, 종교가 남성의 우월성이나 신성한 매춘 같은 개념들을 지지했던 것은 사실이다.

중국의 성: 음과 양, 하지만 오로지 남자만을 위해서 고대 중국에서는 성에 관한 많은 생각들과 이론들이 만들어져서 실천에 옮겨졌다. 하지만 서기 1000년경 유교가 초창기 가톨릭이나 후세의 청교도주의가 서구에서 수행했던 것과 비슷한 역할을 맡으면서 문화가 보수화되었다. 성적인 내용을 담은 문헌들이 금서가 되거나 파괴되었고, 성에 관해 공개적으로 이야기하거나 성적인 예술작품을 공개적으로 보여주는 것은 현명한 일이 아니었다. 그 결과 중국 문화는 천 년 동안 성과 관련된 사상과 예술을 잃어버렸다. 학자들은 유교가 등장하기 이전의 문헌들과 예술작품들을 이제야 조금씩 찾아내고 있는 중이다. 1999년에는 홍콩에 중국 섹스박물관이 만들어지기도 했다.[89] 하지만 이 박물관은 엄청난 논란을 불러일으켰으며, 몇 번이나 폐쇄당할 뻔했다. 이곳의 전시품 중에는 성적인 기구들, 춘화, 성적인 문헌 등 많은 것들이 포함되어 있다. 현대 중국인들이 자칫하면 모를 수도 있었던 문화적 유산이 여기에 전시되어 있는 것이다.

중국에서는 남녀가 기를 주고받는다는 생각이 널리 퍼져 있었다. 특히 도교에서 그런 믿음이 강했다. 특정한 종류의 여성과 특정한 종류의 섹스를 하면 남성이 다시 힘을 얻을 수 있다고 했다. 그뿐만 아니라 특정한 체위와 성행동을 제대로 해낸다면, 질병을 예방하거나 치료할 수 있고, 남자의 수명과 건강이 증진된다고도 했다. 여성의 흥분과 쾌락은 음기와 양기를 제대로 교환하는 데 중요한 요소였다. 하지만 불행히도 이런 사상은 점차 여성보다 남성에게 초점을 맞추는 쪽으로 변해갔다. 그래서 나중에는 여성이 남성의 수명과 건강을 증진시키는 도구로 취급당하는 지경에 이르렀다.

중국인들의 종교적 믿음에는 천상과 지상이라는 개념이 관련되어 있었다. 남성과 여성은 각각 하늘과 땅을 상징했으며, 성행위를 통해 이 둘이 재결합했다. 기를 뇌로 보내기 위해서는 남성이 여성의 몸 안에서 사정하면 안 된다는 믿음도 있었다. 하지만 이런 생각들은 2천 년 동안 여러 변화를 겪었으며, 항상 모든 곳에서 보편적으로 받아들여지지는 않았다.

유교 이전의 중국 문화에서는 종교와 섹스가 그리스나 로마의 경우보다 더 많이 통합되어 있었지만, 남성의 지배권과 소유권, 재산 상속 문제가 중요하게 취급되었다는 점에서 여전히 농경문화의 패턴을 따랐다.

농경사회의 종교

거의 모든 농경 사회에서 여성들은 뒷방으로 밀려났다. 그리스와 로마는 여성들에게 우호적인 곳이 아니었다. 오늘날의 기준으로 보면 여성 혐오 수준이라고 할 만하다. 성에 관한 중국인들의 생각은 흥미롭기도 하고 생물학적인 사실들과 일치하는 부분도 있지만, 역시 여성들에게 특별히 우호적이지 않았으며 점차 더욱더 남성 중심적으로 변해갔다.

농경시대 이전의 사람들은 성과 관련해서 몹시 다양한 관습을 지니고 있었다. 하지만 농업이 등장하면서 성적인 선택의 여지가 줄어들고, 여성들의 역할도 줄어들었다. 지금까지 살펴본 문화들 외에 마야, 잉카, 이집트, 인도 등 많은 농경 사회를 계속 살펴볼 수도 있지만, 그 결과는 모두 똑같을 것이다.

여러 문화에 대한 이 짤막한 조사를 통해서 인간이 성에 대해 갖고 있는 생각들과 관습의 폭을 현재의 종교적 환경과 비교해보았다. 또한 농경 사회에서 남성이 지배적인 위치를 차지하게 된 것이 오늘날의 종교에 영향을 미쳤음을 알 수 있었다.

인간은 아주 다양한 성행동을 할 수 있다. 비록 성적으로 특정한 스타일을 따르는 경향을 보이기는 하지만, 그 경향을 형성하는 것은 문화이다. 예를 들어 우리도 유전적으로는 일부다처제 성향을 갖고 있을지도 모르지만 그 성향이 고릴라만큼 강하지는 않다. 게다가 종교적 지도가 우리에게 영향을 미쳐서 생물학적인 지도로부터 떨어뜨려 놓기도 하고, 그 지도에 더욱 근접하게 만들기도 한다.

다른 종의 생물들과 다른 문화에 관한 설명에서 보았듯이, 인간들의 성적인 스타일이 처음부터 강력하게 정해져 있는 것 같지는 않다. 우리는 비교적 고립된 곳에 살면서 평생 한 상대하고만 짝짓기를 하는 긴팔원숭이가 아니다. 하지만 실제로 그렇게 살아가는 사람이 있기는 하다. 우리는 수컷이 여러 아내를 거느리고, 자신의 경쟁자인 다른 수컷들의 접근을 막기 위해 공격성을 강하게 드러내야 하는 고릴라도 아니다. 하지만 그런 식의 구조를 갖춘 문화권이나, 그런 삶을 살아가는 사람이 있기는 하다. 우리는 수컷들이 지배권을 과시하며 여러 상대와 짝짓기를 하는 침팬지도 아니다. 하지만 다른 남성과 여성에 대한 공격성과 지배권을 높이 평가하는 개인과 문화권이 있기는 하다. 마지막으로 우리는 암컷들이 보금자리를 다스리며 수컷들의 공격적인 성향을 억제하는 보노보도 아니다. 하지만 이런 방식을 지향하는 문화권도 많다. 우리는 이들 모두이기도 하고, 아니기도 하다. 인간들은 지구상에서 성적으로 가장 유연한 포유류이다.

이렇게 성의 범위가 넓은 인류 문화 속에서 부족 종교는 수만 년 전부터 존재해왔다. 각각의 부족에는 그들만의 독특한 성관습이 있었다. 몹시 다른 성관습을 지닌 두 문화가 수백 년의 역사를 지닌 종교적 이야기들을 통해 자신의 관습을 정당화해가며 거의 나란히 공존하는 것도 가능했다. 모계사회인 호피족과 나바호족이 부계사회인 아파치족과 지리적으로 가까운 곳에서 살았던 것이 한 예이다. 각 부족의 관습은 신과 같은 반열인 조상들의 산물로 여겨졌다. 현대 종교가 등장하기 전, 전 세계의 성관습에는 생물학적으로 미리 정해진 패턴이 있다는 증거가 전혀 없었다.

이제 우리는 주요 종교들이 발전하면서 이 모든 것이 어떻게 바뀌었는지, 다양한 성행동을 금지하는 관습과 믿음이 어떻게 생겨났는지 살펴볼 것이다.

13 여성을 혐오하는 신

종교는 수천 년 전부터 여성에 대한 폭력을 체계화했다. 이러한 억압의 대가가 무엇인가?

"모든 성도의 교회에서 함과 같이 여자는 교회에서 잠잠하라 저희의 말하는 것을 허락
함이 없나니 율법에 이른 것같이 오직 복종할 것이요."

– 고린도전서 14:34

이중 기준

성적으로 가장 억압적인 사회에는 남녀의 행동에 따로 적용되는 이중 기준이 있다. 여성과 남성은 미리 정해진 대로 행동해야 하는데, 남성에게 좀 더 많은 자유와 재량권이 허용되는 경우가 많다. 예를 들어 여성은 강간을 당했는데도 오히려 비난을 받을 때가 많다. 법률 때문에 강간 사실을 증명하는 것이 불가능한 수준까지는 아닐망정 몹시 힘들어지기 일쑤고, 사람들은 여성이 남성을 꾀어서 유혹했을 것이라고 생각한다. 성적으로 억압적인 문화에서 여성들은 항상 남성들보다 더 많은 억압을 받는다.

이슬람교, 유대교, 불교, 기독교는 모두 성에 관한 자신의 율법과 규칙들이 성적인 죄라는 악을 통제하기 위해 반드시 필요하다고 주

장한다. 종교적인 제약 없이 인간들이 스스로를 통제할 수 있을 것이라고는 도무지 믿을 수 없다는 것이다. 하지만 진실은 무엇일까? 우리는 나족이나 하드자족의 사례를 통해서 사람들이 종교적 제약 없이도 성적인 측면에서 상당히 잘해나간다는 것을 알고 있다.

예를 들어 성에 긍정적인 문화에서는 강간이나 성적인 학대가 문제가 되지 않는 것 같다. 종교성이 덜한 문화보다 종교성이 강한 문화에서 강간과 성적인 착취가 그토록 끔찍한 문제로 대두되는 경우가 많은 이유가 무엇일까? 성적으로 엄격한 힌두교, 이슬람교, 기독교 문화에서 성적인 착취는 중대한 문제다. 종교가 사실은 여성과 아이들에 대한 학대를 부추기고 지지하는 것이 아닐까? 남성이 도덕적으로 우월하다는 가정이 오히려 학대를 은폐하는 도구가 되고 있는 것이 아닐까?

서양 종교의 왜곡

우리는 오늘날 사우디아라비아에서 시행되고 있는, 성에 관한 살인적인 법률에 경악한다. 이 나라의 법에 따르면, 간통을 저지른 남녀는 공개적으로 처형되고, 옷차림에 관한 엄격한 규정을 어긴 여성은 공개적인 태형을 당하며, 종교경찰은 성적으로 아무리 사소한 잘못이라도 비난하고 처벌할 권한을 갖고 있다. 이런 법률들은 야만적이지만, 기원전 500년에 이스라엘에서 시행되던 율법과 놀라울 정도로 비슷하다. 이 율법들은 신들의 세계에서 여성의 역할을 제거해버린, 가부장적인 유일신 종교의 것이다. 유대교의 야훼든 알라든 기독교의 예수든, 여성 신이 들어설 자리는 전혀 없다. 여성적인 것은 의심과 멸시와 두려움의 대상이다. 이들 종교가 등장하기 전에 존재했던 거의 모든 농경 사회의 종교와는 몹시 다르다. 그리스, 로마, 파르티아, 인도, 이집트, 페르시아 등 농경문화권의 종교에는 대개 여신이 있었으며, 여신들은 주로 인간, 동물, 수확량 등과 관련되어 있었다. 이러한 종교의 변화에 대해서는 다음 장에서 논의할 것이다. 지금은 먼저 이 새로운 유일신 종교의 시각이 성에 어떤 영향을 미쳤는지 살펴보자.

유대교의 왜곡 초기 유대교의 율법은 현재 사우디아라비아 무슬림들의 율법과 마찬가지로 항상 여성은 부정한 존재라는 메시지를 담고 있었다. 이런 시각이 젊은 유대인 여성들과 소녀들에게 어떤 영향을 미쳤을까? 남성이 가정의 지배자이며 아이들에 대한 전적인 통제권을 쥐고 있다는 인식이 남녀의 성적인 표현과 발달에 어떤 영향을 미쳤을까? 유대인 집안의 아버지는 자식을 언제 누구와 결혼시킬지 결정하는 전권을 쥐고 있었다. 이것이 성적인 발달에 어떤 영향을 미쳤을까? 결혼 전에 섹스를 했다는 이유로 구타를 당하거나, 백안시당하거나, 노예로 팔려가거나, 처형당한 여성들과 딸들은 몇 명이나 될까? 자위를 했다는 이유로 꾸짖음과 구타를 당한 소년들은 몇 명이나 될까? 자신의 성적인 취향을 드러냈다는 이유로 유대교 율법에 따라 죽임을 당한 남자 동성애자들은 몇 명이나 될까?

사람이 자신의 성을 표현할 수 있는 길은 아주 다양하지만, 유대인 사회의 아이들에게는 선택의 폭이 몹시 좁았다. 거기서 벗어난 선택을 한다는 것은 곧 처벌이나 추방을 의미했으며, 율법을 어긴 당사자뿐만 아니라 가족까지도 함께 수치를 당하면서 '하느님의 율법'을 어긴 것에 대해 죄책감을 느껴야 했다.

유대교는 일신교가 된 뒤 신에게서 성을 제거해버렸다. 단 한 명뿐인 신에게는 섹스 파트너가 있을 수 없으므로, 신은 기본적으로 무성적인 존재다. 그리스의 신들이 그 사회의 성도덕과 금기를 반영했던 것처럼, 유대교의 신은 유대인 사회의 성적인 관념을 반영했다.

유대교에서 신이 단 하나뿐이라는 것은 남성이 여성을 철저히 지배한다는 것을 뜻했다. 이와 함께 특히 여성들의 성행동에 엄중한 제약이 가해지기 시작했다. 상류사회 유대인들 사이에서 널리 행해지던 일부다처제는 점차 일부일처제로 변해갔다. 이혼은 특히 여성들에게 더욱 힘들어졌으며, 레위기에서 볼 수 있듯이 성에 관한 규칙들이 넘쳐흘렀다. 여성들은 태어날 때부터 열등한 존재로 간주되었다. 월경과 출산은 부정한 일이었다. 심지어 월경 중인 여성을 건드린 사람조차 부정해졌다. 유대교 율법의 일부를 예로 들어보자.

레위기 15:19 "어떤 여인이 유출을 하되 그 유출이 피면 칠 일 동안 불결하니 무릇 그를 만지는 자는 저녁까지 부정할 것이요."

레위기 12:5 "여자를 낳으면 그는 이 칠일 동안 부정하리니 경도할 때와 같을 것이며 산혈이 깨끗하게 됨은 육십 륙일을 지나야 하리라."

월경 중의 섹스를 금지하는 규칙은 많은 문화에서 흔히 찾아볼 수 있지만, 유대인들은 이 규칙을 극단까지 밀어붙였다.

레위기 20:18 "누구든지 경도하는 여인과 동침하여 그의 하체를 범하면 남자는 그 여인의 근원을 드러내었고 여인은 자기의 피 근원을 드러내었음인즉 둘 다 백성 중에서 끊쳐지리라."

남성들에게 적용되는 규칙과 제한은 여성들보다 적었지만, 그래도 많은 편이다. 예를 들어 자위에 관한 다음 구절을 보자.

레위기 15:16 "설정한 자는 전신을 물로 씻을 것이며 저녁까지 부정하리라."

따라서 몽정을 한 남자는 하루 종일 부정한 존재가 된다.

이 모든 규칙들 속에는 의식儀式적인 정결함이라는 생각을 기반으로 왜곡된 성에 관한 생각들이 분명히 드러나 있다. 율법에 정해진 규제들에 생물학이나 윤리학이나 심리학적인 근거는 전혀 없다. 이 규제들은 단순히 가부장적인 농경 사회를 기반으로 한 고대의 미신에 대한 반응일 뿐이며, 성에 관한 통제권을 종교에 넘겨주는 역할을 한다.

농사를 짓지 않는 부족들에도 비슷한 금기가 있었을 수 있지만, 모든 사회가 월경 중인 여성을 불가촉천민처럼 대우한 것은 아니었다. 대부분의 수렵-채집 사회는 또한 자위행위에 대해서도 별로 걱정하지 않았다.

현대의 많은 종교 옹호자들은 종교적인 율법이 질병의 전파를 막기 위한 원시적인 방책이었다고 주장하지만, 의식적인 정결함의 기반이 된 생각은 초자연적인 것으로 질병이나 세균과는 아무런 관련이 없었다. 오히려 의식적인 정결함이 질병을 부추긴 사례가 많았다. 예를 들어 소독하지 않은 도구로 시행되는 남성 할례는 위험한 일이었다. 오늘날에도 할례에는 상당한 위험이 따른다. 2005년에 정통파 모헬[아기에게 할례를 해주는 사람]이 고대의 관습을 따르다가 많은 아기들에게 헤르페스를 감염시킨 사건이 있었다. 헤르페스는 유아들에게 매우 위험한 병이므로, 실제로 몇몇 아기들이 목숨을 잃었다.

의식을 위해 몸을 씻는 행위 또한 정결한 것과는 거리가 멀었다. 고대의 의식에 사용되던 세례반 같은 도구들을 씻는 법이 없었기 때문이다. 거기에 담긴 물은 새로 갈았을지 몰라도, 물을 담는 도구와 그곳에 닿는 사람들의 손을 소독하는 경우는 없었다. 소독 한 번 하지 않고 며칠은 물론 심지어 몇 년씩이나 같은 그릇을 사용하는 것만큼 수인성 질병을 옮기는 데 좋은 방법이 또 있을까?

유대인, 가톨릭교도, 이슬람교도 등은 고대의 의식들이 질병을 예방해주었다고 주장하지만, 그것은 어디까지나 현대적인 관점에서 하는 말이다. 의식을 위해 몸을 씻는 행위와 정결함은 실제 위생을 위한 깨끗함과는 아무런 관계도 없었다. 의식을 위한 정결함은 눈에 보이지 않는 존재들과 신들로부터 사람들이 오염되는 것을 막기 위해 고안된 것이다. 여성이 레위기 12장 8절에 규정된 것처럼 번제(燔祭)를 드리려고 비둘기 두 마리를 가져오는 것은 순전히 여성이기 때문에, 그리고 아이를 낳았기 때문에 생겨난 영적인 더러움을 제거하기 위해서이다.

유대교에서 의식을 위한 정결함이라는 개념은 몹시 중요하다. 유대 문화는 음식에 대한 규제와 금기도 많지만, 성적인 정결함 또한 여느 문화보다 훨씬 더 강조하는 편이었다. 현대의 유대교를 보면 레위기 등에 나와 있는 구체적이고 엄격한 처벌이 실제로 시행됐다는 사실을 믿기 힘들지도 모르지만, 기원전 500년의 이스라엘 사람들이 어떤 삶을 살았을지 짐작해보고 싶다면 오늘날 사우디아라비아의 법률과 관습을 보면 된다. 예를 들어 사우디아라비아에서 간통을 저지르다 잡힌 커플은 돌에 맞아 죽거나 참수형을 당할 수 있다. 레위기와 똑같은 처벌이다. 따라서 당시의 이스라엘이 성서에 묘사된 것과 달랐을 것이라고 생각할 이유가 없다.

유대교는 자신의 종교를 널리 전파하기 위해서 가부장적인 신인 야훼의 비위를 맞추는, 강력한 성적 통제를 도입했다. 유대문화는 겨우 수백 년 전까지도 계속 이런 통제에 갇혀 있다가 비로소 조금씩 변화하기 시작했다. 하지만 지금도 유대교의 보수적인 분파들에서는 성적인 죄책감과 억압이 상당히 강하게 자리 잡고 있다.

오래 전에 만들어진 경전의 내용이 오늘날에는 거의 의미가 없다고 생각하는 사람이 있을지도 모른다. 실제로 간통을 했다는 이유로 사람을 돌로 쳐 죽이거나, 빗나간 딸을 노예로 팔아버리는 사람이 어디 있느냐고 하면서 말이다. 하지만 지금도 수백만 명이나 되는 유대교 신자들과 기독교 신자들이 구약성서를 읽고 있으며, 하느님이 직접 그 내용을 구술했다고 믿는다. 그러니 그 내용이 영향을 미치지 않을 리가 없지 않은가.

기독교의 왜곡 그리스와 로마의 성적인 인식과 관습은 서기 1세기경까지 수백 년 동안 팔레스타인 일대에 잘 알려져 있었다. 유대교는 이런 이교의 관습이 스며들어오는 것을 막기 위해 자신의 체제를 한층 단단히 조였다. 기독교는 바로 이런 맥락 속에서 등장했다. 사도 바울은 성을 지나치게 강력히 억압하는 체제를 만들어 이 새로운 종교를 이끌었다.

다음은 바울의 말을 인용한 것인데, 성에 대한 긍정적인 인식은 좀처럼 찾아볼 수 없다.

고린도전서 6:9 "불의한 자가 하나님의 나라를 유업으로 받지 못할 줄을 알지 못하느냐 미혹을 받지 말라 음란하는 자나 우상 숭배하는 자나 간음하는 자나 탐색하는 자나 남색하는 자나."

고린도전서 6:15 "너희 몸이 그리스도의 지체인 줄을 알지 못하느냐 내가 그리스도의 지체를 가지고 창기의 지체를 만들겠느냐 결코 그럴 수 없느니라."

고린도후서 12:21 "또 내가 다시 갈 때에 내 하나님이 나를 너희 앞에서 낮추실까 두려워하고 또 내가 전에 죄를 지은 여러 사람의 그 행한 바 더러움과 음란함과 호색함을 회개치 아니함을 인하여 근심할까 두려워하노라."

데살로니가전서 4:5 "하나님을 모르는 이방인과 같이 색욕을 좇지 말고." 고린도후서 6:14 "너희는 믿지 않는 자와 멍에를 같이 하지 말라 의와 불법이 어찌 함께 하며 빛과 어두움이 어찌 사귀며."

디모데전서 2:11~15 "여자는 일절 순종함으로 종용히 배우라. 여자의 가르치는 것과 남자를 주관하는 것을 허락지 아니하노니 오직 종용할찌니라. 이는 아담이 먼저 지음을 받고 이와가 그 후며 아담이 꾀임을 보지 아니하고 여자가 꾀임을 보아 죄에 빠졌음이니라. 그러나 여자들이 만일 정절로써 믿음과 사랑과 거룩함에 거하면 그 해산함으로 구원을 얻으리라."

섹스와 결혼에 관한 예수의 발언들도 억압적이었지만, 바울의 발언들은 노골적이다. 여성들은 항상 입을 다물고 조용히 있어야 하며, 머리카락을 가리고, 모든 일에서 남자에게 순종해야 했다.

'니케아 이전 교부들'의 초창기 기독교 저작에서부터 성적인 억압은 지속적으로 등장하는 테마였다. 카르타고 출신의 위대한 기독교 옹호자인 테르툴리아누스(서기 150~230)는 여성과 관련해서 성을 부정하는 발언을 수백 번이나 했다. 그의 핵심적인 생각은 다음과 같았다.

> 그대들 각자가 이브임을 아는가? 여자들에게 신이 내린 선고는 지금도 살아 있다. 따라서 죄책감도 반드시 살아 있어야 한다. 그대들은 악마의 통로다. 금지된 나무의 봉인을 푸는 자다. 신의 율법을 처음으로 저버린 자다. 악마가 차마 공격하지 못했던 남자를 설득한 자다. 그대들은 신의 모습을 딴 남자를 너무나 쉽게 파괴해버렸다. 그대들의 잘못으로 인해 심지어 신의 아들마저 목숨을 잃어야 했다.

흔히 라틴 기독교의 아버지라고 불리는 테르툴리아누스는 가톨릭 교회가 숭앙하는 성자다. 그는 또한 기혼자이기도 했다. 이런 남자의 아내로 살아가는 삶이 어떨지 상상해보라! 교회의 최고위급 학자들과 관리들은 지금도 테르툴리아누스를 연구하고 그의 말을 인용한다. 그는 후세의 많은 학자들과 더불어 성적인 왜곡에 앞장섰으며, 그렇지 않아도 이미 여성 혐오적이던 기독교의 분위기를 반영했다.

기독교의 왜곡 중에서도 가장 믿을 수 없는 것을 하나 꼽는다면, 성직자들의 금욕이 있다. 기독교의 신은 무성적인 존재이므로, 금욕은 신과의 깊은 교류를 달성하기 위한 방법으로 여겨진다. 바울은 다음과 같이 썼다.

> 고린도전서 7:8~9 "내가 혼인하지 아니한 자들과 과부들에게 이르노니 나와 같이 그냥 지내는 것이 좋으니라. 만일 절제할 수 없거든 혼인하라 정욕이 불같이 타는 것보다 혼인하는 것이 나으니라."

이 구절을 비롯한 여러 구절들을 근거로 가톨릭교회는 성직자들의 금욕을 정당화했다. 그 결과 2천 년 동안 교회 안에서 아동성애가 자행되고, 성직자들이 정부情婦를 두고, 신부와 수녀가 사생아를 낳고, 교황의 사생아와 '조카들' 여럿이 바티칸에 살게 되는 일들이 벌어졌다.

억압된 성은 묘한 데서 터져나오는 성향이 있다. 수백 년 동안 가톨릭과 개신교 당국자들은 남색, 마녀, 동성애, 간통, 수간 등의 혐의로 유럽 전역에서 수천 명을 처형했다. 16세기에는 대개 성과 관련된 것으로 보이는 범죄들을 이유로 도합 15~25만 명이 유럽 전역에서 처형되었는데, 이들 중 대다수가 여성이었다. 이 사람들 중에 금욕을 지키던 사제나 성적으로 억압된 칼뱅주의 목사의 성적인 편집증에 희생된 사람은 과연 몇 명이나 되었을까?

이슬람교의 왜곡

아얀 히르시 알리는 저서 《이단자》와 《방랑자Nomad》에서 소말리아와 에티오피아에서부터 유럽과 미국에 이르는 자신의 여정에 대해 비통한 이야기들을 들려준다. 그 이야기들의 테마는 한결같다. 여성의 몸은 남성의 소유라는 것. 처음에는 아버지, 그다음에는 형제와 사촌, 그리고 마지막으로는 남편의 소유다. 여성에게는 선택의 여지가 거의 없거나 아예 없다.

이슬람교는 성에 잡아먹혔다. 여성의 성을 억압하고 통제하는 일에 잡아먹혔다. 무슬림이 되는 것은 곧 성적으로 정결해지는 것이다. 여성이라면 특히 그렇다. 혼전 또는 혼외의 행위라면 자위행위에서부터 섹스에 이르기까지 모든 것이 여성에게 금지되어 있다. 남성들에게도 금지된 행위들이 있지만, 종교경찰은 남자가 규칙을 어기는 경우 그냥 모르는 척해주는 경향이 있다. 무함마드 자신도 남성들이 외국에 나가 있을 때나 알라의 군대에 복무할 때 섹스하는 것을 허용했다. 여성들에게는 그런 허락이 내려진 적이 없다. 뿐만 아니라 아주 최근까지도 여성이 남성 보호자 없이 외국을 여행하는 것은 거의 전대미문의 일이었다.

남성은 무슬림이 아닌 여성과 성적인 관계를 맺더라도 더러워지지 않는다. 이교도 여성들은 인간 이하의 존재로 간주되고, 알라가 무슬림 남성들에게 그들을 이용할 권리를 부여해주었기 때문이다. 사우디아라비아에서 암스테르담으로 여행한 무슬림 남성은 아무런 거리낌 없이 홍등가를 찾아가 매춘부와 관계를 맺거나 네덜란드 여성과 데이트를 즐길 수 있다. 하지만 만약 무슬림 여성이 이교도와 섹스를 했다면 부정한 존재가 된다. 일부 이슬람 국가에서는 그 죄로 인해 목숨을 잃게 될 수도 있다. 설사 법적으로 사형이 선고되지 않더라도, 가족이 그녀를 처형할 가능성이 높다.

아얀 히르시 알리는 회고록인 《방랑자》에서 이슬람 국가의 상황을 잘 보여주는 사촌의 사례를 들려준다. 난민으로 미국에 온 그녀는 조국에서 도망친 뒤 어느 시점에 에이즈에 걸렸다. 하지만 자신에게 성경험이 있음을 도저히 인정할 수 없었던 그녀는 유럽인 남성과 사귀면서도 자신이 에이즈 환자임을 밝히지 않았다. 따라서 그 남성도 병에 걸리고 말았다. 그녀는 깊은 수치심에 시달리며 자신이 알라를 거스르는 죄를 지었으므로 돌에 맞거나 구타를 당해야 한다고 생각했다. 그녀의 애인인 유럽인 남성이 에이즈에 대해 따지고 들자 그녀는 오히려 자신이 그 남성 때문에 병이 걸렸다며 그를 비난했다. 그런 상황에서도 그녀는 자신이 그 남성을 만나기 전에 성관계를 해서 병에 걸렸다는 사실을 그 남성을 포함한 누구에게도 인정하지 못했다.

아얀 히르시 알리의 이야기 중에는 무슬림 남성들의 이야기도 있다. 그들은 에이즈에 걸렸다는 통보를 받으면 이렇게 대답한다고 한다. "난 그런 병에 걸리지 않았어! 난 무슬림이야! 그리고 소말리아인이야! 우린 에이즈에 걸리지 않아!" 종교적 독선에 뿌리를 둔 이런 망상과 자기기만은 생물학적인 바이러스뿐만 아니라 종교적 바이러스까지도 널리 퍼뜨리고 있다.

이슬람 세력은 아라비아 반도에서 뛰어나와 자신이 정복한 이교도 지역과 기독교 지역 모두에 대해 공격적인 태도를 취했다. 그들과 함께 대단히 가부장적이고 일부다처제적인 문화의 성적인 관습이 전파되었다. 이슬람교 이전에 그 지역에 존재하던 종교들이 성에 대해 특별히 긍정적이었던 것은 아니지만, 이슬람교의 성적인 관습은 한결같이 성에 대해 부정적이었다.

이슬람 세력의 인도 침략은 성에 긍정적인 일부 종교적 관습의 쇠퇴를 불러왔지만, 사실 그 지역에서 세력을 떨치던 힌두교, 자이나교, 불교 등 여러 종교들도 대단히 가부장적이고 성에 부정적이었다. 그러나 인도 상류층의 관습은 일반 서민들에 비해 덜 억압적이었다. 예를 들어 기원전 500년 이후에 성적인 내용이 강하게 포함된 예술작품들이 만들어진 것은 지배 계층의 일부다처제와 왕가의 후원 덕분이었다. 한편 인도 남부에서는 더운 날씨 때문에 남녀를 막론하고 대부분의 사람들이 허리 위로는 아무것도 입지 않는 것이 관습이었다. 지금도 더운 기후 때문에 그런 관습을 지니고 있는 곳이 많다. 그런데 이것이 이슬람교를 믿는 무굴인들의 인도 정복과 함께 바뀌었다. 이슬람교는 여성의 몸을 성적인 대상으로 바라보았기 때문에, 여성들은 몸을 가려야 했다. 그들이 믿는 종교가 무엇이든 상관없었다. 그 결과 인도 전역에서 성을 대하는 태도와 성적인 관습이 급격히 변했다. 각 지역에는 옷차림이나 성행동에 관해 서로 다른 관습이 존재했지만, 이슬람교의 새로운 압박으로 인해 사람들은 '정숙한' 옷차림을 강요당했고, 여성들의 권리는 더욱 제한되었다. 이렇게 해서 이슬람교는 문화가 성에 관한 한 한결같이 부정적인 쪽으로 변하게 만들었다.

그다음에는 대영제국의 도래와 무굴제국의 붕괴로 기독교가 인도를 감염시키기 시작했다. 기독교는 사람들을 개종시키는 데에서는 그다지 성과를 거두지 못했지만, 인도 전역, 특히 귀족층에게 기독교식 성도덕을 퍼뜨리는 데에는 훌륭한 성과를 거뒀다. 이슬람교가 시작한 일을 기독교가 끝맺은 셈이었다. 오늘날 인도는 성적인 보수주의의 보루이다. 모든 대중매체는 성적인 내용이 없는지 심한 검열을 당하며, 공공장소에서의 키스도 금지되어 있다. 이는 리처드 기어가 2007년에 무대 위에서 인도 여배우 실파 셰티에게 키스했다가 직접 깨우친 사실이다. 풍기 문란 혐의로 그에게 구속영장이 발부되었기 때문이다.[90] 이것이 카마수트라를 만들어낸 문화와 어울린다고 생각하는가?

성을 제한하는 종교는 남의 땅을 침범할 때 억압의 도구도 함께 가져간다. 처벌에 대한 두려움, 문제의 행위를 들켰을 때의 수치, 신이 항상 지켜보신다는 죄책감 등이 바로 그런 도구다. 이슬람교, 기독교, 유대교는 가부장적이고 무성적인 신을 내세워 전 세계에서 각 지역의 성적인 인식을 조직적으로 물리치고 성에 부정적인 관습으로 각 지역의 문화를 감염시켰다. 여성들과 아이들이 누구보다도 많은 영향을 받았지만, 남성들 역시 여러 면에서 영향을 받았다.

이번 3부에서 우리는 수렵-채집 부족에서부터 그리스와 로마, 그리고 현재의 주요 종교들에 이르기까지 여러 다양한 문화와 관습을 살펴보았다. 수렵-채집 부족의 여성들은 대개 재산으로 간주되지 않았으며, 훨씬 더 많은 자유를 누리고 있었다. 농업은 재산 소유권의 등장과 노동력의 필요성 때문에 성적인 관습에 결정적인 영향을 미쳤다. 그리고 오늘날의 종교적 성지도는 고대 사람들이 재산과 유산상속에 대해 갖고 있던 생각에 깊이 뿌리를 두고 있다.

다음 4부에서는 종교들이 성적인 획일성을 확보하기 위해 사용하는 심리적 도구들을 살펴볼 것이다. 종교는 오늘날 우리 문화 속에서 성을 어떻게 왜곡하고 있는가? 종교는 성교육에 왜 그토록 반대하는가? 종교를 떠난 사람의 성생활은 어떻게 변하는가?

The Psychology of Religion and Sex

신의 도그마에 맞선
인간의 심리학

종교는 자연스러운 감정, 심리적 과정, 생물학적 과정을 이용해서 우리의 성을 왜곡한다.

보편적인 종교의 부상

기독교는 지극히 정상적인 충동을 죄책감과 수치심으로 둘러싸기 위해 고안된 성적인 인식과 관습을 기반으로 하고 있다. 그 결과 기독교에 감염된 문화는 즉시 성에 부정적인 환경을 창조해낸다.

부족 종교는 대개 다른 종교에 대해 이러쿵저러쿵 말하지 않는다. "우리 신들이 너희 신들보다 더 낫다"는 말만 할 뿐이다. 또한 특정 부족만이 믿는 종교이기 때문에 굳이 보편성을 주장하지 않는다. 종교와 문화를 서로 구분하기도 힘들다. 반드시 해당 문화 속에서 태어난 사람만이 해당 종교를 믿기 때문이다.

개별 문화를 무효화시키는 보편적인 종교적 원칙이 존재한다는 인식이 등장한 것은 기원전 600년경이었다. 서구 최초의 보편적 종교로는 조로아스터교를 꼽을 수 있다. 이 종교는 기원전 600~100년경에 페르시아에서 점점 성장하다가 쇠퇴했지만, 그 뒤로도 500년 동안 계속 의미심장한 영향을 미쳤다. 비슷한 시기에 동방에서는 불교가 등장해서 급격히 퍼져나갔으며, 각 지역의 부족 종교가 불교의 보편적인 메시지에 밀려나는 경우가 허다했다.

1세기에 기독교가 등장하고 7세기에 이슬람교가 등장하면서 보편적인 종교는 서구 문화에 언제나 존재하는 일부가 되었다. 지역의 문화와 관습은 단 한 명의 신이 단 한 가지 성적 취향을 지닌 인간을 창조했다는 인식에 밀려났다. 이 신에게 복종한다는 것은 곧 아주 제한적인 성관습을 따라야 한다는 뜻이었다. 거기에서 벗어난 다른 모든 행위는 죄였다.

여러분은 이 설명이 이슬람교와 기독교에는 들어맞지만 불교는 좀 다르지 않느냐고 생각할지도 모른다. 하지만 실제로 불교는 다른 모든 종교와 아주 흡사한 기능을 한다. 대부분의 승려들과 비구니들은 금욕을 하고, 현재의 달라이 라마는 동성애자들의 섹스도 부적절한 성행동에 포함된다는 전통적인 티벳 불교의 주장을 따르고 있다. 일부일처제 관계를 유지하고 있는 상대와 남근 및 질을 이용해서 하는 섹스 이외의 모든 섹스, 즉 구강성교, 항문성교, 자위행위 등도 부적절한 성행동에 포함된다.

보편적인 종교는 혁명적인 생각을 내놓았다. 종교가 문화보다 우위에 있다는 생각. 보편적인 종교는 마치 침략자처럼 행세하며 부족 종교를 마구 없애버리고 부족 문화를 감염시켰다. 군대와 질병이 여기에 도움이 되는 경우가 많았다. 스페인의 정복자들은 무기와 선교사뿐만 아니라 치명적인 질병도 가져왔다. 이런 요소들의 조합은 사람들의 마음을 쉽게 흔들어놓을 수 있다.

섹스는 가장 중요한 전도 수단 중 하나다. 우리는 많은 부족 문화에서 기독교나 이슬람교와 비슷한 성관습의 사례들을 찾아낼 수 있지만, 우리보다 우월한 존재가 사람들의 모든 생각을 알아차리고 매 순간 사람들을 지켜보고 있다는 주장은 부족 종교들의 주장과 크게 달랐다. 부족 종교들은 부족과 신들 사이의 동반자 관계에 더 가까웠다. 물론 보편적인 종교만큼 성에 대해 부정적이고 억압적인 부족 종교들도 존재하기는 했지만 말이다. 보편적인 종교는 자신에게 감염된 모든 사람에게 성에 부정적인 가부장적인 기준을 획일적으로 강요했다. 과거의 부족적 전통이나 관습에는 전혀 개의치 않았다. 따라서 어떤 부족이 기독교를 받아들이는 순간, 설사 그 부족이 예전에는 모계사회였다 해도 남성이 사회를 지배하는 패턴을 받아들여야 한다는 압박이 아주 강해졌다.

성에 긍정적이든 부정적이든 부족 종교는 보편적인 종교에 감염되기만 하면 모두 성에 대해 훨씬 더 부정적으로 바뀌었다. 대부분의 부족 문화에서 죄, 순종, 영적인 왕국, 영생, 천국 등의 개념은 그다지 의미가 없었다. 부족민들이 자신에게 비와 곡물과 사냥감과 다산을 가져다주는 자기들만의 신과 더불어 이미 수천 년 동안 살아왔기 때문이다. 스페인의 선교사들은 호피족을 개종시키려고 150년 동안 노력했지만 별로 성과를 올리지 못했다. 호피족은 결국 반란을 일으켜 교회를 불태우고 사제들을 죽였다. 사하라사막 일대의 정령 숭배자들은 수백 년 동안 성공적으로 개종에 저항했다. 북유럽의 켈트족도 수백 년 동안 감염에 저항했으며, 공식적인 개종이 이루어진 뒤에도 자기들만의 믿음과 의식을 남몰래 간직하는 경우가 많았다. 보편적인 종교는 다른 문화에게 내놓을 것이 거의 없다. 그렇다면 다른 문화를 어떻게 개종시키는 걸까?

종교가 질병을 이용하는 법

정치권력, 군사력, 질병이 개종을 이끌어냈다. 이슬람교는 사우디아라비아를 박차고 나와 위대하지만 이미 쇠퇴하고 있던 페르시아 제국에 자신의 의지를 강요했다. 그 과정에서 조로아스터교가 차지하고 있던 자리를 대체로 차지할 수 있었다. 페르시아 제국은 모든 종교에 관용적인 태도를 보이기로 유명했지만, 이슬람 세력에게 정복당한 뒤 강제 개종이 이루어졌다. 무슬림으로 개종하지 않은 부족들은 세금을 물어야 했고, 영향력도 줄어들었다.

질병은 새로운 문화를 감염시키려고 애쓰던 서구 종교들에게 최고의 동맹이었다. 탐험가들과 선교사들은 북미와 남미에 낯선 바이러스와 세균을 가져왔다. 그 결과 겨우 수십 년 동안 적게 잡아도 인구의 80퍼센트가 목숨을 잃은 것으로 추정된다.[91] 홍역, 인플루엔자, 천연두가 힘을 합쳐서 전역을 초토화했다. 기록을 통해 자세히 살펴볼 수 있는 사례 중에 와이언도트(휴런)족의 이야기가 있다. 1630년대에 휴런족은 천연두에 부족민 절반 이상을 잃었다.[92]

많은 부족들은 신이 자신들을 버렸기 때문에 이런 일이 벌어졌다고 해석했다. 선교사들도 이런 해석을 부추겼다. 천연두와 홍역이 인체의 면역계를 공격하듯이, 기독교는 부족의 문화적 면역계를 공격했다. 이렇게 해서 서반구 대부분 지역의 사람들이 기독교로 개종되거나 지상에서 사라졌다.

지상에서 사라지지 않은 문화에 속한 생존자들은 정복자들의 신을 따르는 것이 미래의 재앙을 피하는 최선의 방책임을 재빨리 터득했다. 이슬람교와 기독교의 가르침 중 많은 부분을 차지한 것은 과거의 성관습을 버리고 새로운 종교의 성관습을 채택하라는 내용이었다. 하와이를 찾은 선교사들은 콜레라, 홍역, 임질이 유행하면서 무서운 결과를 낳은 것이 신의 심판 중 일부라고 설교했다. 하와이에서는 1779년부터 1848년 사이에 인구 중 최대 80퍼센트가 선교사와 무역업자들이 자기도 모르게 가져온 서구의 질병으로 목숨을 잃었다.

일단 개종을 하고 난 뒤 사람들은 때로 새로운 종교에 대해 놀라울 정도로 열정적인 태도를 보였다. 예를 들어 장로교나 모르몬교로 개종한 뉴질랜드의 마오리족은 이 섬에 살고 있는 유럽계 주민들에 비해 훨씬 더 열성적인 신자들이다. 중앙아메리카의 인디언들도 처음에 그들에게 가톨릭이라는 종교적 질병을 전해준 스페인인들보다 훨씬 더 독실하게 가톨릭을 믿는다. 미국의 흑인들 역시 그들을 노예로 부렸던 백인들보다 더 독실하게 기독교를 믿는다.

개종은 오늘날에도 계속 진행되고 있으며, 섹스와 밀접하게 연관되어 있다. 아프리카에서 가톨릭교도와 복음주의자들은 콘돔이 아무런 효과가 없다고 가르친다. 콘돔을 나눠주거나 사용법을 가르치는 사람들은 섹스를 부추기는 악마의 도구로 매도당한다. 여기에 담긴 속뜻은 이런 것이다. "기독교식 일부일처제를 따르지 않으면 에이즈에 걸려 죽을 것이다." 에이즈는 죄스러운 행동의 증거이자, 예수를 따르지 않은 것에 대해 신이 내린 징벌로 여겨진다.

인류 역사를 통틀어서 종교와 질병은 항상 협조 관계였다. 종교는 기도를 통해 질병의 치유를 약속하고, 혹시 질병에게 패하는 경우에도 대신 천국을 약속한다. 어느 모로 보아도 종교의 승리다. 신이 의사의 손을 이끌었다는 선교사들의 말 때문에 의사들이 공을 제대로 인정받지 못하는 경우도 흔하다. 선교사로 파견된 의사들은 이런 생각을 퍼뜨리는 부류 중에서도 최악에 속한다.

죽음 노이로제와 성

수렵-채집 부족들 중에는 내세라는 개념이 없는 곳이 많다. '내세'라는 개념은 십중팔구 농업의 등장과 더불어 인기를 얻기 시작해서 다양한 형태를 취한 것으로 보인다. 사람이 죽은 뒤 열등한 존재나 고등한 존재로 환생한다고 믿는 곳도 있고, 영원한 고통 또는 영원한 행복을 맛본다고 믿는 곳도 있고, 천국과 수많은 처녀들을 약속하는 곳도 있고, 자기만의 행성을 갖게 될 것이라고 말하는 곳도 있다. 이처럼 내세에 관해서는 많은 생각들이 존재하지만, 서로 일치하는 부분은 거의 없다.

주요 종교들은 왜 내세에 초점을 맞출까? 거기에 어떤 이득이 있을까? 그것이 섹스와 어떻게 관련되어 있을까?

내세라는 개념을 통해서 종교는 죽음에 대한 공포로 사람들을 감염시킬 수 있는 통로를 만들어낸다. 1장에서 '세 가지 잘못된 믿음'에 대해 이야기했던 것을 생각해보라. 내세라는 개념이 없다면, 영원한 처벌에 대한 두려움도 아무런 의미를 지니지 못한다. 하지만 영생이라는 개념이 머릿속에 철저히 주입되고 나면, 내세에 당하게 될 고문과 처벌에 대한 두려움이 효과적으로 작용해서 특정한 의식을 행하고 특정한 삶을 살아야 한다고 사람들을 설득하게 된다.

이것은 뛰어난 심리적 도구지만 죽음의 노이로제, 즉 죽음에 대한 지나친 공포나 비이성적인 공포라는 결과를 낳는다. 의식을 지닌 존재로서 우리는 자신이 언젠가 죽으리라는 사실을 이해할 수 있다. 우리는 또한 죽은 뒤의 세상을 상상할 수 있는 능력도 지니고 있다. 종교는 이런 능력을 가로채서 영원한 행복의 약속뿐만 아니라 영원한 고통에 대한 두려움까지도 사람들에게 주입한다. 완벽한 당근과 채찍 전략이다. 죽음이라는 지평선 너머를 상상할 수 있는 능력 덕분에 종교가 통제권을 쥐고 우리에게 부자연스러운 일들을 시킬 수 있게 되는 것이다.

죽음의 노이로제에 걸린 사람들은 자기가 믿는 신의 기념물을 짓느라 막대한 돈을 쓴다. 눈에 보이지 않는 존재에게 처벌을 면할 수 있게 해달라고 기원도 한다. 어쩌면 천국에 가기 위해서 사제, 목사, 이맘 등에게 엄청난 액수의 돈을 지불할 수도 있다.

노이로제에 걸린 사람의 행동은 부자연스럽다. 영원한 생명 또는 죽음이라는 생각에 설득당한 사람은 내세에서 보상을 얻거나 처벌을 피하기 위해 못할 일이 거의 없을 것이다. 비행기를 몰고 건물을 향해 돌진할 수도 있고, 선교사가 되어 다른 나라로 갈 수도 있다. 금욕을 약속한 수녀가 될 수도 있고, 아이들을 많이 낳아서 자신이 믿는 종교의 가르침에 따라 집에서 그들을 가르칠 수도 있다. 신과 좋은 관계를 도모하기 위해 다른 것은 몰라도 최소한 정기적으로 교회에 나가 돈을 내고 기도를 하는 등의 행동 정도는 할 것이다. 이런 행동의 뿌리는 보상에 대한 기대와 처벌을 피하고 싶다는 욕구다.

주요 종교는 내세라는 개념에 전적으로 기대고 있다. 그런데 이 내세라는 개념이 신자들의 가슴에 단단히 박히게 하려면 사람들의 생각과 행동을 감시해서 그들이 내세에서 보상을 받을 만큼 지시를 잘 따랐는지 아니면 그렇게 하지 못했는지를 결정한 뒤 처분을 내리는 전지전능한 존재가 반드시 있어야 한다. 이렇게 해서 항상 우리를 지켜보는 신이라는 개념이 생겨난다. 어린아이들이 예수님이 항상 지켜보고 있으며, 천사들이 지금 옆에 있고, 신이 생각마저 감시하고 있음을 믿게 만드는 것은 간단한 일이다. 아이들은 이미 어른들에게 엄청난 힘이 있다고 믿기 때문에, 신도 그런 힘을 갖고 있다는 말을 쉽사리 믿어버린다.

종교는 죽음의 노이로제를 이용해서 성에 관한 생각과 행동을 보상 또는 처벌이라는 결과와 묶어버린다. 요컨대 종교가 하는 말은 다음과 같다. "잘못된 섹스를 하면 영원한 죽음을 맞게 될 것이다." 이로써 죽음에 대한 자연스러운 공포가 우리의 성생활에까지 영역을 넓힌다. 섹스는 나쁜 일일 뿐만 아니라 죽음에 이르는 길이라고 평생 배운 사람은 심리적으로 어떤 영향을 받을까? 죽음에 대한 가르침은 성기능 장애, 섹스에 대한 두려움, 성불능, 침대에서 너무 기쁨을 맛보는 것에 대한 두려움에 과연 얼마나 영향을 미칠까?

앞에서 보았듯이, 인간이 지닌 성충동의 첫 번째 목적은 사람들 서로를 연결시키고 사람과 문화를 연결시키는 것이다. 죽음의 노이로제는 섹스의 즐거움을 방해하고, 섹스가 사람들에게 가져다주는 유대감을 감소시킨다. 긍정적인 성적 유대감의 상실에는 결과가 따르는데, 우울증이나 부적절한 성충동의 표현 등이 거기에 포함된다.

수치스러운 가슴

인간들은 섹스를 사랑한다. 남녀 모두 성적으로 반응을 보이도록 만들어져 있다. 섹스는 인간이라는 종을 사회적으로 결합시키는 아교 역할을 한다. 인간의 성충동을 없애려면 고압적인 훈련이나 심한 정신적 외상이 필요하다.

종교는 그런 힘을 갖고 있다. 죄책감, 수치심, 두려움이 중심이 된 성교육은 사실상 아기가 태어나는 순간부터 시작된다. 알몸을 성적인 대상으로 보는 것이 바로 그것이다. 종교는 알몸이 항상 성적인 대상이므로 정숙함을 위해서는 반드시 몸을 가려야 한다는 신호를 보낸다. 그래서 아담과 이브의 이야기가 무슨 뜻인지 결코 알 수 없는 어린아이들도 그 이야기를 배운다.

그다음 단계는 모유 수유를 성적인 대상으로 만드는 것이다. 대부분의 부족 종교들은 아이에게 젖을 먹이는 어머니에게 거의 또는 아예 신경을 쓰지 않는다. 하지만 종교가 알몸을 두려워하게 되면서 모유 수유 장면도 조심스레 가려진다. 따라서 인간이 할 수 있는 가장 자연스러운 행동 중 하나인 모유 수유가 부끄러운 일로 바뀐다. '모유 수유 스캔들'을 인터넷에서 간단히 검색해보기만 해도 이 소박하고 자연스러운 행동을 둘러싼 논란이 마구 쏟아져 나온다. 모유 수유에 반대하는 발언들을 읽어보면, 많은 사람들이 그것을 성적인 행동 또는 도발로 보고 있음을 금방 알 수 있다. 그 행동에 육체적인 쾌락이 연관되어 있다는 것이 그런 인식의 이유 중 하나다.

초기 기독교 문화에서는 모유 수유가 성적인 행동으로 여겨지지 않았다. 중세와 르네상스 시대의 종교적 예술작품에는 마리아가 예수에게 젖을 먹이는 모습이 넘쳐난다. 이런 작품들이 당시 모유 수유에 대한 태도를 보여주는 지표라면, 모유 수유는 성적인 행동이 아니었던 것 같다.

미국의 법원과 의사당들에는 한쪽 가슴을 드러내고 눈을 가린 정의의 여신상이 수백 점이나 놓여 있다. 대개 고전적인 그리스식이나 로마식을 따른 이 조각상들은 수십 년 동안 사실상 눈에 띄지 않는 존재였지만, 2002년에 존 애시크로프트^{John Ashcroft} 법무장관이 법무부에 있는 여신상의 몸을 덮어주라고 명령하는 일이 벌어졌다. 아마 그는 여신상이 포르노 같다고 느낀 모양이었다. 그가 문제 삼은 아르데코 양식의 조각상은 1930년대부터 법무부 안에 놓여 있던 것인데, 지독히 종교적인 개신교 신자인 법무장관이 어느 날 그것을 포르노로 규정한 것이다. 이 사건은 알몸이 표현되어 있다는 이유만으로 고대 힌두교나 불교의 예술품들을 파괴한 인도와 파키스탄의 이슬람교도, 아프가니스탄의 탈레반과 똑같은 사고방식을 보여준다.

모든 주요 종교에서 큰 부분을 차지하는 청교도적 분파들의 사고방식이 이런 식이다. 힌두교도든 무슬림이든 개신교 신도든 가톨릭교도든 이런 사람들은 섹스를 악마의 것으로 비난하면서 성세를 누린다. 그리고 이런 주장이 다른 많은 종교적 신호들과 더불어 아이들을 감염시키고, 그다지 성적이지 않은 것들을 성적인 대상으로 만든다.

종교와 신체적 표식

수천 년 동안 각각의 문화들은 특정 인물이 그 문화에 속한다는 것을 나타내기 위해 신체적 표식을 새기거나 할례를 하는 방식을 이용했다. 많은 종교들도 이 방식을 채택해서 종교적인 소속을 표현하며, 아기가 태어나는 순간부터 또는 사춘기부터 아이에게 표식을 남긴다. 유대교, 이슬람교, 기독교의 가장 중요한 표식이 주로 남성 성기와 관련되어 있음은 우연이 아니다. 여성의 성기가 관련된 경우는 비교적 적다. 많은 문화들이 문신, 흉터 등의 표식을 이용하지만 위의 종교들은 아이들에게 표식을 새기는 부위를 성기로 축소했다. 이는 성이 종교에 속하며 각 지역의 문화적 전통보다 우위에 있음을 강력히 시사한다.

남자의 할례 많은 종교들이 아주 어린 나이부터 아이들에게 표식을 새기려고 시도한다. 심리적인 세뇌가 은근히 교활하게 이루어진다면, 신체적 표식을 남기는 방식은 때로 무시무시하다. 남성의 할례는 기독교도들 사이에서 '평범한' 일로 여겨지며, 유대교와 이슬람교의 많은 종파에서는 의무 사항이다. 이슬람과 유대교에서 할례는 그 대상이 자신의 종교에 속한다는 표식이 된다. 할례를 받지 않은 사람은 부정한 존재로 간주되어서 해당 종교의 신도와 결혼하는 것을 허락받지 못할 수 있다.

문화적으로는 유대교의 관습을 따르는 무신론자 커플이 아들의 할례를 거부한 적이 있다. 양쪽 조부모들 모두 특별히 종교적인 사람들은 아니었는데도 크게 화를 내는 바람에 결국 아이의 부모와 조부모들이 몇 달 동안 말을 하지 않고 지내게 되었다. 조부모들의 행동에 담긴 메시지는 이런 것이다. "원한다면 너희는 무신론자가 될 수 있지만, 너희 아이는 부족의 일원이 될 수 있게 할례를 시켜라."

유대인 부모는 아들이 할례를 받게 함으로써 그 아이가 유대인이 될 것이라는 선택을 대신 내려준다. 유대교도들 중에서도 인본주의적인 유대인과 개혁파 유대인은 유대인의 정체성에 할례가 반드시 필요하지는 않다고 선언했지만, 정통파를 비롯한 보수적인 유대교 집단의 견해는 다르다. 할례를 다룬 텔레비전 인터뷰에서 어떤 랍비는 다음과 같이 단언했다. "할례는 고통스럽고, 아이를 못살게 굴고, 상처를 남깁니다. 신과 계약을 맺지 않은 사람이 그런 행동을 한다면 마땅히 감옥에 보내야겠죠……. 내가 아이를 못살게 구는 행동을 하는 것은 내가 신과 계약을 맺은 사람이기 때문입니다."[93]

눈에 보이지 않는 관음증 환자인 신에 대한 믿음이 아기를 학대하는 범죄의 허가증이 된다는 사실을 인정한 놀라운 발언이다.

많은 무슬림 사회에서 남성의 할례는 수나Sunnah, 즉 무함마드 본인이 규정한 규범으로 여겨진다. 아들의 할례를 거부하는 부모는 신실하지 못한 무슬림으로 간주되어 추방당하거나 위험에 처할 수 있다. 할례는 아기가 자의로 선택하지 않은 종교가 아기에게 강제로 남긴 영구적인 표식이다.

뿐만 아니라 이슬람의 남성 할례는 보통 아이가 열두 살 무렵일 때 시행된다. 신생아는 할례를 받더라도 나중에 그 고통과 충격을 기억하지 못할지도 모르지만, 열두 살짜리는 이야기가 다르다. 이것이 왜 신체 훼손이 아닌가? 이것이 아이에게 어떤 영향을 미칠까? 이 행위가 어떤 피해를 입히는지 나는 우리 집안사람을 통해 직접 보았다. 아버지가 열두 살 때 할머니가 강제로 할례를 받게 했는데, 당시 너무나 충격을 받은 아버지는 평생 그때의 감정적 흉터를 지니고 살았다. 나중에 그 일을 입에 담기만 해도 아버지는 자신의 성과 관련된 그 고통스러운 기억을 떠올렸다.

북아메리카의 기독교도들 사이에서 할례는 일반적인 일이 아니었다. 하지만 1900년경에 여러 생각의 가닥들이 하나로 합쳐지면서 할례를 부추기는 결과를 낳았다. 존 하비 켈로그John Harvey Kellogg[94]는 사춘기 청소년의 자위행위에 대한 종교적 걱정 때문에 할례 캠페인을 시작했다. 그는 할례를 하면 사춘기 소년의 성적인 민감성이 감소해서 자위행위를 억제할 수 있다고 믿었다.

또 다른 종교적 집단들은 할례를 받지 않은 음경이 더럽고 부정하다고 가르치기 시작했다. 그들은 부모에게 아이의 할례를 설득하기 위해 의학적으로 문제가 있는 주장들을 자주 내놓았지만, 원래 그들 주장의 뿌리는 종교적이었다. 여성들이 이런 주장을 받아들여 아들의 할례를 결정할 때가 많았다는 사실은 그들이 할례를 받지 않은 음경을 부정한 것으로 보기 시작했음을 의미했다. 그들은 이런 생각을 딸들에게 물려주었다. 그래서 오늘날 포경수술을 하지 않은 남자와는 데이트도 하기 싫어하는 여자들이 많다. 일부 온라인 데이팅 업체들은 심지어 남성에게 포경수술을 했느냐고 묻기까지 한다.

여자의 할례, 성기 훼손 여성 할례는 무함마드 시절에 아라비아반도의 부족들이 시행하던 관습이다. 하디스에 따르면, 무함마드는 이 관습을 인정했던 것 같다. 하지만 그는 심각한 훼손에는 주의해야 한다고 말했다. 이 관습이 채택된 것은 여성에게 무슬림이라는 표식, 알라의 것이자 남자 가족들의 것이라는 표식, 그리고 궁극적으로는 남편의 것이라는 표식을 남기기 위해서였다.

일부 이슬람 당국자들은 무함마드가 남녀 모두 할례를 받아야 한다는 명확한 지시를 남겼다고 믿는다.[95] 하지만 이것이 예언자의 지시, 즉 수나가 아니라고 주장하는 사람들도 있다. 어쨌든, 오늘날 이 관습을 시행하는 사람들은 이것이 교리에 따라 종교적으로 반드시 필요한 일이라고 본다. 이 관습의 기원이 원래 이슬람교에 있지는 않지만, 지금은 많은 지역에서 남성 지배와 여성의 성에 대한 통제라는 개념과 관련된 종교적 관습의 필수적인 일부가 되었다.

전 세계적으로 300만 명의 소녀들이 성기 훼손을 당한 것으로 추정되며, 유럽의 이민자 사회에도 그런 여성들이 50만 명 있는 것으로 추정된다.[96] 여러 곳에서 다양한 형태의 여성 할례가 시행되고 있지만, 성적인 욕망을 감소시키거나 제거하기 위해 여성의 성기를 자른다는 점은 항상 빠지지 않는다. 대개 여성 할례는 10~12세의 소녀들에게 마취 없이 시행된다. 소녀들에게는 사전에 할례의 절차에 대해 전혀 알려주지 않으며, 그날이 닥칠 때까지 그것이 아무런 해도 없고 고통도 없는 행위라고 소녀들을 속이는 경우도 있다. 그 일이 시행되는 과정을 말로 묘사하기는 힘들지만, 이미 그 과정을 글로 자세히 설명한 사람들이 있다. 예를 들어 아얀 히르시 알리는 저서 《방랑자》에서 자신의 경험을 바탕으로 무시무시하지만 아주 훌륭하게 그 과정을 설명해 놓았다.

여성 할례는 특히 수십 년 전부터 세력을 얻었다. 전에는 이런 관습이 없던 아프리카의 여러 지역들이 여성에 대한 더욱 강력한 통제를 주장하는 이슬람 근본주의에 감염된 탓이다. 유럽의 무슬림 사회에서 이 관습이 급속히 퍼져나가고 있는 것 역시 근본주의에 물든 이민자들이 보수적인 종교적 견해를 퍼뜨리고 있기 때문인 듯하다. 이 관습은 또한 무슬림 소녀들이 세속적인 삶에 유혹을 느끼지 못하게 통제하려는 시도의 일환으로도 여겨지고 있다.

이 관습은 여성에 대한 종교적 통제라는 맥락을 제외하면 아무런 가치도 없다. 많은 아프리카 국가가 이 관습을 불법으로 규정하고 있지만, 당국자들이 묵인해주는 경우가 흔하다. 유럽에서는 이슬람 사회 전체가 공모해서 당국자들에게 사실을 숨기기 때문에 이 관습을 시행하는 사람들을 찾아내서 기소하기가 힘들다.

성지도의 왜곡

죽음에 대한 두려움에서부터 평범한 것을 성적인 대상으로 변화시키는 것과 아이들에게 표식을 새기는 일에 이르기까지 종교는 성에 부정적인 환경을 만드는 일에 맹렬히 달려들고 있다. 이렇게 만들어진 환경은 사람들의 선택권을 조직적으로, 그리고 자의적으로 제한한다. 개인의 생물학적인 지도와 상관없이 종교는 자신의 지도를 강요하는 데 최선을 다할 것이다. 그런데 이 지도는 거의 항상 '하지 말아야 할 일'에만 초점을 맞추고 있다. 사람이 이처럼 심한 규제에 맞춰 살아가는 것은 불가능까지는 아니어도 몹시 힘든 일이므로, 종교는 그 틈을 이용해서 죄책감과 수치심을 발달시켜 사람들이 다시 종교로 돌아와야만 안도감을 느끼게 만든다. 종교가 강요하는 이 지도는 인간의 성과는 조금도 닮은 구석이 없다. 이 지도는 종교가 신도들에게 강요하는 인위적이고 자의적인 규칙의 조합일 뿐이다. 그 결과 여성들이 억압당하고, 성에 관해 잘못된 정보가 전달되고, 죽음에 대한 공포가 생겨나고, 동성애자가 억압당하는 등 많은 일들이 벌어지고 있다.

15 나쁜 성교육

각각의 종교는 자기만의 독특한 왜곡 패턴을 갖고 있다. 이 패턴은 신도들의 역사적, 종족적 뿌리와 결합해서 자기들만의 성지도를 만들어낸다. 이 지도에는 죄책감, 수치심, 불안감을 이끌어내는 갈등들이 가득하고, 이 모든 감정들은 사람들의 행동과 성적인 만족감에 영향을 미친다.

성교육, 종교에 대한 최대의 위협

사람은 언제부터 섹스를 시작해야 할까? 종교는 이 질문에 대해 상당히 분명한 대답을 내놓는다. 반드시 결혼한 뒤에 배우자하고만 섹스를 해야 한다고. 하지만 그들의 주장과 행동은 별개다. 종교는 청소년들의 섹스를 막지 않는다. 다만 그들이 섹스를 하면서도 섹스에 대해 꺼림칙한 감정을 갖게 만들 뿐이다. 섹스를 한 것에 대해 죄책감을 느끼는 청소년이라면 자꾸 교회로 달려가서 종교가 가르쳐준 죄책감으로부터 벗어나려 할 것이다.

10년 동안 이루어진 연구들은 종교성이 성행동의 시작 시기에 거의 또는 전혀 영향을 미치지 못한다는 사실을 보여준다. 종교를 믿는 아이들과 종교를 믿지 않는 아이들이 성행동을 시작하는 시기는 자위행위에서부터 애무와 구강성교와 일반적인 성교에 이르기까지 모든 면에서 거의 비슷하다. 미국 정부가 금욕만을 강조하는 청소년 성교육 프로그램에 관해 조사했을 때도 같은 결론이 나왔다.[97] 종교적인 가르침은 성행동 시작 시기를 기껏해야 몇 달쯤 늦춰줄 뿐이다.

종교는 어째서 혼전 성관계에 반대하는가? 그들은 질병과 임신을 예방하기 위해서라고 주장한다. 어떤 사람들은 혼전 성관계가 나중에 결혼 생활에 해로운 영향을 미친다고 십대들을 설득하려 애쓴다. "하느님께서 혼외 성관계는 죄라고 말씀하셨으므로, 하느님의 말씀을 어기는 사람은 지옥에서 불타게 될 것"이라고 주장하는 사람도 있다. 모르몬교와 이슬람교는 성이 오로지 남편에게만 줄 수 있는 여성의 신성한 소유물이라고 말한다. 이런 주장들이 어린 제물들에게 죄책감과 수치심을 주입한다.

사실을 바탕으로 한 개방적인 성교육은 종교를 위협하는 가장 커다란 요인 중 하나다. 성에 관해 사실을 제대로 알게 되면 종교가 가르치는 내용이 허구임을 알 수 있다. 그래서 대부분의 종교가 세속의 성교육에 반대하는 것이다. 종교적인 부모의 입장에서 보면, 성교육은 또한 자녀들이 몹시 불편한 질문들을 던지게 만드는 원인이다. 훌륭한 성교육이라면 부모를 포함한 대부분의 사람들이 자위행위도 하고, 결혼 전에 섹스를 하기도 하고, 동성의 섹스 파트너와 실험도 해보고, 성적인 환상에 빠지기도 하고, 포르노도 이용한다는 사실을 아이들에게 알려줄 테니까 말이다.

종교를 믿는 부모들 중에도 결혼 전에 섹스를 한 사람이 대다수지만, 그들은 자녀들에게 큰소리로 금욕을 강조한다. 부모들이 결혼 전부터 섹스를 했다는 사실을 자녀에게 알리는 경우는 아주 드물다. 그들은 사실을 밝히는 대신 자녀들에게 너무 일찍 섹스를 시작했을 때의 무시무시한 위험들을 가르치며, 눈에 뻔히 보이는 질문, 즉 "엄마, 아빠, 결혼 전에 섹스를 하면 결혼 생활에 피해가 간다고 하시는데, 두 분의 경우에는 어떤 피해를 입으셨어요?"라는 질문은 결코 다루지 않는다. 혹시 이 질문에 대답해주는 부모가 있다 하더라도 종교적인 죄책감을 함께 들먹이는 경우가 대다수다.

사람들은 사람으로 진화한 뒤 거의 대부분의 기간 동안 혼전 성관계를 맺었다. 하지만 혼전 성관계가 인간의 성, 결혼 생활, 자녀 양육에 조금이라도 부정적인 영향을 미쳤다는 믿을 만한 증거는 하나도 없다. 유럽에서는 대다수의 십대들이 스스로 준비가 됐다고 판단될 때 섹스를 시작하지만 그로 인해 유럽 문명이 멸망하는 일은 일어나지 않았다.

유럽의 부모들은 대개 섹스를 했다는 이유로 십대 자녀들을 협박하거나, 죽이거나, 구타하지 않는다. 그들이 자녀들에게 실시하는 성교육은 세계 최고라고 해도 될 정도다. 섹스를 시작하는 시기에 대해 스스로 합리적인 결정을 내릴 수 있도록 정보를 제공해주기 때문이다.[98] 십대들의 성적인 건강도라는 측면에서 프랑스, 독일, 네덜란드 등 유럽 국가들은 꾸준히 미국보다 좋은 결과를 내고 있다.

모든 삶은 상충되는 충동과 목표로 구성되어 있다. 이처럼 상충되는 것들 사이에서 균형을 잡으면 더 커다란 행복과 만족감을 맛볼 수 있다. 섹스에도 균형이 필요하다. 섹스 파트너를 잃으면, 성적인 감정과 행동에도 균열이 생긴다. 하지만 대부분의 사람들은 결국 성적인 충동과 욕망에 이끌려서 뭔가 조치를 취하게 될 것이다. 전보다 자주 자위행위를 할 수도 있고, 새로운 파트너를 만날 수 있는 장소들을 찾아갈 수도 있고, 온라인 데이트서비스에 가입할 수도 있다. 이런 행동들은 자연스러운 성충동에서 나오는 것이므로, 대부분의 사람들은 이런 행동을 무시하고 억누를 수 없다. 성충동을 무시하거나 감소시킬 수 있다고 주장하는 사람들도 삶의 다른 부분에서 성충동이 표출되고 있음을 미처 깨닫지 못하고 있을 가능성이 있다.

사랑과 애정이 넘치는 파트너(들)와 만족스러운 성생활을 즐기는 것은 스트레스를 감소시키는 데 도움이 되고, 삶의 다른 부분에서 좀 더 생산적이고 창조적인 생활을 할 수 있게 해준다. 생물학적인 삶과 사회적이고 정신적인 삶 사이에서 균형을 잡는 데에도 도움이 된다. 하지만 생물학적인 지도를 무시하거나 왜곡한다면 사회적이고 정신적인 삶에서도 문제가 생기는 경우가 많다.

이런 자연주의적인 철학을 바탕으로 이제 종교들이 우리의 성을 어떻게 왜곡시키고 있는지 살펴보자.

가톨릭 사제 제도의 왜곡

여러분은 섹스를 시작하기 전에 섹스에 대해 얼마나 알고 있었는가? 가톨릭 사제들이 남자나 여자 또는 그 둘 모두와 바람을 피우는 경우가 아니라면, 그들이 성에 대해 갖고 있는 지식 역시 아직 섹스를 직접 경험하지 못한 사람과 같은 수준일 것이다. 사람들은 책이나 토론을 통해 성을 배우지 않는다. 침대에서 혼자 또는 다른 사람과 함께 직접 경험하는 일들을 통해 성을 배우는 경우가 대부분이다. 하지만 이런 식으로 직접적인 경험을 하는 것은 사제들이 받는 가르침과는 어긋나는 일이다. 만약 사제가 적극적인 성생활을 하고 있다면 그것은 반드시 규칙에 어긋나는 행동일 수밖에 없다. 그렇다면 이처럼 불법적이고 비밀스러운 섹스에서 우리는 성과 성적인 관계에 대해 무엇을 배울 수 있을까?

임상에서 일할 때 사제 두 명이 내게 상담을 받으러 온 적이 있다. 두 사람의 이야기에 따르면, 두 사람 모두 13세 때 지극히 평범한 소년처럼 행동했다. 자위행위를 많이 하고, 포르노를 애용했다는 뜻이다. 아동성애적인 성향에 대해서는 언급하지 않았지만, 세월이 흐른 뒤 둘 중 한 사람이 바로 아동성애 혐의로 체포되었다. 나는 그들 각자와 몇 번밖에 만나지 않았지만, 상담을 하면서 그들의 충동에 특별히 잘못된 부분이 있다고는 생각하지 않았다. 그들이 괴로워하는 것은 강력한 충동을 따르지 말라는 종교의 부자연스러운 요구 때문이었다. 그 결과로 그들은 죄책감, 고뇌, 우울증에 시달리고 있었다.

이 경험 덕분에 나는 아동성애를 저지르는 사제들을 더 잘 이해할 수 있었다. 만약 대부분의 사제들이 내게 상담을 받으러 온 그 두 사람과 비슷하다면(나중에 나는 이 생각이 대체로 옳다는 것을 알게 되었다), 그들은 성인 남성의 육체에 들어 있는 소년들이라고 할 수 있다. 많은 사제들이 소년에게 끌리는 것은 그들의 성장이 바로 그 나이에 멈춰버렸기 때문이다. 소년기는 또한 그들의 성지도가 형성된 시기이기도 하다. 사제들이 소년들을 참담하게 학대한 일을 변명해줄 생각은 없지만, 나의 경험은 그런 문제가 왜 그토록 널리 퍼져 있는지를 잘 설명해준다. 또한 해결책도 제시해준다. 고자가 아닌 사람들에게 고자처럼 행동하라고 요구하는 것을 그만두면 된다.

사제들의 비행非行은 종교로 인해 성이 왜곡된 사례 중 하나다. 종교의 가르침은 마치 어린 나무를 튼튼한 끈으로 묶어 한쪽으로만 쏠리게 하는 것과 같다. 나무가 자랄수록 끈이 잡아당기는 힘도 강해진다. 그 결과 나무는 줄기가 휘어진 채 자라게 될 것이다. 끈이 잡아당기고 있는데도 나무는 여전히 태양을 향해 자라나려 할 것이므로, 결국 나무가 이상한 각도로 휘어져서 제 무게조차 감당할 수 없게 될 것이다.

대부분의 사제들(수녀들도)은 성과 관련된 호르몬들이 활동하기 이전에 성직에 투신한다. 그래서 생물학적 충동이 얼마나 강력한지 미처 알지 못한다. 그들의 종교가 만들어준 성지도는 섹스가 신을 거스르는 범죄라고 가르치지만, 생물학적 지도는 그들로 하여금 섹스를 강렬히 원하게 만든다. 그들이 아는 것이라고는, 평범한 사람들처럼 감정과 충동을 따른다면 구렁텅이로 떨어진다는 것뿐이다.

그들의 종교적인 교육은 대개 열두 살이나 열세 살 때부터 시작된다. 그들이 다니는 학교는 오로지 남성 또는 오로지 여성들만 다니는 '신학교'다. 그래서 그들은 이성을 접한 적이 거의 없고, 그들을 가르치는 사제들이나 수녀들도 독신을 고수하고 있기 때문에 성에 대해 학생들만큼이나 무지하다. 혹시 교사로 일하는 사제가 학생들을 성적으로 학대하는 일이 벌어지지 않는다 해도, 학생들끼리 정상적인 성행동을 하게 될 가능성이 높다. 호르몬들이 미쳐 날뛰고 있는 열다섯 살 소년이 자위행위에 겁을 먹고 여자와의 섹스는 죽음에 이르는 죄라는 생각을 품고 있을 때 과연 어떤 행동을 하겠는가? 평범한 소년들처럼 주위의 소년들과 실험을 해본 뒤 엄청난 죄책감에 휩싸여 고뇌할 것이다. 다른 소년들의 뇌에는 여성의 얼굴, 젖가슴, 엉덩이, 목소리 등 평범한 성적 대상들이 각인되는 동안 장차 사제가 될 소년들의 뇌에는 섹스에 대한 두려움을 조장하는 메시지들이 쏟아져 들어온다. 형태가 어떻든 일단 섹스를 하기만 한다면, 이 소년들은 엄청난 죄책감을 느끼게 되고 그 죄책감이 다시 종교적인 성지도에 포함된다. 이렇게 되면 자신의 성을 대단히 왜곡되고 미성숙하게 이해하게 될 수밖에 없다.

여기에 나중에 사제가 되면 교회의 지도자이자 도덕적 본보기로서 사제들만큼 영적으로 성숙하지 못한 사람들에게 충고를 해주어야 한다는 가르침이 덧붙여진다고 생각해보라. 그들은 자신에게 주어진 역할, 그리고 자신이 느끼는 성적인 감정과 충동 때문에 거의 필연적으로 엄청난 내적 갈등에 시달리게 될 것이다. 그들이 나중에 사제가 되어 어린이를 학대하는 죄를 저지르지 않는다 해도, 그들의 성지도는 이미 왜곡되어 있다. 순전히 부자연스러운 성이 그들에게 강요되고 있기 때문이다. 금욕은 철저히 비정상적이다. 인간의 몸과 뇌는 그런 식으로 프로그래밍되어 있지 않다. 정상이 무엇인지는 몰라도, 거기에 금욕이 포함되지 않는 것은 확실하다.

따라서 수녀들에게서도 같은 패턴을 볼 수 있다. 나는 일을 하면서 두 기관에서 수녀들을 접할 기회가 있었다. 수십 명의 수녀들과 이야기를 나누고, 인간의 성에 대한 그들의 이해 수준이 어린 소녀와 거의 비슷하다는 것을 알게 되었다. 성적인 문제에 대해 학문적인 교육을 받아 남의 이야기를 훌륭하게 들어주는 수녀들도 몇 명 있었지만, 그들 역시 가톨릭의 성적인 교리를 따르고 있었기 때문에 사람들을 이해하거나 도와줄 수 있는 수단이 거의 없었다.

흑인 개신교의 왜곡

흑인 여성들은 미국에서 가장 종교성이 강한 집단이다. 그들은 또한 계획에 없는 임신의 빈도가 가장 높은 집단이며, 모든 낙태 건수의 35퍼센트를 차지한다. 인구 비중은 13퍼센트에 불과한데도 말이다.[99] 여론조사 결과를 보면, 흑인들이 미국의 그 어떤 인구 집단보다도 열렬하게 낙태에 반대한다는 것을 알 수 있다.[100] 흑인 기독교도들은 동성애, 자위행위, 동성 결혼, 혼전 성관계, 콘돔 사용, 성교육 등에 반대한다. 그들은 미국에서 성적으로 가장 보수적인 종교 집단 중 하나다.

미국의 흑인 언론인이자 종교 비평가인 자밀라 베이Jamila Bey는 한 인터뷰에서 다음과 같이 말했다.

> 적절한 성행동에 관해 그토록 엄격한 도덕을 적용하는데도, 미국의 아프리카계 미국인 어린이들 중 73퍼센트가 미혼 부모에게서 태어난다. 그토록 열심히 종교를 믿는 사람들이 그토록 눈에 띄게 규율을 어기면서도 어찌된 영문인지 자신이 진정 신실한 신자라고 주장하는 데에는 확실히 모종의 괴리가 있다.[101]

흑인 개신교는 수십 년 동안 철저한 감시의 눈길을 피해왔다. 가톨릭교회와 마찬가지로 그들은 아무도 자신을 비난할 수 없다면서, 자신에 대한 비판을 금기시하고 있다. 그들을 비판하는 외부인들은 인종주의자로 몰리고, 흑인들 중의 반대자는 따돌림이나 그보다 심한 일들을 당한다.[102] 그리고 교회에 도전하는 흑인 무신론자들은 갖은 비난에 시달린다.

래스 화이트Wrath White는 훌륭한 에세이 《눈에 띄지 않는 흑인 무신론자The Invisibility of the Black Atheist》에서 다음과 같이 말한다.

대부분의 아프리카계 미국인 사회에서 좋은 교육을 받고 좋은 직장에 다니며 사회에 공헌하고 가족을 제대로 부양하는 무신론자보다 하느님을 믿고 일요일마다 교회에 나가지만 1주일 내내 아이들에게 마약을 파는 범죄자들이 더 쉽게 받아들여진다고 말할 수 있다. 그들 사회는 정직하고 생산적이지만 신의 존재를 부정하는 시민들보다는 여자를 윤간하는 강간범이나 마약중독자나 매춘부라도 하느님에게 용서를 구하는 기도를 드리는 사람들에게 더 관용을 베푼다. 내게 있어 이것은 흑인 문화의 가장 당혹스러운 요소 중 하나다. 우리를 납치하고, 죽이고, 노예로 부리고, 억압한 사람들의 신을 이토록 열렬히 포용하다니[103]

흑인 개신교는 자신이 흑인 사회의 구세주이자 흑인 문화의 보루라고 주장한다. 하지만 진실은 상당히 다르다. 흑인 교회는 성에 관한 자연스러운 사실들을 아주 효과적으로 비난하고 있기 때문에, 신도들이 자신의 성에 관한 유용한 정보를 거의 또는 전혀 얻을 수 없다. 흑인 교회는 도저히 말도 안 되는 성지도를 만든 뒤, 그 지도를 따르지 않는 모든 사람을 비난한다.

흑인 기독교도들은 백인 기독교도들보다 훨씬 더 심하게 '여성을 성적인 문지기'로 만든다. 순결을 지킬 책임은 여성에게 있다. 순결을 지키지 못했을 때 비난을 받고 수치를 당하는 것도 여성이다. 이 수치심과 죄책감은 여성들을 다시 교회로 불러들여 용서를 구하게 만드는 효과적인 수단이다. 흑인 교회 신도들 중 70퍼센트가 여성이다. 죄책감 사이클의 확대판인 셈이다. 자밀라 베이는 다음과 같이 말한다.

이것은 사실 이로운 점으로, 종교적 전통을 더욱 밀고 나아가는 데 도움이 된다. 젊은 여성이 혼외 자녀를 낳았고 그 아이가 딸이라면, 그 젊은 여성은 딸에게 성적인 규칙을 더욱 엄격히 강요함으로써 자신이 기꺼이 참회할 의사가 있음을 보여준다. 즉 소녀가 된 딸이 평범한 데이트나 성행동을 손쉽게 즐길 수 있는 기회를 허락하지 않고 딸을 교회에 묶어둔 채 자기도 지키지 못한 정절을 지키라는 가르침을 주입함으로써 어머니가 자신의 신앙심을 더 강하게 보여주는 식이다. 이런 방식은 여성을 교회 안에 묶어두기 때문에 교회에 도움이 된다. 그래서 어린 소녀들에게 어머니의 뜻을 거슬러서 반항하지 말라는 압박이 가해진다.

남녀를 막론하고 흑인들에게는 성적인 정절, 일부일처제, 결혼, 이성애, 혼전 성관계 금지, 자위행위 금지, 낙태 금지 등을 요구하는 종교적인 성지도가 주어진다. 하지만 그들의 생물학적 지도는 그들을 완전히 다른 방향으로 이끈다. 교회의 가르침과 자연스러운 욕망이 이처럼 서로 어긋나면서 생긴 갈등은 죄책감, 수치심, 분노를 낳는다.

2008년에 거트매처 연구소Guttmacher Institute가 발표한 논문에서 수전 코헨Susan Cohen은 흑인 여성들이 뜻하지 않은 임신을 하는 빈도가 백인 여성들에 비해 세 배이고, 낙태 건수는 다섯 배라고 지적했다. 교육 수준과 소득 수준을 고려해도 결과는 변하지 않았다.[104] 코헨은 또한 흑인 여성들이 피임 도구를 사용할 가능성이 백인 여성들에 비해 낮기 때문에, 뜻하지 않은 임신을 할 위험과 낙태 가능성이 커진다고 지적했다. 하지만 코헨은 흑인 교회의 성적인 프로그래밍이 이런 차이를 빚어내는 원인일 수 있다는 말은 하지 않았다.

흑인 개신교회의 성지도는 워낙 왜곡되어 있기 때문에 신도들이 건

강하고 성적인 관계와 대인 관계를 맺기도 전에 그런 관계를 망가뜨려버린다. 그 결과 결혼율이 낮아지고, 낙태가 늘어나고, 동성애자들이 박해당하고, 성병 발생률이 높아지고, 자위행위 등이 수치와 조롱의 대상이 된다. 흑인 교회의 보수적인 가르침은 백인 복음주의 교회와 비슷하며, 그 결과도 비슷하다. 백인 복음주의 교회들 역시 남성 신도들의 감소, 혼외 출산 증가, 성병과 낙태 증가를 경험하고 있다. 미국에서 낙태 건수가 가장 높은 곳은 종교의 세력이 가장 강한 곳이다. 이런 문제들은 인종과는 전혀 상관이 없으며, 전적으로 성에 관한 교회의 뒤틀린 설교와 관련되어 있다.

종교적인 죄책감은 사람들로 하여금 자신이 실제로 하고 있는 행동조차 부정하게 만든다. 죄책감은 행동에 대한 합리적인 생각을 막고, 사람들이 '악마'나 '사탄의 유혹' 같은 초자연적인 이야기에 기울어지게 한다. 성에 관한 흑인 교회의 가르침 대신 성에 관한 사실적인 지식을 가르친다면 많은 문제가 해결될 것이다. 계획에 없는 출산 건수가 곤두박질치고, 성병이 사라지고, 낙태도 급격히 줄어들고, 동성애가 받아들여지다 못해 심지어 찬양의 대상이 되고, 사람들은 효과적인 의사소통을 기반으로 안정적인 관계를 구축할 수 있게 될 것이다. 흑인 교회는 해결책이 아니라 바로 문제 그 자체다. 섹스에서 종교를 배제할 수는 있어도, 흑인 교회에서 섹스를 배제할 수는 없다. 성적인 비난과 죄책감이 흑인 교회가 번창할 수 있는 기반이기 때문이다.

여러분은 어쩌면 이런 생각을 할지도 모른다. "가톨릭 같은 다른 종파들도 마찬가지 아닌가? 그들도 성적인 규제와 죄책감으로 유명하지 않은가?" 일부 가톨릭교도들, 특히 미국의 히스패닉들에게는 맞는 말이지만, 미국에서 태어난 가톨릭교도들은 교회의 가르침을 무시하는 법을 터득했다. 미사 참석률의 감소와 대가족의 급격한 감소는 미국 태생의 가톨릭교도들이 가톨릭교회의 성지도를 받아들이지 않고 있음을 보여준다. 하지만 불행히도 흑인 교회의 성지도는 신도들에게 잘 먹히고 있다.

근본주의의 왜곡

침례교나 제7일안식일재림파, 오순절교회파, 나사렛파, 복음주의, 여호와의 증인 등은 모두 기독교 근본주의의 다양한 모습들이다. 따라서 성에 관한 그들의 견해도 하나 같이 엄격하다. 그들 모두 동성애, 혼전 성관계, 자위행위에 반대한다. 결혼한 부부라 하더라도 항문성교나 구강성교처럼 다양한 형태로 성을 표현하는 것 역시 허용되지 않는다. 이 교회들 중에는 비교적 목소리를 높이지 않는 곳도 있지만, 성에 긍정적인 곳은 하나도 없다. 인간 본성의 진정한 모습과 닮은 성적인 견해를 내놓는 곳도 없다.

오스틴 클라인은 무신론 회보에서 많은 근본주의 종파와 가톨릭교회의 왜곡된 논리를 명확히 설명했다.

> 보수적인 복음주의자들이 피임, 응급피임약, 낙태에 반대하는 것의 근원을 거슬러 올라가보면, 적어도 부분적으로는 '무책임한' 성행동에 대한 그들의 반대와 닿아 있는 경우가 많다. 따라서 임신을 피하려는 시도는 '무책임한' 선택의 결과를 피하려는 시도가 된다. 무책임한 선택의 결과를 피하는 것 자체가 무책임할 뿐만 아니라 그런 선택 자체를 손쉽게 만드는 요인이기 때문에, 사람들이 반드시 그 결과를 감당하게 만들

어야 한다는 논리가 그 뒤를 따른다. 성행동과 관련된 문제에서는, 여성이 임신을 받아들이는 것이 여기에 포함된다.[105]

이 뒤틀린 논리에 따라 임신은 혼외 성관계에 대한 처벌이 된다. 이런 처벌을 강요하는 목적은 여성으로 하여금 교회가 승인하지 않은 모든 섹스를 거절하게 만드는 것, 그리고 만약 그들이 그런 섹스를 수락한 뒤 피임 도구를 사용한다면 그들에게 부도덕하다는 판결을 내리는 것이다.

릭 워런Rick Warren의 새들백교회[캘리포니아에 있는 초대형 교회] 같은 집단들은 아프리카의 교회들을 지원할 때 똑같은 논리를 내세운다. 그들은 오로지 금욕만을 가르치며, 에이즈 환자의 숫자가 가장 많은 지역에서도 콘돔 사용에 반대한다. 그 결과 중앙아프리카, 특히 우간다에서 에이즈가 다시 살아났다. 우간다는 아프리카에서 가장 효과적인 에이즈 대책을 시행하던 나라로 에이즈 발병률이 꾸준히 감소하고 있었지만, 기독교 근본주의자들이 콘돔 사용에 반대하는 설교를 하기 시작하면서 사정이 달라졌다. 이것은 하느님 바이러스와 에이즈 바이러스가 합동으로 사람들을 감염시키고 있음을 보여주는 훌륭한 사례다.

복음주의의 반동성애 메시지는 아프리카 사람들에게 믿을 수 없을 만큼 파괴적인 영향을 미친다. 릭 워런 같은 사람들은 우간다에서 반동성애 법률의 제정을 부추겼다. 동성애자들이 공격받은 여러 사건들, 동성애자 권리 운동의 지도자인 데이비드 카토David Kato가 살해당한 사건[●]에도 복음주의자들이 부추긴 증오심과 종교적 열정이 관련되어 있을 가능성이 있다.

이런 교회들의 성지도는 억압과 그로 인한 충동 발산으로 이어진다. 성직자들이라고 해서 예외가 아니다. 따라서 이 교회들은 모두 성직자들을 제대로 통제하지 못해서 애를 먹고 있다. 강력하고 카리스마적인 설교자는 성적으로도 대단히 매력적일 수 있다. 따라서 성공한 설교자에게는 많은 기회가 생긴다. 이런 문제의 맛보기 사례를 보고 싶다면, 오랫동안 침례교 성직자들의 성적인 비행을 기록해 온 단체인 '침례교 성범죄자를 저지하라Stop Baptist Predators'의 웹사이트를 방문해보라. 이 단체의 조사 덕분에 가톨릭교회의 사례와 놀라울 정도로 흡사한 행동들과 은폐 시도가 드러났다. 다른 종파들도 죄를 지은 것은 똑같지만, 다만 그들 모두를 조사하겠다고 공개적으로 나선 사람이 아직 없을 뿐이다.

비행을 들킨 설교자들과 범죄나 비행의 은폐를 도운 설교자들도 강단에서 늘 성적인 죄에 대해 설교한다. 그들이 가르치는 죄책감과 수치심은 그들이 쓴 글, 예배, 주일학교 등을 통해 끊임없이 흐른다. 교회가 주도하는 성교육은 오로지 금욕만을 가르칠 뿐이다. 이런 잘못된 교육 때문에 아이들은 자신의 몸과 욕망에 대해 거짓된 지식을 얻는다. 또한 앞에서 언급했듯이, 이런 교회에 다니는 청소년들의 십대 임신율과 성병 발병률이 가장 높다. 교회에 다니는 동성애자 청소

● 데이비드 카토 살해 사건은 우간다의 종교적 증오를 보여주는 최고의 사례다. 복음주의 신도인 저명한 의원은 심지어 동성애에 사형을 선고하고, 동성애자를 신고하지 않는 사람에게도 징역 5년을 선고하자는 법안을 제출하기까지 했다. 이 법안이 통과되지 않은 것은 순전히 국제적인 항의 덕분이었다. 예를 들어 http://www.nytimes.com/2011/01/28/world/africa/28uganda.html 참조.

년들은 교회의 박해와 부모의 괴롭힘에 노출되어 있다. 보수적인 분위기에서 자란 동성애자 청소년들의 자살률이 가장 높은 것은 결코 놀랄 일이 아니다.[106]

자살을 부르는 근본주의자들의 성적인 왜곡은 모든 왜곡 중에서도 최악이라고 할 수밖에 없다. 이 주제에 관해 더 많은 연구가 이루어진다면, 섹스를 증오하거나 두려워하라고 아이들을 세뇌하는 교회 때문에 상당수의 아이들이 자살 등 자기 파괴적인 행동을 하게 된다는 결과가 나올 가능성이 높다.

모르몬교의 왜곡

모르몬교도 자위행위에 반대한다. 그들은 어차피 자위행위가 이루어질 것을 알고 있지만, 감히 그래도 괜찮다고 말하지 못한다. 예수가 음탕한 생각을 품는 것만으로도 죄가 된다고 말했기 때문이다. 모르몬교 지도자들도 지금까지 살아오며 몇 번이나 자위행위를 했지만, 그 사실을 인정하지 못한다. 대신에 그들은 그 주제를 에둘러 피해가거나, 무시하거나, 그저 그런 행동을 하면 안 된다는 무의미한 충고를 할 뿐이다.

내가 이 주제에 관해 본 자료들 중에서 가장 유머러스한 것을 하나 꼽는다면, 보이드 패커Boyd K. Packer의 글이 있다. 모르몬교회에서 열두 사도 평의회 의장직 등 최고위직들을 역임한 그는 6쪽 분량의 지도 문헌인 〈젊은 남성들만을 위하여To Young Men Only〉에서 '자위행위'나 '섹스'라는 단어를 단 한 번도 쓰지 않았다. 이것이 교회의 실제 견해를 반영한 것이 아니라면, 정말이지 웃기기 짝이 없는 자료가 됐을 것이다. 다음은 이 자료에서 발췌한 내용이다.[107]

여러분이 아직 어린 자신의 남성성을 이해하고, 자제력을 기르는 데 도움이 되는 설명을 해주겠다. 남성적인 힘이 생기기 시작하면, 몸속에 작은 공장이 생긴 것과 같다고 보면 된다. 생명을 만들어낼 수 있는 제품을 생산하기 위해 설계된 공장이다.

이 작은 공장은 정상적이고 당연한 성장 패턴의 일부로서 조용히 가동에 들어가 생명을 주는 물질을 만들어내기 시작한다. 아마 여러분이 살아 있는 동안 줄곧 그 물질을 만들어낼 것이다. 이 공장은 몹시 느리게 돌아간다. 원래 그렇게 되어 있다. 여러분이 일부러 건드리지 않는 한, 여러분은 대개 이 공장이 돌아가고 있다는 사실을 거의 깨닫지 못할 것이다.

여러분이 진짜 남성의 모습에 가까워지면, 이 작은 공장이 생명을 주는 물질을 지나치게 만들어낼 때가 가끔 있다. 주님은 이 문제를 해결할 수 있는 방안을 마련해놓으셨다. 여러분의 도움이나 저항이 없어도 문제는 해결될 것이다. 어느 날 밤 여러분이 꿈을 꾸게 될지도 모른다. 그렇게 꿈을 꾸는 동안 공장을 조절하는 밸브가 열려서 지나치게 생산된 것을 내보낸다.

이 공장과 자동 배출 시스템은 자기들만의 일정표대로 움직인다. 주님이 그렇게 만드셨다. 이 시스템이 스스로를 통제하도록. 이런 일이 자주 일어나지는 않을 것이다. 남들보다 오랜 시간 동안 이런 일이 필요하지 않을 수도 있다. 하지만 그런 일이 일어나더라도 죄책감을 느끼면 안 된다. 그것은 어린 남성들에게 자연스러운 일이며, 남자가 되는 과정의 일부다.

하지만 여러분이 절대 하지 말아야 할 일이 있다. 가끔 어린 남성은 이해하지 못한다. 어쩌면 어리석거나 비열한 친구가 그 공장에 손을 대보라고 여러분을 부추길지도 모른다. 그러면서 자신이 직접 자신의 몸을 어루만져 배출 밸브를 열어버릴지도 모른다. 이건 여러분이 절대 하지 말아야 할 일이다. 만약 이런 행동을 한다면 작은 공장의 속도가 빨라질 것이다. 그래서 여러분은 자꾸만, 자꾸만 쌓인 것을 배출하고 싶다는 유혹을 느낄 것이다. 이것은 금방 버릇으로 자리 잡을 수 있다. 아무런 가치도 없고, 우울증과 죄책감만 남기고 가는 버릇이다. 이런 유혹에 저항하라. 이 신성한 창조의 힘에 손을 대거나 장난치는 죄를 저지르지 말라. 그 힘을 올바르게 사용할 수 있을 때를 위해 비축해두라.

많은 근본주의 교회들이 십중팔구 위의 내용에 대부분 동의할 것이다. 이것은 모르몬교를 믿는 어린 소년들이 자신의 정상적인 성충동에 대해 수치심과 죄책감을 느끼게 만들려는 시도다. 공장에 손을 대지 말라! 단순하지만 별로 효과가 없는 가르침이다.

이것은 종교들에 관한 작은 표본일 뿐이다. 각각의 종파가 사실을 어떻게 왜곡하고 있는지만 다뤄도 책 한 권을 쓸 수 있겠지만, 여기서는 수많은 사람들의 성과 성행동에 종교가 얼마나 파괴적인 영향을 미치는지 분명히 설명하는 것으로 충분할 것이다. 이제 사람들이 종교를 떠나서 침실의 일에 종교가 간섭하지 않게 되면 어떤 일들이 벌어지는지 살펴보자.

잃은 건 종교, 얻은 건 희열 16

사람들이 종교를 떠나면 성에 어떤 영향이 미치는가?
어떤 혜택, 또는 어떤 고통이 따르는가?

죄책감 사이클과 다양한 종파들

이 책을 위해 자료 조사를 하면서 나는 종교가 성에 미치는 영향과 사람이 종교를 떠났을 때 성에 미치는 영향을 직접 다룬 글이 거의 없다는 사실을 발견하고 직접 살펴보기로 했다. 캔자스 대학의 학부생인 어맨다 브라운과 나는 인터넷을 기반으로 세속적인 미국인 14,560명에게 설문조사를 실시했다. 응답자들 중 대부분은 종교적인 환경에서 나고 자랐지만 지금은 종교를 떠난 상태였다.[108]

우리는 다양한 각도에서 성과 종교를 살펴보았다. 특히 우리는 사람들이 종교적인 교육을 받으면서 배우는 성적인 죄책감, 그리고 그들이 종교를 떠난 뒤 성행동의 변화에 관심이 있었다. 우리는 설문조사에서 이런 질문을 던졌다. "당신이 배운 것의 등급을 어떻게 매기

겠습니까? 섹스에 대해 느끼는 죄책감, 그리고 그것이 당신에게 미치는 영향은 어느 정도입니까?" 우리는 응답자들이 어렸을 때부터 접했던 종파별로 조사 결과 일람표를 만들었다. 그림1은 근본주의적인 종교가 자유로운 종교보다 죄책감을 더 많이 사용한다는 것을 보여준다. 놀라운 일은 아니지만, 이런 데이터가 수집된 것은 처음 있는 일이다.

| 그림1 |

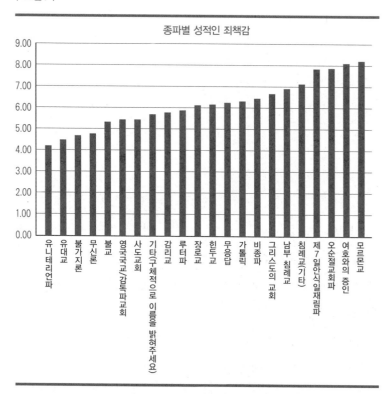

이어서 우리는 죄책감이 클수록 부모와 자녀 간에 섹스에 관한 의사소통이 잘 이루어지지 않을 것이라는 가설을 세웠다. 그리고 이 가

설을 확인하기 위해 응답자들에게 성교육을 어디서 받았느냐고 물어보았다. 종교성이 가장 약한 가정에서 자란 사람들 중 38.2퍼센트는 부모에게서 성교육을 받았다고 대답한 반면, 근본주의적 성향의 가정에서 자란 사람들 중 같은 대답을 한 사람은 13.5퍼센트에 불과했다. 다시 말해서, 가장 죄책감을 강조하는 종교의 영향을 받은 사람들이 부모에게서 성에 관해 가장 적은 정보를 얻었다는 뜻이다.

이에 못지않게 흥미로운 것은 부모 이외의 성적인 정보원들이다. 예를 들어 종교성이 가장 약한 응답자 중 25.2퍼센트는 포르노를 중요한 정보원으로 꼽았지만 종교성이 가장 강한 사람들은 33퍼센트가 같은 대답을 했다. 이 조사 결과는 종교성이 가장 강한 사람들이 종교가 금하는 일을 할 때가 잦으며, 세속적인 사람들보다 그 빈도가 더 높다는 것을 보여주는 패턴의 일부다.

원숭이 혼내기

많은 종교들이 자위행위에 반대하고 있기 때문에, 우리는 설문조사에서 응답자들에게 가정에서 부모들이 자위행위에 대해 어떤 태도를 보였느냐고 물어보았다. "자위행위로 인해 부모나 보호자가 수치를 주거나 조롱한 적이 있습니까?" 자유로운 분위기의 가정에서 자란 사람들은 5.5퍼센트가 "그렇다"고 대답한 반면, 종교성이 가장 강한 가정에서 자란 사람들은 22.5퍼센트가 같은 대답을 했다.

대부분의 질문에서 우리는 응답자들이 짤막한 발언을 적을 수 있게 했다. 그런데 종교적인 가정에서 자란 사람들의 발언 중에는 가슴 아픈 것들이 일부 섞여 있었다.

- ……자위행위를 하다가 들켜서 일어서지 못할 정도로 얻어맞았다.
- 자위행위를 한 뒤 이슬람의 정화 의식을 치르며 알라에게 용서를 간청하곤 했다. 내 행동을 멈추고 싶었지만, 그것을 하지 않으면 성욕이 더 심해졌다. 나는 죄도 두려웠지만, 자위를 하면 나중에 남편과의 사이에 문제가 생길 것이라는 어머니의 말씀도 걱정스러웠다.

종교를 믿지 않는 가정에서 자란 사람들의 발언은 몹시 달랐다. 심지어 재미있는 것도 있었다.

- 엄마가 내 포르노 자료들을 찾아내시고는 마음에 들지 않는다면서, 엄마가 쓰는 컴퓨터의 하드드라이브에서 지워버리라고 다정하게 요구하셨다(필요하다면 내 노트북컴퓨터로 옮겨도 된다고 하셨다).
- 딱히 수치를 당한 것은 아니고, 아버지의 《플레이보이》와 《펜트하우스》 잡지를 가지고 나갔다는 이유로 꾸중을 들었다.
- 누나들과 누나의 남자친구들이 나한테 "너 혼자 하기도 해?"라고 항상 물어댔다. 쳇, 당연하지! 기회가 있을 때마다 했는걸.

어린 시절의 성경험

우리는 사춘기에 시작되는 성행동을 살펴본 결과 유년기의 종교교육과는 상관없이 자위행위, 애무[109], 구강성교, 일반 성교 등 네 가지 성행동에서 놀라울 정도로 흡사한 점들을 찾아냈다.

그림2에 나타나 있듯이, 이런 행동이 처음 시작될 때는 종교성이 가장 강한 사람과 가장 약한 사람 사이에 거의 차이가 없다.

그러다가 열여덟 살 무렵이 되면 가장 커다란 차이가 나타나지만,

그래봤자 일반적인 성교에 대해 겨우 9퍼센트 차이가 날 정도이고 그 나마 이 비율도 스물한 살 때는 3.9퍼센트로 줄어든다. 종교가 성에 대해 가르치는 모든 내용과 죄책감이 실질적인 행동에는 거의 또는 전혀 영향을 미치지 못하는 것이다. 비록 단 한 건의 연구 결과에 불과하지만, 우리는 비슷한 행동을 살펴본 다른 연구들도 주의 깊게 조사해 보았다. 예를 들어 연방정부의 지원으로 금욕만 강조하는 교육에 대해 전국적으로 실시된 조사에서도 아이들에게 금욕을 가르치는 것이 실질적인 행동에는 거의 영향을 미치지 못한다는 사실이 드러났다.[110]

| 그림2 |

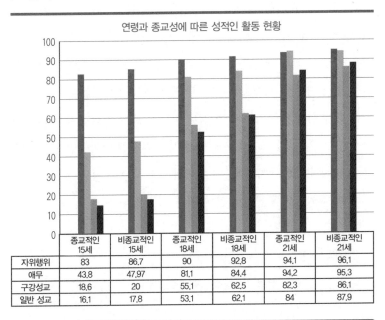

연령과 종교성에 따른 성적인 활동 현황

	종교적인 15세	비종교적인 15세	종교적인 18세	비종교적인 18세	종교적인 21세	비종교적인 21세
자위행위	83	86.7	90	92.8	94.1	96.1
애무	43.8	47.97	81.1	84.4	94.2	95.3
구강성교	18.6	20	55.1	62.5	82.3	86.1
일반 성교	16.1	17.8	53.1	62.1	84	87.9

가슴속의 욕망

기독교는 심지어 성적인 공상을 하는 것조차 죄라고 가르치기 때문에, 우리는 설문 응답자들에게 다른 사람들에 관한 성적인 공상이 잘 못이라고 생각하느냐고 물어보았다. 가장 종교적인 가정에서 자란 사람들 중 46.1퍼센트가 그렇다고 답한 반면, 종교성이 가장 약한 사람들 중에서는 6.2퍼센트만이 같은 대답을 했다. 우리는 또한 "종교를 믿을 때 파트너와 성적인 공상에 대해 이야기하거나 그 공상을 실천하는 것이 잘못이라고 믿었습니까?"라는 질문도 던져보았다. 가장 종교적인 사람들 중 40퍼센트가 "그렇다"고 답한 반면, 가장 종교적이지 않은 사람들은 3.9퍼센트에 불과했다.

파트너들이 성에 관해 제대로 의사소통을 하려면 자신의 성적인 공상과 기타 성에 관한 생각들, 욕망을 털어놓을 수 있는 능력이 필요하다. 설문 응답자들 중 종교적인 집안에서 자란 사람들은 그렇지 않은 사람에 비해 배우자나 파트너와 성적인 공상에 대해 이야기하기를 심히 꺼리는 것으로 드러났다. 일부 종교 지도자들은 성적인 공상에 대해 함께 이야기하는 것이 두 파트너 모두의 죄가 된다고 말한다. 복음주의는 '가슴속의 욕망'을 몹시 심각하게 받아들인다.[111] 이것은 종교적인 사람들이 성에 대해 이야기를 나누는 경우가 그렇지 않은 사람들에 비해 훨씬 적다는 증거다.

종교 이후의 성

우리는 "종교를 떠난 뒤 성생활이 어떻게 바뀌었습니까?"라는 질문도 던져 보았다.

그림3에 반영되어 있듯이, 그 차이가 놀라울 정도다. 1~10까지의 척도 중 10을 '가장 좋아졌다'로 봤을 때, 54.6퍼센트가 8, 9, 10점을 주었다.

| 그림3 |

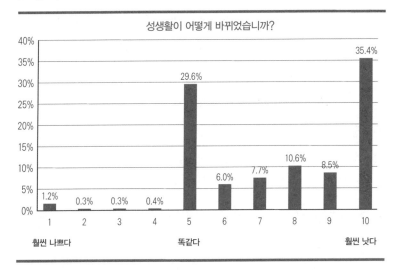

그들이 설문지에 적은 발언에도 커다란 안도감과 만족감이 드러나 있다.

- "나는 여자인 내가 적극적으로 섹스를 원하는 것을 편안히 받아들이게 되었다. 이런 것이 가능할 줄은 몰랐다."
- "나는 전보다 자주 섹스를 한다. 금기도 덜 느낀다. 더욱 자유로이 나의 성을 탐구하고 실험할 수 있게 되었다."
- "덜 당혹스럽고, 성적인 공상을 실천하고 싶다는 의욕이 강해졌으며, 나 자신의 성을 전보다 편안하고 개방적으로 받아들이게 되었다."
- "아내와 내가 금기를 덜 느끼게 되었다. 우리는 섹스에 대해 전보다 솔직하게 대화를 나누며, 이제는 섹스가 단순히 번식만을 위한 행위가 아니라 서로에게 더 가까워지고 즐거움을 느끼기 위한 행위라고 생각한다."

- "나는 새로운 것들을 더 개방적으로 받아들이게 되었다. 성적으로 달아오르는 것, 포르노를 보는 것, 섹스를 하고 싶다는 욕구를 느끼는 것에 대해 죄책감을 느끼지 않는다. 나는 아무런 죄책감 없이 섹스를 즐긴다."

종교를 떠난 뒤 성생활이 나빠졌다고 대답한 응답자는 겨우 2.2퍼센트였다. 종교를 떠남으로 해서 결혼 생활이 망가진 사람이 일부 있고, 파트너를 사귀기가 힘들어졌다는 사람들도 있었다.

- "종교를 떠난 뒤 나는 아내와 육체적으로도 정서적으로도 관계를 맺은 적이 없다."
- "무신론자가 된 뒤 나는 종교적 신앙이나 '영적인' 믿음이 전혀 없는 사람을 만난 적이 없다. 따라서 삶이 몹시 외로워졌다. 나는 초자연적인 것을 믿지 않는 상대를 찾고 싶어서 새로운 이성들을 만나는 방법을 쓰고 있다."
- "옛날에는 주일학교에서 만난 모든 여자들과 침대에 들 수 있었지만, 이제는 그 여자들이 나와 말도 하지 않는다."

종파별로 응답을 살펴본 결과, 우리는 종파에 따라 성적인 만족감에 얼마나 차이가 나는지 알 수 있었다. 그림4는 사람들의 성생활이 얼마나 바뀌었는지를 보여준다. 가장 보수적이고 성을 억압하는 종파를 떠난 사람들이 특히 성생활이 좋아졌다고 말했지만, 다른 집단들도 조금씩은 좋아졌다고 대답했다.

| 그림 4 |

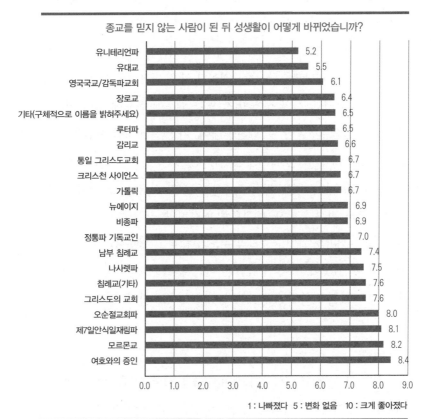

종교를 믿지 않는 사람이 된 뒤 성생활이 어떻게 바뀌었습니까?

1 : 나빠졌다 5 : 변화 없음 10 : 크게 좋아졌다

잔류 효과

우리는 죄책감을 바탕으로 한 종교적 교육이 종교를 떠난 사람들
에게도 오랫동안 잔류 효과를 미칠 것이라는 가설을 세웠다. 그런데
놀랍게도 우리의 조사 결과는 성적인 만족감에 거의 영향이 미치지
않는다는 것을 보여주었다. 다시 말해서 가장 엄격하고 종교적인 환
경에서 자란 사람도 종교를 떠난 뒤 다른 사람들을 급속히 따라잡는

다는 뜻이다. 죄책감을 강조하는 교육은 그리 오랫동안 머릿속에 박혀 있지 않는 것 같다.

이와 동시에 종교적인 교육에 대해 느끼는 분노라는 측면에서는 가장 종교적인 집단과 가장 종교적이지 않은 집단 사이에 차이가 드러났다. "종교가 당신의 성에 미친 영향 때문에 종교에 대해 얼마나 분노하고 있습니까?"라는 질문에 대해, 가장 종교적인 사람들은 평균 4.20점(10점이 가장 분노한 것)을 기록한 반면 가장 종교적이지 않은 사람들의 점수는 1.83이었다. 가장 종교적인 사람들 중 23퍼센트는 자신의 분노 점수를 8, 9, 10점으로 매긴 반면 가장 종교적이지 않은 사람들은 4.3퍼센트만이 자신의 분노가 크다고 답변했다. 이런 결과에서 볼 수 있듯이, 일부 사람들은 아직 분노하고 있지만 그것이 현재 느끼고 있는 만족감 수준에는 영향을 미치지 않는 듯하다.

연구에서 얻은 교훈

우리의 연구 결과가 '사춘기 때의 성행동 시작 시기' 같은 분야에서 대규모 전국적인 연구들과 일치한다는 것은 기쁜 일이지만, 다른 연구들은 성행동이 형성되는 데 종교가 어떤 역할을 하는지는 살펴보지 않았다. 종교는 인간의 성에 깊이 주입되어 있다. 이제 그 결과를 현미경으로 자세히 살펴보고, 그 영향을 파악할 때가 되었다.

종교가 성에 어떤 영향을 미치는지 이해하기 위해서는 앞으로 해야 할 일이 아주 많지만, 우리의 연구에서 도출해낼 수 있는 결론을 몇 가지 꼽아보면 다음과 같다.

- **죄책감을 가장 많이 이용하는 종교들은 또한 성적인 만족감에도 가장 많이**

끼어들어 가장 커다란 피해를 입힌다. 죄책감에 덜 의존하는 종교들은 성적인 만족감에 그만큼 영향을 미치지 않는다.

- 종교적인 사람과 결혼하고 싶다면, 그 사람이 유니테리언파, 감독파교회, 일부 유대교 종파처럼 죄책감에 덜 의존하는 종교 소속인지 확인해보아야 한다. 그래야 여러분의 성생활에 미치는 영향이 줄어든다.

- 성생활을 위한 최선의 방책은 종교를 떠나는 것이다. 특히 모르몬교, 오순절교회파, 여호와의 증인, 제7일안식일재림파, 침례교 등 죄책감을 크게 강조하는 종파에 속해 있다면 더욱 그렇다.

- 유년기와 사춘기에 성에 관한 종교적 교육을 받아도 성행동에는 거의 영향이 미치지 않는다. 청소년들은 어떤 종교적 교육을 받았든 비슷한 시기에 성적인 활동을 시작한다. 위험이 있다면, 종교적인 청소년들이 정확한 정보를 배우지 못해서 남들보다 더 위험한 행동을 하게 되기 때문에 그 결과 가장 종교적인 청소년들에게서 원하지 않는 임신, 성병, 낙태 비율이 높게 나타난다는 점이다.

- 세속적인 부모들은 자녀들과 섹스에 관해 이야기를 하는 능력이 세 배쯤 뛰어나지만, 그래도 그 비율은 38퍼센트로 여전히 몹시 낮은 편이다. 아직도 개선의 여지가 아주 많다.

다음 장에서 우리는 섹스가 왜 그토록 강력한 매력을 지니는지, 종교가 성행동에 왜 그토록 영향을 미치지 못하는지와 관련해서 저변에 깔려 있는 심리적, 생물학적 이유들을 일부 살펴볼 것이다.

17 일부일처제의 모순

관계에는 우리의 생물학적 조건과 관련된 주기가 있다. 그 주기의 생물학적 기반을 인식하면, 합리적인 선택을 내릴 수 있게 되고, 더욱 행복하며 헌신적인 관계를 맺을 수 있게 된다.

> "결혼에는 연기演技 같은 특별한 재능이 필요하다. 일부일처제에는 천재성이 필요하다."
>
> —워런 비티Warren Beatty

> "두 사람이 가장 격렬하고, 가장 광적이고, 가장 망상적이고, 가장 덧없는 열정에 휘둘리고 있을 때, 죽음이 자신들을 갈라놓을 때까지 그 흥분되고, 비정상적이고, 진을 빼놓는 상태를 계속 유지하겠다는 맹세를 요구받는다."
>
> — 조지 버나드 쇼George Bernard Shaw

새로운 관계 에너지NRE

만약 우리가 긴팔원숭이의 짝짓기와 유대감 쌓기를 이해하려고 노력하는 중이라면, 녀석들의 모든 행동뿐만 아니라 뇌의 화학적 기능과 신경학적 기능까지도 모두 고려할 것이다. 우리의 생물학적 특징들과 몸속의 화학 작용은 다른 대형 유인원이나 영장류와 똑같은 유전자와 진화 역사에 기반을 두고 있다. 그런데도 종교는 우리를 동물이 아니라, 생물학적 조건과는 왠지 단절되어 있는 영적인 존재로 포장한다. 이 오류 때문에 우리가 진정 누구인지, 왜 우리가 이러저러한 행동을 하는지 조사해보기가 힘들어진다. 많은 종교주의자들(과 낭만주의자들)은 우리의 생물학적 특징과 심리를 이해하면 성적인 즐거움이 손상된다고 믿는다. 이런 허황된 믿음 때문에 종교가 계속 사람들을 무지 속에 묶어두고, 성에 관한 청동기시대적 사고방식에 의존하게 만들 수 있다.

사람들이 성적인 관계를 시작할 때 엔도르핀이 급격히 분비된다. 엔도르핀은 뇌에서 분비되는, 아편과 비슷한 화학 물질로 도취감을 유도해낸다. 어떤 사람들은 이것을 '새로운 관계 에너지New Relationship Energy(NRE)'라고 부른다.[112] 사랑에 빠져본 사람이라면 누구나 새로운 사랑을 느꼈을 때의 기분을 알고 있다. 예술과 문학은 NRE의 혼란 속에서 괴로워하는 로미오와 줄리엣 같은 사람들의 이야기로 가득하다. 사람들은 연인을 대할 때의 들뜬 기분과 행복을 느끼고 싶어한다.

NRE는 우리 종의 번식 전략 중에서 믿을 수 없을 만큼 강력한 힘을 발휘한다. 유대감을 쌓는 과정 중 중요한 첫 번째 단계로서 이 물질은 제한된 시간동안 존재하다가 사라지거나, 아니면 장기적인 유대 관계라는 이차적 형태로 진화한다. 장기적 유대 관계를 관장하는 것은 NRE와는 아주 다른 감정을 자아내는 다른 종류의 화학 물질들과 신경학적 과정들이다. 이 장기적이고 안정적인 관계long-term security(LTS), 즉 LTS를 23장에서 자세히 살펴볼 것이다. 하지만 여기서 간단히 설명하자면, LTS는 사람들이 관계에서 만족감과 안정감을 느끼는 단계다. NRE 단계의 강렬한 감정들과는 달리, LTS 단계의 사람들은 든든함과 믿음직스러움을 느낀다.

NRE가 거의 통제 불능이라는 사실이 부모들과 종교 지도자들에게는 공포다. 따라서 모든 주요 종교들은 NRE를 두려워하고 비난한다. 어떤 종교들은 아예 이 단계가 발생하지 못하게 막으려 하기도 한다. 예를 들어 중매결혼은 NRE로 인해 사회적, 종교적, 정치적, 가족적 질서가 무너지는 것을 효과적으로 막을 수 있다.

　대부분의 주요 종교들은 지금까지의 역사 중 어느 시기에 중매결혼을 지지하거나, 거기에 관여했던 전력이 있다. 중매결혼은 사회적으로나 정치적으로 이득이 되는 사돈을 세심하게 고를 수 있게 해주기 때문에, 종교 또한 이것을 매개로 널리 퍼져나갈 수 있게 된다. 요즘은 중매결혼이 예전보다 드물지만, 종교가 다른 사람과의 결혼에 대한 금기는 대부분의 문화권에서 아직도 지켜지고 있다. 특히 모르몬교와 여호와의 증인은 젊은이들이 자기네 신도들과 결혼하게 만들려고 애쓴다. 신도들이 멋대로 사랑에 빠져서 후손들에 대한 종교적 통제력이 약화되게 하지 않으려는 조치다.

　인도에서 딸의 신랑감으로 이슬람교도를 고르는 힌두교도 아버지는 없다. 정통파 유대교도라면 기독교인과 결혼하는 것은 생각조차 하지 않을 것이다. 만약 미국에서 기독교인이 이슬람교도와 결혼한다면, 양쪽 집안 모두 그 결혼을 마뜩잖게 생각할 가능성이 높다.

　현대 미국의 기독교에서 보수적인 종파들은 모두 '젊음의 열정에 굴복하는 것'에 반대한다. 금욕만을 강조하는 교육은 젊은이들이 혼전 성관계라는 함정을 피할 수 있게 돕는 데에만 초점이 맞춰져 있다. 하지만 이런 교육은 전혀 소용이 없기 때문에 젊은이들은 당연히 가르침을 따르지 못해 죄책감을 느끼게 되고, 그 때문에 계속 교회에 묶이게 된다.[113] NRE에 대한 현실적인 정보까지 포함해서 성에 관한 모든 것을 아이들에게 가르친다면 원하지 않는 임신, 질병, 이혼을 많이 예방할 수 있다. 하지만 불행히도 교회의 목적은 교육을 통한 예방이 아니라 종교의 번창을 위한 죄책감 유도다.

애정의 단계

NRE의 효과가 끝나면 애정의 단계[LTS]로 넘어간다. 장기적인 파트너에게서 편안함과 안정감을 느끼는 단계 말이다. 뇌는 어렸을 때 부모에게 애정을 느낄 때와 똑같은 통로를 이용해서 성인기의 애정을 관장한다. 화학적 반응이라는 측면에서 보면, 뇌에서 분비된 옥시토신이 행복감을 만들어낸다고 할 수 있다. 옥시토신은 오르가슴을 느낄 때, 모유 수유를 할 때 등 친밀한 접촉이 있을 때 분비되는 물질이다. 부부간의 유대감, 친구나 애완동물과의 유대감에도 이 물질이 작용한다. 그래서 몇몇 사람들이 애완동물에게 그토록 강한 애정을 보이는 것이다. 모든 애정의 대상은 우리 뇌에서 비슷한 신경 반응과 화학 반응을 일으킨다. 옥시토신은 우리에게 안정감, 신뢰감, 편안함을 준다. 따라서 애정 주기의 중요한 일부다.

만약 두 사람 모두 섹스에 적절히 만족한다면, 두 사람의 관계는 평생까지는 아니어도 수십 년 동안 이 LTS 단계에서 유지될 수 있다. 하지만 만약 둘 중 한쪽이 섹스에 만족하지 못한다면, 겉으로는 관계가 안정된 것처럼 보일지라도 만족하지 못한 쪽이 외부에서 자극을 찾게 될 수 있다. 애정은 아직 강하게 남아 있을 수 있지만, 자극과 다양성에 대한 욕구가 충족되지 않았기 때문이다.

결혼의 불문율

혼인 계약은 문화적 규범과 기대에 에워싸여 있다. 불문율도 있지만, "한 사람 당 배우자는 오로지 한 명"이라거나 "법적으로 인정받은 배우자 외에는 섹스 금지"처럼 법으로 정해진 규칙도 있다. 그리고 종교적인 결혼이라면 다음과 같은 추가적인 규율이 적용될 수 있다.

- 피임 금지.

- 임신했을 때를 제외하고, 남편을 만족시키는 것이 여자의 신성한 의무다.

- 남자는 집안의 가장이다.

이 밖에도 많은 불문율들이 있다. 몇 가지 예를 들어보자.

- 다른 사람에게 욕망을 품으면 안 된다.

- 결혼 생활 중에 자위행위를 하면 안 된다.

- 배우자와 섹스 중에 다른 사람을 생각하면 안 된다.

- 배우자가 아닌 사람에게 성적인 이야기를 하면 안 된다.

두 파트너가 서로 상대방의 성적인 표현에 대한 완벽한 통제권을 갖고 있다는 불문율도 있다. 이 통제권이 궁극적으로 발휘되는 것은, 한쪽 배우자가 더 이상 섹스를 하고 싶지 않다고 결정할 때다. 다시 말해서, 한쪽 배우자가 상대방에게 비자발적인 금욕을 강요하는 것이다.

이런 식의 금욕은 종교적인 커플이나, 둘 중 한 사람만 종교적인 커플에서 상당히 흔하게 볼 수 있다. 한쪽 파트너가 성생활을 원하지 않는다는 결정을 내린다 해도, 섹스와 결혼에 대한 종교적 가르침 때문에 이 문제를 이성적으로 의논할 수 없다.

예전에 나는 〈무신론자 경험The Atheist Experience〉이라는 텔레비전 프로그램에 게스트 진행자로 출연한 적이 있다.[114] 주제는 성과 종교였다. 시애틀에서 전화를 걸어온 리치 라이언스라는 사람이 20년 전부터 오순절교회파 목사로 일하고 있다고 밝혔다. 아내와는 21년 전에 결혼했는데, 종교적인 죄책감과 금기 의식 때문에 그동안 겨우 12번 밖에 섹스를 하지 않았다고 했다. 그는 또한 지난 20년 동안 자기 교회의 거의 모든 남자 신도들이 자신을 찾아와 아내가 섹스에 관심이 없다며 상담하곤 했다는 이야기도 털어놓았다. 그럴 때 그가 내놓을 수 있는 대답은 함께 기도하자는 것뿐이었다. 그는 "그 방법은 별로 효과가 없었다"고 말했다.

여성들의 성충동과 성적인 능력도 남성들과 같거나 오히려 강한 수준이다. 그 오순절교회파 교회에 다니는 기혼 여성들에게 도대체 무슨 일이 있었기에, 그들 모두 그 강력한 충동을 억눌러버리고 남편과 섹스를 하고 싶지 않게 된 것일까?

섹스에 대한 죄책감은 대개 두 배우자 중 한쪽에 더 커다란 영향을 끼친다. 출산이 끝나고 나면, 섹스를 합리화할 구실이 사라진다. 그 결과 두 배우자 중 죄책감에 더 많이 시달리는 쪽이 차라리 섹스 없이 사는 편이 편하겠다는 결론을 내리는 경우가 많다. 자연스러운 노화 과정 역시 한쪽 배우자의 성충동을 줄이는 역할을 할 수 있다. 성충동의 감소와 죄책감이 합쳐져서 쉽사리 섹스를 거부하게 만드는 것이다. 상대방은 아직 성충동이 강하더라도 그것을 표출할 길이 없다.

종교적 성향이 몹시 강한 유타 주는 항상 포르노 소비량이 가장 높은 곳이기도 하다.[115] 아니, 종교적 성향이 강한 곳에서 포르노 소비량이 대체로 높은 편이다. 이런 현실은 아무리 강력한 종교적 가르침과 제재가 있어도, 어떤 방법으로든 성적인 에너지를 해소할 필요가 있음을 보여준다.

종교적인 죄책감으로 부부간의 성적인 문제를 모두 설명할 수 있는 것은 아니지만, 대부분은 설명이 가능하다. 유년시절과 청소년기에 배운 종교적 교리에 문제의 뿌리가 있는 경우가 많기 때문이다. 예를 들어 구강성교라는 말에 성적인 흥분이 시들어버리는 사람들에게 이유를 물어보면, 아마 "그냥 편안하지 않아요"라고 말할지도 모른다. 주일학교 교사나 목사가 구강성교는 더럽고 부자연스럽다고 가르치는 경우가 너무나 많다.

사춘기가 시작된 아이들은 종교적인 가르침에 극단적으로 예민해진다. 연구를 하면서 나는 수백 명의 사람들에게서 이러이러한 성행동을 하면 영원히 저주받을 거라고 배웠다는 말을 들었다. 대개 아이들이 신뢰하는 어른들이 이런 가르침을 주기 때문에 아이들은 어른이 돼서 결혼한 뒤에도 이런 가르침을 믿는다. 구강성교가 "사탄이 직접 가르칠 만한" 행위라고 믿는 여성이 어찌 남편과의 구강성교에서 긴장을 풀고 제대로 오르가슴을 느낄 수 있겠는가.

아무리 좋아하는 디저트라도 평생 동안 매일 먹으라고 강요당한다면, 몇 주도 안 돼서 완전히 질려버릴 가능성이 높다. 섹스도 비슷하다. 우리에게는 자극과 다양성이 필요하다. 아이들은 똑같은 장난감에 금방 싫증을 느끼고 새로운 것을 원한다. 대부분의 아이들은 새로운 게임을 만들어내려고 애를 쓸 것이다. 어른들의 섹스도 마찬가지다.

NRE의 효과는 조만간 끝나게 되어 있다. 신선함이 사라지고, 흥분이 점차 드물어지다가 아예 없어져버린다. 이때 두 사람의 관계가 좀더 안정된 형태로 옮겨가지 않으면 관계가 깨질 수도 있다. 결혼 4년차에 이혼율이 가장 높은 것도 이 때문일 가능성이 높다. NRE의 최대 수명이 4년이기 때문이다.[116] 관계의 변화가 제대로 이루어지면 섹스는 계속되겠지만 전과 같은 수준은 아닐 것이다. 그 뒤로 10~20년 동안 배우자들이 서로에게 자극을 주기가 점점 힘들어지면서 점차 횟수가 줄어드는 것이다. 그렇다고 성충동이 사라지는 것은 아니다. 다만 서로를 향해 성충동을 느끼기가 힘들어지는 것뿐이다.

하드자족이나 나족이라면 이런 시기에 어떤 행동을 할까? 십중팔구 평생 동안 결혼 생활을 유지해야 한다며 스트레스를 받지 않을 것이다. 그리고 두 파트너 모두 평생 동안 여러 명의 파트너와 차례로 장기적인 관계를 맺을 것이다. 아이들을 보살피고 가르치는 일은 이모와 삼촌들, 그리고 마을의 다른 주민들이 함께 맡아주기 때문에 문제가 없다.

관계주기

정절과 결혼에 관한 종교적 인식은 문화와 생물학의 면밀한 시선 앞에서 견뎌내지 못한다. 일부일처제가 생겨난 것은 농경 사회의 주민들이 노동력과 재산상속을 통제할 필요성을 느꼈기 때문이다. 이때 종교는 이 점을 이용해서 대대손손 이런 인식이 전달되게 했다.• 우리 사회가 농사에서 멀어질수록 여성들에게 가해지는 경제적 규제도 줄어든다. 그리고 이로 인해 여성의 순종에 초점을 맞춘 성적인 규제와 죄책감을 번영의 도구로 삼는 종교의 능력이 약해진다.

여성에게 경제적, 교육적 선택지가 늘어난 지금 우리가 목격하고 있는 것이 어쩌면 생물학적으로 자연스러운 현상인지 모른다. 수렵-

---

• 1,700년대만 해도 유럽에서는 중매결혼이 일반적이었다. "사랑해서 하는 결혼"은 1800년대에야 비로소 흔한 것이 되었다. Stephanie Coontz, 《Marriage, a History: How Love Conquered Marriage》(2005).

채집 부족의 많은 여성들이 상당한 독립성을 누렸던 것처럼, 현대 여성들도 결혼을 할 것인지, 한다면 언제 누구와 할 것인지에 대해 과거보다 많은 결정권을 쥐고 있다.

그렇다고 해서 평생에 걸친 관계가 불가능하다거나 바람직하지 않다는 뜻은 아니다. 우리가 사랑과 매력의 본질을 인정해야 한다는 뜻이다. 파트너에게 싫증이 나서 다른 사람을 원하게 되는 것은 자연스러운 일이다. 문제는 그럴 때 어떻게 할 것인가이다.

현재 종교의 결혼 모델은 매력에 관한 문제를 의논할 수 있는 통로를 전혀 허용해주지 않는다. 따라서 사람들은 사랑받지 못하고 함정에 빠진 기분에 화를 내곤 한다. 이렇게 표현되지 못한 감정들이 흔히 파괴적인 방식으로 표출돼서, 파트너들이 서로를 지나치게 비난하거나, 경제적 안정성을 무너뜨리거나, 불륜을 저지르게 되는 것이다.

결혼과 일부일처제에 관한 종교적 인식을 없애버리면 많은 선택의 가능성들이 열린다. 부부가 각자 좋아하는 것, 원하는 것에 대해 허심탄회하게 이야기할 수 있게 되는 것이다. 서로에게 어떤 것이 가장 자극이 되며, 어떤 것이 더 만족스러운가? 또한 흔히 무시하거나 억압하기 일쑤인 감정들, 즉 불안감, 자신감 결여, 질투 등에 대해서도 의논할 수 있게 된다. 이런 감정을 무시하는 것은 서서히 관계를 무너뜨리는 짓이다. 이런 대화를 나누는 것은 결코 쉬운 일이 아니지만, 자꾸만 연습하다 보면 두 사람의 관계가 더욱 돈독해지고, 활기를 유지할 수 있게 될 것이다.

이런 의논을 통해 깊은 사랑이 쌓일 수 있다. NRE의 단계를 훨씬 넘어서까지 존재하면서도 NRE와 같은 반응을 이끌어낼 수 있는 사랑 말이다. 5부에서 이 점을 좀 더 자세히 살펴보고, 관계주기를 실제로 관리하는 방법들을 생각해보자.

18 오염되는 소년과 소녀

종교적인 부모들은 왜 성교육에 소질이 없는가? 자녀들에게 솔직한 이야기를 하지 못하게 막는 요인이 무엇인가? 결혼 생활과 자녀 양육에서 성적인 죄책감은 모든 사람에게 문제가 된다.

아이들, 부모, 그리고 성

부모들이 자식들에게 섹스에 대해 편안하고 알아듣기 쉽게 이야기할 수 있는 경우는 드물다. 게다가 아이들이 부모와 섹스에 대해 이야기하고 싶어하는 경우도 드물다. 그 결과 교육 수준이 높고 자녀를 생각하는 마음도 깊은 부모들조차 대화에 커다란 어려움을 느낀다. 문제는 대개 간단하다. 머릿속에 깊이 박혀 있는 종교적 죄책감.

마크 레그너러스는 청소년들과 부모들 사이의 성에 관한 의사소통을 연구한 책 《금단의 과실Forbidden Fruit》에서 다음과 같이 썼다.

······종교를 중시하는 부모들은 그렇지 않은 부모들에 비해 피임을 입에 담는 경우가 적다. 독실한 신앙을 지닌 부모들이 청소년기의 자녀들과

섹스나 피임에 대해 자주 이야기를 나눈다고 말하더라도, 그것은 실질적인 정보를 전달하는 이야기가 아니라 도덕에 관한 이야기일 가능성이 크다.

16장에서 설명한 우리의 연구에서도 종교적인 가정의 자녀들이 부모보다는 경험, 또래 친구, 포르노 등에서 성에 관한 지식을 더 많이 얻는 것으로 드러났다. 종교적인 부모들 중 자녀와 섹스에 관해 이야기를 나누는 사람은 13퍼센트인 반면, 세속적인 부모들 중에서는 38퍼센트였다. 수천 명의 응답자들이 제출한 답변을 보면, 종교적인 부모들이 그렇지 않은 부모들에 비해 성에 관한 이야기 솜씨가 형편없다는 것을 알 수 있다. 뭔가가 그들의 이야기를 방해하고 있는 것이다. 아마도 종교적 죄책감이 문제일 것이다.

혼전 성관계에 대한 종교적 죄책감이 대화를 방해하는 요소 중 하나일 가능성이 있다. 미국 인구 중 95퍼센트는 혼전 성관계를 한다. 종교적인 사람들도 예외는 아니다.[117] 혼전 성관계에 대한 종교적 금기가 워낙 강해서 종교적인 사람들은 자신이 그런 행동을 했다는 사실을 인정하지 못한다. 특히 자녀들에게는 더하다. 이 때문에 부모와 자식 사이에 의사소통의 장벽이 생긴다. 한 종교적인 부모는 내게 이런 말을 했다. "내 딸이 나한테 결혼 전에 섹스를 했느냐고 물어보면 어쩌죠? 아이에게 하지 않았다고 거짓말을 할까요, 아니면 나는 했지만 너는 하면 안 된다고 말해야 할까요? 내 행동을 딸에게 어떻게 정당화할 수 있겠어요? 그러니 아예 말을 안 하는 편이 편해요."

부모 중 한 명이 혼전 성관계에 대해 배우자를 속였을 가능성도 있다. 그렇다면 죄책감과 갈등의 여지가 더 커진다. 만약 종교적인 부모들이 혼전 성관계의 유혹에 저항할 수 없었음을 인정한다면, 자녀들에게 그 유혹에 저항해야 한다고 어찌 말할 수 있을까? 그러니 거짓말을 하거나 아예 아무 말도 하지 않는 것이 최선이라는 결론이 나올 법하다.

세속적이거나 종교적으로 자유로운 부모들은 이런 딜레마를 겪지 않는다. 그들은 섹스와 혼전 성관계에 대해 솔직하게 이야기한다. 혼전 성관계가 잘못이라거나 죄라고 생각하지 않기 때문에 자녀들에게 자신의 행동을 정당화할 필요도 없다. 따라서 세속적인 부모들은 자녀들에게 더 훌륭한 성교육을 제공해주는 경우가 많다.[118]

종교적인 부모들은 정상적인 인간의 성에 대해 정직하게 말하는 것을 너무 위험하다고 본다. 따라서 그들은 자녀들에게 이야기를 덜 하고, 부정확한 정보를 준다. 이렇게 해서 중요하고, 합리적이고, 정서적인 정보를 제대로 전달받지 못한 종교적인 아이들은 세속적인 가정에서 자란 아이들보다 더 위험에 빠진다. 얄궂은 것은, 종교적인 부모들이 가장 두려워하고 자녀들에게 가장 금하는 일(혼전 성관계 또는 원치 않는 임신)이 세속적인 아이들보다 그들의 자녀들에게 일어날 가능성이 더 높다는 점이다. 죄책감은 어떤 행동도 저지하지 못한다. 단지 명쾌하고 명석한 생각을 가로막을 뿐이다.

소녀 오염시키기

"아버지들이여, 딸들에게 결혼할 때까지는 거절하라고 가르치십시오. 어머니들이여, 딸들에게 혼전 성관계가 결혼 생활에 얼마나 참담한 결과를 초래할지 가르치십시오." 전 세계의 가부장적인 종교들이 널리 퍼뜨리고 있는 메시지다.

종교에서 여성은 성적인 문지기로 여겨지지만, 남편에게 종속된 존재이기도 하다. 만약 어떤 커플이 결혼 전에 섹스를 하면, 그것은 여성의 잘못이다. 그녀가 남성의 요구를 거절해서 남편을 위해 자신의 몸을 지키는 도덕적 힘이 없었던 탓이다.

이런 메시지는 이슬람교, 가톨릭, 힌두교, 모르몬교, 동방정교, 불교 등 많은 종교에서 볼 수 있다. 여성의 성이 오로지 남편에게만 속한다는 인식은 여성이 처음에는 아버지의 소유였다가 나중에는 남편의 소유가 된다는 인식과 연결된 핵심적인 교의다. 참고로, 아버지가 신랑에게 신부를 넘겨주는 기독교의 전통이 생긴 것도 이런 인식 때문이다.

딸들의 '정조'를 지켜야 한다는 가르침에는 거의 항상 두려움과 죄책감이 동반된다. 소녀들은 섹스가 더러운 죄라고 배운다. 여성들은 성적인 관계를 통제하고 조절하는 것이 자신의 책임이라고 배운다. 섹스는 더러운 죄이며 남성이 타락하는 것은 여성의 잘못 때문이라고 가르치는 곳에서 많은 여성들이 섹스를 거부하는 것 외에는 아무런 준비도 없이, 섹스를 죽을 만큼 무서워하는 상태로 결혼하는 것은 놀라운 일이 아니다.

결혼 생활에서 느끼는 그런 죄책감을 보여주는 사례를 하나 인용해보자.

나는 불가지론자/무신론자였지만 아내와 결혼하기 위해 기독교의 극단적인 복음주의 종파로 개종하는 수밖에 없었다. 하지만 아내와는 최근에 헤어졌다. 우리가 결혼했을 때 서른 살이던 아내는 아직 처녀였고, 너무나 오랫동안 지속된 그녀의 금욕은 처음부터 우리 침실을 엉망으로 만들었다. 우리는 데이트 기간과 약혼 기간 동안 모든 종류의 성적인 행동을 자제했다. 그런데 불행히도 결혼 첫날밤 관계를 맺을 수 없었다 (데이트 기간과 약혼 기간 중에 '순결'을 실천하면서 아내는 우리의 성생활에 하느님이 커다란 상을 내리실 것이라고 단단히 약속했고, 나는 그 말을 믿었다). 사실 우리는 결혼 후 2주일이 넘도록 섹스라고 할 만한 것을 하지 못했다. 정기적으로 섹스를 하게 되었을 때도 지독하게 어색했으며, 나는 아내가 자라면서 정상적인 인간의 성에 대한 죄책감과 수치심을 배운 탓에 삶의 가장 커다란 기쁨을 철저히 즐기지 못하고 있음을 분명히 알 수 있었다.

이 이야기 속에 등장하는 아내는 복음주의 종파의 끔찍한 성교육의 희생자였다. 어린 시절에 이런 식의 종교적 교육을 받은 종교적인 사람들은 결혼해서도 처음부터 성적으로는 죽은 것이나 다름없는 상태가 되는 경우가 많다.

주요 종교들은 여성들에게 강력하고 부정적인 메시지를 보낸다. 가부장적인 사회에서 자녀 양육을 대부분 책임지는 것은 여성이므로, 자녀가 종교적 죄책감을 받아들이게 하려면 우선 여성들에게 성과 죄책감이 결부된 생각을 감염시키는 것이 중요하다. 이런 메시지들이 아이들, 특히 소녀들에게 어떻게 전달되고 있을까?

이런 메시지들은 에두른 말로 간접적으로 전달된다. 소녀들이 들을 수 있는 거리에서 어른 여성들이 떨어대는 수다는 특히 효과적인 방법이다. 아이들은 어른들의 수다를 듣는 것을 아주 좋아하며, 그런 이야기들을 인생의 교훈으로 받아들인다. 어떤 소녀가 어른들의 대화 중에서 다음과 같은 말을 들었다면 어떨까? "X 부인 딸이 제 몸을 갖고 장난치다가 엄마한테 들켰대요. X 부인이랑 남편은 올 여름에 아이를 특수 종교캠프에 보내서 하느님에 대한 두려움을 배우게 할 거래요." 이 말을 엿듣고 있는 아이는 의미를 재빨리 포착해서 자신의 성지도에 통합시킨다. 자위행위를 하면 심히 곤란한 일을 당할 것이라는 메시지를 그냥 흘려버리기는 힘들다.

이렇게 수다라는 외피를 둘러쓴 이야기는 아이에게 필요한 직접적인 의사소통과 정보를 대신하게 된다. 많은 부모들과 어른들이 의도적으로 이런 행동을 한다. 조용하고 비밀스러운 분위기에서 이루어지는 대화, 잘못에 대한 냉혹한 비난, 대개 당혹스럽게 들리는 말투 등은 섹스가 어떤 죄인지를 아이들에게 똑똑히 알려주며, 그런 짓을 하다가 걸리면 어떤 취급을 받게 될지도 알려준다. 나는 신앙이 깊은 집안에서 자란 수십 명의 여성들로부터 많은 이야기를 들었는데, 그 패턴이 놀라울 정도로 비슷했다.

월경은 종교가 수치스럽고 더러운 것으로 낙인찍은 또 하나의 자연스러운 현상이다. 다음은 남편과 함께 내게 상담을 받으러 온 여성의 이야기이다.

우리 어머니는 내게 월경에 대해 한마디도 일러주지 않으셨어요. 어머니가 탐폰을 사용하신다는 것은 알고 있었기 때문에 어렸을 때 그게 무엇이냐고 물어본 적이 있어요. 그런데 어머니의 무뚝뚝한 대답을 듣고 나는 그건 내가 다시는 물어보면 안 되는 문제라는 것을 깨달았습니다. 뭔가 피가 관련된 문제라는 건 알고 있었기 때문에 어머니가 다치신 줄 알고 겁이 났어요. 하지만 내가 알아낼 수 있었던 것은 그것이 섹스와 모종의 관계가 있다는 것 정도가 고작이었습니다. 그래서 나중에 '섹스'

가 무엇인지 알았을 때 완전히 겁을 집어먹었죠. "그러니까, 섹스를 하면 내가 피를 흘리게 된다는 거야?" 하고요. 나는 언제인지 기억도 나지 않을 만큼 어렸을 때부터 열 살 무렵까지 이런 두려움과 불안을 안고 살아왔습니다. 그때 나와 같은 종교학교에 다니던 상급생 여학생들이 이런저런 이야기들을 하기 시작했는데, 개중에는 벌써 가슴이 나오기 시작해서 남자아이들 이야기를 하는 사람들도 있었어요. 그런 이야기를 듣는 것은 좋았지만, 상급생들이 제멋대로 꾸며낸 이야기들과 진실을 결코 구분할 수 없었습니다. 어쩌다 용기를 내서 물어봐도 애매하거나 서로 모순되는 답을 들을 뿐이었어요.

열두 살 무렵에 내가 가끔 내 몸을 가지고 장난을 쳤던 기억이 납니다. 기분이 아주 좋아졌지만, 왠지 그것이 잘못된 일이라는 생각이 들었어요. 내 몸을 만지면 전에 한 번도 느껴보지 못한 많은 감각들을 느낄 수 있었지만, 다 끝난 뒤에는 항상 끔찍한 기분이 되었습니다. 그해 중반쯤 어느 날 학교에서 갑자기 구역질이 나면서 오싹하고 소름이 끼쳤습니다. 선생님께 양해를 구하고 화장실에 갔더니 내 몸에서 피가 나고 있는 거예요. 나는 정신이 나가서 히스테리를 부리며 화장실 안에서 울음을 터뜨렸습니다. 누가 그 소리를 듣고 말을 걸어왔지만 나는 몸에서 피가 나는 걸 사람들에게 들킬까 봐 겁을 먹었습니다. 내가 뭔가 엄청난 잘못을 저질렀고, 그동안 내 몸을 가지고 장난쳤던 걸 남들이 알게 될까 봐 겁이 났죠. 마침내 누군가가 화장실 문을 열고 상황을 파악한 뒤 사람들은 저를 비웃으면서 왜 그걸 감추려고 했느냐고, 왜 그게 무엇인지 몰랐느냐고 저를 나무랐습니다.

그날 집에 왔더니 어머니는 이미 알고 계시더군요. 차갑게 나를 조롱했습니다. 어머니가 하신 말씀이라고는 "그걸 처리하는 법도 모르다니, 벌써 오래 전에 이야기해주었잖아"였나, 하여튼 그 비슷한 말뿐이었습니다. 내가 완전히 형편없는 인간이 된 것 같았어요. 아무도 나한테 아무 말도 해주지 않았는데, 나는 모든 것을 알고 있어야 한다니. 그런데 지금 나 역시 내 딸에게 그 이야기를 해주는 것이 지극히 당혹스럽습니다. 거의 20년에 걸친 결혼 생활을 되돌아보면, 내가 남편은 고사하고 나 자신에게조차 섹스가 어떤 것이 되어야 하는지 결코 이해하지 못했기 때문에 남편이 고통을 받았다는 사실을 이제야 알 것 같습니다. 나는 섹스 문제만 나오면 얼음처럼 굳어버립니다. 남편을 사랑하지만 상대가 남편이든 누구든 섹스에 대해서는 전혀 긍정적인 생각을 할 수 없어요. 만약 우리가 이혼하게 되더라도 나는 이해할 겁니다.

가장 종교적인 사람들 사이에는 성적인 소외와 정보 조작이라는 유행병이 번지고 있다.

종교적인 부부가 설사 섹스를 하지 않더라도 성적인 에너지는 갖고 있다. 그들은 교회, 주일학교, 열렬한 기도, 아이들 교육에 이 에너지를 쏟는다. 우울증과 불행, 불륜, 배우자 학대, 아동 포르노, 아동 성추행 등의 형태로 분노와 좌절감을 표출하기도 한다. 설사 종교적인 부부 중 한쪽 배우자가 자신의 성충동을 잠재울 수 있다 하더라도, 나머지 한쪽의 배우자마저 그렇게 할 수 있을 가능성은 높지 않다. 그래서 기분 좋은 섹스에서 얻을 수 있는 정서적 만족감을 섹스보다 훨씬 보상이 적은 활동에서 구하게 된다. 어떤 여성은 예전에 종교를 믿던 시절 자신의 삶에 대해 다음과 같이 말했다.

우리는 십대 시절에 혼전 성관계를 맺었다. 나는 다시는 그런 죄책감을 느끼고 싶지 않았기 때문에 계속 남편을 피하면서 아이들을 키우는 일과 교회학교 교사 일에 내 모든 힘을 쏟았다. 아이를 낳은 뒤에는 죄책감이 더욱 커지기만 했다. 남편은 고통을 받았고, 우리가 교회를 영원히 떠날 때까지 우리 결혼 생활도 잘 풀리지 않았다. 지금은 모든 것이 훨씬 좋아졌다. 종교를 믿을 때는 이런 일이 가능할 것이라고 상상도 하지 못했는데, 우리의 관계 전체가 완전히 새로워졌다.

종교적인 결혼 생활에서 여성들은 대개 힘 있는 사람인 동시에 무력한 존재이다. 그들은 남편에게 종속되어 있고 섹스를 억제해야 하는 의무를 갖고 있다. 그들의 성욕과 성적인 만족감은 중요하지 않은 것으로 간주된다. 심지어 사악한 것으로 여겨질 수도 있다. 한 목사는 이렇게 설교했다. "여성은 아기의 영혼이 형성되는 신성한 그릇입니다. 서로를 사랑할 때는 항상 그 점을 염두에 두어야 합니다."

이런 생각이 성적인 즐거움과 창의성 앞에 온갖 종류의 장벽을 쌓는다. 여성을 종교의 번창을 위해 이용되는 도구로 만드는 것은 말할 필요도 없다. 이런 생각을 품고 있으면, 결코 즐거움만을 위한 섹스를 할 수 없으며, 섹스는 항상 하느님까지 포함된 쓰리섬이 될 수밖에 없다. 어떤 코미디언의 말 그대로다. "여러분이 섹스를 할 때 하느님은 여러분을 지켜보십니다. 어쩌면 하느님도 혼자 즐기시는지도 모르죠."

종교를 믿는 소녀들은 처음부터 섹스가 신성한 것은 그 행위를 통해 아기를 낳을 수 있기 때문이지 그것이 즐거움을 주기 때문은 아니라고 배운다. 하지만 이것은 완전히 거꾸로 된 말이다. 여성이 아기를 잉태하기 전에 수많은 섹스를 하며 오르가슴을 느끼는 것이 가능하기 때문이다. 번식이 섹스에서 가장 중요한 부분이라는 주장은 우리의 생물학적 특징을 완전히 거스르는 말이다. 아이를 낳지 않거나 낳을 수 없는 여성들에게 이런 주장은 훨씬 더 음험한 메시지를 보낸다. 너는 이기적인 여자이거나, 아니면 불모의 여자라는 메시지다. 종교적인 의미에서 이기적인 여성이란 하느님을 위해 아기를 낳는 것보다 자신의 쾌락을 우선하는 사람이다. 그리고 불모의 여자는 신에게서 벌을 받고 있는 존재로 여겨질 때가 많다. 불임은 또한 남편에게 저지르는 범죄로 간주될 수도 있다. 세상의 여러 지역에서 출산을 거부하거나 출산할 수 없는 여성들은 2급 시민으로 취급된다. 그리고 결혼을 거부하는 여성들은 그 누구보다도 이기적인 존재가 된다.

소년 오염시키기

여성들이 종교로 인해 가장 많은 억압과 규제에 시달린다는 사실에는 거의 의심의 여지가 없지만, 피해를 당하기는 남성들도 마찬가지다. 우리가 죄책감, 수치심, 간접적인 의사소통에 관해 지금까지 했던 이야기 중 많은 부분이 소년들에게도 적용된다. 많은 종교들은 먼저 신이 남성이며, 따라서 남성이 여성보다 우월하다는 주장을 내놓는다. 이런 비합리적인 생각이 어른으로 자라나는 소년들의 성지도에 포함되어, 다음과 같은 생각들을 만들어낸다. 여성은 남성에게 복종해야 한다. 남성이 여성의 몸에 대한 통제권을 갖고 있다. 남성이 더 똑똑하고, 신에게 더 가깝다.

이런 생각들은 이성 관계에서 학대와 갈등을 낳는 원인이 된다. 예를 들어 소년들은 여러 면에서 성인 여성보다도 우월한 존재로 간주된다. 침례교 교회들 중에는 여성이 열두 살 이상의 소년들을 가르치면 안 된다고 믿는 곳이 많다. 사우디아라비아에서는 성인 여성이 공공장소에 나갈 때는 반드시 남성 친척을 동반해야 한다. 그 남성이 열두 살짜리 아들이어도 상관없다. 그 아이가 엄마보다 더 어른 대우를 받기 때문이다. 이런 식의 교육 때문에 소년들은 대개 소녀들에게 우월감을 과시하면서 위협적인 행동을 해도 된다고 믿게 된다.

그와 동시에 소년들은 남성성을 지키려면 성충동을 부정해야 한다는 강요를 받게 된다. 대부분의 사춘기 소년들(소녀들도)은 자위행위를 하지만, 종교는 그것이 금지된 행동이라고 말한다. 어른들도 자위행위에 반대하고, 나이가 조금 많은 청소년들이나 또래들도 그것이 잘못이며 죄라고 말한다. 소년들은 자위행위를 하는 사람들을 모두 호모라고 부르며 서로를 놀린다. "진짜 남자는 자위행위 같은 거 안 해."

자위행위를 동성애와 결부시키는 말들을 끊임없이 들으면서 소년들은 자신의 성충동에 수치심을 느끼게 된다. 그리고 이 수치심으로 동성애자로 보이는 사람들을 겨냥한다. 나는 사춘기 청소년들의 호모포비아가 사실은 자신의 자위행위에 대한 강렬한 수치심인 경우가 대부분이라고 믿는다.

소년이 반드시 종교를 열심히 믿거나 종교적인 가정 출신이 아니더라도, 여성과 자위행위와 동성애에 대한 이런 생각들을 영속화시키는 문화가 그를 에워싸고 있다. 어렸을 때 나는 호모라고 불리는 것을 몹시 두려워했다. 주위의 어느 누구도 자위행위를 한다고 인정하지 않았으므로, 나도 하지 않는 척했다. 왠지 여성적으로 보이는 소년들이 무자비하게 괴롭힘을 당하는 모습도 보았다. 하지만 무엇보다도 중요한 것은, 이런 생각들의 출처가 교회 목사, 주일학교 교사, 교회 캠프의 상담가, 시골 교회의 목사였던 우리 할아버지 등이라는 사실이다. 미국, 아프리카, 남아메리카 등에서 복음주의 교회가 힘을 얻고 있기 때문에, 이런 생각들이 내가 청소년이던 시절보다 지금 훨씬 더 강해져 있을 가능성이 높다.

소년들의 라커룸에서는 한 소년만 무좀에 걸려도 많은 소년들이 감염된다. 이것을 막으려면 예방 조치를 취해야 한다. 이런 라커룸에서는 또한 한 소년만 자위행위와 동성애와 여성의 열등성에 대한 종교적 생각에 감염되어도 다른 많은 소년들까지 덩달아 감염된다. 예방책은 교육을 제대로 받고 자기주장을 펼칠 줄 아는 소수의 세속적인 소년들이 이런 행동을 지적하고 그것의 전파를 막는 것이다. 종교의 성적인 위협에 학생들 몇 명만 일어나 맞서도 엄청난 변화가 생겨난다. 그래서 댄 새비지Dan Savage가 시작한 '더 나아질 거야It Gets Better' 캠페인 같은 것이 그토록 중요한 것이다. 이 캠페인은 성적인 위협에 맞서서 저항하는 학생들을 뒷받침해주고 있다.●

종교적인 가르침이 있는 곳이라면 어디든 성적인 학대, 아동 학대, 이혼, 배우자 학대의 발생률이 다른 곳보다 높다. 성범죄, 성추행, 성희롱 등과 관련된 문제를 해결하고 싶다면, 어린이와 청소년들을 위해 종교적 색채가 없고 내용이 탄탄한 성교육부터 시작해야 할 것이다. 동성애, 자위행위, 남성의 우월성, 여성의 순결 등에 관한 종교적 주장들에 직접적으로 맞서서 도전해야 한다는 뜻이다.

● 댄 새비지는 전국적으로 찬사를 받고 있는 Savage Love Podcast의 진행자다. 그가 주도한 캠페인의 서약문은 다음과 같다. "누구나 있는 모습 그대로 존중받을 자격이 있다. 나는 이 메시지를 친구들, 가족들, 이웃들에게 퍼뜨리겠다고 서약한다. 나는 학교에서든 직장에서든 증오와 불관용이 눈에 띌 때마다 소리 높여 항의할 것이다. 나는 레즈비언, 게이, 양성애자, 트랜스젠더, 그 밖에 위험에 시달리는 청소년들에게 '더 나아질 것'임을 알려서 희망을 심어줄 것이다." (http://www.itgetsbetter.org/page/s/pledge/ 참조)

19 종교에 길들여지지 않는 아이들

종교를 믿는 사람이 있는가 하면, 그렇지 않은 사람이 있는 이유는 무엇인가? 나는 내 아들을 종교적으로 기르지 않았는데, 어째서 아들은 종교적인 사람이 되었을까?

성격에 영향을 미치는 세 가지 요인

앞에서 우리는 성에 영향을 미치는 유전적 요인들과 유전외적 요인들을 살펴보았다. 이번 장에서는 어린이의 성격에 영향을 미치는 세 가지 주요 요인으로 논의의 폭을 좁혀보겠다. 이 세 가지 요인에 이름을 붙인다면 각각 유전적 요인, 공통의 환경 요인, 공통적이지 않은 환경 요인이라고 할 수 있을 것이다.

먼저 유전적 요인. 현대 유전학 연구 덕분에 유전자가 행동에 커다란 영향을 미친다는 점에 대해서는 거의 의심의 여지가 없다. 내 아들은 바나나를 처음 맛보았을 때부터 바나나를 싫어했고, 인형놀이를 한 번도 좋아한 적이 없다. 내 딸은 아주 어렸을 때부터 바나나, 음악, 인형을 좋아했지만 야구에는 마음을 붙이지 못했다. 지난 수십 년 동안 동물과 인간을 대상으로 실시된 많은 연구들은 이처럼 저마다 각각 다른 대상에게 흥미를 보이는 현상에 유전자가 영향을 미친다는 사실을 보여주고 있다.

두 번째 요인은 공통의 환경 요인으로, 부모 또는 성인 보호자의 취향이나 그들이 정한 모든 규칙들이 여기에 포함된다. 우리 부모님은 자식들이 모두 2년 동안 피아노를 배워야 한다는 규칙을 정해두었다. 이 공통된 환경 덕분에 우리 네 형제는 하기 싫어서 고함을 지르고 발버둥을 치면서도 어쨌든 2년 동안 피아노를 배웠다. 그 와중에 어머니도 이 규칙을 시행하느라 우리 못지않게 고생하셨다. 결국 나를 제외한 삼형제는 정해진 기한이 끝나자마자 피아노를 그만두고, 음악과 관련된 일에는 손도 대지 않았다. 나는 조금씩이지만 노래를 불렀다. 음악은 우리에게 전혀 맞지 않았다. 우리는 야구, 요새 쌓기, 자동차나 비행기 모형 만들기에 훨씬 더 몰두했다. 음악에 대해서는 우리의 공통된 환경이 우리에게 그다지 영향을 미치지 못한 것이다. 적어도 어머니가 바라던 형태로는 아니었다.

세 번째 요인은 공통적이지 않은 환경 요인이다. 형제자매들은 비록 한집에서 자라지만 사실은 서로 매우 다른 환경에서 산다. 첫째, 태어난 시기가 다르다(쌍둥이는 예외). 즉 또래 집단이 다르고, 학교 친구들이 다르고, 살아가면서 얻게 되는 기회도 다르다는 뜻이다. 둘째, 성별에 따라 아주 다른 종류의 또래 집단을 만나게 된다. 셋째, 각각의 아이들은 정신적으로도 육체적으로도 자기만의 독특한 세계를 갖고 있다.

어렸을 때 나는 형제 한 명과 침실을 같이 썼다. 우리는 같은 집에 태어나 같은 방에서 잠을 잤지만, 매우 다른 또래 집단을 선택했고 즐기는 일도 달랐다. 나는 항상 책을 읽거나, 과학 실험을 하거나, 제한된 숫자의 친구들과 놀았다. 반면 내 형제는 항상 친구들하고 어울려 놀았으며, 몸을 움직이는 일에 훨씬 더 열성적이었다. 어머니는 내 형제에게 내 과학 실험을 도와주라고 강요하다시피 했지만, 그는 뭔가를 폭파시키는 실험이 아니라면 도무지 흥미를 보이지 않았다. 우리는 서로 크게 다른 유형의 친구들을 선택했고, 서로 다른 집단과 어울렸다. 그렇게 만난 주위 사람들 속에서 우리는 부모님이나 형제들 각자와 아무런 관계가 없는 행동과 생각들을 많이 접했다. 우리의 공통적이지 않은 환경 요인은 침실은 고사하고 집마저 아예 다른 사람들처럼 몹시 달랐다.

50-0-50

1997년에 주디스 리치 해리스Judith Rich Harris는 인간의 발달에 환경, 유전자, 가정교육이 미치는 영향에 관한 연구들을 분석한 글을 발표했다. 그녀의 결론은 공통적인 환경 요인이 거의 아무런 영향을 미치지 못한다는 것이었다. 대신 유전자와 공통적이지 않은 환경 요인이 어린이의 인격 발달을 거의 모두 좌우했다. 해리스의 연구 결과는 50-0-50 원칙이라고 불리게 되었다.[119] 간단히 말해서 이 원칙은 부모가 어린이의 인격 발달에 거의 영향을 미치지 못한다는 뜻이다. 유전자의 영향이 대략 50퍼센트, 부모를 제외한 사회화가 나머지 50퍼센트를 차지한다. 논란의 여지가 많은 이 결론은 심리학계에 일대 태풍을 일으켰다. 처음에는 사람들이 이 결론을 반박하면서 의심의 뜻을 내비쳤지만, 그 뒤로 여러 면에서 이 결론을 뒷받침하는 증거들이 발견되었으므로 지금은 이 원칙이 인격 발달 연구의 핵심으로 자리 잡고 있다. 해리스가 연구를 통해 밝혀낸 것은 어린이에게 자기만의 마음과 유전자가 있다는 것이었다. 부모의 역할은 아이가 세상을 경험하고 맛볼 수 있는, 안전하고 풍요로운 환경을 제공해주는 것이 고작이다.

이 결론은 자녀 양육에 관한 생각, 특히 구약성서의 "매를 아끼면 자식을 망친다"는 철학을 믿는 종교주의자들의 자녀 양육에 관한 생각과 어긋난다. 만약 부모가 자식에게 그토록 영향을 미치지 못한다면, 부모가 자식을 좌우할 수 있다고 믿는 사람이 그렇게 많은 이유가 무엇일까? 하지만 이 환상은 쉽사리 설명할 수 있다. 부모가 야구를 사랑하고 나중에 자녀도 야구에 애정을 보인다면, 부모가 그런 결과를 빚어낸 것으로 여겨지는 경향이 있다. 어쨌든 부모가 아이에게 스포츠를 가르치고 지지해준 것은 사실이다. 하지만 실제로는 부모의 유전자에 운동 능력이 포함되어 있었고, 그것이 아이에게 전달되었다고 보는 편이 옳다. 똑같은 부모가 둘째 아이를 낳는다면, 그 아이는 야구를 고집스레 거부하고 피아니스트가 될지도 모른다. 이런 경우 부모가 자식에게 실망할 수도 있다.

하지만 부모는 첫째 아이가 야구선수가 되는 데에도, 둘째 아이가 부모의 뜻에 반항하며 피아니스트가 되는 데에도 영향을 미치지 못했다. 많은 부모들이 자녀의 성공에 자신이 핵심적인 역할을 했지만 자녀의 '실패'와는 전혀 관계가 없다고 스스로를 속인다. 하지만 이 반대의 경우도 가능하다. 즉 자신이 자녀의 실패에 중요한 역할을 했다고 생각하는 부모도 있다는 뜻이다.

하지만 실제로는 두 경우 모두 부모의 역할은 아주 미약하다. 부모는 자녀들에게 다양한 일들을 가르치고 소개해준다. 여기에는 교육비를 대는 것도 포함된다. 아이들은 자라면서 자신에게 중요한 일들이 무엇인지 스스로 결정한다. 부모가 자녀에게 전혀 영향을 미치지 못했다는 뜻이 아니라, 부모의 영향력이라는 것이 부모의 생각만큼 직접적인 것이 아니라는 뜻이다.

부모들은 여전히 힘을 지니고 있다. 자녀를 보호하고, 나이에 맞는 교육을 시키고, 한계를 설정해주고, 풍요로운 환경을 제공하는 등의 핵심적인 책임을 수행하는 과정에서 생기는 힘이다. 즉 부모가 자녀에게 '영향'을 미칠 수 없다 하더라도, 자녀들이 흥미를 보이는 것이 무엇인지 찾아내서 그 재능을 길러줄 수는 있다는 뜻이다.

종교와 50-0-50

종교성과 유전적 기질의 관계는 피아노 연주나 야구가 가진 유전적 기질과의 관계와 상당히 비슷한 것 같다.[120] 일란성 쌍둥이와 이란성 쌍둥이를 대상으로 한 1990년의 획기적인 연구에서 나일스 월러 Niles Waller 팀은 종교성에 나타나는 차이의 대략 50퍼센트를 유전적 요인의 영향으로 돌릴 수 있음을 발견했다. 나머지는 공통적이지 않은 환경 요인과 관련되어 있었다. 공통적인 환경은 거의 또는 전혀 영향을 미치지 못했다.

이 연구 외에도 많은 연구들이 종교성에 유전자가 결정적인 역할을 한다는 사실을 밝혀내고, 종교적인 가정에서 자란 두 아이가 어른이 되었을 때 종교에 대해 완전히 다른 태도를 보일 수 있는 이유를 설명해주었다. 형제들 중 한 명은 부모의 종교를 계속 따르더라도, 다른 형제는 종교라는 것 자체를 아예 멀리하는 쪽으로 변할 수 있다. 만약 두 형제가 모두 종교를 믿는다면, 부모의 종교 또는 어렸을 때

접한 종교와 매우 흡사한 종교에 끌리게 될 가능성이 높다.

종교적 감염에 좀 더 취약한 아이들이 있다. 똑같이 종교적인 집안에서 자라더라도 취약한 아이들은 그렇지 않은 아이들에 비해 더 감염된다. 부모는 자녀가 종교를 갖게 될지 여부가 아니라 어떤 종교를 선택할 것인가 하는 점에 더 커다란 영향을 미친다. 똑같은 아이라 해도 종교적으로 완전히 다른 환경, 이를테면 이슬람교 가정과 불교 가정처럼 다른 환경에서 자란다면 해당 종교에 대해 취약해질 수 있다. 아이들은 어려서부터 주위에서 접한 것에 끌릴 가능성이 가장 높지만, 그것도 아이에게 처음부터 종교적 성향이 있을 때의 이야기다.

야구와 피아노를 예로 들었을 때처럼, 유전적 영향이 부모의 영향으로 잘못 인식되기 쉽다. 아이가 신앙심이 깊은 사람으로 자라나면 부모는 그것을 자신의 공으로 돌릴 것이다. 하지만 아이가 '신의 말씀'에 저항하면, 부모는 아이의 존재를 거부할지도 모른다.

종교적인 부모들은 공통적이지 않은 환경 요인을 필사적으로 통제하기 위해 아이들을 교회, 교회 캠프, 종교학교 등에 보낸다. 만약 아이가 다른 종교나 신앙 체계에 접할 기회가 없다면 그런 종교를 선택할 수도 없어진다. 선천적으로 종교성이 있는 아이라면 부모처럼 독실한 신자가 될 것이고, 그런 기질이 없는 아이라면 반항할 가능성이 있다.

마지막으로 《저널 오브 퍼스낼리티Journal of Personality》에 발표된 연구 중에 남성 일란성 쌍둥이MZ와 이란성 쌍둥이DZ를 조사한 것이 하나 있다. 이 연구에서는 청소년기에 나타나는 종교성의 차이에 유전자와 환경이 모두 영향을 미치지만, 청소년기에서 성인기로 옮겨갈 때는 유전적 요인의 중요성이 커지는 반면 공통적인 환경 요인의 중요성은 감소한다는 사실이 밝혀졌다. 다시 말해서, 환경 요인(가정교육)이 아이의 종교성에 영향을 미치기는 하지만 그 영향력은 아이가 성인기로 넘어가면서 감소한다는 뜻이다. 이 연구는 또한 아이가 성인이 되면 공통적인 환경에서 받은 영향이 대체로 사라진다는 사실도 밝혀 냈다. 유전자가 훨씬 더 중요하다는 것이다. 일란성 쌍둥이들은 세월이 흘러도 종교성 면에서 서로 달라지지 않았지만, 이란성 쌍둥이들은 예전에 비해 더 차이를 드러냈다.[121]

대단히 종교적인 두 사람 사이에 태어난 자녀는 일반적으로 부모의 유전적 기질을 물려받을 가능성이 높다. 하지만 종교성이 강한 부모들은 자신의 종교적 가르침으로 자녀들도 신실한 신자가 되었다는 믿음에 빠져든다. 같은 맥락에서, 종교적 기질을 타고 나지 않은 자녀는 반항적이고 신을 모르는 아이로 본다. 종교적인 부모들이 아이를 입양해서 기르는 경우에는 아이가 어른이 된 뒤 계속 종교를 믿지 않는 것을 보고 실망할 때가 많다.

종교적인 부모들은 자녀가 종교를 버리면 실망하겠지만, 세속적인 부모들은 자녀가 종교를 선택하면 어리둥절할지도 모른다. 많은 세속적인 부모들이 내게 이렇게 말했다. "난 아이를 교회에 데려간 적도 없고, 항상 스스로 생각하라고 가르쳤어요. 그런데 아이가 왜 종교를 믿게 된 걸까요?" 감기에 걸리는 사람이 있는가 하면, 그렇지 않은 사람이 있는 것과 마찬가지다. 모든 것은 인간의 타고난 취약성에 달려 있는 것이다. 유전적으로 강한 종교적 성향을 지닌 아이들은 부모가 아무리 비판적인 사고를 강조해도 종교를 붙들게 될 가능성이 있다. 비판적인 사고 능력은 부모가 자녀에게 줄 수 있는 최고의 백신이지만, 그렇다고 해서 자녀가 종교에 감염되지 않을 것이라고 보장

해주지는 못한다.

부모로서는 자녀가 다양한 종교를 접할 수 있게 해주는 것이 최선이다. 아이에게 종교를 싫어하게 만드는 '프로그램'을 주입하는 대신, 스스로 종교를 분석할 수 있는 도구를 쥐어주는 것이다. 비판적 사고와 회의주의라는 개념적인 도구들, 그리고 많은 종교를 충분히 접한 경험을 통해 아이들은 결국 모든 종교가 미친 짓이라는 결론을 내리게 될 가능성이 높다. 그래도 감기에 잘 걸리는 아이가 있는 것처럼 여전히 종교적 감염에 취약한 아이들이 있다.

20 타고난 성

인간의 성은 믿을 수 없을 만큼 유연하지만, 인간은 저마다 독특한 성향과 취향을 갖고 있다. 그것을 알면 우리가 자신의 성을 통제할 수 있게 된다

성적인 유연성

사람에게 영향을 미칠 수 있는 잠재적인 요인, 즉 유전적 요인, 공통적인 환경 요인, 공통적이지 않은 환경 요인의 상대적 효과들을 이해했으니 이제 섹스를 살펴보자. 지난 20년 동안의 연구들은 성적인 태도라는 측면에서 남녀 간의 차이에 불을 밝혀주었다. 진화생물학을 비롯한 여러 분야 내의 모든 논의를 살펴볼 생각은 없지만, 여성들이 섹스라는 문제에서 사회적 압력이나 문화적 압력에 남성들보다 더 예민하다고 상당한 확신을 갖고 말할 수 있다. 성에 관한 연구 문헌을 광범위하게 검토한 플로리다 주립대학의 로이 보마이스터 Roy Baumeister는 문화적 순응, 교육, 정치, 종교, 가정생활이 성적인 태도와 행동에 미치는 영향이 남성들보다 여성들의 경우 훨씬 더 크다

는 사실을 밝혀냈다. 그는 다음과 같은 결론을 내렸다. "……남성의 성은 물리적인 요인들을 중심으로 돌아가며, 본능이 지배적인 역할을 한다. 사회적, 문화적 차원은 부차적이다. 여성들의 경우에는 사회적, 문화적 요인들이 훨씬 더 커다란 역할을 한다."[122]

다른 학자들도 여성의 성이 상대적으로 유연하다는 점을 지적했다. 예를 들어 성적인 취향을 묻는 설문조사에서 자신이 양성애자라고 밝힌 여성들의 비율은 남자들에 비해 2~4배였다. 여성들은 또한 남성들보다 훨씬 더 다양한 시각적 자극, 촉감, 청각 자극에 반응을 보였다.

이는 여성의 성지도가 남성에 비해 사회적 환경의 영향을 더 많이 받는다는 뜻이다. 성적인 규율이 엄격한 문화 속에서 사는 여성이라면 성적으로 엄격한 태도와 행동을 보일 것이다. 환경이 개방적이라면, 여성도 개방적으로 변할 것이다. 남성들도 환경에 따라 성에 대해 더 엄격해질 수도 있고 개방적이 될 수도 있지만, 변화의 폭이 여성에 비해 훨씬 적다. 지금까지 실시된 최대 규모의 연구 중 하나를 주도한 브래들리 대학의 데이비드 슈미트 David P. Schmitt 는 48개 문화권과 25개 언어권에서 환경에 대해 여성이 민감하게 반응한다는 것을 보여주는 강력한 증거를 찾아냈다. 그는 다음과 같이 결론지었다. "전반적으로 봤을 때, 여성이 사회정치적 측면이나 연애 관계에서 자유를 많이 누릴 때 남녀 간의 성적인 차이가 좀 더 완만한 수준으로 변한다. 다시 말해서, 성을 대하는 여성들의 태도가 남성들의 태도와 더 비슷해진다는 뜻이다. 하지만, 남녀의 성적인 태도와 행동이 완전히 일치하는 경우는 전혀 없다."[123]

이 연구는 성적인 태도와 행동이 특히 여성들의 경우 사회적, 문화적 영향에 대단히 취약하다는 것을 보여준다. 하지만 성적인 행동에는 유전적 요인의 영향도 크게 작용한다. 인간을 제외한 영장류와 대형 유인원의 경우처럼 지구상의 거의 모든 동물들의 태도에서도 이것을 볼 수 있다. 예를 들어 프란스 드 발은 저서 《내 안의 유인원Our Inner Ape》에서 침팬지들 사이에서 자란 보노보는 비참하기 그지없는 생물이 된다고 말했다. 침팬지들이 유전적으로 공격성과 힘을 좇는 반면, 보노보는 유전적으로 모계 혈통과 성적인 측면이 대단히 강한 상호 관계에 치우쳐 있기 때문이다.

인간은 성적인 측면에서 침팬지, 보노보, 고릴라보다 더 다양하고 유연한 것처럼 보이지만, 우리가 지닌 성적인 태도의 뿌리 역시 유전자임을 시사하는 증거들이 아주 많다. 예를 들어 자위행위를 하고 싶다는 충동은 유전적인 것이라서 유아들과 어린아이들도 그것을 느낀다. 모든 영장류들도 스스로 몸을 만지며 쾌락을 느끼는 모습을 흔하게 보여준다. 차이가 있다면, 언제 어디서 그것을 할 것인가에 대해 우리가 다른 영장류보다 좀 더 강한 통제력을 행사한다는 점이겠지만, 그것은 학습된 행동이다. 아주 어린 자녀를 기르는 부모라면 이점을 잘 알고 있을 것이다. 우리의 뇌는 사회적, 문화적 기대에 더 초점이 맞춰져 있는 반면, 원숭이들은 자위행위에 대해 금기 의식을 느끼지 않는다.

성의 사회성

인간의 성적인 스펙트럼이 넓기 때문에 각자가 타고나는 성적인 개방성 또는 보수성에 차이가 있다. 외향적인 사람과 내향적인 사람이 서로 다르듯이, 성적으로 개방적인 사람이 있는가 하면 폐쇄적인 사람도 있다. 이런 성향들은 문화나 교육과는 별개로 유전자의 영향을 강하게 받는다. 사람의 내향성/외향성을 결정하는 개인적 변수들을 측정할 수 있는 것처럼, 성적인 성향을 측정하는 것도 가능하다.

1991년에 심프슨Simpson과 갠지스태드Gangestad는 사회성적 성향 목록Sociosexual Orientation Inventory(SOI)이라는 것을 발표했다. 일곱 가지 항목(나중에 아홉 가지로 수정)에 대해 응답자가 스스로 대답하게 되어 있는 설문지 형식인 SOI는 '엄격하다'(감정적으로 폐쇄적이고 진지한 관계에서만 섹스를 하는 성향을 나타냄)에서부터 '엄격하지 않다'(서로를 그다지 진지하게 생각하지 않을 때에도 성적인 관계를 맺는 성향을 나타냄. 안 지 얼마 되지 않는 사람과 섹스를 하거나 파트너를 자주 바꾸는 경우가 많다)까지 한 가지 기준을 바탕으로 사회성적인 성향을 평가한다.[124]

사회성적 성향Sociosexual Orientation(SSO)이란 각자가 섹스를 바라보는 태도를 말한다. 이 설문조사에서 낮은 점수를 기록하는 사람들은 성적인 표현이 억압되어 있는 경향이 있다. 다시 말해서, 사랑이라는 감정을 더 중시하고, 성경험을 늦게 시작하는 편이며, 파트너의 숫자도 적다는 뜻이다. 점수가 높은 사람들은 상대를 만난 뒤 비교적 이른 시기에 섹스를 하고, 한 번에 한 명 이상의 파트너와 사귀며, 성적인 관계에 마음과 애정을 쏟거나 상대에게 의존하는 편이 아니다. 사회성적 성향은 (대부분의 성격 특징과 마찬가지로) 평생 동안 비교적 안정적으로 유지된다. 대개 남성들이 여성들에 비해 덜 억압된 사회성적 성향을 갖고 있지만, 같은 성별 내에서의 차이가 이성 간의 차이보다 훨씬 더 크다. SOI는 50건이 넘는 연구에서 사용되었으며, 한 문화 내부에서 뿐만 아니라 여러 문화에 걸쳐 남녀의 차이를 이해하는 데 유용하다는 점, 또한 인간의 짝짓기 취향에 미치는 유전적 영향을 증명하는 데에도 역시 유용하다는 점이 증명되었다.

마이클 베일리[125]가 오스트레일리아의 쌍둥이들을 대상으로 실시한 획기적인 연구에서는 사회성적 성향의 49퍼센트가 유전된다는 강력한 증거가 발견되었다. 공통적인 환경의 영향은 전혀 없었으며, 공통적이지 않은 환경 요인의 영향은 대략 50퍼센트를 차지했다. 이 연구 결과 중에서 중요한 부분들을 꼽아보면 다음과 같다.

- SSO 점수가 높은 사람들은 이혼할 가능성이 높았다.
- 쌍둥이 중 한쪽의 점수로 반대쪽 쌍둥이의 이혼 가능성을 예측할 수 있었다.
- 이혼은 부모의 이혼 여부보다는 당사자의 사회성적 성향과 더 밀접하게 관련되어 있었다.
- SSO 점수가 낮은 사람들은 설사 부모들이 이혼했다 하더라도 이혼할 가능성이 낮았다.

이 연구 결과는 우리의 성지도에서 유전적 요인이 어떤 위치를 차지하고 있는지 보여준다. 성적인 취향은 도덕의 문제가 아니라 기질의 문제다. 사람은 SSO 점수가 무엇이든 평생 그 점수의 범위에서 멀리 벗어나지 않을 가능성이 높다. 성적인 면에서 모험을 즐기는 사람이든 보수적인 사람이든 스무 살, 마흔 살, 예순 살이 되어도 역시 그 성향이 변하지 않을 것이라는 뜻이다. 유명한 생물학자인 윌슨E. O. Wilson은 "유전자가 문화를 지배하고 있다"[126]는 말을 한 적이 있다. 목줄을 맨 개를 산책시킬 때처럼, 문화는 이 방향 저 방향으로 우리를 끌고 가려고 하지만 유전자가 항상 우리를 우리 자신의 '중심'으로 되돌려 놓는다.

사회성적 성향과 종교

종교는 성에 대해 획일적인 시각을 갖고 있다. 성에 관한 종교의 규칙들은 생물학이나 유전학의 원칙과는 아무런 상관이 없다. SSO는 사람들 각자의 성지도가 행동으로 표현된 것인데, 종교는 신도들의 머릿속에 그들의 성지도와는 다른 성지도를 억지로 집어넣으려고 한다. 하지만 종교가 이 싸움에서 이기는 경우는 드물다. '독실한' 목사들, 신부들, 종교적 정치가들 중에 매춘부나 어린 소년과 섹스를 하다가, 또는 화장실에서 상대를 구하다가 잡힌 사람이 얼마나 많은지 생각해보라.● 종교는 성충동이나 다양성에 대한 욕구를 막아주지 못한다. 만약 종교가 그런 것들을 막아줄 수 있었다면, 누구보다 독실한 신도들은 누구보다 강한 자제력을 발휘할 수 있었을 것이다.

SSO에 대한 연구는, 다른 성격 특징들과 마찬가지로 SSO 점수 또한 사람마다 아주 다양하게 나타난다는 것을 보여준다. 내향성과 외향성, 지배성과 비지배성, 수학이나 언어에 대한 재능 등을 연구할 때 우리는 다양한 특징들을 볼 수 있을 것이라고 기대한다. 성적인 취향도 비슷한 패턴을 드러내는 것은 놀랄 일이 아니다. 하지만 SSO에 종교적 규칙들을 적용한다면, 모든 주요 종교가 특히 여성들에 대해 억압적인 SSO를 강요할 수밖에 없음을 알 수 있다.

여러분도 짐작하겠지만, SSO는 다른 특징들과도 상관관계를 맺고

● 루이지애나의 데이비드 비트너 상원의원은 여러 매춘부들과 관계를 맺었다. 하지만 기도를 드리고 용서를 구한 뒤 다시 상원의원으로 당선되었다. 전국복음주의연합의 테드 해거드 회장은 남성 매춘부와 함께 필로폰을 하다가 발각되었다. 근본주의 성직자들이 그를 위해 기도한 뒤, 그의 동성애가 '치유'되었다는 선언이 이어졌다(그러면 필로폰 중독도 치유되었을까?). 현재 그는 콜로라도 스프링스에서 새 교회를 맡아 번창하고 있다. 래리 크레이그 상원의원은 2007년 미니애폴리스의 남자 화장실에서 상대를 구하다가 체포되었다.

있다. 예를 들어 성적으로 억제되지 않은 사람들은 좀 더 외향적이고, 덜 순응적이고, 야한 것을 좋아하고, 금기가 적고, 더 충동적이고, 위험을 무릅쓸 가능성이 높고, 파트너에게 느끼는 애착이 약한 편이다. 반면 성적으로 억제된 사람들은 좀 더 내향적이고, 더 순응적이고, 야한 것을 두려워하고, 사회적으로도 억제되어 있고, 충동적인 성향이 덜하고, 위험을 무릅쓸 가능성이 적고, 애착이 안정되어 있다.[127]

두 가지 특징 모두 장단점을 지니고 있다. 위험을 무릅쓰는 사람들이 사라지면 세상은 더 살기 좋은 곳이 될까? 모든 사람이 내향적이고 사회적으로 억제되어 있다면 세상이 조화로운 곳이 될까? 모든 사람이 외향적인 편이 바람직한가? 종교는 성에 관해서 기본적으로 딱 한 가지 기준만을 고집스레 주장한다. 종교적인 섹스란 태생부터 억압적이다. 혼전 성관계도, 포르노도, 혼외 관계도, 자위행위도 모두 금지다.

사도 바울이나 예수의 SSO 점수는 어디쯤이었을까? 솔로몬이나 다윗의 점수는? 무함마드, 조지프 스미스, 브리검 영, 짐 존스Jim Jones, 데이비드 코레시David Koresh 같은 종교 지도자들●의 점수는? 위험을 좋아하는 모험적인 지도자들은 대개 성적으로도 자유롭다(존 케네디나 뉴트 깅리치를 보라). 종교 지도자들도 대개 마찬가지다.

성적으로 자유분방한 카리스마 넘치는 지도자들이 신도들에게 성적으로 억제된 삶을 설교하는 것은 확실히 아이러니한 일이다. 반면

● 이 종교 지도자들은 모두 아내나 섹스 파트너를 여럿 거느렸으며, 자신들의 행동을 종교적으로 정당화했다.

에 성적으로 억제된 성직자들이 신도들을 성적으로 억제된 종교의 틀에 억지로 맞추려고 드는 것 또한 비현실적인 일이다. 신도들은 저마다 다양한 SSO 점수를 지니고 있다. 외향적인 사람이 사제의 명령에 따라 내향적인 성격으로 변할 가능성은 별로 없다. 성적으로 억제되지 않는 성향의 사람이 억제된 생활을 하게 될 가능성도 마찬가지다.

사회성적 성향과 관계

성적으로 억제된 사람이든 그렇지 않은 사람이든 당연히 여러 문제와 위험을 지니고 있다. 하지만 자신의 성향이 무엇인지 알고 거기에 터놓고 대처하는 편이 숨 막히는 종교적 교리 밑에 그것을 숨기는 것보다 더 낫다. 종교를 믿지 않으면서도 성적으로 억압된 사람들이 있는가 하면, 성적으로 좀 더 개방된 사람들도 있다. 둘 중 어느 누가 옳고 그르다거나, 좋고 나쁘다고 구분할 이유는 없다. 그들은 그저 그런 모습일 뿐이다. 성적으로 억제되지 않은 사람들은 성과 관련된 질병에 걸리거나 감정적인 애착을 잘못 다룰 위험이 있다. 성적으로 억제되지 않은 기질을 타고 났다고 해서, 건강과 감정 양면에서 건전한 성생활을 무시해도 되는 면허증을 부여받은 것은 아니다. SSO 점수가 높은 사람이라면, 성적인 관계에서 책임감을 보여줄 필요가 있다. 그리고 반드시 종교만이 이런 말을 해줄 수 있는 것도 아니다.

성적으로 억제된 성향을 타고난 사람이라면, 특히 자신과 다른 사람들을 비뚤어진 시선으로 보게 될 수 있다. 자신에게 다양성, 성적인 모험, 자극이 필요하지 않다는 이유만으로 남들을 멋대로 판단하면 안 된다. 그 '남들'이 여러분의 자식, 부모, 친구, 직장 동료, 심지어 배우자일 수도 있다. 자신과 다르다는 이유로 남들을 멋대로 판단하다가는 인간관계가 깨어지고, 독선적인 행동만 남게 될 것이다. 성적으로 억제된 부모라면 자신과 다른 기질을 지닌 자녀를 제대로 이해하지 못해서 적절한 조언을 해주지 못할 가능성이 있다. 자녀가 자신의 타고난 성향을 부모가 비난한다고 느낄 때, 부모가 자녀를 가르치거나 조언을 해주는 것은 불가능하지는 않지만 몹시 힘든 일이다.

전체 인구 중 10~20퍼센트는 성적으로 억제된 기질을 타고난다. 그들은 자기가 믿는 종교의 규칙과 규제를 쉽게 따를 수 있다. 선천적으로 억제된 사람들은 자위행위의 욕구도 잘 느끼지 못할 것이고, 포르노를 봐도 재미를 느끼지 못할 가능성이 있다. 억제된 사람들끼리 만나서 부부가 되었다면, 정상 체위로 한 달에 한 번씩만 섹스를 해도 아무런 문제가 없을지 모른다. 그들은 그것이 문제라고는 생각지 않을 것이고, 다른 행동을 해봐야 한다는 압박도 느끼지 않을 것이다. 그들의 성향이 원래 그렇기 때문에, 그들의 이런 행동과 생각은 옳다.

성적으로 덜 억제된 사람들은 가끔 성적으로 답답함을 느끼고, 포르노를 보며 실컷 자위행위를 해서 충동을 풀 가능성이 있다. 그들은 십중팔구 은밀한 애인을 만들거나 사무실에서 이성을 유혹하는 행동을 할 필요를 느끼지 못할 것이다. 성적으로 억제된 기질과 억제되지 않은 기질 사이 중간쯤에 위치한 부부는 가끔 실험을 해보고 싶다는 욕구를 느끼고, 새로운 성인용품이나 체위를 시도해보고, 새로운 테크닉을 배우고 싶어할 가능성이 있다. 그들은 또한 상대방이 자위행위를 하고 싶다는 욕구를 느끼는 것, 다른 상대에 대해 가끔 환상을 꿈꾸는 것도 이해해줄 것이다.

문제가 되는 것은 한쪽은 성적으로 억제되어 있고 반대쪽은 성적으로 개방된, 종교적인 부부이다. 종교라는 요인이 포함되어 있기 때문에, 성적으로 억제된 배우자는 자신의 선천적 기질뿐만 아니라 종교적 죄책감이라는 요소까지도 부부 관계에 끌어들이게 된다.

선천적으로 억제된 사람이 억제되지 않은 사람의 욕구와 욕망을 이해하기는 힘들다. 그래서 그들은 대개 "나한테는 그게 필요하지 않은데 당신은 왜 그래?"라는 태도를 취하곤 한다. 종교는 개방적인 배우자의 욕망과 욕구를 지지해주지 않고 오히려 결혼 생활에 지독한 스트레스를 안겨준다. 그리고 이로 인해 부부의 성적인 관계가 깨어지고 결혼 생활이 마침내 파경으로 끝나는 경우가 많다.

이것은 남녀 모두 마찬가지다. 우리 문화에서는 여성들이 남성들에 비해 더 억제되어 있는 편이지만, 남편에게서 얻을 수 있는 것보다 훨씬 더 많은 섹스를 원하는 여성들의 수도 상당하다. 하지만 종교적인 금기 때문에 그들은 자신의 생각을 파트너에게 털어놓고 솔직히 의논할 수 없다.

마지막으로, 억제되지 않은 사람들도 자신의 '죄스러운' 욕망에 대해 죄책감을 느낄 수는 있지만 그래도 욕망을 행동으로 옮긴다. 억제되지 않은 기질을 타고난 신자들은 생물학적 요구에 따라 행동한 뒤 나중에 끔찍한 죄책감을 느낄 것이다. 그러다 보면 통제할 수 없는 행동을 한 뒤 한동안 끊임없이 죄책감을 느끼며 참회하다가 다시 통제할 수 없는 행동으로 돌아가는 사이클이 만들어진다. 표면적으로는 중독과 비슷한 모습이지만, 실제로는 종교가 유도한 정신병이다 (종교는 신도들로 하여금 이것이 중독이라고 믿게 만들 것이다. 그래야 그런 행동의 궁극적인 원인인 종교보다는 행동 자체에 더 시선이 쏠리기 때문이다).

섹스에 대한 종교적 가르침 때문에 성적으로 억제되지 않은 사람들은 흔히 자신에게 근본적으로 결함이 있다는 생각을 한다. 교회의 가르침에 어긋나는 강렬한 충동을 느끼는 자신이 신에게 반항하며 죄를 짓고 있다는 것이다. 신앙이 깊은 사람이라면, 자신의 행동을 이성적으로 바라보지 못할 것이다. 그 결과 종교적으로 금지된 성행동을 한 뒤 몇 주 동안 기도를 하며 회개하는 파괴적인 사이클이 만들어질 수 있다. 시간이 흐르면 생물학적인 충동이 다시 표면으로 떠오르기 때문에 그는 다시 금지된 행동을 한 뒤 또 회개한다. 이런 과정을 통해서 그는 성을 즐기고 표현하는 이성적인 방법이 아니라 죄책감에 계속 초점을 맞추게 된다. 그리고 이 사이클을 한 번씩 거칠 때마다 점점 자신이 무가치한 인간이라는 생각을 한다. 그와 동시에, 이런 마음을 달래는 방법은 다시 종교에 기대는 길밖에 없다는 결론을 내린다.

종교적인 죄책감 사이클은 학습과 변화를 방해한다. 신도들은 성적인 존재로서 자신의 진정한 모습이 무엇인지 배우기보다, 도저히 지킬 수 없는 종교의 성적인 기준에 맞춰 자신을 가늠해보고 항상 자신이 부족한 존재라는 결론을 얻는다. 성적으로 억제되지 않았으면서 종교를 믿지 않는 사람들은 자신의 행동에 이성적으로 대처할 수 있다. 죄책감이라는 요소만 빠져도 자신과 상대에게 어떤 상처를 주고 있는지, 이 문제를 해결하기 위해 무엇을 할 수 있는지 스스로 볼 수 있기 때문이다. 섹스에 대한 죄책감이 없다면 사람들은 자신의 욕구와 욕망에 대해 좀 더 솔직하게 털어놓고 파트너와 의논할 수 있게 된다. 자신의 욕망을 수치스럽게 생각하는 사람이 남에게 그 욕망을 털어놓을 가능성은 희박하다. 따라서 죄책감의 사이클이 끈질기게 남아 있는 한 자신과 남에게 해로운 행동이 계속 이어질 가능성이 높다.

내가 섹스 중독이라는 것이 존재한다고 믿지 않는 것은 바로 이런 패턴 때문이다. 설사 섹스 중독이 존재한다 해도, 환자의 수는 종교가 주장하는 것보다 훨씬 적다. 섹스 중독이라는 개념은 비록 종교의 발명품이 아니지만, 최근 많은 성직자들과 종교 지도자들이 이 개념을 옹호하고 있다. 죄책감을 강조하는 주장에 이 개념이 잘 들어맞고, 처음에 사람들에게 죄책감을 심어준 장본인인 교회로 사람들을 다시 불러들이는 역할을 하기 때문이다.

21 제거된 성, 아파하는 마음

종교는 우리에게 본성을 무시하고 그 에너지를 신에게 돌리라고 가르친다. 그 결과 사람들은 정서적, 심리적 문제에 시달린다.

부정한 목사들

종교 지도자들은 사람들에게 성적으로 어떤 행동이 올바른 것인지 말해주는 사람들이다. 만약 그들이 해주는 말이 옳다면, 그들이 신도들보다 훨씬 더 '도덕적'으로 행동하는 것이 그 증거가 될 수 있을 것이다. 2005~2006년에 보수파 중에서도 보수파인 프랜시스 셰퍼 연구소는 1,050명의 목사들을 대상으로 다양한 행동들과 직업적인 스트레스 요인에 관한 설문조사를 실시했다. 그 결과 중 몇 가지를 정리해보면 다음과 같다.[128]

- 설문에 응한 목사 1,050명 전원이 가까운 동료나 신학교 시절의 친구 중에 너무 지쳐서, 교회 내의 갈등 때문에, 도덕적인 실수 때문에 목회를 그만둔

사람이 있다고 대답했다.

- 808명(77퍼센트)은 자신의 결혼 생활이 좋지 못하다고 생각하고 있었다!

- 399명(38퍼센트)은 이미 이혼했거나, 현재 이혼 수속 중이라고 대답했다.

- 315명(30퍼센트)은 현재 불륜을 저지르고 있거나, 신도와 일회성 관계를 맺은 적이 있다고 대답했다.

- 거의 40퍼센트는 목회를 시작한 뒤로 바람을 피운 적이 있다고 대답했다.

- 70퍼센트는 항상 우울증과 싸우고 있다고 대답했다.

이 보고서에서 밝혀진 13가지 결론들 중 세 가지에 대해 저자들은 "이것이 열쇠"라고 말했다. 성경 공부, 개인적 헌신, 교리 가르치기와 관련된 항목이었다. 저자들이 내린 결론은 성경 공부를 많이 하면 목사들이 우울증에서 벗어나 행복해지리라는 것이었다.

이제 종교적인 부부의 관계 역학과 그것이 정신적 건강에 미치는 영향을 살펴보자. 그러면 위의 설문조사에 응한 목사들이 성경 공부를 제대로 하지 못한 것 외에 또 무슨 문제가 있는지 단서를 찾을 수 있을지도 모른다.

종교적 감염과 우울증

수십 년 동안 우울증에 시달린 보수적인 목사가 있다. 그는 오랫동안 띄엄띄엄 치료를 받았으며, 약도 먹었다. 그는 자신이 살던 지역에서 가장 규모가 큰 교회의 목사였으나, 교회에 나오는 기혼 여성과 바람을 피우다가 들켜서 해고당했다. 그들은 각자 배우자와 이혼한 뒤 결혼했다. 그는 전에 있던 교회보다 덜 보수적인 교회를 금방 찾아내서 다시 목사가 되었다. 그런데 곧바로 우울증이 다시 찾아와서 몇 년 만에 또 해고당했다. 이번에도 성적인 충동에 따른 것이 문제였다. 상담 중에 그는 이런 말을 했다. "나는 성충동 때문에 예수님과 가까워지지 못해요."

그는 종교를 완전히 떠난 뒤 자신이 우울해지지도 않고 성에 집착하지도 않는다는 것을 알게 되었다. 그의 두 번째 아내는 성생활이 정상으로 돌아오자 기뻐했다. 이제 그는 우울증 약을 먹지 않아도 자제력을 잃지 않고 마음이 편안하다. "내 인생과 침실에서 예수를 몰아낸 것이 내가 지금까지 했던 가장 잘한 일입니다." 그가 단언했다.

목사에게 종교가 당신의 우울증과 성적인 강박의 커다란 원인이라고 어떻게 말할 수 있을까? 성적인 에너지를 신에게 돌리려 애쓰면서 느끼는 저강도의 압박과 스트레스가 정서적인 문제를 일으킨다. 지속적인 억압은 배우자 중 한 사람 또는 두 사람 모두에게 우울증을 일으킬 수 있다. 우울증을 치료하려면, 환자가 자기 파괴적인 사고방식을 인정하고 스스로 그것을 바꿔야 한다. 종교를 문제로 인식하는 것이 특히 힘들다. 우울증을 해결하기 위해 종교에 기대는 사람들이 많기 때문이다. 하지만 사실 종교는 평화와 만족을 약속하면서도 애당초 우울증의 원인이 된 것들을 대부분 만들어내는 경우가 많다.

우울증이 항상 성적인 억압이나 종교 때문에 생겨나는 것은 아니지만, 이 두 가지가 우울증에 자주 기여하는 것은 사실이다. 17장에서 인용한 오순절교회파 교회의 이야기를 기억하는가? 교회에 다니는 모든 여성들이 남편의 성적인 요구에 응하지 않았다는 이야기 말이다. 죄책감 사이클과 조기 종교교육이 그런 문제를 일으켰을 가능성이 높다. 우울증 치료에 종교를 이용하면 오히려 문제가 악화되기 일 쑤다. 마치 질병을 치료하는 방법으로 더 큰 질병을 이용하는 것과 같다. 사람들로 하여금 교회에 시간과 돈을 바치게 만드는 데에는 효과적인 방법이지만, 환자들을 도와주지는 못한다.

보수적인 종교를 믿는 미국인들, 특히 성직자들의 이혼율이 높은 이유를 이 패턴으로 설명할 수 있을지도 모른다.[129] 성직자들은 신도들과 똑같이 "기도가 우울증을 치료해준다"는 식의 비합리적인 종교적 사고에 물들어 있을 뿐만 아니라, 자신의 노력이 신도들에게 도움이 되지 않는다는 것도 알고 있다. 진심으로 사람들을 돕고 싶어하는 목사가 자신이 도움이 못 된다는 증거를 계속 접하다 보면, 결국 정신건강에 무리가 오고 종교적인 결혼 생활도 무너질 것이다. 사회심리학 연구에서 이런 현상은 사회적 패배social defeat 스트레스라고 불린다.

지배와 비지배

모든 관계에서는 힘의 교환이 이루어진다. 힘이 자유로이 흐르는 관계에서는 누구나 자신의 힘을 내놓고 각자 욕구를 채울 수 있다. 가부장적인 종교적 결혼에서 힘은 위계질서에 따라 움직인다. 남성이 지배하고 여성이 순종하는 관계는 배우자 사이의 자연스러운 힘의 흐름을 심각하게 방해한다.

남성 종교 지도자들이 자기주장이 강한 아내들을 자신에게 순종하는 것처럼 보이게 만들려고 애쓰면서 줄타기를 하듯 아슬아슬하게 남성 지배권을 지키려고 하는 모습이 재미있다. 그는 반드시 '가장'의 모범이 되어야 하고, 아내는 반드시 그에게 '순종하는' 모습을 보여야 한다. 하지만 사실은 정반대일 수 있다. 아내가 지배하고 남편이 순종하는 관계일 수도 있다는 뜻이다. 이런 경우 24시간 내내 사실과 다른 연기를 하며 사는 것은 몹시 힘든 일이다.

20년 넘게 목사의 아내로서 결혼 생활을 했던 사람의 예를 들어보자. "목사의 아내로 살면서 가장 힘든 것은 나의 본연의 모습을 부정하는 것이었어요." 그녀는 내게 이렇게 말했다. 그녀는 자신의 지배적인 성격을 결코 드러낼 수 없었고, 성적인 관계에서 남편을 리드하는 주도권을 쥘 수도 없었다. 남편은 상냥하고, 부드럽고, 말씨도 조용조용하고, 자상한 사람이었으며, 성적으로 순종적이었다. 심지어 수동적이라고 해도 될 정도였다. 두 사람은 결혼 생활 후반의 10년 동안 사실상 섹스를 하지 않는 관계였다. 그녀에게는 비참한 생활이었다. 그녀는 자신의 성욕과 억압적인 종교적 성지도 사이의 갈등을 해결하기 위해 남편과 종교를 모두 떠나기로 결심했다. 그녀는 이제 성공적인 사업가이며, 순종적인 구석은 전혀 보이지 않는다.

그런데 그녀의 남편이던 목사는 아내가 얼마나 불행한지 짐작도 하지 못했다. "우리는 결혼 생활을 하는 동안 대개 교회와 아이들에게 주의를 집중했습니다. 섹스는 진지하게 고려할 문제가 아니었어요." 그는 내게 이렇게 말했다. 그에게는 섹스가 많이 필요하지 않았고, 섹스를 하지 않은 채 세월이 흘러도 그다지 아쉽지 않았다. 그는 성적으로 억제된 SSO의 정의에 잘 들어맞는 사람이며, 대단히 비지배적인 성격을 지니고 있었다. 그는 그런 생활이 자신에게 편안하므로 아내도 편안할 것이라고 생각했다. 종교적 패러다임 속에서 아내가 남편에게 자신의 욕구를 전달할 수 있는 길은 없었다.

이제 이 여성이 결혼하기 전으로 거슬러 올라가보자. 우리가 그녀에게 이 책에서 다룬 개념들을 가르친다고 가정하면, 아마 다음과 같은 질문들을 던질 것이다.

- 일상적인 대인 관계에서 당신은 얼마나 지배적인가?
- 이런저런 지시를 내리는 데에서 당신이 얻는 즐거움은 어느 정도인가?
- 성생활에 어느 정도의 다양성이 필요한가?
- 성적인 주도권을 쥐는 것을 얼마나 즐기는가?

이런 질문들에 대한 답을 알고 있었다면, 그녀가 비지배적이고 성적으로 억제된 목사와는 결혼하지 않았을 수도 있다. 한편 그녀의 남편 역시 같은 개념들을 교육받았다면 장래에 배우자가 될 여성의 욕구를 이해하고, 자신의 억제된 SSO와 비지배적인 성격이 그녀와 갈등을 일으킬 가능성이 있음을 인식했을지도 모른다.

SSO나 지배/비지배 같은 심리학적 개념들은 성역할에 대한 종교의 획일적인 가르침을 무너뜨린다. 이런 개념들이 사제나 목사들의 혼전 상담내용에 통합될 가능성은 별로 없다. 연인들은 앞으로도 계속 형편없는 혼전 상담을 받을 것이고, 목사들은 성직자와 신도들의 이혼율이 다른 사람들보다 같거나 더 높다는 사실을 통해 자신이 선의에서 기울인 노력이 허사였음을 계속 깨닫게 될 것이다.

생각 왜곡

성적인 에너지의 방향을 바꾸는 것은 대개 좋은 일이다. 우리는 항상 그렇게 하고 있다. 누군가에 대해 성적인 생각을 하더라도 그 생각을 바로 실천에 옮기는 사람은 없다. 파트너와 사랑을 나누고 싶더라도 직장 일의 마감 날짜가 가까운 상황이라면 우리는 먼저 일을 끝내는 데에 에너지를 돌린다. 침대에서 신나게 즐기는 것은 그다음 일이다. 우리가 그려내는 다양한 성적 환상 중에서 실현할 수 없는 것들은 실현하려 하지 않는다. 정상적인 사람들이라면 항상 이렇게 성적인 에너지를 다른 방향으로 돌리고 있다. 그런데 종교는 이런 기술을 가로채가서 이렇게 말한다. "아니, 그러면 안 됩니다. 그것은 죄예요. 그 에너지를 신에게 돌리십시오."

성욕은 종교에 몰두한다고 해서 사라지는 것이 아니다. 그저 방향이 바뀔 뿐이다. 하지만 성적인 생각과 외부에서 들어오는 자극은 멈추지 않기 때문에 사고 과정이 끊임없이 왜곡된다. 성적으로 종교적인 틀에 갇혀 있는 사람은 이내 자기처럼 억제되지 않은 사람들을 부도덕하거나 사악하다고 보게 될 것이다. 종교적인 사람들은 다른 사람들에게 성적인 이상성격자라거나 문란하다는 꼬리표를 쉽게 붙인다. 유혹에 저항하지 못하거나 자제력이 없는 사람이라는 꼬리표도 있다. 최악의 경우, 방향이 틀어진 성적 에너지가 문자 그대로 마녀사냥으로 이어져 종교적인 가르침에 정확히 들어맞지 않는 행동을 하는 동성애자 등을 박해하게 될 수도 있다.

일탈하는 신도들

종교적 성지도가 종교 지도자와 목사의 아내들을 얼마나 괴롭히는지 앞에서 이미 보았다. 그렇다면 신도들은 어떨까?

앞 장에서 우리는 다음과 같은 사실들을 살펴보았다.

- 침례교 신도와 복음주의 교회 신도들의 이혼율이 미국에서 가장 높다.
- 아동 학대 가능성을 마약과 알코올 다음으로 가장 정확히 예측하게 해주는

요인은 부모의 종교성이다.

- 성적인 기능장애는 대개 어린 시절부터 배운 종교적 죄책감과 관련되어 있다.
- 십대 임신율이 가장 높은 집단은 가장 종교적인 사람들이다.

대부분의 종교적인 사람들은 종교가 이 모든 문제들에 일조하고 있다는 주장, 즉 종교가 스스로 가장 혐오하는 행동의 실질적인 원인이라는 주장을 부정할 것이다. 이처럼 종교가 원인이라는 사실을 알아차리지 못하기 때문에 계속 종교가 몸을 숨길 수 있다.

어떤 장로가 공원에서 동성애 섹스 파트너를 구하다가 붙잡혔다. 또 다른 장로의 아내는 세례당에서 부목사와 섹스를 하다가 붙잡혔다. 젊은 목사 부부가 부부 파트너교환 클럽에서 목격되었다. 교회 위원회 의장은 다른 도시에서 포르노 상점에 갔다가 들켰다. 집사의 십대 딸은 임신했다. 이것은 통속적인 연속극의 설정이 아니라, 한 교회에서 실제로 일어났던 일들이다.

내가 관계를 맺었던 교회들에는 항상 모종의 섹스 스캔들이 벌어지고 있었다. 잘 살펴보고 귀를 기울인다면 교회 안 어디서나 섹스의 증거를 볼 수 있다. 교회에서 떠도는 많은 소문들이 진실이 아닐 수는 있지만, 신도들이 남들의 성적인 죄 말고 달리 무슨 수다를 떨 수 있겠는가? 성적인 죄야말로 가장 많은 주목을 받는다. 대부분의 종교에서는 우리의 아주 기본적인 충동들을 들쑤신 뒤 비현실적인 성적 기준에 부응하지 못한 사람들을 뒤에서 욕하는 것이 명예로운 일인 듯하다.

전도를 위한 세뇌 기법

많은 종교들은 결핍이 정결과 경건함에 이르는 길이라고 가르친다. 사순절이나 라마단 단식을 하면 영혼이 정화된다는 것이다. 결혼 전에 성적으로 금욕하는 것도 배우자를 위해 자신을 순결하게 지키기 위해서이다. 월경 중에 섹스를 금하는 것은 남성이 부정해지는 것을 막아준다. 성자들과 종교 지도자들은 수천 년 동안 결핍이 신에 이르는 길이라고 가르쳤다. 성 베네딕트에서부터 마하트마 간디에 이르기까지 종교 지도자들은 결핍이 신에게 이르는 지름길 중 하나라고 가르쳤다. 사람들로 하여금 그들의 자연스러운 욕구가 부자연스러우며 신의 계획에 어긋난다고 믿게 만드는 것이 요령이다. 일단 이것이 성공하고 나면, 섹스나 특정 음식을 스스로에게 금하는 것이 고귀하고 경건한 행동이라는 믿음도 사람들에게 심어줄 수 있다. 이 엄청난 왜곡을 통해 사람들은 자신의 에너지와 삶을 종교에 쏟아야겠다고 결심하게 된다. 그들은 신에게 봉사하기 위해 인생에서 가장 중요한 것들을 일부 포기한다.

결핍이든 지나친 자극이든 여기에 두려움과 주위의 압박을 덧붙인 것이 많은 종교의 개종 도구다. 시끄러운 오순절교회파의 예배, 복음 부흥 운동, 두려움을 퍼뜨리는 이맘의 설교, 1주일 동안의 교회 수련회 중 어둠 속에서 모닥불을 피워놓고 드리는 예배 등은 모두 사람의 감각을 압도하고 마음을 혼란에 빠뜨려 현실에 대한 인식을 바꿔놓기 위해 고안된 것들이다.

영국의 정신과의사 윌리엄 사갠트 William Sargant는 저서 《정신을 위한 싸움: 개종과 세뇌의 생리학 Battle for the Mind: A Physiology of Conversion and Brainwashing》[130] 에서 인간이 종교적 교리나 정치적 이념을 믿게 되는 과정을 누구보다 먼저 기록했다. 1950년대 한국과 중국의 고문 기법을 연구한 사갠트는 이런 기법들이 신념과 행동을 바꿔놓는 힘을 지녔음을 증명했다. 하지만 사람을 바꾸는 데 반드시 극단적인 조건이 필요한 것은 아니다. 사갠트는 찰스 웨슬리^{Charles Wesley}(감리교 창시자)를 비롯한 여러 종교 지도자들이 신앙 부흥을 위해 사용한 방법들이 한국이나 중국의 방법들과 몹시 흡사하다는 사실을 밝혀냈다.

결핍, 지나친 자극, 부정, 두려움은 고대로부터 내려온 종교의 도구들이지만, 여기서 섹스는 무슨 역할을 하는 걸까? 신의 이름으로 자연스러운 욕구를 포기하거나 거기에 저항하는 것은 신에 대한 헌신을 보여준다. 수녀들과 사제들은 신과 가장 닮은 존재가 되고 싶어서 섹스를 포기한다. 오랫동안 성적인 결핍을 유지하는 것은 생물학적인 지도에 어긋나기 때문에 정서적 왜곡과 심리적 왜곡이 나타나는 경우가 많다. 여기에 반복적인 의식儀式, 경전 읽기, 무릎 꿇기, 기도, 금식을 덧붙이면 우리의 뇌는 현실에 대한 인식을 수정해서 섹스를 증오하며 눈에 보이지 않는 신을 받아들이라는 끊임없는 압박에 시달리게 된다.

많은 종교들은 신도들을 위해 섹스라는 주제를 두려움과 역겨움으로 둘러싼다. 아무리 잘 봐줘도 섹스는 수상쩍은 행동이며, 신자가 예수에게 다가가는 것을 막는다. 이런 생각들이 정신적 상처로 이어질 수 있다. 심하면 섹스 또는 섹스의 특정 측면에 대한 혐오증이 나타날 수도 있다. 종교에 감염된 사람들은 섹스를 피하는 것이 구원과 영생을 얻는 데 반드시 필요하다고 생각할지 모른다. 그래서 신의 이름으로 금욕하거나, 성적인 행동을 제한하는 것이다.

망상을 향한 두 단계

종교가 사람들을 어떻게 설득하기에, 사람들은 그토록 많은 것을 포기하는 걸까? 다양한 종류의 결핍이 의식을 바꿔 놓는다. 영양분을 거부하거나, 사회적 고립을 유지하거나, 섹스를 거부하거나, 반복적인 의식을 접할 때 우리 뇌는 그 영향을 받아 때로 혼란을 일으킨다. 다시 말해서, 뇌의 균형이 깨어진다는 뜻이다. 이런 상태의 뇌는 평범한 경험의 재해석과 암시에 몹시 취약하다.

결핍과 자극 과다로 의식의 상태가 바뀌면 망상, 꿈, 신과 접촉하고 있다는 느낌 등이 생겨날 수 있다. 굶주렸을 때 자꾸만 음식 생각이 나는 경험은 여러분도 해보았을 것이다. 아이스크림을 아주 좋아하는데 다이어트 때문에 먹을 수 없는 사람이라면, 초콜릿을 듬뿍 뿌린 바닐라 파르페의 꿈을 꿀지도 모른다.

종교도 이런 경로를 이용해서 사람들에게 거룩함이라는 감각을 감염시킨다. 두 단계만 거치면 된다.

1. 신의 이름으로 결핍, 자극 과다, 두려움 등을 충분히 겪으면 뇌의 화학구조가 바뀐다. 뇌는 상황을 이해하고 다시 균형을 찾기 위해 사방을 더듬으면서 이런저런 생각을 하고 꿈을 꾼다.
2. 뇌의 화학적 변화로 인해 생겨난 감정들에 대한 초자연적인 설명을 뇌에 제공한다. 예를 들어보자.
   - 당신이 걷잡을 수 없이 흐느낀 것은 예수님께 용서를 받았다는 뜻이다.
   - 방언ﾎﾎﾟ[황홀 상태에서 성령에 의하여 말해진다는, 내용을 알 수 없는 말]은 성령이 당신 안에 살고 있다는 증거다.
   - 당신이 본 환영은 하느님이 당신에게 직접 말을 거셨다는 것을 보여준다.

이런 초자연적인 설명들을 받아들인 사람은 종교적인 헌신이 한층 더 깊어지고, 더 많은 설명을 들으려고 다시 교회에 나온다. 초자연적인 설명이라 해도 자신이 느낀 것에 대한 답을 얻었다는 사실이 끔찍한 죄책감이나 두려움을 계속 경험하는 것보다는 낫기 때문이다. 결과적으로 엄청난 안도감으로 인해 인생이 바뀔 수도 있다. 대개 사람들은 종교에 크게 도움이 되는 행동을 하게 된다. 그 행동이 자신에게 해롭거나 자신을 파괴한다 해도 상관없다. 신도는 종교가 자신을 조종하고 있음을 깨닫지 못한다. 애당초 문제의 두려움과 결핍을 만들어낸 것이 바로 종교임을 깨닫지 못한다.

성적인 결핍도 똑같은 패턴을 따른다. 사순절을 위해 섹스를 포기하든 금욕해야 하는 사제가 되든, 종교적 행동의 기능은 더 강한 종교적 감염을 위해 종교의 경쟁자 격인 섹스를 제거하는 것이다. 결핍이 사고의 왜곡으로 이어지기 때문에 사람들은 섹스를 '적'으로 인식하기 시작한다. 성적인 표현과 행동은 신에 대한 헌신과 양립할 수 없다. 누군가가 "내가 우리 집에 사는 유령을 기쁘게 하려고 금욕 중이야"라고 말한다면 사람들은 그가 망상에 빠졌다고 생각할 것이다. 하지만 "예수님(또는 마리아, 알라 등)을 기쁘게 하기 위해 (또는 부처님의 길을 따르기 위해) 금욕하고 있다"고 말하면 감탄의 대상이 된다.

성적인 결핍은 영혼을 정화해주지도, 정신을 한 단계 높여주지도, 우리가 열반이나 예수나 알라에게 가까워지게 해주지도 않는다. 성적인 결핍으로 우리 마음이 종교적인 감염에 한층 더 초점을 맞추게 되는 것은 사실이지만, 그와 동시에 섹스를 악마로 보는 사고방식도 생겨난다.

이런 변화의 결과는 무엇일까? 연인이나 부부 사이의 성적인 기쁨과 성관계 횟수가 십중팔구 줄어들고, 성을 둘러싼 죄책감이 더욱 강해질 것이다. 이런 사고방식은 대개 섹스와 성적인 충동을 사악한 적으로 왜곡해버리고, 그것들이 우리를 신에게서 꾀어내려고 만들어졌다고 믿게 만든다. 그래서 사람들은 자신의 육체로부터 소외된다. 자신의 자연스러운 충동과 욕망을 적으로 보는 것이 어찌 건전한 일이겠는가? 어떤 여성이 자신이 경험한 성적인 왜곡을 다음과 같이 요약해서 들려주었다.

> 결혼이라는 맥락 속의 성은 아름답다고 배웠지만, 성의 사악함, 그것이 지닌 힘에 대한 두려움, 배우자 이외의 사람에게 느끼는 죄스러운 욕망에 대한 가르침과 비교하면 아무것도 아니었다. 나는 또한 어렸을 때 여자는 절대 성욕을 느끼면 안 되는 것 같은 인상을 강하게 받았다. 나는 십대 초반부터 성욕을 느꼈으므로, 결혼할 때까지 오랫동안 성에 관한 끔찍한 기분에 시달렸다. 그래서 남편과의 평범한 섹스를 편안히 즐길 수 없을 때가 많다.

이 여성은 결혼할 때까지 성적인 결핍을 겪었다. 자위행위도 안 되고, 혼외 관계도 금지였다. 이처럼 강력한 충동을 꼭꼭 틀어막아 놓고 거기에 종교적인 메시지까지 덧붙인 것이 그녀의 성적인 발달과 즐거움에 계속 영향을 미치고 있다.

후세에 미치는 영향

죄책감 사이클 때문에, 과학을 바탕으로 한 훌륭한 성교육을 받은 사람들에 비해 종교적인 사람들의 십대 임신율과 성병 발병률이 높아진다.[131][132] 아예 섹스를 하면 안 된다는데 어떻게 콘돔을 사용하자는 말을 꺼낼 수 있겠는가? 피임 방법이나 콘돔에 관한 이야기를 나누는 행동 자체가 의도적으로 죄를 저지를 계획임을 보여준다. 하느님이 지켜보신다는 것을 알면서도 미리 계획을 세워서 하느님의 율법을 어기려 하는 것이다. 이렇게 자신이 아무 짝에도 쓸모없는 죄인임을 인정하느니 차라리 현실을 간단히 무시해버리고, 우연히 충동적으로 그런 일이 일어난 척하는 편이 더 낫다. 그러다 임신을 하거나 성병에 걸린다면, 하느님이 죄에 대해 처벌을 내리셨다고 쉽게 믿어버린다. 자신은 그런 벌을 받아도 싼 행동을 했다는 것이다. 이런 상황에서 잉태된 아기는 출발부터 나쁘다. 죄책감과 천벌이라는 생각이 평생 동안 아기를 따라다닐 것이다. 우리의 온라인 설문조사에서 한 응답자는 다음과 같은 답변을 내놓았다.

> 내가 성경험을 시작한 시기와 종교를 믿지 않게 된 시기 사이에는 커다란 간격이 있었다. 그동안 나는 불필요하게 성병과 임신의 위험을 무릅썼다. 죄책감 때문에 피임 도구나 콘돔 같은 기본적인 예방 조치를 취할수 없었다. 종류를 막론하고 피임 도구를 쓴다는 것은 내가 성적인 행동을 미리 계획했을 뿐만 아니라 바라기까지 했다는 사실을 인정하는 것과 다름없었다. 피임 도구를 쓰지 않기로 결정한 덕분에 나의 성적인 쾌감이 남자친구의 성적인 욕망을 충족시키는 과정에서 우연히 생긴 부산물이라고 나 자신을 설득할 수 있었다.

우리는 연구를 하면서 수백 명의 사람에게서 비슷한 이야기를 들었다. 종교적인 죄책감 때문에 자신의 성적인 감정과 욕망을 부정하면서 불필요한 위험을 무릅썼다는 얘기였다.

우리 집안에서 종교적인 왜곡이 영향을 미친 역사는 적어도 80년 전으로 거슬러 올라간다. 당시 우리 할머니는 수상쩍은 임신을 하는 바람에 이혼당하셨다. 그리고 곧바로 재혼했다. 할머니는 종교적인 수치심과 죄책감 때문에 자초지종을 털어놓지 못했다. 그냥 아이 아버지와 연락을 끊어버리고 이혼한 적이 없는 사람처럼 행세했다. 그리고 이혼한 사람들을 가혹하게 비판했다. 아무도 할머니를 비난하지 않았지만, 할머니는 자신을 비난했다. 할머니는 평생 동안 종교의 이름으로 잘못된 선택을 많이 하신 분이었다.

내가 어렸을 때 다닌 교회에서는 내가 아는 거의 모든 가정이 우리 할머니처럼 종교적인 결정의 파괴적인 결과 때문에 고통스러워하고 있었다. 그 사람들에게 누가 혼전 임신, 불륜, 이혼, 성적인 학대, 아동 학대 등이 대개 종교와 관련되어 있다고 말해주었다면, 그 사람들은 화를 냈을 것이다. 죄책감과 수치심 때문에 동네 사람들이 모두 눈이 멀어서 종교가 자기들 가정과 관계에 파괴적인 영향을 미치고 있다는 사실을 깨닫지 못했다.

인간이라는 종의 성공적인 적응과 진화는 수십만 년 전까지 거슬러 올라가는 짝짓기 전략과 유대감 전략에 이미 예언되어 있다. 하지만 종교는 이 과정을 방해한 뒤, 우리더러 정상적인 인간처럼 행동한다고 비난한다.

part
05

Program Yourself for a change

종교에게서
인간에게로

∨

생물학적 요구에 지배당하지 않으려면, 우리를 구속하는 생물학적 조건들을 존중하고 인정해야 한다. 성적인 충동을 무시하거나 부정하는 행동은 실망과 불행으로 이어진다. 일부일처제에 대한 종교적 관념은 생물학적으로 부적절할 뿐만 아니라 대개 파괴적이다. 결혼, 정절, 일부일처제 등에 대한 종교적 관념을 없애고, 인간의 진정한 욕구를 충족시키는 생각과 행동을 받아들이면 더 많은 부부들이 더 오랫동안 더 많은 행복을 느낄 수 있을 것이다.

5부에서 나는 성의 기초를 살펴볼 것이다. 여기에 밝혀 놓은 정보가 성적인 존재로서 여러분이 어떤 존재인지, 그리고 다른 사람들과 어떤 관계를 맺고 싶은지에 대해 합리적인 결정을 내리는 데 도움이 될지도 모른다. 어쩌면 여러분이 지금까지 받은 교육에 도전장을 던져 새로운 발견으로 이끌어줄 수도 있다. 그러면 여러분이 자신 또는 파트너와 함께 새로운 행동들을 시도해보자는 마음을 먹게 될 수도 있다. 나는 특정한 행동이나 생활 방식, 특정한 결혼 방식을 옹호할 생각이 없다. 내가 옹호하려는 것은 관계에 관한 결정을 내릴 때 맑은 머리로 초자연적인 것에 기대지 않는 생각을 해야 한다는 것이다. 여러분이 종교의 영향을 덜 받는 합리적인 성생활을 구축하는 데 도움이 되겠다는 것이 나의 목표다.

사람들이 파트너나 배우자의 종교로 개종하는 이유는 무엇인가? 무신론자처럼 종교를 믿지 않는 사람까지도 때로 함정에 빠뜨리는 패턴은 무엇인가?

예수함정의 패턴

종교적인 사람과 사귀다 보면 조만간 죄책감이라는 장벽과 맞닥뜨린다. 죄책감에 물든 가톨릭 신자나 모르몬교도와 아주 즐거운 시간을 보내는 것은 가능하지만, 그들이 믿는 예수가 두 사람 사이에 끼어드는 순간 즐거움이 갑자기 중단되어 버린다. 나는 이것을 '예수함정Jesus Trap'이라고 부른다. 이미 수많은 사람들이 이 함정으로 빨려 들어갔다. 내가 예수함정에 대해 강연하면서 친구들이나 가족들 중에 이 함정에 빠진 사람을 본 적이 있느냐고 물으면, 청중의 3분의 1이 손을 든다.

예수함정은 이렇게 진행된다. 청년이 종교를 믿는 아가씨를 만난다.[133] 한창 열정에 빠져 있을 때와 NRE 단계[134]에서는 종교적 금기를 쉽게 극복할 수 있기 때문에 섹스가 시작된다. 아가씨는 자신의 종교적인 금기 의식을 놓아버린 상태라서 진심으로 즐거운 시간을 보낼 수 있다. NRE가 강하게 영향을 미치는 한 두 사람의 섹스는 언제나 즐거울 것이다.

하지만 NRE의 힘이 떨어지거나 외부의 사건, 그러니까 아가씨가 남자와 섹스를 하고 있다는 것을 교회의 신도 중 누가 알아차리는 사건 같은 것이 생기면 아가씨는 죄책감이라는 장벽과 맞닥뜨린다. 이때쯤 아가씨는 '진지한 대화'를 하자고 고집을 부릴 것이다. 그리고 대화를 하면서 기본적으로 다음과 같은 말을 할 것이다. "나는 이런 관계를 지속하면서 예수님에 대한 신앙을 지킬 수 없어. 당신이 내 종교로 개종하면 우린 다시 즐거운 시간을 보낼 수 있을 거야." 만약 청년이 개종을 거부하면 관계가 거기서 끝나버릴 수도 있다.

하지만 청년이 개종하면 그다음에 나오는 이야기는 이런 것이다. "당신이 개종을 해줘서 고마워. 하지만 결혼하지 않는 이상 이런 관계를 지속할 수는 없어. 결혼하면 우린 다시 즐거운 시간을 보낼 수 있을 거야." 이렇게 결혼한 뒤 정말로 한동안 즐거운 시간을 보내는 경우도 있다.

그런데 몇 년 안에, 아니 어쩌면 겨우 몇 달 만에 혼전 성관계에 대한 죄책감 또는 어렸을 때 받은 교육이 슬금슬금 되돌아와 즐거움이 사라져버린다. 이제 청년은 평생 꿈도 꿔보지 않았던 종교로 개종했는데, 아내는 처음 만났을 때의 모습과는 완전히 달라졌다. 두 사람이 즐겼던 성적인 행동이나 성에 관한 생각들이 이제는 더러운 것이나 잘못된 것으로 취급된다. 전에 아내는 구강성교나 항문성교를 아주 좋아했지만, 지금은 죄책감을 느낄 뿐이다. 전에는 가끔 성적인 역할놀이나 포르노 영화를 즐기기도 했지만 지금은 그런 짓을 하면 좋은 엄마도 좋은 주일학교 교사도 될 수 없다고 말한다.

청년은 예수함정에 빠졌다. 여기서 나가는 것은 힘들고 고통스러울 것이다. 청년의 인생 전체가 이제 아내의 종교적인 주장에 따라 결정되고, 섹스는 거기서 그다지 중요한 부분이 아니다. 아이가 태어나면 아내는 성에 관한 종교적 죄책감을 아이에게도 감염시킬 것이다. 남편의 반대 의견은 아무런 의미도 없다. 종교가 어린이 감염 프로그램을 작동시켰기 때문이다. 종교를 믿는 배우자가 남편이든 아내든, 침례교인이든 무슬림이든 가톨릭 신자든 패턴은 언제나 똑같다. 이성적인 대화를 시도해볼 수는 있지만 일단 종교적인 프로그램이 가동되고 나면 이성적인 대화는 거의 불가능하다.

이런 패턴은 누구에게나 놀라울 정도로 똑같이 나타난다. 다음은 과학자 겸 사업가로서 대단히 성공을 거둔 남자의 사례. 내가 방금 설명한 패턴과 그의 경험을 비교해보기 바란다.

나는 대학원에서 믿을 수 없을 만큼 굉장한 여자를 만날 때까지 줄곧 무신론자였다. 당시 나는 스물네 살이었고, 그녀는 스물두 살이었다. 그녀는 똑똑하고 지적이었으며 몹시 섹시했다. 우리는 몇 주 동안 데이트를 했다. 그러면서 그녀가 모르몬교도라는 것을 알게 되었지만, 나는 모르몬교에 대해 아는 것이 전혀 없었으므로 그냥 무시하고 넘어갔다. 그녀와의 섹스는 굉장했고, 우리 사이에는 공통점이 아주 많은 것 같았다. 몇 달 뒤 그녀가 자신의 모르몬 신앙에 대해 말을 꺼내면서 나더러 예배에 같이 가보지 않겠느냐고 물었다. 나는 그냥 분위기에 맞춰주었다. 처음에는 모르몬교도 다른 종교와 똑같이 터무니없게 보였다. 하지만 나는 그녀를 진심으로 좋아했으므로, 내가 모르몬교를 진지하게 받아들이지 않는 한 그녀와 어떻게도 될 수 없다는 사실을 금방 깨달았다. 나는 그대로 종교에 뛰어들어 22년 동안 푹 빠져 있었다.

지금 생각해보면 내가 그토록 쉽게 빨려들어간 것을 믿기 힘들지만, 그때 나는 사랑에 빠져 있었다. 나의 절친한 친구 두 명이 내게 이런 말을 한 적도 있었다. "너 제정신이야? 하는 짓이 꼭 광신도 같아." 나는 이 말에 화가 났다. 그래서 몇 달이 지나기도 전에 옛날에 사귀던 친구들 대부분과 연락을 끊어버리고 교회 안에서 새로운 관계들을 맺기 시작했다.

1년도 안 돼서 나는 모르몬교도가 되었고 우리는 결혼했다. 내가 워낙 진지하게 종교를 믿었기 때문에 교회에서 아주 중요한 지위까지 올라갈 수 있었다. 나는 신도들을 가르치는 일도 많이 했고, 끊임없이 공부했다. 우리 사이에 아이는 다섯 명이었다. 내가 그렇게 많은 아이를 낳을 줄은 꿈에도 생각한 적이 없었지만, 아내는 자식을 많이 낳는 것이 우리의 의무라고 고집을 부렸다. 내가 단호하게 거절하지 않았다면 그녀는 아이를 더 낳았을 것이다.

나는 가정의 영적인 가장이라는 내 역할을 진지하게 받아들였다. 그런데 22년의 세월이 흐른 뒤 어느 날 아침에 나는 식은땀을 흘리며 깨어났다. 모르몬경을 들고 한 번도 읽은 적이 없는 사람처럼 처음부터 끝까지 읽기 시작했다. 그다음에는 성경을 역시 그렇게 읽었다. 여기에 몇 주가 걸렸다. 그동안 내내 나는 공책을 옆에 두고, 도저히 말이 안 되는 내용들을 메모했다.

그렇게 모순되는 내용들과 완전히 말도 안 된다는 사실을 깨달은 내용들이 나중에는 공책 두 권을 가득 채웠다. 나는 자문했다. "내가 무엇에 홀려서 이 종교를 믿게 된 거지? 내가 어떻게 이성과 상식을 깡그리 무시하고 이런 걸 믿게 되었을까? 난 과학 석사 학위를 가진 사람이란 말이다."

나는 당혹스럽고 화가 났다. 그래서 곧 교회 일을 그만두고 신도들을 가르치는 일도 그만두기 위해 핑계를 만들었다. 결국은 내가 제정신을 차렸음을 아내에게도 알려야 했다. 그날 밤이 우리 결혼 생활의 마지막 날이었다. 아내는 자신이 결혼한 사람은 모르몬교도이므로, 모르몬교도가 아닌 남자와 결혼 생활을 유지할 생각이 없다고 말했다. 우리는 곧 이혼했다.

지금 되돌아보면 내가 얼마나 쉽게 속아 넘어가서 지구상에서 가장 정신 나간 종교 중 하나인 모르몬교를 믿게 되었는지 그 과정이 보인다. 나는 원래 무신론자였는데! 내가 순진한 내 아이 다섯 명을 세뇌해서 그 사이비 종교를 믿게 만드는 데 일조했다는 사실이 고통스럽다. 그것이 내 아이들과 나의 관계에 스트레스 요인이 되었다는 사실은 말할 필요도 없지만, 이제 내 아이들 중 두 명이 교회를 떠났다는 사실이 기쁘다. 나머지 세 아이는 제 어머니보다도 훨씬 더 종교적이다.

예수함정이 이토록 쉽게 효력을 발휘하는 이유가 무엇일까? 17장에서 설명했듯이, NRE 단계에서는 합리적인 면역 시스템이 약화된다. 정서적 안정의 균형이 어그러지고, 쾌락 호르몬들이 의사 결정 과정과 인식에 강력한 영향을 미친다. 이럴 때 종교가 종교에 감염되지 않은 사람의 머릿속으로 곧장 뛰어들어가기만 하면, 사랑에 빠진 사람의 눈에는 개종이야말로 옳은 일처럼 보이게 된다.

이런 행동은 모상선충에 감염되었을 때와 비슷하다. 모상선충은 메뚜기의 뇌에 영향을 미치는 기생충이다. 녀석은 일단 뇌 속에 자리를 잡으면, 메뚜기를 조종해서 물로 뛰어들게 만든다. 그래야 녀석이 메뚜기의 몸에서 나와 짝을 찾을 수 있기 때문이다. 이로 인해 메뚜기는 목숨을 잃지만, 기생충은 짝을 만나 자손을 낳는다. 많은 기생충과 바이러스들이 번식을 위해 숙주의 몸과 마음을 점령해서 조종하는 능력을 지니고 있다. 종교도 모상선충처럼 사람들의 마음을 조종해서 새로운 사람에게 종교를 감염시키기 위해 열심히 뛰어다니게 만든다.

예수함정의 작동 원리

생물학적인 면역 체계가 병원균들을 막아주듯이, 비판적인 사고 능력은 비이성적인 생각들이 우리 머릿속에 들어오지 못하게 막아준다. 종교에 깊이 감염된 사람과 그 사람에게 홀딱 반한 사람이 있다면, 종교는 사랑에 빠진 사람의 머릿속으로 뛰어들어가 그를 감염시킬 수 있다. 이런 감염 패턴 덕분에 많은 침례교도들이 가톨릭으로 개종하거나 많은 힌두교도들이 이슬람교로 개종하는 일들이 일어난다.

이 패턴으로 인해 개종하는 쪽이 여성인 경우도 간혹 있지만, 애당초 남성보다는 여성이 더 종교적이라는 사실 때문에 남성의 개종이 더 반가운 일로 여겨진다. 오순절교회파 목사였던 리치 라이언스는 오순절교회파가 신도들에게 "우정 데이트"[135] 훈련을 시켰다고 밝혔다. 이 훈련의 목적은 어떤 사람과 데이트를 하면서 그 사람에게 오순절교회파를 소개하는 것이다. 특별히 그 사람과 연애를 하고 싶다거나 결혼하고 싶다는 생각이 없어도 상관없다. 라이언스는 그것이 의심의 여지 없이 사람의 마음을 멋대로 조종하는 행위이자, 자연스러운 연애 감정을 이용하는 행위라고 생각했다. 앞으로 연애 관계를 맺게 될지도 모른다는 기대를 이용해서 대상을 종교로 끌어들이는 행위라는 것이다. 그는 연애 관계가 지속되지 못했는데도 많은 사람들이 계속 신도로 남아 있는 것을 목격했다. 예수함정은 이렇게 작동한다.

예수함정과 자녀 양육

종교적인 사람과 아주 진지해질 가능성이 있는 연애를 하고 있다면, 상대의 가치관과 믿음에 대해 솔직하고 자세한 이야기를 나눠보는 것이 무엇보다 중요하다. 그런 이야기를 통해서 아주 중요한 차이점들, 특히 자녀 양육과 관련된 차이점들이 금방 드러날 것이다. 이런 차이점들에 대해 솔직하게 이야기하는 것은 때로 매우 불편한 일이 될 수 있고, 심지어 관계 자체를 위협할 수도 있다. 하지만 결혼한 뒤에는 이성적인 의논과 의사 결정을 하기에 이미 늦다. 그 이유는 다음과 같다.

종교적인 사람을 결혼 상대로 선택한다면, 종교적인 행동과 자녀 양육을 둘러싸고 상대와 협상하기가 쉽지 않을 것이다. 두 사람이 자녀들을 종교적으로 중립적인 환경에서 기르기로 동의한다면 그것은 훌륭한 일이다. 하지만 그 동의가 실현될 가능성은 높지 않다. 실제로 아이가 태어나면, 미리 합의했던 많은 일들이 저 멀리 날아가버리고 종교적인 프로그램이 작동을 시작하기 때문이다. 종교를 믿는 배우자는 종교적인 조부모나 다른 가족들과 마찬가지로 최대한 빠르고 강력하게 아이를 감염시킨다. 종교를 믿지 않는 배우자는 이럴 때 대개 무력하다. 종교적인 배우자에게 미리 합의했던 사항들을 일깨워주어도, 상대는 화를 내면서 그 합의가 적용될 수 없는 이유들을 수없이 들이댈 가능성이 높다. 종교적인 프로그램이 가동되기 시작하면, 그것을 방해하거나 속도를 늦추는 것은 거의 불가능하다.

이 패턴은 가장 자유로운 종교를 제외하고는 모든 종교에서 똑같이 나타난다. 배우자가 감독파 교회나 유니테리언파 신도라면 문제가 생길 가능성은 별로 없다. 하지만 누군가와 결혼하는 것은, 곧 그 사람의 부모 및 친척들과도 결혼하는 것임을 잊으면 안 된다. 설사 배우자 본인은 종교를 믿지 않더라도, 가족들은 종교를 믿을 수 있다. 배우자가 자녀들을 복음주의 교회의 주일학교에 보내지 않겠다고 자기 부모를 설득하는 데 애를 먹을 수도 있다. 아니면 배우자의 부모가 손주를 종교적인 사립학교에 보내는 비용을 대겠다고 나올 수도 있다. 종교를 믿는 친척들도 아이들에게 종교를 감염시키려고 많은 유혹과 솔깃한 제안들을 내놓을 수 있다. 여러분이 자녀를 종교적으로 기르지 않고 있다는 사실 때문에 다른 가족들과 친척들이 끼어들어서 대신 종교적인 교육을 시키겠다고 나서는 것이다.

예수함정 이면의 심리학

종교적으로 감염된 사람은 대개 예수함정이라는 전략을 의식하지 못한다. 그들 자신의 호르몬과 생물학적 요인NRE이 순간적으로 종교적인 죄책감을 압도해버리기 때문이다. 섹스를 한 뒤에 죄책감을 느낄 수는 있지만, 그래도 자신의 행동을 합리화하며 두 가지 방식으로 인지적 부조화를 완화시킨다.

1. 지금 예수에게 용서를 구하거나, 아니면 연인을 예수에게로 이끈 뒤에 용서를 구하기로 한다.
2. 연인을 개종시키기 위해 더 열심히 노력한다. 장기적인 관점에서 새로운 영

혼을 예수에게 이끌기 위한 일이라면, 하느님도 가벼운 성적인 실수는 묵인해주실지 모른다.

이런 합리화 덕분에 종교적인 사람들은 극단적으로 자유로운 섹스를 할 수 있다. 이런 전략에 희생된 많은 사람들이 종교적인 연인과의 첫 번째 섹스가 마치 댐이 터진 것 같은 느낌이었다고 말한다. 한 설문조사 응답자는 다음과 같이 썼다.

> 그녀는 열렬했다. 나도 나름대로 연애를 해본 사람이지만, 침대에서 그녀처럼 재미있고 창의적인 사람은 처음이었다. 물론 내가 그녀에게 그녀가 종교를 믿어도 나와 상관없는 일이라고 말한 즉시 그 열렬함은 사라졌다. 나는 결코 기독교인이 될 생각이 없었다. 만약 그녀가 내게 계속 압박을 가한다면, 그녀와 헤어질 생각이었다.

종교적인 사람들은 대개 다른 평범한 사람들과 마찬가지로 섹스에 흥미가 많다. 섹스를 위한 에너지와 상상력도 지니고 있다. 하지만 죄책감 사이클에 억눌려 있을 때는 그런 기분을 숨겨둔다. 그러다 죄책감이 일시적으로 사라지면, 때로 완전히 극단적인 방향으로 나아간다. 이처럼 금기 의식이 전혀 없는 상태에 많은 사람들이 몇 주 동안 머무른다. 길어봤자 몇 달 정도다. 그러고 나면 죄책감의 파도가 그들을 점령한다.

예수함정에 대처하기 위한 전략

예수함정에 대처하는 것은 어려운 일이다. 종교를 믿는 연인이 "나는 저 사람을 함정에 빠뜨려서 예수님을 받아들이게 만들 때까지 내 죄책감을 무시하겠어"라고 의식적으로 생각하지는 않는다. 그 상대 또한 "저 여자의 종교적인 이야기에 장단은 맞춰주겠지만, 저 여자가 혹시 나를 개종시키려고 할지도 모르니까 미리 준비해두어야겠어"라고 의식적으로 생각하지 않는다.

예수함정에 대처하는 전략이라고 할 만한 것들을 몇 가지 꼽아보았다.

1. 두 파트너가 모두 종교라는 이슈를 인식할 수 있게 종교에 대해 솔직하고, 직접적이고, 자세한 이야기를 나눈다. "난 당신하고 같이 있는 게 아주 즐겁고, 당신이 점점 더 좋아지고 있어. 하지만 당혹스러워. 당신이 믿는 종교는 우리가 하는 모든 행동이 죄라고 말하는데, 당신은 어떻게 생각하고 있어? 조금 지나면 지금 우리의 행동 때문에 죄책감을 느끼게 될 것 같아? 내가 보기에는 문제가 전혀 없는 것 같은데, 우리의 행동과 당신의 종교 사이의 갈등이 방해가 돼서 우리 관계가 더 탄탄하게 발전하지 못할까 봐 걱정스러워." 이런 식으로 이야기를 나눌 수도 있을 것이다.

   이런 전략은 두 파트너가 자신들의 관계를 위협하는 중요한 요인을 직시할 수밖에 없게 만든다. 이 방법의 단점은 이것이 죄책감 사이클을 자극해서 상대가 다시 재미있는 사람으로 돌아오기가 힘들어질 수 있다는 것이다. 그러니 상대가 재미를 주는 동안 그것을 즐기는 편을 선택해도 된다. 다만 그런 재미있는 관계가 언젠가 끝날 것이라는 점을 명심해야 한다. 그래도 위안이 되는 것은, 여러분이 개종하든 개종하지 않든 결과는 똑같을 것이라는 점이다. 종교적인 사람에게 내면의 갈등을 영원히 무시하는 것은 불가능한 일이다.

2. 자신의 성적인 태도에 대해 솔직하게 이야기한다. "나는 당신에게 정말 호감

을 갖고 있고, 우리 둘 사이가 특별해질지도 모른다고 생각해. 당신은 결혼해서 아이를 낳고 싶다고 말했지. 나도 그런 생활이 좋지만, 우리가 아이를 낳았을 때 자녀 양육에 대해 과연 생각이 일치할지 확인해두고 싶어. 나는 내 아이들이 자신의 성에 대해 자유롭고 솔직한 사람이 되면 좋겠어. 예를 들어 많은 부모들이 자녀가 게이라는 것을 알게 되거나, 포르노를 보는 현장을 보거나, 학교 친구와 성에 대해 노골적인 이야기를 나눈다는 사실을 알게 되면 충격을 받지. 나는 우리가 부모가 되었을 때 이런 문제에 어떻게 접근할 것인지 의논하고 싶어. 나는 우리 아이들이 우리가 지금까지 그랬던 것처럼 자유롭고 솔직하고 창의적인 섹스를 할 수 있으면 좋겠어. 당신 생각은 어때?" 이렇게 이야기를 나눌 수도 있을 것이다.

이런 이야기를 나누다 보면 상대가 성에 대해 품고 있는 종교적인 생각이 금방 드러난다. 어쩌면 상대의 호모포비아가 드러날지도 모른다. 지금 두 사람이 하고 있는 섹스에 대해 상대가 죄책감을 토로할지도 모른다.

종교적인 구애 과정에 이런 솔직함은 포함되어 있지 않다. 이런 대화를 하다 보면 서로 자신의 가치관을 드러내고, 상대의 가치관에 도전하게 된다. 따라서 상대와의 관계를 좀 더 진지하게 발전시키겠다고 결심했다면, 곧 서로의 가치관에 대해 이야기를 나눠봐야 한다. 파트너들이 서로에게 중독되면 될수록, 서로의 가치관이 너무 달라서 극복할 수 없을 정도라는 사실을 인정하기가 더 힘들어질 것이다.

예수함정 이면의 심리학은 죄책감 사이클을 이해하기만 하면 간단히 알 수 있다. 데이트를 하면서 상대가 자신과 정말 잘 맞지만 종교를 믿고 있다는 사실을 알게 되었을 때, 앞으로 어쩌면 여러분을 개종시키려 들지도 모르고 장차 태어날 아이들을 멋대로 종교에 감염시키려 할지도 모르는 상대와 진지한 관계를 맺기 전에 먼저 솔직한 대화를 통해 두 사람의 관계에 대해 이성적으로 생각해볼 기회가 생기기를 바란다.

사람들은 관계에서 각각 다른 수준의 안정과 다양성을 추구한다. 획일적인 기준은 통용되지 않는다. 하지만 종교적인 지도가 우리를 가두고, 그 지도 자체가 초래하는 문제를 보지 못하게 눈을 가린다

우리는 걸어다니는 갈등 덩어리

관계와 섹스에 관한 한 우리는 걸어다니는 갈등 덩어리다. 지상의 모든 사람이 그렇다. 한편에서 우리는 짜릿함, 모험, 자극을 원한다. 세상에서 가장 섹시하고 매력적인 사람에게 한눈에 반해 사랑에 빠지고 싶어한다. 하지만 다른 한편에서는 믿음직한 파트너의 보호를 받으며 안정감을 느끼고 싶어한다. 대부분의 사람들은 이 두 가지 욕망을 모두 갖고 있다. 어떤 사람은 안정감을 더 원하기도 하고 또 어떤 사람은 모험을 더 원하기도 하지만, 그런 사람들도 기본적으로는 두 가지를 모두 원한다.

새로운 관계 에너지NRE는 짜릿함과 자극의 욕구를 만족시키는 데 도움이 된다. 하지만 상황이 힘들어졌을 때 기댈 수 있는 장기적인

관계와 안정을 원하는 욕구는 충족시켜주지 못한다. 이 장기적인 관계는 완전히 다른 것이다. 할리퀸 로맨스 소설이나 셰익스피어의 작품에 나오는, 그런 관계가 아니다. 이런 관계에는 번뜩임, 짜릿함, 모험이 없지만 그보다 훨씬 더 중요한 것을 제공해준다. 사랑받고 사랑하는 느낌, 누군가를 아끼는 느낌, 안정감을 제공해주는 것이다.

우리는 이 두 종류의 관계를 모두 사랑이라고 부르지만, 사실 이 둘은 생화학적인 측면에서도, 사회적 측면에서도, 심리적 측면에서도 상당히 다르다. 장기적으로 안정감을 주는 관계LTS에는 힘든 하루 일을 마치고 집에 돌아와 파트너와 함께 조용한 저녁 시간을 보내면서 느낄 수 있는 안정감과 만족감이 포함되어 있다. 몸은 파트너가 제공해주는 안정감에 반응해서 하루 종일 생성된 스트레스호르몬에 반격하는 호르몬들을 만들어낸다. 이것은 그 자체로서 강렬한 느낌이며, 중독성이 있다. 하지만 파트너와 오랜 세월 함께 산 뒤에야 비로소 이런 긍정적인 결과를 느낄 수 있는 경우도 있다.

이제 갈등에 대해 살펴보자. 20장에서 우리는 SSO(사회성적인 성향)에 대해 이야기했다. SSO의 스펙트럼 중 어느 지점에 속한 사람이든 대개는 누구나 어느 정도의 짜릿함과 어느 정도의 안정감을 원한다. 부부가 모두 SSO 점수가 높은 사람들이라면, NRE 단계에서 맛볼 수 있는 짜릿함과 모험을 갈망한다. 하지만 믿음직한 파트너의 안정감을 원하는 마음이 아주 없는 것은 아니다. 이 두 가지 욕구를 충족시키기 위해 부부가 함께 모험을 추구할 수도 있고, 따로 그렇게 할 수도 있다. 즉 파트너 중 한 사람은 마라톤을 하고, 다른 한 사람은 별도로 애인을 둘 수도 있다는 뜻이다. 아니면 두 사람이 함께 성적인 역할놀이를 하며 즐기거나, 가끔 포르노를 볼 수도 있다.

반면 SSO 점수가 낮은 사람들은 예측 가능한 일상과 안정적인 파트너에게서 얻을 수 있는 조용한 안정감을 갈망한다. 오랫동안 서로를 즐기며 살아온 세월은 만족감, 신뢰, 행복감을 가져다준다. 성적인 행동을 자주 하지 않더라도 문제가 되지 않을 수 있다. 이런 사람들은 페티시즘 파티 같은 곳에 참석하는 일 같은 것은 꿈에도 생각하지 않으며, 배우자가 아닌 다른 사람과의 섹스에도 전혀 흥미가 없다.

이 두 가지 생활 방식은 모두 효과를 발휘할 수 있다. 하지만 그러려면 두 파트너가 각각 상대방이 원하는 짜릿함과 안정감 수준에 대해 이해하고 있어야 한다. 만약 두 파트너의 SSO 점수가 너무나 다르다면, 훨씬 더 많은 대화와 이해가 필요하다. 한쪽 파트너는 모험적인 섹스에 관심이 많은데, 상대방은 왜 그래야 하는지 이해를 못할수도 있기 때문이다. 이런 의견 차이는 비록 극복이 불가능할 만큼심각한 것은 아닐지라도 역시 중대한 오해의 원인이 될 수 있다.

불행히도 우리를 에워싼 종교적인 문화는 SSO 점수가 낮은 유형의 관계를 높이 평가한다. 모험, 짜릿함, 성적인 행동이 별로 없는 관계는 자녀들과 손주들에게 성에 대한 종교의 부정적인 생각들을 감염시키기에 적절한 차분한 환경을 제공해준다. 종교가 퍼져나가는 데에는 이런 환경이 필요하다.

일부일처제는 디폴트가 아니다

인간은 기회만 있다면 가끔 파트너를 바꾸려고 한다. 이 점을 생각하면 자신의 파트너를 사랑하면서도 여전히 다른 사람을 원하는 심리, 파트너와 LTS를 향유하면서도 다른 사람과 NRE를 맛보고 싶어하는 기분을 이해할 수 있다. 이 두 가지 엇갈린 감정은 반드시 서로를 배제하는 관계가 아니다. 똑같은 사람이 동시에 이 두 가지 감정을 가질 수 있다는 뜻이다.

CBS의 유명한 기자 찰스 커랠트Charles Kuralt는 1997년에 죽었다. 그런데 그의 재산을 정리하는 과정에서 숨겨져 있던 정부情婦가 나타나 그가 자신에게 몬태나의 부동산을 주기로 약속했다며 소송을 제기했다. 이 소송 덕분에 커랠트가 29년 동안이나 이중적인 삶을 살아왔다는 사실이 드러나 많은 사람을 놀라게 했다. 하지만 커랠트와 같은 사례는 우리가 생각하는 것보다 더 흔할지도 모른다. 내 친한 친구의 삼촌 부부는 결혼 생활 중 대부분의 기간 동안 개방적인 관계를 유지했다고 밝혔다. 가족들이나 친구들에게는 감히 그 사실을 말할 수 없었지만, 50년이 넘도록 행복한 결혼 생활을 유지할 수 있었던 것은 일부일처제를 추구하지 않은 덕분이라고 생각하고 있었다. 인터넷으로 잠깐만 조사해보아도 사람들이 일부일처제가 아닌 생활 방식을 추구하며 서로 관계를 맺고 있는 많은 웹사이트들과 단체들을 찾아낼 수 있다.

역사책에 등장하는 남녀 비율을 보면, 우리 문화에서 여성이 아예 존재하지 않았거나 아무런 역할도 하지 않았다고 믿기 쉽다. 비슷한 맥락에서, 지난 2세기 동안의 종교 역사에는 무신론자가 거의 등장하지 않는다. 마치 리처드 도킨스Richard Dawkins가 《만들어진 신The God Delusion》(2006)을 쓰기 전에는 무신론자가 존재하지 않았던 것 같다. 하지만 사실 무신론자들은 수 세기 전부터 상당수 존재하고 있었다. 유타 주에는 일부다처제를 시행하는 모르몬교도들의 거주지가 수백 곳이나 있지만, 워런 제프스Warren Jeffs가 아동 학대와 성추행으로 체포되기 전에는 아무도 그들을 입에 담지 않았고 그들이 존재한다는 사실을 인정하지도 않았다.[136] 같은 맥락에서 우리들 중에도 일부일처 제를 추구하지 않는 사람들이 많이 있다. 다만 그들이 자신의 존재를 소리 높여 떠들지 않을 뿐이다.

문화는 특정한 종류의 사람들을 무시해버리거나, 그들을 아주 불편한 존재로 만들어서 눈에 뻔히 보이는 곳에 숨겨버리는 재주를 발휘할 때가 있다. 그런 사람들은 설사 29년 동안 존재를 숨기고 살 수밖에 없는 경우라 해도 자신의 욕구를 충족시키는 방법을 찾아낸다. 세상에서 가장 부유한 남자 중 한 명인 워런 버핏은 수십 년 동안 결혼 생활을 했다. 그런데 그의 아내가 직장 때문에 캘리포니아로 이주하자, 그의 애인이 그의 집으로 들어와 살았다. 그의 아내도 이런 사실을 잘 알고 있었다. 그의 아내는 수십 년 동안 이런 사실을 알면서 묵인해주었다. 아내가 죽자 그는 애인과 결혼했다.[137] 네브래스카 주 오마하에서 일어난 일이다!

프랭클린 루스벨트 대통령에서부터 버트런드 러셀에 이르기까지, 마크 트웨인에서부터 시몬 드 보부아르에 이르기까지 공개적으로든 비밀스럽게든 파트너를 여럿 두는 삶을 영위한 유명 인사들은 과연 몇 명이나 될까? 그것이 유명인들 사이에서 흔한 일이라면, 유명하지 않은 사람들 사이에서도 그런 일이 벌어지고 있을 것이다.

이런 이야기들에서 수치스러운 것은 그들이 일부일처제를 지키지 않았다는 부분이 아니라, 그들이 자신의 생활을 반드시 비밀에 붙여야 한다고 생각했다는 점이다. 일부일처제는 인간들에게 기본적으로 설정되어 있는 제도가 아니다. 이 사실을 확실하게 인정한다면, 사람들이 각자 자신에게 맞는 관계가 어떤 것인지 선택할 수 있을 것이다. 종교와 그 영향을 받은 문화는 '관계'에 대한 한 가지 시각만을 강요하지만, 우리가 다른 문화와 다른 생물들의 삶을 살펴보면서 알게 되었듯이 세상에는 다양한 관계 유형이 존재한다. 우선 종교만 보더라도, 이슬람교, 힌두교, 근본주의 모르몬교가 추구하는 유형이 각각 다르다. 물론 이 종교들이 공통적으로 여성에 대해 심한 편견을 갖고 있는 것은 사실이지만, 주류 기독교와도 다른 관계 유형을 갖고 있다. 기독교의 전통적인 결혼관에 매여 있지 않고, 남녀 모두에게 우호적인 관계 유형이 과연 가능할까?

종교의 영향을 던져버리고 싶은 사람들이 해결해야 할 과제는 관계와 성에 대해 합리적인 결정을 내리는 법을 터득하는 것이다. 우리의 기독교 문화는 오로지 일부일처제만이 사회적으로 용인될 수 있다고 말한다. 하지만 기독교인이 아니라면, 굳이 이런 주장을 따를 필요가 없다. 심지어 기독교인들조차 입으로 하는 말과는 달리 기독교식의 일부일처제를 고수하지 않는다. 뉴트 깅리치는 결혼을 세 번 했는데, 세 아내 중 두 명은 이미 다른 여성과 결혼한 상태에서 불륜 상대로 만난 사람이었다. 이것은 어떻게 보아도 일부일처제가 아닌데도, 그는 자신이 일부일처제를 지키는 독실한 기독교인이라고 주장한다. 내 추측이지만, 내 고향의 교회에서 이혼한 사람들 중 절반 이상은 이혼 전에 두 배우자 중 한 명이 바람을 피우는 일을 겪었을 것같다. 이런 것은 일부일처제가 아니다.

사람들이 성에 대해 솔직하게 이야기하는 법을 배운다면, 장기적이고 사랑이 넘치며 두 파트너의 욕구를 충족시켜주고 자녀들에게 안전하게 자랄 수 있는 환경을 제공해주는 관계를 구축할 멋진 기회를 만들어낼 수 있을 것이다.

그렇다면 이것과 사랑은 무슨 관계일까? 이 질문에 답하려면 먼저 사랑이 어떤 모습인지 정의할 필요가 있다. 두 남자가 결혼식을 마치고 키스하는 모습이 사랑일까? 흑인 남성과 백인 여성이 40년 동안 행복하게 결혼 생활을 하는 것이 사랑일까? 두 연인이 10년 동안 관계를 유지하면서도 결혼하지 않는 것이 사랑일까? 결혼한 부부가 한껏 차려입고 파트너교환 파티에 가는 것이 사랑일까? 한 여성이 남편 외에 애인을 또 두고 있는 것이 사랑일까? 기독교, 이슬람교, 유대교, 모르몬교, 힌두교 경전이 무슨 소리를 하든, 이런 관계들은 모두 사랑과 애정을 바탕으로 하고 있다. 이런 관계를 맺고 있는 사람들은 경전이나 종교적인 해석이 아니라 자기 나름의 기준으로 사랑을 정의한다. 사랑은 외부의 기준에 의해서가 아니라 관계 안에서 정의되어야 한다.

이런 생각의 정반대편에 서 있는, 대단히 종교적인 부부가 있다. 두 사람은 거의 45년 동안 함께 살고 있지만, 그중 대부분의 기간 동안 서로를 미워하며 침실을 따로 썼다. 그리고 배우자가 없을 때 각각 자녀들이나 손주들에게 상대에 대한 불평을 늘어놓았다. 남편이 죽었을 때, 목사는 두 사람이 오랫동안 행복한 결혼 생활을 하며 주님 안에서 자녀들을 키웠다고 찬사를 보냈다. 하지만 목사 자신을 포함해서 모든 사람이 이것이 거짓말임을 알고 있었다. 하지만 어쨌든 두 사람이 매주 일요일에 교회에 나왔고, 자선도 많이 베풀었기 때문에 연극은 계속되었다.

지금까지 이야기한 관계들 중 과연 어떤 것이 더 커다란 행복을 가져다줄까? 사람들이 점점 성숙해지고, 자신의 포부와 욕망을 상대에게 털어놓는 법을 배울 수 있는 관계는 어떤 것일까? 더 정직한 관계는 어떤 것일까? 위의 종교적인 부부는 거짓의 삶을 살았고, 그들의 불행은 가정 안팎에서 수십 명의 사람들에게 영향을 미쳤다. 그들은 종교적인 가치관 때문에 이혼도 못하고, 다른 유형의 관계를 추구하지도 못했으며, 함께 행복해지는 법을 배우지도 못했다.

종교지도에 갇혀서

평생 일부일처제에 갇혀 있는 것은 많은 사람들에게 전적으로 비현실적인 일일뿐더러, 정서적으로나 육체적으로 건전한 일이 아닐 수도 있다. 이 사실을 인정하면 장기적인 관계를 맺기가 한결 수월해질 것이다. 사람들이 이런 주제에 대해 솔직하게 이야기를 나눈다면, 관계에 대한 다양한 시각들이 다양한 사람들에게 효과를 발휘할지도 모른다. 이혼율이 50퍼센트에 달하는 우리 문화권에서, 만약 다른 형태의 관계를 맺을 수 있는 기회가 주어졌다면 이혼 대신 결혼 생활을 유지하는 편을 택하는 사람이 과연 얼마나 될까?[138] 비참한 결혼 생활을 하고 있는 사람들이 새로운 행복을 느끼며 상대에게 헌신하게 될 가능성은 또 얼마나 될까?

대부분의 사람들은 종교적 가르침이 만들어준 성지도를 그냥 물려받기만 할 뿐, 찬찬히 살펴보지 않는다. 연애나 결혼 생활에 자꾸만 문제가 생겨도, 과연 자신의 성지도가 정확한지 조사해볼 생각을 하지 않는다. 대단히 종교적이었던 나의 전 동료는 수십 년 동안 세 번 결혼했고, 두 아내에게서 자식들을 얻었다. 어느 날 나는 그와 함께 점심을 먹으며 몇 분 동안 이야기를 나눠본 결과 그가 그렇게 된 이유를 쉽사리 알아낼 수 있었다. 그는 남자가 가장이라고 굳게 믿었으며, 섹스에 대해서는 아무리 좋게 말해도 지나치게 점잖은 태도를 지니고 있었다. 그는 자신이 살아오면서 그토록 많은 불행과 실망을 맛본 가장 큰 이유가 결혼, 섹스, 관계에 대한 자신의 지도라는 생각을 한 번도 해보지 못했을 것이다. 그는 자신의 지도에 갇혀 있었다.

어린 시절에 형성된 지도를 바꾸는 것은 힘든 일이지만, 또한 우리에게 해방을 가져다줄 수 있다. 우리의 설문조사 응답자들 중 두 명은 "종교를 떠난 뒤 당신의 성생활이 어떻게 바뀌었습니까?"라는 질문에 다음과 같이 대답했다.

- 더 자유로워지고, 죄책감이 줄어들고, 나와는 다른 성적인 취향을 지닌 사람들에게 지지를 표시하는 것이 덜 두려워지고, 더욱 사랑이 넘치는 관계를 맺게 되고, 육체적인 표현의 자유가 늘어났다. 육체적으로도 정신적으로도 더 건강해진 느낌이다.
- 이제는 섹스를 더 탐구해볼 수 있을 것 같다. 나를 심판하거나 내 행동을 감시하는 신은 존재하지 않는다. 나는 무엇이든 내가 원하는 일을 할 수 있으며, 내가 내 파트너와 나의 즐거움을 위해 그런 행동을 한다는 것을 알고 있기 때문에 기분이 좋다.

우리는 연구 과정에서 자신의 지도를 바꾸기로 결심한 사람들 수백 명으로부터 비슷한 답변을 받았다.[139]

종교는 일을 쓸데없이 복잡하게 만든다. 관음증 환자처럼 남의 침실을 관찰하는 신이 없어도, 우리가 자신의 관계에 대해 맑은 머리로 결정을 내리는 것 자체가 충분히 힘든 일이다.

종교는 결혼에 대해 변덕스러웠다. 수백 년 동안 교회는 주로 부자와 권력자들의 결혼에만 관심을 보였으며, 농민들의 결혼에는 별로 관심을 갖지 않았다. 사람들의 결혼 방식과 결혼 이유를 좌우한 것은 각 지역의 문화였다. 1천 년이 넘는 기간 동안 유럽에서는 교회 결혼식이 드물었다. 교회는 결혼증명서를 발급하지 않았다(국가도 마찬가지였다). 사람들이 상대의 집으로 살러 들어가는 것이 곧 '결혼'이었다. 교회가 두 개인의 결혼에 대해 처음으로 공식적으로 인지하게 되는 것은 부부가 아기의 세례를 위해 교회를 찾을 때였다.[140]

종교개혁이 이루어지면서 개신교와 가톨릭 모두 결혼을 좀 더 중요한 문제로 생각하게 되었다. 두 종파 모두 어린이들에 대한 소유권을 확실히 주장하고 싶어했기 때문이다. 교회가 결혼을 인정하면, 그 결혼에서 태어난 아이들도 자연스레 그 교회에 속하게 되었다. 지난 200년 동안 서구의 결혼은, 결혼이 영원한 것이며 이혼은 생각할 여지도 없는 일이라는 전제를 바탕으로 한 획일적인 모델을 따랐다.

모든 부부들 중 이혼하는 사람 50퍼센트와 평생 불행한 결혼 생활을 유지하는 사람 25퍼센트를 고려하면, 이 모델은 겨우 25퍼센트의 사람들에게만 효과를 발휘한다. 결혼 방정식에서 종교라는 요인을 제외시키면, 이 모델을 계속 추구해야 할 압도적인 이유가 전혀 없다.

사람들은 왜 결혼하는가? 사랑이 이유 중의 일부지만, 그 사랑의 바탕이 NRE라면 사랑은 비교적 빨리 끝나버릴 것이다. 진정한 동반자 관계가 결혼의 목적이라면, 부부 모두 NRE 단계 이후를 생각할 필요가 있다. 자녀들에게 종교적인 교육을 시킬 것인지 하는 점에 대해서 미리 결정을 내려야 하며, 또한 두 사람의 관계에 장차 생겨날 여러 변화들에 어떻게 대처할 것인지에 대해서도 솔직하게 이야기를 나눠야 한다. 여기에는 결혼 생활을 해소해야 할 때가 됐을 때 어떻게 할 것인지에 대한 합리적인 고려도 포함되어 있다. 낭만적인 것과는 한참 거리가 먼 주제들이지만, 장기적인 동반자 관계를 원한다면 로맨스는 뒷전으로 밀려날 수밖에 없다.

새로운 계약의 가능성

관계 전문가들과 활동가들은 오래 전부터 여러 대안들을 연구했다. 심지어 정부도 동성 결혼에서부터 제한적인 계약 결혼에 이르기까지 다양한 방식을 살펴보고 있다. 2011년 멕시코시티의 이혼율은 50퍼센트였고, 대부분의 결혼이 2년 만에 끝을 보았다. 시 당국은 이 사실을 알아차리고, 2년짜리 혼인 계약을 인정하는 법안을 내놓았다. 혼인 계약은 2년 만에 자동으로 해소되지만, 부부가 원한다면 계약을 갱신할 수 있다는 내용이었다. 가톨릭교회는 불만이었다. "이 개정안은 터무니없다. 결혼의 본질에 어긋난다." 멕시코 대교구의 우고 발데마르 대변인은 이렇게 말했다. "이것은 의회가 선거를 위해 저지르는 무책임하고 비도덕적인 과잉 행동 중 하나다."[141] 하지만 사실 대변인의 발언은 "가톨릭 결혼의 본질에 어긋난다"로 고쳐야 옳을 것이다. 교회는 교회에 소속된 사람들의 결혼을 제외하면, 결혼을 규정할 권리가 없다. 교회는 멕시코시티가 2009년에 동성 결혼을 합법화했을 때도 똑같은 불만을 늘어놓았다.

드보라 애너폴Deborah Anapohl 박사의 획기적인 책 《한계가 없는 사랑 Love Without Limits》[142] 은 다자간의 사랑polyamory [일대일의 관계가 아니라 동시에 여러 사람을 사랑하는 것] 같은 대안적 관계 모델을 살펴본 최초의 책 중 하나다. 이 책이 나온 뒤로 사람들이 전통적인 종교적 결혼 모델 외에 헌신적인 관계를 맺을 수 있는 방법이 무엇인지 살펴본 책이 수십 권이나 나왔다. 또한 비영리단체인 러빙모어Loving More가 1991년에 설립되어 다자간의 사랑을 널리 알리고 있으며, 이들의 운동은 지금까지 커다란 호응을 얻었다. 이 운동의 지도자들 중에 남성보다 여성이 훨씬 더 많다는 사실이 흥미롭다. 이 주제를 다룬 베스트셀러 중에도 여성 저자가 쓴 것이 많다.

결혼상담가이자 저술가인 수전 피즈 거두아는 특정한 목적을 위해 정해진 기간 동안 유지되는 계약 결혼을 제의했다.[143] 그녀는 이 제안을 내놓으면서 다음과 같은 질문을 던졌다. "사람들이 결혼하고 싶어하는 이유가 무엇인가?" 이 질문의 답이 무엇일지 생각해보면, 결혼 계약의 조건을 생각하는 데에 도움이 된다. 만약 사람들이 자녀가 없는 경제적 안정을 위해 결혼을 원한다면, 이것이 혼인 계약의 한 가지 틀이 될 것이다. 결혼의 목적이 자녀 양육이라면, 여기서 또 다른 종류의 기대와 의무가 파생될 것이다. 예전 결혼에서 얻은 자녀들을 데리고 재혼해야 하는 상황이라면, 이것 역시 혼인 계약에서 고려해야 할 중요한 사항이다. 거두아는 결혼에 대한 서로의 기대에 대해 대화를 나누는 것, 결혼을 해소할 때가 됐을 때 어떻게 해야 할지 맑은 머리로 생각해보는 것을 추천한다. 이때 결혼을 앞둔 두 사람은 상대를 존중하면서 예의바른 태도로 이야기를 나눠야 한다.

BDSM● 세계에서는 관계에 관해 일종의 계약을 맺는 방식이 수십 년 전부터 사용되고 있다. 두 사람이 관계에서 기대하는 것, 두 사람의 행동에 대한 제한 등을 규정한 기본틀을 미리 만드는 것이다. 이 계약이 법적인 효력을 지니는 것은 아니지만, 두 파트너가 관계에서 기대하는 것에 대해 허심탄회하게 이야기를 나눌 수 있게 해준다. 따

● Behavoir-Discipline-Sado-Masochism[사디즘과 마조히즘을 통틀어 일컫는 말. 원래 B는 '결박'을 뜻하는 Bondage인데 저자가 착각한 듯하다].

라서 두 사람은 자신이 기대하는 것을 분명히 설명하고, 숨은 생각들을 살펴보고, 두 사람 모두 만족할 수 있는 협정을 맺을 수밖에 없다. 또한 계약 기간이 제한되어 있어서 대략 6개월마다 다시 계약 조건을 협상해야 한다. 이것은 정적인 것은 하나도 없음을 인정하는, 관계에 대한 역동적인 시각을 보여준다.

이번 장의 목적은 특정한 사고방식이나 시각을 지지하는 것이 아니라, 관계를 규정할 수 있는 다양하고 창의적인 방법들이 많다는 점을 보여주는 것이다. 가톨릭, 이슬람교, 침례교, 모르몬교 등 종교마다 결혼에 대한 정의를 갖고 있지만, 종교가 종교라는 울타리 밖에서까지 결혼을 정의할 수 있는 보편적인 권리를 갖고 있는 것은 아니다. 반면 우리는 자신과 자신이 사랑하는 사람의 욕구에 맞게 관계를 규정할 수 있는 힘을 지니고 있다.

24 신의 질투

성적인 질투는 섹스와 소유권에 관한 생각에서 태어난 감정이다.

"질투가 심한 남편이 의심하는 것은 아내가 아니라 자신이다."
– 오노레 드 발자크Honore De Balzac

"질투는 버림받는 것에 대한 두려움일 뿐이다." – 아랍 속담

"질투는 남들만 즐겁게 살고 있다고 생각하는 데서 나온다."– 에리카 종Erica Jong

"유능하고 자신 있는 사람은 어떤 경우에도 질투를 느끼지 못한다. 질투는 언제나 신경
질적인 불안감의 증상이다."– 로버트 하인라인Robert A. Heinlein

"질투는 상대를 사랑하는 마음이라기보다 자신을 사랑하는 마음이다."
– 프랑수아 드 라 로슈푸코Francois de La Rochefoucauld

"질투, 사랑의 생명을 유지한다는 핑계로 사랑을 죽이는 드래곤."
– 헨리 엘리스Henry Ellis

질투 많은 문화

성적인 질투심의 개념과 표현은 문화마다 크게 다양하다. 마거릿
미드Margaret Meade가 사모아 문화에는 질투가 존재하지 않는다고 한 말
은 유명하다. 비록 이 말에 반박한 사람들도 있었지만 말이다.[144] 하
지만 브로니슬라브 말리노프스키Bronislaw Malinowski도 모계사회인 트로브

리안드 군도에서 성적인 질투심이 지극히 미미하다는 것을 알게 되었고,[145] 모계사회인 중국 나족에서도 질투심이 문제가 되는 것 같지는 않다. 이 밖에도 상대적으로 질투심에서 자유로워 보이는 곳이 많다.

스티븐 핑커 같은 진화심리학자들의 주장[146]에도 불구하고, 질투심이 진화 과정 또는 유전자에 기반을 두고 있음을 보여주는 증거들은 그다지 설득력이 없다. 진화심리학자들은 다문화, 다생물 데이터를 무시하고 보편적인 종교의 영향을 받은 데이터를 선호하는 경향이 있다.[147] 마지막으로, 진화심리학자들은 인간의 경우 섹스가 번식만을 위한 것인 경우는 드물고 유희나 유대감 다지기에 이용되는 경우가 훨씬 더 많다는 사실을 대체로 무시하는 편이다. 인간의 질투 성향은 대체로 문화적인 영향을 많이 받는 것으로 보이지만, 일단 증거들을 살펴보자.

짝짓기 상대를 두고 벌어지는 갈등은 많은 생물들에게서 특징적으로 나타난다. 침팬지와 고릴라의 경우에도 갈등과 경쟁 관계가 대단하다. 나이 많은 수컷 고릴라는 경쟁자들을 물리치기 위해 공격적인 태도를 드러냄으로써 제 암컷들을 지킨다. 침팬지와 고릴라는 섹스를 지키고 보호해야 할 귀한 것으로 취급한다. 하지만 암컷들이 주도하는 보노보 사회에서는 질투심이 거의 보이지 않는 것 같다. 보노보들에게 섹스는 귀한 것이 아니므로, 짝짓기 상대를 지키거나 다른 녀석들을 공격할 필요가 없다. 이미 앞에서 살펴보았듯이, 인간들의 성은 몹시 유연해서 인간들은 때로는 고릴라처럼, 때로는 침팬지처럼, 때로는 보노보처럼 행동한다. 우리 행동의 방향을 이리저리 정해주는 것은 오히려 우리 문화인 듯하다.

소유권과 함께 소유욕도 생겨난다. 여성이 소유물이라면, 그들은 빈틈없이 보호를 받는다. 하지만 여성들이 소유물의 지위에서 벗어나 경제적 자율성을 얻으면, 남성의 질투가 그 실체를 드러낸다. 남성의 질투는 여성을 소유하고 통제하겠다는 욕구다.

여성의 입장에서 질투는 자신과 아이를 위해 자원을 손에 넣는 것과 관련되어 있다. 여성은 자신과 아이에게 쓰여야 할 남성의 자원을 빼앗아가는 다른 암컷에게 질투심을 드러낸다. 나족의 경우(11장 참조)처럼 아버지의 자원이 자녀 양육에 전혀 쓰이지 않는다면, 여성들이 다른 여성에게 질투를 표현할 이유가 줄어든다. 하드자족의 경우처럼 부모뿐만 아니라 일족 전체가 자녀 양육에 참여한다면, 역시 여성이 질투심을 드러낼 필요가 줄어든다. 아버지의 자원이 중요하기는 하지만 필수불가결하지는 않기 때문이다.

여성이 경제적 자율성을 얻게되자, 여성을 소유하거나 통제한다는 생각은 힘을 잃었다. 남성들은 이제 예전만큼 철통 같이 자기 짝을 구속할 능력이 없으므로, 여성들과 관계를 맺으려면 다른 방법이 필요하다. 또한 여성들은 경제적 자율성 덕분에 다른 여성이 자원을 빼앗아가는 것을 옛날만큼 걱정할 필요가 없다. 자신도 자원을 손에 쥐고 있기 때문이다. 이처럼 남성의 자원을 소유하거나 통제한다는 생각이 옅어지면서, 남성들과 관계를 맺는 데에도 역시 다른 방법이 필요해졌다. 예를 들어 대부분의 문화는 남성의 사회적, 경제적 지위에 초점을 맞춘다. 그리고 여성들은 가장 자원이 많은 남자와 결혼해서 자식들을 위해 한시도 방심하지 않고 그 자원을 지켜야 한다고 배운다.

과거에는 이런 모델이 제대로 기능을 발휘했을지 모르지만, 과연 지금도 그럴까? 경제적으로 독립한 여성이 아이를 원하지 않는다면, '지위가 높은 남자와 결혼한다'는 모델은 그녀에게 어울리는 짝을 찾는 데 오히려 방해가 될 수 있다. 요즘은 많은 여성들이 잠재적인 결혼 상대인 남성들만큼, 또는 그들보다 많은 돈을 벌고 있다. 만약 지위가 높은 남성과 결혼하는 것이 유일한 모델이라면, 소득이 높은 여성들의 신랑감 후보는 거의 없는 것이나 마찬가지다.

질투하는 법 배우기

아직까지 질투 유전자를 찾아낸 사람은 없다. 하지만 우리가 날 때부터 질투심을 타고 난다거나, 유전자에 질투심이 기질적으로 새겨져 있다고 믿는 사람들이 많다. 다른 생물들과 마찬가지로 우리에게도 생존과 번식에 필요한 것들을 지키려는 기질이 있는 것은 사실이다. 우리 문화는 여러 가지 방식으로 무엇이 중요한지 규정하고, 질투심을 드러내는 기준을 설정한다. 만약 "자기 여자를 지키고 통제하는 것이 중요하다"는 문화적 분위기라면, 대부분의 남녀가 그 틀 안에서 자신의 역할을 수행할 것이다. 반면 여성을 통제하는 데에 그다지 가치를 두지 않는 문화에서는 질투심이 많이 드러나지 않을 것이다.

다음의 사례는 이 점을 잘 보여준다. 미국 문화에서는 아내가 불륜을 저질렀다는 사실을 알게 되더라도 아내를 죽이는 것은 정상적인 행동이 아니다. 하지만 사우디아라비아, 파키스탄의 일부 지역, 기타 이슬람 국가들에서는 아내나 연인을 죽이는 것이 명예살인으로 간주된다. 비록 그것이 법에 어긋나는 행동이라 해도, 그런 살인을 저질렀다고 해서 기소되는 사람도 거의 없고 가족도 아내를 죽인 남편을 지지한다. 아랍 남성에게는 바람을 피운 아내를 죽이고 싶은 분노가 정상적인 감정인 것이다. 여기서 정상이란, 그 문화 속에서 사람들이 이해하고 기대하는 일이란 뜻이다. 심지어 이슬람 문화권의 여성들조차

도 이런 살인을 정당화될 수 있는 것으로 볼 가능성이 있다.[148]

미국 문화로 돌아와서 17세기와 18세기에 영국 법정의 판례들은 판사와 배심원들이 부정이 알려진 아내를 구타하는 범죄는 물론 심지어 살해한 행위에 대해서도 최소한의 처벌만 내리고 범인인 남성들을 풀어주었음을 보여준다. 영국의 유명한 법학자인 윌리엄 블랙스톤William Blackstone은 1783년에 외도로 인한 살인은 "살인 중에서도 가장 낮은 등급에 속한다……. 그보다 더한 도발은 있을 수 없기 때문"이라고 지적했다.[149]

19세기와 20세기 초에 영국과 미국의 남성 일색 배심원단은 아내를 죽인 남편에 대해 "일시적인 심신상실로 인한 무죄" 평결을 내리거나, 남편의 행위를 살인이 아니라 과실치사로 규정하곤 했다. 당시의 남성 지배적인 문화에서 그 정도의 질투심은 정당화될 수 있다고 여겨졌기 때문이다.[150] 바울은 고린도전서 13장 4절에서 "사랑은……투기하는 자가 되지 아니하며"라고 말했지만, 질투심이라는 개념과 그로 인한 행동은 종교에 깊이 뿌리를 박고 있다. 신명기와 레위기에는 다음과 같은 삭막한 구절이 나온다.

신명기 22:20~21. "그 일이 참되어 그 처녀에게 처녀인 표적이 없거든 처녀를 그 아비 집 문에서 끌어내고 그 성읍 사람들이 그를 돌로 쳐죽일지니 이는 그가 그 아비 집에서 창기의 행동을 하여 이스라엘 중에서 악을 행하였음이라 너는 이와 같이 하여 너의 중에 악을 제할지니라."

레위기 21:9. "아무 제사장의 딸이든지 행음하여 스스로 더럽히면 그 아비를 욕되게 함이니 그를 불사를찌니라."

이 구절들이 정말로 질투심을 이야기하고 있는 건지 궁금해하는 사람도 있을 것이다. 이 구절들은 아내를 감시하고 지키는 일에 대해 이야기하고 있다. 죽음의 위협까지 들먹이면 아내가 정절을 지킬 것이라는 가정이 바탕에 깔려 있는 것이다. 아내가 부정을 저지르면, 그녀가 낳은 아이들은 남편의 아이가 아닐 수도 있다. 그렇다면 남편의 재산이 다른 남자의 자식에게 돌아가는 일이 벌어질 수도 있다는 뜻이다. 이런 논리의 바탕은 소유권에 대한 문화적 개념이지만, 질투심에서 우러나온 행동처럼 보이기도 한다. 지금 이 책의 내용과 관련해서 무엇보다 중요한 점은, 우리가 이런 행동을 질투라고 보든 다른 것이라고 보든 이런 행동은 학습에 의한 것이라는 사실이다. 이것은 유전적인 행동이 아니다. 따라서 우리가 지난 수백 년 동안 우리 문화가 겪은 변화를 통해 알 수 있듯이, 이런 행동을 잊어버리거나 수정하는 것이 가능하다.

오늘날 질투심이나 소유권 때문에 배우자를 살인하는 행위에는 변명의 여지가 없다. 옛날 같으면 질투심 때문에 분노에 사로잡혔을 많은 남녀가 지금은 자신의 감정을 다스리고, 차분히 대화를 시도하고, 결혼상담가를 찾아가고, 이혼소송을 제기한다. 지난 150년 동안 질투심으로 인한 폭력 행위는 놀랄 만큼 줄어들었다. 그 속도가 워낙 빨라서 그런 행동이 선천적이라거나 유전적이라고 보기가 어려울 정도다.

질투의 쇠퇴

무엇이 이런 변화를 이끌어냈을까? 일반적인 교육과 감정 교육을 통해 사람들에게 선택지가 늘어난 것이 이런 변화를 촉진했다. 선택의 여지가 없을 때는 감정적인 좌절감이 사람을 압도해서 우리가 질투심 때문이라고 알고 있는 행동들을 불러일으킨다. 종교를 믿지 않는 전문가들과 단체들은 감정이 걷잡을 수 없이 통제를 벗어날 때 끼어들어서 사람들을 교육할 준비를 갖추고 있다. 정신 건강 관련 서비스도 받을 수 있고, 일반적인 교육의 수준도 높다. 또한 자기통제력을 배우는 데 도움이 되는 여러 장치들도 있다. 언제든 재빨리 경찰을 부를 수 있고, 수사 기법의 발달로 범인을 찾기가 더 쉬워졌다. 마지막으로 여성들의 경제적 독립성이 강화되면서 예전처럼 쉽사리 여성을 통제할 수 없게 되었다. 짝을 찾고 싶은 남자가 질투심에 휩싸여 상대를 통제하려 하는 것은 짝을 자기 옆에 붙들어두는 효과적인 방법이 아니다.

앞에서 언급했듯이, 질투심은 학습에 의한 것이므로 학습한 내용을 잊어버리는 것이 가능하다. 지난 200년 동안 우리 문화 전체가 이처럼 질투심과 관련된 몇몇 관습들을 잊어버렸다. 하지만 아직은 우리가 갈 길이 남아 있다. 불행히도 우리 문화는 여전히 질투심을 적극적으로 가르치며 부추긴다. 그리고 여기에 종교가 공모하거나 지지를 보낼 때가 많다.

사춘기의 질투

아이들은 아주 어렸을 때부터 자신의 남자친구나 여자친구를 빼앗으려 하는 사람에게는 '반드시' 질투를 느껴야 한다고 배운다. 십대들의 사랑 노래 중에 질투가 언급된 것의 목록을 뽑아보면 엄청나다. 불행히도 십대들은 관계 구축을 위한 이성적이고 합리적인 반응보다는 성적인 긴장과 갈등에 대한 반사적인 반응을 먼저 배운다.

노래들을 들어보면 '내 여자' '내 남자' '내 사랑' '영원히 나의 것' '영원히 너의 것'이라는 말이 사방에서 들려온다. 소설, 연극, 자기계발서, 시에서도 누군가를 소유하는 것이 중심 주제다. 관계를 구축하는 것보다는 소유권을 주장하는 편이 훨씬 더 간단하다.

소유욕과 질투는 두 청소년이 처음으로 NRE의 힘을 경험할 때 시작된다. 그들의 뇌에서 만들어진 마약 같은 성분들은 문자 그대로 중독성이 있다. 문제가 생기는 것은 NRE에 "난 네가 필요해"나 "너 없이는 살 수 없어" 같은 의존성 생각들, 그리고 "사랑은 영원한 것"이라거나 "섹스는 진심을 뜻한다"는 생각들이 섞일 때다. 이런 생각들은 전혀 해로울 것이 없어 보이지만, 사람들이 NRE의 혼란 속에서 이런 말들을 실제로 믿어버린다는 것이 문제다. 특히 그들이 다른 생각들을 배운 적이 없다면 더욱 심각하다.

이와 동시에 우리 문화(특히 종교)도 사랑은 영원하고 섹스는 진심을 뜻한다는 생각을 밀어붙인다. 호르몬들이 몸속에서 정신없이 날뛰고 있는 청소년이 강렬한 첫사랑을 느낄 때 거기에 비현실적인 기대와 의존성을 부추기는 비합리적인 가르침까지 심리적으로 덧붙여진다면 그 청소년은 어떻게 해야 할까?

적절한 감정적 도구와 인식이 없다면, 청소년들은 유행가와 종교적 가르침에 휘둘릴 수밖에 없다. 미국 청소년들이 겪고 있는 혼란은 대부분 건전한 성교육과 관계교육으로 완화될 수 있다. 건전한 성교육이란 단순히 섹스에 대해서만 이야기하는 것이 아니라, 대부분의 사람들이 조만간 직면하게 되어 있는 강렬한 감정 앞에서 어떤 반응을 보여야 하는지 논의하고 연습할 기회를 제공해주는 것을 말한다. 건전한 성교육은 또한 우리가 선택할 수 있는 모든 길을 알려주고 인생의 우선순위를 정하는 법을 가르쳐준다. 대개 교육을 제대로 받은 사람이 그렇지 않은 사람에 비해 더 훌륭한 결정을 내리고, 더 쉽게 목표를 성취할 수 있는 법이다. 섹스의 경우도 마찬가지다.

불행히도 대부분의 종교는 정직하고 솔직한 성교육에 반대한다. 십대의 임신과 성병에서부터 십대의 자살에 이르기까지 많은 문제들의 근원은 대개 건전한 성교육과 관계교육에 반대하는 종교적 가르침이다.

이것이 질투와 어떻게 관련되어 있을까? 사람들은 십대 시절에 흡수한 터무니없는 생각들을 나중에 결혼해서 아이를 낳아 기를 때까지 계속 고수한다. 그런데 "나는 당신 없이는 살 수 없어"라거나 "무슨 일이 있어도 당신은 영원히 나의 것"이라고 믿는 사람들은 오히려 배우자를 멀어지게 만드는 행동을 할 때가 많다. 그런 믿음이 소유욕과 의존성으로 이어지기 때문인데, 이런 것은 성숙한 어른의 행동이 아니다. 허심탄회한 의사소통에도 확실히 도움이 되지 않는다.

질투하는 사람의 성지도

질투는 그 사람의 성지도에 대해 많은 것을 알려준다. 질투는 상대방에 대한 자신의 소유권 또는 통제권을 천명하는 행위다. 그리고 이런 생각은 역사의 쓰레기통으로 들어가야 할 위험한 것이다.

자신이 다른 사람들의 성생활을 심판하고, 평가하고, 통제할 권리가 있다고 믿는 사람들 중에는 감정적인 교육을 받지 못한 사람이 많고, 그들의 성지도는 성적인 순결과 여성의 역할에 대한 종교적 관념들을 바탕으로 하고 있다. 부모나 배우자가 아이들이나 상대 배우자에게 감정적으로나 신체적으로 피해를 입히는 행동을 하는 것은 사람이 다른 사람들을 심판하고 통제할 권리를 갖고 있다는 믿음 때문이다. 학대와 통제의 대상이 되는 것은 여성들뿐만이 아니다. 남편과 아이들도 마찬가지다. 자식이 부모의 종교적 관념에 어긋나는 성적인 취향이나 흥미를 갖고 있다면, 학대가 발생할 가능성이 높다. 남편이 '멋대로 구는' 아내나 딸을 감시하고 지키는 행동을 우리가 질투라고 보든 보지 않든, 그 행동이 질투와 아주 흡사하게 보이는 것은 사실이다. 남편이 자신의 소유라고 믿는 여성이 질투심 때문에 남편을 통제하려고 든다면, 그녀의 행동이 상대에게는 숨막히는 것으로 느껴질 수 있다.

우리가 질투라고 이름 붙인 행동을 만들어내는 것은 우리가 갖고 있는 생각과 믿음이다. 그리고 이런 생각과 믿음은 비합리적이다. 예를 들어 어떤 여성이 "내가 남편을 통제하지 않으면 남편도 우리 아버지처럼 다른 여자한테 가버릴지 몰라"라는 생각 때문에 질투를 하게 될 수 있다는 뜻이다. 이 여성의 생각은 남편의 행동 때문에 생겨난 것이 아니라, 어린 시절의 경험과 불안감에서 나온 것이다. 그리고 이것이 질투의 가장 흔한 원인이기도 하다. 질투하는 사람은 불안감에 시달리고 있으며, 상대를 잃거나 상대에게 버림받을지도 모른다는 두려움이 지나치게 크다. 질투는 단 하나의 감정이 아니라, 특정한 믿음에 바탕을 둔 많은 감정들이 하나로 뭉친 것이다. 따라서 질투를 이해하려면, 먼저 뭉쳐 있는 감정들을 풀어헤쳐야 한다.

질투 풀어놓기

버림받을지 모른다는 두려움에서 생겨난 질투는 관계를 죽인다. 우리는 이런 자기 파괴적인 생각을 체계적으로 내던지고, 어린 시절의 감정이 아니라 현실을 기반으로 한 생각들을 그 자리에 채워 넣어야 한다. 그래야만 비로소 관계 구축과 효과적인 의사소통을 위한 중요한 기술들을 배울 수 있다.

"남자들은 모두 바람둥이"라거나 "여자들은 모두 돈만 밝힌다"는 생각을 하고 있는 사람이 있다면, 그 사람의 행동에 그 영향이 나타나게 마련이다. 그 영향이 어쩌면 질투의 형태를 띨 수도 있다. 대부분의 사람들은 자신이 이런 생각을 한다는 사실을 인정하려 하지 않는다. 그래서 자신이 질투하고 있음을 부정하면서도, 실제로는 질투심에서 상대를 통제하려는 행동을 한다. 그 과정을 단계별로 살펴보자.

> 믿음: "남자들은 모두 바람둥이니까, 내 남편을 잘 감시해야 해."
> 행동: 남편이 어디에 가는지, 누구와 이야기하는지, 누구에게 전화를 거는지, 누구에게 이메일을 보내는지 끊임없이 감시한다.
> 믿음: "남편을 단단히 감시하면 남편은 계속 내 남편으로 남아 있을 것이고, 나는 안정감을 느낄 수 있을 거야."
> 행동: 남편이 어디에 가는지 끊임없이 주시한다. 하지만 남녀를 막론하고 대부분의 사람들은 이런 행동에 정나미가 떨어진다.

이렇게 마음속에 숨어 있는 믿음을 인정하면, 자기 파괴적인 행동을 만들어낸 생각의 오류를 깨달을 수 있다. 이런 믿음을 인정하고 생각을 바꾼다면, 관계의 발달에 엄청나게 긍정적인 변화가 생길 수 있다. 이런 비합리적인 믿음과 생각에 대처하는 법은 여기서 말할 수 있는 것보다 훨씬 더 광범위하다. 자기 파괴적인 생각에 대해 좀 더 알아보고 싶다면 참고 문헌에 나와 있는 책들을 찾아보기 바란다. 여기서는 우선 종교와 관련되어 있는 비합리적인 생각들을 살펴보고 싶다.

섹스는 귀한 일용품

　우리 문화는 우리가 무엇을 가치 있게 생각하는가에 커다란 영향을 미친다. 뭔가가 아주 중요하다는 판단이 들면, 우리는 그것을 위해 죽음까지도 불사하게 된다. 조국을 위해 목숨을 바치는 사람도 있고, 종교를 위해 목숨을 바치는 사람도 있다. 모두 문화적인 영향을 받은 행동이다.

　종교는 성에 관한 예수나 무함마드의 율법을 따르는 것이 워낙 중요하기 때문에 그 율법을 어기면 죽어서 영원한 지옥 불의 고통을 맛볼 것이라고 말한다. 이것은 다른 사람의 성생활에 간섭할 수 있는 훌륭한 핑계가 된다. "당신이 게이라고요? 내가 당신을 지옥에서 구해주겠습니다." "혼전에 섹스를 하고 싶다고요? 영원한 고통이 무엇인지 알려드리죠." 어떤 경우든 논리는 탄탄하기 그지없다. 지금 이생에서 종교적인 사람들이 우리를 괴롭히고 통제하려 드는 것은 우리가 지옥에 가지 않게 구해주려는 행동이라는 것이다. 스페인 종교재판소도 같은 논리를 내세웠다.

　이런 종교적인 생각들이 성과 관련해서 사람들이 할 수 있는 일과 해서는 안 되는 일을 결정한다. 먼저 종교는 섹스를 귀하고 한정된 것으로 규정한다. 우리는 평생 단 한 명하고만 섹스를 할 수 있으며, 반드시 구체적인 지침에 맞는 섹스를 해야 한다. 그렇지 않으면 지옥 불의 고통을 맛볼 것이다! 섹스처럼 꼭 필요한 것에 심한 제약이 가해지면, 그 가치가 올라간다. 만약 섹스가 귀한 일용품이라면 어떤 대가를 치르더라도 그것을 지켜야 한다. 규칙을 어긴다면, 다시 고결한 사람이 되기 위해 커다란 대가를 치러야 할 것이다. 여성들은 순결을 지켜야 하고, 남성들은 아내나 딸들이 사탄의 성적인 덫에 걸리지 않게 열심히 감시하고 지켜야 한다. 자위행위는 절대 안 되고, 오로지 금욕만이 허용된다.

질투는 섹스가 황금처럼 귀하고 한정된 자원이라는 믿음이 있을 때에만 기능을 발휘한다. 섹스가 한정된 일용품이 아니라면, 종교는 사람들을 감염시키는 데 가장 효과적인 도구를 잃어버린다.

성적인 경쟁자들에 맞서서 짝을 지켜야 한다는 생각은 우리 문화 전체에 만연해 있으며, 주요 종교들에 깊이 뿌리를 내리고 있다. 섹스의 가장 큰 목적이 번식이라고 믿는다면, 남성들은 아내가 반드시 자신의 자식을 낳도록 하기 위해 아내의 행동을 통제할 수밖에 없다. 섹스의 가장 큰 목적이 유대감 쌓기라고 믿는다면, 그렇게 강렬하게 질투를 할 필요가 줄어든다. 연인이나 배우자가 중요하지 않다는 뜻이 아니다. 상대방과 훌륭한 관계를 구축하고 있다면, 상대방이 내게 계속 매력을 느끼게 만드는 행동을 하는 것이 합리적이다. 이것은 질투심으로 상대를 감시하고 지키는 것과는 다르다. 질투는 관계를 성장시키고 유지하는 것과는 반대편에 서 있다. 질투에는 두려움, 분노, 의심, 통제 등 성숙한 관계 속에서는 설 자리가 없는 요소들이 포함되어 있다.

굶주린 사람은 먹을 것을 얻기 위해 필사적으로 애쓸 것이다. 같은 맥락에서, 사랑을 목숨처럼 생각하는 사람도 역시 필사적인 행동을 할 것이다. 누군가를 향한 욕망은 필요해서 생겨난 것이 아니라 단순히 우리가 원하기 때문에 생겨난 것이지만, 우리 뇌는 이 두 가지를 곧잘 혼동한다. 사랑에 빠진 소년은 사랑하는 소녀가 없으면 살지 못할 것처럼 군다. 이런 행동은 우리가 NRE의 혼란에 빠져 있을 때, 즉 사랑에 빠져 있을 때 뇌에서 생산되는 마약 같은 물질들과 우리의 생물학적인 특성에 기반한 것이다. 연인들이 서로에게 미치는 영향은 약물에 중독되었을 때와 비슷하다. 다행히 이런 사실들을 사람들에게 미리 가르치면, 사람들은 사랑에 빠졌을 때 이런 상태를 미리 예견하고 자신의 행동을 어느 정도 이성적으로 다스릴 수 있다. 이런 감정 교육은 어린이와 청소년은 물론 심지어 어른들도 좀 더 효율적으로 사회생활을 해나가는 데 도움이 된다.[151] [152]

이런 도구들을 이용하면 사람들이 '필요에 기초한 성지도'를 '욕망에 기초한 성지도'로 바꾸는 데 도움이 될 수 있다. 후자의 욕망은 질투에 쉽사리 무릎 꿇지 않는다. 이런 욕망을 지닌 사람들은 서로 만족할 수 있는 방안을 찾는다. 상대방이 원하는 것과 욕망을 동등하게 취급한다. 이런 사람들은 섹스를 쌓아두고 보호해야 할 귀한 일용품이 아니라, 공유하고 배우고 즐겨야 할 것으로 본다.

질투라는 보따리를 풀어보면, 심한 결함이 있는 지도를 기반으로 한 터무니없는 생각들 외에 이렇다 할 것이 없다. 이 지도를 강화해주는 것은 정절, 일부일처제, 영원한 사랑 등에 대한 종교적 주장과 결혼은 하나님에게 바쳐진 것이라는 식의 생각들이다.

미국의 성

미국에서 자란 사람들은 섹스를 한정된 일용품으로 보는 종교적 관념에 에워싸여 있다. 이런 사고방식은 사람들의 데이트 방식, 데이트 상대를 선택하는 법, 이성을 대하는 법, 심지어 섹스하는 법에까지 영향을 미친다. 데이트와 성적인 관계의 모든 단계에서 이런 사고방식이 고개를 들고 질투심을 유발할 때가 많다. 우리 문화 전체가 이런 사고방식을 갖고 있다. 섹스를 제한해야 한다는 종교적 주장 때문에 섹스를 하지 않고 지내는 사람들도 아주 많다.

그렇다고 해서 이 수많은 사람들이 성적인 난장을 벌여야 한다는 뜻은 아니다. 정절, 소유권, 질투 같은 개념들 모두가 사람들이 서로를 즐기는 데 방해가 된다는 말을 하고 싶을 뿐이다. 앞에서 살펴본, 종교적 규제가 없는 문화들을 생각해보라. 나족은 섹스가 한정된 일용품이라고 생각하지 않는다. 망가이아 섬 사람들은 질투를 느끼지 않는다. 하드자 문화에서 여성의 성은 누구의 소유도 아니다. 이런 관념들을 우리에게 강요하고 있는 사람은 바로 우리 자신이다. 종교를 믿지 않는 사람이라면, 이런 사고방식을 버리고 자기만의 규칙을 쓰면 된다(다음 장에서 자세히 살펴볼 것이다).

프러블 또는 콤퍼전

지난 몇 년 동안 다자간의 연애 관계와 BDSM 쪽에서 새로운 용어들이 만들어졌다. 이쪽 세계에서는 다자간의 관계가 아주 흔하기 때문에, 이곳 사람들은 질투에 긍정적으로 대처하는 법을 터득했다. 그 결과가 질투를 거꾸로 뒤집는 용어들과 개념들이다. 예를 들어 콤퍼전 Compersion(프러블Frubble이라고도 한다)은 "어떤 사람의 현재 파트너 또는 예전 파트너가 다른 낭만적 연애 대상을 포함한 다른 사람들에게서 행복과 즐거움을 느낄 때 그 사람이 거기에 공감해서 경험하는 행복과 기쁨"이라고 규정된다.[153] 이런 상황에 어떻게 대처할 것인지 우리는 선택할 수 있다. 지금까지 그랬던 것처럼 질투를 느낄 수도 있고, 파트너의 기쁨을 함께 느낄 수도 있다.

중요한 것은 질투가 문화적으로 학습된 것이므로, 그 학습된 내용을 무위로 돌릴 수 있다는 것이다. 다자간의 사랑을 추구하는 사람들은 틀을 다시 짜는 데 성공했다. 그들 중에도 질투하는 사람이 있을까? 물론이다. 하지만 그들에게는 좀 더 이성적으로 질투심에 대처할 도구가 있다는 것이 다른 사람들과의 차이점이다. 다자간의 사랑을 추구하는 사람들은 대개 질투심을 겉으로 드러내서 대화를 나눔으로써 당사자가 자신의 내면을 들여다보고, 질투심이 그 자신과 연애 관계에 어떤 피해를 입히는지 파악할 수 있게 한다.[154]

위대한 과학소설가 로버트 하인라인(다자간 사랑의 선구자 중 한 명)은 이렇게 말했다. "질투는 질병이고, 사랑은 건강한 상태다. 미숙한 정신은 흔히 이 둘을 착각하거나, 사랑이 클수록 질투도 크다고 생각해버린다. 하지만 사실 이 둘은 양립하기가 거의 불가능하다. 둘 중 한 가지 감정이 먼저 들어서버리면, 다른 한 가지 감정이 들어설 여지가 거의 사라지기 때문이다. 그리고 두 감정 모두 참을 수 없을 만큼 지독한 혼란을 일으킬 수 있다……"[155]

섹스와 관계에 대한 종교의 주장에서는 배울 것이 거의 없다. 종교적 가치관으로는 정서적 성숙을 꾀할 수도 없고, 관계에 대한 합리적 접근도 힘들다. 사실 종교는 두 사람의 관계에 신이라는 제3자를 끼워넣는다. 그리고 질투, 여성에 대한 통제, 언제나 침실을 감시하는 관음증적인 신을 부추긴다. 구약성서에서 신은 이렇게 말한다. "나 여호와 너의 하나님은 질투하는 하나님인즉"(출애굽기 20:4~5). 사람들의 성생활에 집착하는 신의 모습을 보면, 신이 자기 말고 모든 사람들이 섹스를 하고 있다는 사실에 질투를 하는 것 같다고 생각해도 될 듯하다.

이제 만족스러운 관계, 즉 서로가 서로의 욕구를 충족시켜줄 수 있는 관계를 만들기 위해 누구나 이용할 수 있는 세 가지 새로운 방안들을 살펴보자.

25 신이 없다면, 인간은 모두 정상이다

일부일처제 결혼은 조만간 생물학적인 한계에 도달할 것이다. 결혼에 관한 종교적인 주장들을 제거하고 나면, 어떻게 관계를 발전시켜야 할까?

> "자기 본연의 모습을 찾기 위해 자신이 당위로 여기는 것들을 떠나보내야 한다."
> – 브레네 브라운Brene Brown, TED 강연

'당위'의 독재

종교는 우리에게 우리 본연의 모습이 아니라 반드시 되어야 하는 모습을 가르친다. 종교적인 분위기에서 자란 사람이라면, 죄책감을 유도해서 계속 용서를 구하러 종교를 찾게 만들 의도로 설계된 성적인 '당위'를 수없이 배웠을 것이다. 이런 가르침은 일찍부터 우리의 정체성 속에 슬금슬금 스며든다. 이런 '당위'들을 보면 우리 자신의 모습보다는 종교의 감염 전략을 더 많이 이해할 수 있다.

종교적인 사람들은 대개 어려서부터 배운 모든 '당위'들의 합이다. 이것이 그들을 규정하기 때문에, 그들은 자기 본연의 모습이 무엇인지 결코 배우지 못한다. 그들은 목사, 부모, 배우자, 교회, 주일학교 교사가 반드시 이러이러한 사람이 되어야 한다고 말하는 대로 따르

느라 여념이 없다. 이런 '당위'에 기대서 인생의 중요한 결정을 내리는 사람들은 좋지 않은 결정을 내리는 경우가 많다. 예를 들어 "여러 면에서 나랑 잘 맞고 섹스에 대한 죄책감이 없는 사람과 결혼하는 게 최선일 거야"라는 생각 대신 "하느님을 믿는 착한 사람과 결혼해야 해"라고 생각하는 식이다.

위대한 심리치료사인 앨버트 엘리스Albert Ellis 박사는 이것을 "당위의 독재"라고 불렀다. 그는 워크숍에서 이렇게 말했다. "당위는 개 같은 일로 이어진다. 여러분 자신에게도 다른 사람들에게도 당위를 말하지 말라. 역겹다."[156]

당위를 제거하면 섹스뿐만 아니라 그 밖의 여러 면에서도 인생이 나아질 것이다. "나한테 섹스에 대한 죄책감을 이토록 강하게 심어준 부모님한테 화를 내면 안 돼"라는 생각을 "우리 부모님은 당신들이 알고 있는 방법으로 최선을 다하셨어. 그런 분들에게 화를 내는 건 비합리적이야"라는 생각으로 바꾸는 것이다.

많은 사람들이 어렸을 때 종교교육에서 배운 성적인 콤플렉스들을 극복하느라 오랜 세월을 보낸다. 이런 콤플렉스를 극복하는 것이 어렵다는 사실을 부정할 생각은 없지만, 새로운 사고방식을 배워서 성 지도를 바꾼다면 어려움이 많이 사라질 수 있다. 종교나 부모에게 계속 분노를 느낀다는 것은 여전히 과거의 사고방식을 이용하고 있다는 징조다. 사고방식을 바꾸면, 감정도 덩달아 바뀔 때가 많다.

소울메이트

뉴에이지 종교들은 사랑에 대한 대중의 인식 속에 '소울메이트soulmate'라는 개념을 소개했다. 언뜻 보기에는 좋은 개념인 것 같지만,

자세히 조사해볼 필요가 있다. 소울메이트가 단순히 공통된 관심사가 많고 감정적으로 강하게 연결되어 있으며 함께 잘 지낼 수 있는 사람을 뜻하는 것이라면, 특별히 해로운 개념이라고 할 수 없다. 하지만 사람들이 이 개념을 진지하게 받아들여서 자신과 연인의 '영혼'이 잘 어울리는지를 기준으로 중대한 결정을 내린다면, 이 개념은 해로운 것이 된다.

뉴에이지를 좋아하는 사람이든 그렇지 않은 사람이든, 많은 종교주의자들이 비슷한 생각을 갖고 있다. 사람에게 영혼이 있다는 믿음 자체가 망상의 시작이며, 이 망상은 결국 여러분을 실망시킬 것이다. 나는 기독교를 믿는 많은 부부들에게서 하느님이 자기들을 맺어주었다는 말을 들었다. (지금은 이혼한) 많은 침례교 목사들은 강단에서 하느님이 자신의 아내를 내려주셨다고 주장했다.

많은 사람들이 자신에게는 단순히 육체만 있는 것이 아니라고 생각한다. 몸이 아닌 어딘가에, 시공의 바깥에 영혼이 존재한다고 믿는 것이다. 그들은 반대의 증거가 압도적으로 많은데도 영혼이 영원하다고 생각한다. 이런 믿음의 가장 직접적인 결과는, 연인들 사이에 눈에 보이지 않고 모호할 수밖에 없는 중재자가 생겨난다는 것이다. 영혼이 무엇을 좋아하고 무엇을 싫어하는지 사람이 어떻게 알 수 있을까? 상대와 자신의 영혼이 어울리는지 알아보기 위해 두 영혼을 섞어보는 방법은 무엇인가? 영혼의 대화와 육체적인 대화를 어떻게 구분할 수 있을까? 영혼과의 대화는 상대를 관찰하고 상대와 의사를 소통하는 효과적인 기법과 어떻게 다른가?

상대와 말이 잘 통한다고 느낄 때 우리는 믿을 수 없을 만큼 커다란 보람과 만족감을 느낄 수 있다. 하지만 이런 느낌은 영혼과 아무런 상관이 없다. 강하고 사랑이 넘치는 관계를 구축하는 데 필요한 기법들은 학습을 통해 배울 수 있다. 훌륭한 의사소통 능력만 있으면 대단히 만족스러운 관계가 가능하다. 영혼은 필요하지 않다. 의사소통 기법을 몇 가지 꼽아보면 다음과 같다.

1. **상대의 이야기를 열심히 듣기:** 그냥 듣기만 하는 것이 아니라, 그 저변에 깔려 있는 감정과 근심을 이해하고 살펴서 공감해준다. 그러면 상대는 이쪽이 자신의 말을 진심으로 들어주고, 자신을 아낀다고 느끼게 된다.

2. **예측:** 상대를 깊이 이해해서 그 사람의 욕구와 근심을 미리 예측해 적절한 조치를 취하는 것. 예를 들어 친구가 좋아하는 꽃이나 음식이 무엇인지 알고 있다면 특별한 기회에 그런 선물을 마련해서 자신의 애정을 전하는 방식이다.

3. **필요할 때 자신의 욕구와 욕망을 미루는 것:** 상대가 아프거나, 감정적으로 고뇌에 빠져 있거나, 직장에서 스트레스에 시달리거나, 아이 때문에 화가 나 있을 때 자신의 욕구를 뒤로 미루고 상대의 감정적인 지지대가 되어준다.

4. **건강하지 못한 수준의 욕구나 의존성을 파악해서 피하는 것:** 좋은 파트너라면 자신의 뜻을 분명히 밝혀야 하는 순간이 언제인지 안다. 다음과 같이 간단한 말을 하는 것만으로도 충분할 수 있다. "난 너의 자기 연민에 동참할 생각이 없어. 이러지 말고 어떻게 하면 다시 정신을 차릴 수 있을지 생각해보자." 이것은 두 사람의 관계보다 상대의 행복을 우선하는 행동이기 때문에 터득하고 실천하기가 힘들다. 또한 모든 관계를 망가뜨릴 잠재력을 지니고 있기 때문에 섬세함을 발휘해야 하는 행동이기도 하다. 상황 판단이 잘못되었다면, 이런 발언은 잔인하고 무정하게 들릴 수 있다. 상황 판단이 옳다 해도 상대방이 자신의 행동에 기꺼이 책임을 질 생각이 없다면, 상대가 거리를 두고 멀어질 가능성도 있다. 궁극적으로 이 방법은 친구, 연인, 파트너로서 해줄 수 있

는 가장 배려 깊은 행동이지만 여기에는 깊은 신뢰와 솜씨가 필요하다.

이런 기법들을 열거하자면 아직도 많이 남아 있다. 하지만 우리에게 중요한 것은 "그 목록의 어느 부분에 영혼이 필요한가?"이다. 이런 기법들과 행동들은 모두 상대를 깊이 배려하는 마음, 연민, 사랑, 상대를 응원하는 마음 등을 불러낼 수 있다. 아버지나 어머니가 아이에게 이런 행동을 보여줄 수도 있고, 연인들이 서로에게 이런 행동을 보여줄 수도 있다. 이런 행동을 계속하다 보면 서로의 신뢰가 더 깊어져서 상대방에게 깊은 유대감을 느끼게 될 것이다.

조금 덜 낭만적인 이야기를 하자면, 이런 식의 상호작용은 우리 뇌를 자극해서 옥시토신이 분비되게 만든다. 옥시토신은 유대감과 신뢰에 필요한 호르몬으로, 모자간의 유대감뿐만 아니라 성적인 유대감과 동료들 사이의 신뢰에도 중요한 역할을 하는 것으로 밝혀졌다. 화학적으로 말해서, 우리가 어떤 사람과 가까워진 느낌을 받는 것은 그 사람이 옥시토신을 비롯한 여러 물질이 우리 뇌에서 분비되게 만들기 때문이다. 만약 옥시토신 분비를 차단하는 약을 먹는다면, 상대방에 대한 친밀감이 줄어들 가능성이 높다.[157]

그다지 낭만적인 이야기는 아니지만, 관계를 구축하는 데에는 현실이 영혼의 짝에 대한 환상을 품거나 하느님이 파트너를 찾아주실 것이라고 기대하는 것보다 더 나은 기반이 되어준다.

관념적인 감옥에서 탈출하기

종교는 섹스와 성적인 관계를 일련의 도덕적 규칙으로 에워싼다. 이런 규칙들은 우리 본성과 워낙 거리가 멀어서 잔인할 뿐만 아니라 근본적으로 비현실적이다. 앞에서 보았듯이, 종교적인 사람들의 행동도 종교적이지 않은 사람들의 행동과 거의 다르지 않다는 것이 그 증거다. 가장 커다란 차이점은 종교적인 사람들이 꽤 깊은 죄책감을 느끼는 반면 종교적이지 않은 사람들의 죄책감은 훨씬 더 가볍다는 것이다. 종교적인 사람들의 섹스에서 가장 큰 문제는 탈출구가 보이지 않는다는 점이다. 교회의 도덕적 규칙을 따르든지, 아니면 부정한 존재로서 구원받지 못하는 길을 택하는 수밖에 없다.

이런 관념적인 감옥의 존재 때문에 사람들은 어떻게든 그 감옥에서 빠져나와 제멋대로 굴면서도 그 사실을 감추려고 한다. 몇몇 학자들의 연구에 따르면, 이른바 '배우자의 부정'은 전체 이혼 사유 중 17~25퍼센트를 차지한다. 하지만 이 숫자도 실제보다 낮은 추정치일 가능성이 있다. 다른 연구에서는 모든 기혼 남성의 거의 70퍼센트와 기혼 여성의 60퍼센트가 불륜을 저지른 적이 있는 것으로 드러났다. 부부 세 쌍 중 두 쌍이 불륜을 경험했다는 뜻이다.[158] 가장 종교적인 지역의 이혼율이 가장 높다는 점을 감안하면, 종교적인 사람들도 남들 못지않게 불륜을 저지르고 있다고 가정해야 할 것이다.

부정은 윤리적으로 잘못된 행동이다. 종교를 믿는 사람이든 그렇지 않은 사람이든 마찬가지로, 약속을 어기는 행동이기 때문이다. 냉혹한 소리처럼 들릴지도 모르지만, 부정을 이렇게 바라보는 시각에는 현대 대중문화가 생각하는 부정의 의미보다 훨씬 많은 의미가 포함되어 있다. 내 경험상, 부정을 저지른 사람들은 상충되는 두 가지 목적을 갖고 있다. 첫째, 그들은 대개 결혼 생활을 유지하고 싶어한다. 그런 생각이 없었다면 배우자와 헤어졌을 것이다. 둘째, 자신의 결혼 생활에서 맛볼 수 없는 어떤 것을 필사적으로 원한다. 유전자 지도는 사람들을 다양성 쪽으로 밀어붙이는데, 배우자에게서는 이제 더 이상 성적인 포만감을 느낄 수 없기 때문이다.

대중문화가 생각하는 일부일처제는 종교에 강하게 뿌리를 내리고 있다. 컨트리 음악이든 록 음악이든, 오페라든 할리퀸 로맨스 소설이든, 갖가지 이야기들과 노래들에는 유혹, 악마, 신, 천사, 타락한 여자, 죄 등등 많은 것들이 버무려져 있다. 종교적인 일부일처제로는 상대에게 느끼는 싫증이나 다양성에 대한 욕구를 이해할 길이 없다. 종교는 우리의 성에 목줄을 걸어놓고, 우리가 곧고 좁은 길에서 벗어나지 않기를 기대한다.

그런데 사람이 그 목줄을 슬쩍 벗어버리고 종교를 떠나기로 하면 어떻게 될까? 자기만의 윤리적 지침을 만들어야 한다. 불륜을 저지른다 해도 하느님이 벌을 내리지는 않겠지만, 배우자에게 불륜 사실이 들통난다면 삶이 몹시 괴로워질 것이다. 부정을 저지르는 사람들은 항상 많은 변명거리를 갖고 있다. 아내가 항상 섹스를 거절했다, 남편이 도무지 내 말에 귀를 기울이지 않았다, 아내가 내 친구들을 몹시 싫어했다, 남편이 우리 식구들에게 끔찍하게 군다……. 하지만 저변에 깔려 있는 이유는 간단하다. 상대에게 싫증이 나서 다양한 것을 원한다는 것. 이 간단한 사실을 인정하고 나면, 새로운 방안들을 생각해볼 수 있다.

섹스가 전부가 아니다

성이라는 주제에 대한 윤리적 접근 방법을 만들어내는 것이 아주 중요하다. 두 사람 모두의 욕구를 존중하고, 기본 전제의 재검토 또는 재협상이 가능한 틀이어야 한다. 한쪽 배우자 또는 두 배우자 모두 결혼 생활을 유지하고 싶어하지만 상대에게서 더 이상 자극을 느끼지 못한다면? 이런 경우에는 어떻게 해야 할까? 자신들이 부적절한 행동을 한다거나 남의 비난을 받을 것이라는 두려움 없이 이런 문제를 어떻게 해결할 수 있을까?

인간이 다양성을 좋아하며, 지극히 성적인 존재이고, 충동을 무시한다고 해서 충동이 사라지지는 않는다는 사실을 우리는 알고 있다. 한쪽 파트너가 새로운 자극을 원한다고 해서, 그 상대방에게 무슨 잘못이나 부족한 점이 있는 것은 아니다. 하지만 사람들이 이런 생각을 하는 것은 종교가 가르쳐준 당위들을 바탕으로 한 낡은 사고방식 때문이다.

만약 우리가 당위만을 바탕으로 관계를 이어나간다면, 우리 인생에서 가장 중요한 사람들과 경험을 공유하고 새로운 것을 배울 수 있는 놀라운 기회를 놓치게 된다. 죄책감과 수치심을 유발하는 규칙들을 기준으로 살아갈 필요가 없다. 관념적인 감옥에서 벗어나, 자신의 짝을 동등한 파트너로 대우하고 삶을 풍요롭게 해주는 결정을 함께 내리는 어른이 되는 법을 배울 수 있다. 자신이 원하는 한 오래오래, 필요하다면 평생이라도 함께 살아가면서 서로 상대방이 감정적으로도 성적으로도 만족감을 느끼게 해줄 수 있다.

다음은 내가 '빅 아이디어'라고 부르는 것들이다. 이 생각들은 관계 속에서 행복을 느낄 수 있는 기회를 늘려주고, 이혼의 욕구를 줄여줄 수 있다. 여러분이 직접 시험해보라.

방안 1: 숨은 고정관념에 도전하라

첫 번째 방안이 가장 혁명적이다. 자신이 인간으로서 타고난 성향을 파악하고 기뻐하며, 서로를 비난하거나 이혼하지 않고 자신의 욕망을 만족시킬 수 있는 방법을 찾는 것. 이를 위해서는 모든 관계, 특히 결혼 생활 속에 배어 있는 숨은 고정관념들을 조사해보아야 한다. 그런 고정관념들의 예를 들면 다음과 같다.

- 그/그녀는 무슨 일이 있어도 반드시 내게 매력을 느껴야 한다.
- 섹스가 있든 없든 결혼은 영원하다.
- 아이들이 먼저다.
- 성적으로 일부일처제를 지킬 때에만 결혼 생활을 유지할 수 있다.
- 다른 사람과의 섹스를 원하는 것은 그/그녀가 나를 사랑하지 않는다는 뜻이다.
- 나는 죽을 때까지 계속 단 한 명의 섹스 파트너에게서 행복을 느껴야 한다.

이런 비합리적인 고정관념들이 우리의 생각과 행동에 강력한 영향을 미치고 있다. 하지만 사람들은 대개 이런 고정관념들을 입 밖에 내지도 않고 자세히 살펴보지도 않는다. 이 고정관념들이 왜 비합리적인지 잠깐 살펴보자.

그/그녀는 무슨 일이 있어도 반드시 내게 매력을 느껴야 한다. 매력이 죽어버리는 상황쯤은 쉽사리 상상할 수 있다. 아내의 몸무게가 90킬로그램쯤 늘어난다. 남편이 폭력을 휘두른다. 아내가 코카인에 중독되었다. 남편이 목욕을 하지 않는다. 대부분의 사람들은 설사 미스터 아메리카나 미스 아메리카와 결혼했다 하더라도, 상대가 이런 식으로 변한다면 급격히 매력이 시드는 것을 느낄 것이다. 그렇다면 이런 의문이 생긴다. "매력의 경계선은 어디인가?" "결혼 생활의 파트너로서 우리는 매력을 유지하는 데 어떤 책임이 있는가?"

섹스가 있든 없든 결혼은 영원하다. 섹스는 처음에 매력을 느끼는 데에 중요한 요소일 가능성이 높다. 하지만 자신의 성충동이 죽어버렸다고 해서 상대방의 성충동도 죽어버렸을 것이라고 생각하는 것은 아무래도 망상일 것이다. 결혼은 두 사람이 결혼을 깨겠다는 생각이 없는 한 계속 유지된다. 다른 사람에게 절대 결혼 생활을 깨면 안 된다고 강요할 수는 없다. 나는 섹스를 원하지 않는데 아내는 섹스를 원한다면, 자신이 이 결혼 생활을 계속 유지하고 싶은 건지 아닌지 다시 한 번 생각해보는 편이 좋을 것이다.

아이들이 먼저다. 결혼 생활이 먼저다. 결혼 생활을 제대로 돌보지 않으면, 아이들이 고통을 받는다. 사랑이 넘치는 결혼은 아이들이 잘 자랄 수 있는 안전한 환경을 제공해준다. 부모가 아이들을 키우느라 서로에게 시간을 내주지 않는다면, 이혼으로 가는 급행 열차에 타고 있는 경우가 대부분이다.

성적으로 일부일처제를 지킬 때에만 결혼 생활을 유지할 수 있다. 이 고정관념은 여기에 열거한 다른 고정관념들을 모두 합한 것보다도 더 커다란 이혼 유발 요인이다. 행복한 결혼 생활을 하면서도 연인을 따로 두고 있는 사람이 세상에는 수도 없이 많다. 프랑스인들은 수백 년 전부터 이것을 일종의 예술로 만들었다. 이런 삶이 언제나 좋다는 뜻은 아니다. 다만 이 문제만 제외하면 모든 면에서 결혼 생활을 훌륭하게 유지하고 있는 많은 부부들을 구해줄 수 있는 방안 중 하나라는 뜻이다.

다른 사람과의 섹스를 원하는 것은 그/그녀가 나를 사랑하지 않는다는 뜻이다. 우리는 항상 여러 사람을 동시에 사랑한다. 그런데 섹스가 끼어들면 사람들은 왜 갑자기 상대의 성을 자기 소유로 생각하는 걸까? (질투심을 다룬 24장 참조)

나는 죽을 때까지 계속 단 한 명의 섹스 파트너에게서 행복을 느껴야 한다. 성적인 일부일처제는 전체 인구 중 50~70퍼센트의 사람들에게 비현실적인 목표다. 사실 자연 상태에서 성적인 일부일처제는 가장 드문 성적 취향 중 하나다. 섹스는 인간의 강한 욕구이다. 이 사실을 받아들이면 결혼 생활의 문제를 다스릴 수 있는 합리적인 방법들을 생각해볼 수 있다.

방안 2: 자신에게 솔직해지라

두 번째 방안은 파트너에게 솔직해지기 위해 우선 자신에게 솔직해지는 법을 배우는 것이다. 불만을 느끼는 사람들은 대개 배우자나 파트너를 비난한다. 하지만 사실 불만족의 원인은 바로 자신 안에 있다는 것이 냉혹하고 무정한 진실이다. 불만을 느낀다면 그 사실을 인정하고 배우자와 솔직하게 이야기를 나눠봐야 한다. 대부분의 사람들은 이런 조언에 겁을 집어먹는데, 그럴 만한 이유가 있기는 하다. 앞에서 열거했던 고정관념들에 대해 이야기를 나누는 것이 지극히 위협적인 일이기 때문이다. 당황, 분노, 남을 탓하는 심정 등이 금방 생겨난다. 정직해지려면 용기가 필요하지만, 그뿐만 아니라 사랑, 재치,

상대방에 대한 이해도 필요하다.

장기적으로 성적인 일부일처제를 유지하는 것은 인간에게 자연스러운 일이 아니지만, 현대사회는 사회적인 일부일처제를 기반으로 번창하고 있다. 장기적이고 안정적인 결혼 생활은 가족들에게 커다란 이득이 된다. 개인들도 정서적, 경제적, 심리적으로 이득을 누릴 수 있다. 나는 사회적 일부일처제에 적극 찬성한다.

데이비드 배러시David Barash 박사와 주디스 립턴Judith Lipton 의학박사는 훌륭한 저서《일부일처제의 신화The Myth of Monogamy》에서 한 '배우자'와 사회적으로 짝을 지은 상태에서 다른 상대들과 섹스를 하는 일이 여러 생물들 사이에서 얼마나 흔한지 살펴보았다. 예를 들어 일부일처제를 유지한다고 알려져 있는 백조의 경우 DNA 검사 결과 암컷이 낳은 알 중 17~20퍼센트의 아버지가 다르다는 사실이 밝혀졌다. 또한 백조의 '이혼율'도 생각보다 훨씬 높았다.[159] 즉 백조들은 성적인 일부일처제가 아니라 사회적인 일부일처제를 지키고 있다는 뜻이다.

서구인들도 사회적인 일부일처제를 따르고 있다. 성적인 측면에서도 반드시 일부일처제를 따른다고 말할 수는 없다. 바람을 피우는 것은 파트너의 허락을 구하거나 파트너에게 알리지 않은 채 일부일처제와 거리가 있는 행동을 하는 것이다. 결혼에 관한 종교적인 주장들을 모두 믿는다면, 사회적인 일부일처제 생활을 파괴하지 않은 채 성적으로 일부일처제가 아닌 생활을 영위할 길이 없다. 사실 일부일처제에서 벗어나자는 것은 과격한 제안이다. 그러니 파트너 중 한쪽, 또는 두 파트너가 모두 불만을 느끼고 있을 때 선택할 수 있는 대안들이 무엇인지 살펴보자.

1. 두 사람 중 누구든 바람을 피울 가능성이 상존하는 가운데 불행 속에서 계속 함께 살아간다.

2. 가정과 사회적 연결망이 심각하게 망가질 위험을 무릅쓰고 이혼한다.

3. 내부에서부터 결혼 생활에 다시 활기를 불어넣어줄 방법들을 생각해본다.

4. 사회적으로는 일부일처제이지만 성적으로는 일부일처제가 아닌 생활을 한다.

대안 1: 두 사람 중 누구든 바람을 피울 가능성이 상존하는 가운데 불행 속에서 계속 함께 살아간다. 이것은 아주 흔한 방식이다. 결혼 생활을 이혼으로 끝내지 않는 사람들 중 상당수가 이 방법을 선택한다. 아마도 전체 부부들 중 무려 25~30퍼센트가 남매처럼 살아간다고 보아도 될 것이다. 두 사람 모두 성적인 충동을 꺼버릴 수 있다면, 이 방안은 영구적인 해결책이 될 수 있다. 하지만 그렇지 않다면, 삶이 비참해진다. 둘 중 한 사람이 덫에 갇혀 무기력해진 것 같은 기분을 느낀다면 우울증을 비롯해서 여러 가지 건강상의 문제까지 생길 수 있다. 불행한 사람들은 신체적으로나 감정적으로나 자신을 돌보지 않기 때문이다. 그래서 체중이 늘고, 운동도 안 하고, 술이나 이런저런 약을 아무렇게나 먹기도 한다. 하지만 근본적으로는 감정적 욕구와 성적인 욕구를 충족시켜주지 못하는 결혼 생활이 바로 자기들 문제의 근원이라는 사실을 깨닫지 못하는 것이 문제다.

대안 2: 가정과 사회적 연결망이 심각하게 망가질 위험을 무릅쓰고 이혼한다. 이혼은 관련자 모두에게 감정적으로 파괴적인 영향을 미치지만, 사람들이 결혼에 대해 갖고 있는 잘못된 고정관념이 상황을 더욱 악화시킨다. "죽음이 우리를 갈라놓을 때까지" 함께 있어야 한다든가

"아이들을 다 키우고 나면 더 행복해질 것"이라는 고정관념들이 문제인 것이다. 결국 배우자와 갈라서게 되었을 때, 사람들은 자신이 기본적으로 갖고 있던 고정관념들에 애당초 문제가 있었다는 사실을 인정하기보다는 배우자를 비난하고 욕하는 경우가 많다.

비난과 반박이 거듭되다 보면 감정적인 혼란이 더 악화된다. 대부분의 경우 사람들은 오랫동안 배우자와 문제를 겪은 뒤에야 이혼을 결정한다. 문제를 무시해버리면, 결혼 생활이 그냥 저절로 지속될 것이라고 생각하기 때문이다. 그러다가 유전자의 힘이 생물학적인 뿌리를 일깨우면, 사람들은 일부일처제라는 덫에서 탈출하고 싶다는 강한 충동을 느낀다. 성적인 욕구와 관계에 대한 욕구를 오랫동안 무시해온 사람들은 어느 순간 갑자기 충동의 기습을 받고 깜짝 놀란다. 내게 상담을 받으러 온 사람들은 이렇게 말했다. "나는 우리가 결혼 생활을 잘하고 있는 줄 알았어요. 그런데 어느 날 이혼 서류가 날아왔죠." "우리가 행복한 줄 알았는데, 아내가 바람을 피우고 있더라고요."

대안 3: 내부에서부터 결혼 생활에 다시 활기를 불어넣어줄 방법들을 생각해본다. 다시 활기를 불어넣는 것은 어려운 일이지만 불가능하지는 않다. 관계에 활기를 불어넣는 방법을 찾아내서 수십 년 동안 행복하게 살아가는 부부들이 실제로 있기 때문이다. 하지만 이 방법이 막막해 보이는 것은, 이를 위해 결혼 생활을 근본적으로 재평가해야 하기 때문이다. 어떤 의미에서는 새로 결혼해서 삶을 꾸려나가는 것과 비슷하다. 어떤 사람들은 고층 건물 두 개 사이에 걸쳐진 줄 위에서 줄타기를 하는 것 같은 기분을 느끼기도 한다. 긴장과 의문을 느끼며 자신이 생각하던 것을 다시 검토해보고, 새로운 생각과 행동을 시도하다 보면 진이 빠질 수 있다. 줄을 타다가 아래로 떨어질 수도 있다. 하지만 새로운 결혼 생활을 창조해내는 데 성공한 사람들은 그런 위험을 무릅쓰고 노력을 기울인 보람이 있었다고 말한다. 심지어 새로워진 결혼 생활에서 신혼 때 같은 행복을 느낀다고 말하는 사람도 있다.

대안 4: 사회적으로는 일부일처제이지만 성적으로는 일부일처제가 아닌 생활을 한다. 사회적으로만 일부일처제를 지키고 성적으로는 일부일처제가 아닌 생활을 하는 방안은 우리의 생물학적 특징에 충실하지만, 결혼에 대한 종교적 주장과는 가장 거리가 멀다. 또한 여기서 논의하기에는 지나치게 방대한 주제이기도 하다. 참고 문헌 중에서 이 주제를 다룬 훌륭한 자료들을 읽어보는 방법을 추천하고 싶다.

사회적으로 일부일처제를 고수하는 결혼 생활에 성적으로는 일부일처제가 아닌 생활(다자간의 사랑)*을 성공적으로 통합시킨 사람들이 많다. 최근 나는 종교를 믿지 않는 대학생 300여 명과 함께 학회에 참석한 적이 있다. 연사가 "여러 사람과 친하게 지내는 사람이 몇 명이나 됩니까?" 하고 묻자 참석자들 중 90퍼센트가 손을 들었다. 종교적인 대학생들은 대부분 그 말의 뜻이 뭔지도 모른다. 그러니 그런 관계를 맺을 가능성에 마음을 여는 것에 대해서는 말할 필요도 없다. 종교를 믿지 않는 사람들은 이런 관계를 시험해볼 수 있지만, 종교를

● 다자간의 사랑을 뜻하는 polyamory는 '많은 사랑'을 뜻하는 라틴어에서 온 말이다. 동시에 한 명 이상의 사람과 친밀한 관계를 맺으면서 그런 관계를 수용하고, 자신과 관계를 맺고 있는 사람들에게도 모두 그 사실을 알리고 동의를 얻는 것을 말한다.

믿는 사람들에게는 불가능하다. 이 방안이 좋은 것인지 나쁜 것인지 판단할 수 있는 사람은 당사자들뿐이다. 이 방안 덕분에 부부가 결혼 생활을 유지하면서 자녀들을 키울 수 있다면 좋은 방안일 것이고, 안정감과 질투심이라는 문제가 제대로 해결되지 않는다면 나쁜 방안일 것이다.

여러분이 어떤 방안을 선택하든 가장 중요한 것은 자의로 결정을 내리는 것이다. 케케묵은 종교적 가르침이 여러분의 감정과 지성을 휘두르게 해서는 안 된다. 우리는 생물학적 특징과 사회적 특징을 모두 지니고 있다. 이 점을 인정하면, 한 번뿐인 인생을 어떻게 하면 즐겁게 살아갈 수 있는지에 대해 좀 더 합리적인 결정을 내릴 수 있게 될 것이다.

방안 3: 나는 정상이다

인간의 성에서 '정상'의 범위는 광대하다. 하루에 몇 번이나 자위행위를 하고 싶어지더라도 정상이고, 하루에 몇 번이나 파트너와 섹스를 하고 싶어하는 것도 정상이다. 섹스를 하기 전에 손바닥으로 엉덩이를 맞고 싶어하는 것도 정상이고, 구강성교를 자주 하고 싶어하는 것도 정상이고, 세 명이 함께 섹스를 하고 싶어하는 것도 정상이다. 이성의 옷을 입고 싶어하는 것도 정상이고, 벌거벗은 남자들이 풍선을 터뜨리는 모습을 보며 오르가슴을 느끼는 것도 정상이다. 남편이 있으면서 따로 애인을 두고 싶어하는 것도 정상이다.

이런 정상적인 생각과 충동을 갖고 있는 것은 전혀 잘못이 아니다. 성인들끼리 서로 동의해서 성적인 행동을 하고 있고, 그것이 어느 누구에게도 피해를 입히지 않는다면 아무런 문제가 없다. BDSM의 세계에서는 "안전하고, 건전하고, 동의적인 섹스"라고 말한다. 상황을 훌륭하게 요약한 말이라고 할 수 있다. 종교는 사람들의 침실에 들어가서 정상적인 행동이 무엇인지 가르칠 권리가 없다.

오히려 사제들, 수녀들, 교황, 완고한 침례교 목사의 아내, 입에서 불을 뿜듯 여성을 혐오하는 발언을 쏟아내는 이맘이 비정상이다. 이들은 모두 '인간의 성'의 주류에서 멀리 떨어져 있다. 물론 무엇이든 자기가 믿고 싶은 것을 믿는 것은 그들의 권리지만, 그들이 죄책감과 수치심을 바탕으로 한 주장으로 수많은 사람들의 삶을 비참하게 만들 수 있는 정치적, 사회적 힘을 지니고 있다는 것은 불행이다.

앞에서 이야기한 세 가지 방안은 여러분이 숨은 고정관념과 종교적인 가르침을 찾아내는 데 도움이 될 것이다. 섹스와 관계에 대해 새로운 지도를 그리는 데에도 도움이 될 것이다.

우리의 궁극적인 목표는 자신의 성을 인정하며 행복한 삶을 살아가는 것, 현실적인 기대를 바탕으로 장기적이고 생산적인 관계를 구축하는 것이다.

종교의 소멸, 인간의 부활 26

종교는 생존을 위해 진화하고 있지만, 많은 부분에서 지는 싸움을 하고 있다. 여기에 크게 기여하고 있는 것은 인터넷이다. 성적인 정보를 찾아보기가 예전보다 훨씬 더 쉬워졌기 때문에, 이것이 종교가 성적인 죄책감을 이용하는 데 방해가 되고 있다.

진화하는 교회

내가 《신들의 생존법The God virus》[160]에서 살펴보았듯이, 종교도 모든 유기체와 마찬가지로 변이하고 진화한다. 교회는 현실에 적용해서 성에 관한 주장들을 바꾸고 있지만, 그래도 항상 문화보다 몇 발짝 뒤져 있다. 다음은 그 증거들이다.

- 가톨릭교회는 신도의 이탈을 막기 위해 미국에서 그 어느 때보다 높은 비율로 결혼 무효 선언을 해주고 있다. 이혼하는 가톨릭 신자들을 모두 파문했다가는, 교회에 헌금을 낼 신도가 거의 남지 않을 것이다.
- 서구의 거의 모든 가톨릭 신도들은 피임 도구를 사용하고 있으며, 낙태하는 사람도 많다. 하지만 교회는 지금도 이 둘을 모두 비난한다. 또한 피임과 낙

태를 지지하는 가톨릭 정치가들을 파문하려 시도하기도 했다(성공하지는 못
했다).

• 침례교도와 비종파 신도들의 이혼율이 미국에서 가장 높은 편에 속한다. 예
전에는 이혼한 사람들이 교회에서 기피 인물이 되어 쫓겨나곤 했다. 하지만
지금은 이혼한 사람들을 죄다 쫓아냈다가는 교회들 중 절반이 사라질 것이
다. 따라서 교회들은 이혼이 비도덕적이라는 주장을 부드럽게 내세우면서도
이혼한 사람들을 도우려고 애쓰고 있다.

• 보수적인 교회들의 가르침과 달리 혼전 성관계는 종교적인 사람들과 비종교
적인 사람들에게서 모두 흔히 볼 수 있다. 교회는 동거하는 커플이나 결혼하
지 않은 채 성적인 관계를 맺는 사람들을 못 본 체하고 있다.

• 일부 복음주의 교회들은 몇 년 전만 해도 자위행위를 비난했지만, 지금은 어
조가 많이 누그러졌다. 아이들도 인터넷에서 자위행위가 전적으로 정상적인
행동이라는 말을 얼마든지 찾아볼 수 있다. 따라서 주일학교 교사들과 목사
들이 성에 대해 잘 알지 못한다는 사실이 명백히 드러나기 때문에 아이들에
게 죄책감을 심어주기가 훨씬 더 어렵다.

• 일부 교회들은 동성애에 화해의 손길을 내밀고 있으며, 동성애자들을 드러내
놓고 환영하기도 한다. 과거 동성애자들을 백안시함으로써, 그들의 부모, 형
제, 친척들마저 소외시키는 결과를 초래했기 때문이다. 동성애자들을 쫓아내
는 것은 괜찮을지 몰라도, 그들의 친척마저 쫓아내고서는 버틸 수 없다.

• 인터넷이 등장한 이후에 출생한 세대에게 성에 관한 터무니없는 주장들을 주
입하기는 훨씬 힘들 것이다. 교회는 이런 현실에 적응하려고 필사적으로 애
쓰고 있다.

거의 모든 사람이 하는 일

종교와 섹스의 미래는 무엇일까? 보수적인 잡지인 《렐러번트 RELEVANT》가 최근에 게재한 기사 〈거의 모든 사람이 하는 일〉에 따르면, 독신 복음주의 신도들 중 80퍼센트가 결혼하지 않았으면서도 성관계를 맺고 있으며, 76퍼센트는 그것이 잘못된 일이라고 생각한다. 한편 종교를 믿지 않는 사람들 중 혼전 성관계를 맺은 사람은 88퍼센트였다. 앞에서도 지적했듯이, 이 두 집단 사이에는 별로 차이가 없다. 이 기사는 젊은 기독교인들이 혼전 성관계가 잘못된 일이라고 생각하면서도 섹스를 하는 이유를 이해하기 위해 이 '문제'를 모든 측면에서 조사해보았다.[161] 하지만 그들은 명백한 요인, 즉 생물학적 특성은 살펴보지 않았다. 아무래도 인간은 생물학적인 존재가 아니라 영적인 존재라고 생각하는 것 같다.

'그리스도를 위한 캠퍼스 십자군Campus Crusade for Christ'(지금은 크루Cru 라는 새로운 브랜드를 쓰고 있다)의 핵심 지도자 중 한 명인 조시 맥도웰Josh McDowell은 노스캐롤라이나 주 애슈빌의 빌리 그레이엄 센터에서 '흔들리지 않는 진실, 의미 있는 믿음'이라는 강연을 하면서 이런 생각을 아주 잘 표현했다.[162] 그는 인터넷의 성적인 부도덕함이 "전 세계에서……그리스도의 성숙한 증인들을 변방으로 밀어내고 있습니다. 그것은 공격적이고 침략적인 부도덕함입니다……. 모든 것을 클릭 한 번으로 접할 수 있습니다"라면서, 젊은이들이 자신에게 묻는 질문 중 대다수는 섹스에 대한 것이며, 그것도 주로 "구강성교"에 관한 것이라고 덧붙였다.

이것은 기독교 지도자가 한 말이다. 그리고 나는 여러 면에서 그의 말에 동의한다. 전 세계에서 종교는 성에 대한 통제권을 점점 잃고 있다. 그리고 얄궂게도 그 덕분에 사람들은 섹스에서 더 커다란 기쁨과 만족을 느끼고, 질병도 줄어들고, 계획에 없던 임신도 줄어들고, 정상적인 성행동을 하면서도 죄책감 때문에 괴로워하는 사람들도 줄어들었다.

맥도웰은 청중에게 이렇다 할 대안을 제시하지 못했다. 그러면서도 아이들이 인터넷에서 성을 배우는 문제에 대처하는 세 가지 방안을 내놓았다. "첫째, 진실을 모범으로 삼아야 합니다⋯⋯. 둘째, 관계를 구축해야 합니다⋯⋯. 셋째, 지식을 이용해야 합니다⋯⋯. 자녀들과 손주들의 질문에 대답하려면 여러분 자신이 더 단단히 무장해야 합니다⋯⋯. 질문이 무엇이든⋯⋯옳고 그름을 심판하는 듯한 태도를 취하면 안 됩니다. 아이들을 지키는 가장 훌륭한 방어책은 진실을 아는 것이었습니다." 하지만 이런 말보다는 차라리 "진실, 현실, 믿을 만한 정보에 대한 접근권이야말로 종교에 가장 커다란 위협이 된다"고 말하는 편이 나았을 것이다.

종교에게는 불행한 일이지만, 진실을 모범으로 삼고 솔직한 관계를 구축하고 지식을 습득해도 사람들에게 성에 관한 종교의 주장을 계속 주입하기는 힘들 것이다. 아이들이 성에 관해 종교가 가르치는 터무니없는 주장들에 저항할 수 있게 만드는 데에는 관련 주제에 대해 솔직하고 정직한 대화를 나누는 것이 도움이 된다. 그리고 그 결과 아이들은 더 나은 결정을 내릴 수 있게 될 것이다. 진실을 모범으로 삼는다면, 기독교, 이슬람교, 힌두교, 불교, 모르몬교 등 인간의 성을 통제하려 드는 모든 종교의 성적인 기반이 무너질 것이다.

성, 종교, 그리고 지구

지구상에는 현재 70억 명의 사람들이 살고 있으며, 2040년에는 인구가 90억 명으로 늘어날 것으로 전망된다. 부와 교육 수준이 어느 수준에 도달한 모든 산업국가에서는 번식률이 낮아지는 경향이 있다. 또한 가장 세속적인 사회의 번식률이 가장 낮다. 교육 수준이 높고 종교를 믿지 않는 사람들은 과거에 비해 훨씬 적은 수의 자녀를 낳는다. 뿐만 아니라 아예 자녀를 낳지 않는 사람들도 많다.

이것이 성에 어떤 의미를 지니는가? 종교는 수천 년 동안 종교의 전파라는 자신의 이익을 위해 사람들로 하여금 번식에만 초점을 맞추게 했다. 피임 정책에도 예나 지금이나 계속 반대하고 있다. 복음주의 교회와 가톨릭교회는 아프리카와 미국에서 콘돔을 사용하면 안 된다고 시끄럽게 외치고 있다. 모르몬교는 지금도 자위행위에 반대한다. 남부 침례교는 십대들의 낙태와 피임 도구 사용에 반대한다.

이런 주장들은 우리 문화뿐만 아니라 세계 문화 속에서도 섹스와 관련해서 심각한 의미를 지니고 있다. 이 책에서 지금까지 줄곧 살펴보았듯이, 섹스는 주로 유대감과 기분 전환을 위한 행위이며, 출생하는 아이 한 명 당 섹스 횟수는 1천~1만 번이다. 출산율의 급격한 저하, 피임 기술 발전, 인공수정(시험관 아기) 등의 덕분으로 섹스에서 번식의 의미는 점점 줄어들고 있다. 이는 종교를 기반으로 한 과거의 성적인 금기와 미신이 번식과 관련해서 더 이상 의미를 지니지 못한다는 뜻이다. "생육하고 번성하라"는 성경 말씀은 이제 쇠귀에 경 읽기가 되었다.

현실이 이러하므로, 사회와 관계 속에서 섹스의 역할을 면밀히 검토하고 재고해볼 필요가 있다. 교육 수준과 경제적 수준이 높아진 나라들이 점점 늘어나고 있으므로, 종교의 역할이 계속 흐릿하게 사라질 것이며, 그와 함께 죄책감과 수치심도 희미해질 것 같다. 피임 때문이든 생태계의 붕괴 때문이든, 질병 때문이든 자원 고갈 때문이든, 앞으로는 인간의 번식률이 줄어들 것이다. 사람들이 제한 없이 아이를 낳던 시대가 끝나가고 있는 것이다. 따라서 종교가 전피를 위한 다른 수단을 찾아내지 못한다면 수명을 다해 사라질 것이다. 고등교육을 받은 사람들이 방대한 정보에 접근할 수 있는 방법까지 손에 쥐고 있기 때문에, 종교가 사람들을 정신적인 함정에 빠뜨려서 성에 관한 왜곡된 주장을 가르치기가 더욱 힘들어질 것이다. 그 덕분에 성에 대한 왜곡이 줄어들 것이고, 우리는 성적인 즐거움을 추구하며 관계를 구축하게 될 것이다. 세련된 사회적 동물이라는 본연의 모습을 찾게 되는 것이다.

새로운 제안

가서 신이 없는 섹스를 즐겨라!

감사의 말

이 책을 쓰는 그 강렬한 작업을 하는 동안 나를 응원해준 많은 친구들에게 감사하고 싶다. 먼저 내 사랑이자 동반자인 줄리는 처음부터 나와 함께 하며 수많은 수정본을 읽어주었다. 친구이자 여행 동무인 주디 롭키는 지난번과 마찬가지로 유럽에서 함께 휴가를 보내는 동안 나의 아주 조잡한 초고를 읽고 비평해주었다. 원고를 읽고 통찰력을 제공해준 미시 앤딜에게도 감사한다. 그녀의 제안들 중 일부를 발판으로 나는 처음에 구상했던 아이디어들 중 일부를 바꾸거나 더 섬세하게 다듬을 수 있었다.

이번 일을 해내는 데에는 여러 특별한 사람들의 도움이 필요했다. 지금까지 세 권의 책을 함께 만들면서 내가 신뢰하고 의지하게 된 사람들이다. 먼저 편집을 맡아준 드보라 슈스와 커스틴 맥브라이드에게 크게 감사한다. 드보라는 집필 도중 내가 가장 힘들어할 때마다 심리상담가 역할도 해주었다. 한편 커스틴의 강한 편집 방침은 내가 여기저기 헤매지 않고 줄곧 곧고 좁은 길을 걷게 해주었다. 두 사람 모두 내가 (머릿속에서) 자기들과 얼마나 논쟁을 벌였는지 전혀 모르고 있다. 그 머릿속 논쟁에서 승자는 대부분 그 두 사람이었다. 최종 교정을 도와준 미키 루버스에게도 감사한다.

셰인 슐트는 디자이너라는 직분을 훨씬 뛰어넘는 아이디어들을 제
공해주고 나를 응원해주었다. 애덤 브라운은 표지와 관련해서 내놓
은 아이디어들로 디자인 작업을 수월하게 해주었다. 마지막으로 16
장을 위해 '섹스와 세속주의'에 관한 조사를 도와준 어맨다 브라운,
15장 집필을 도와준 도널드 라이트, 4장을 읽고 비평해준 리처드 캐
리어 박사에게도 감사한다.

note

01 Alfred Kinsey의 《Sexual Behavior in the Human Male》(1948)과 《Sexual Behavior in the Human Female》(1953).

02 Ellis의 《Sex Without Guilt in the 21st Century》(2003)는 그가 1958년에 발표한 획기적인 책 《Sex Without Guilt》의 최신판이다.

03 Hitchens의 회고록 《Hitch-22》(2010) 중에서.

04 나는 이 분야에서도 두 권의 책을 썼다. 《Teaming Up: Making the Transition to a Self-Directed Team Based Organization》(1995, 맥그로힐)과 《The Performance Culture: Maximizing the Power of Teams》(2001, IPC 출판사)이다.

05 오스트레일리아 멜버른, City Bible Forum의 웹사이트에서. http://melbournecbf.wordpress. com/2011/05/27/ffl-27-may-sex-can-anything-be-better/.

06 Guttmacher Institute의 2006년 12월 19일자 보도자료, "혼전 성교가 미국인들 사이에서 거의 보편적. 수십 년 전부터." http://www.guttmacher.org/media/nr/2006/12/19/index.html.

07 많은 정보가 담겨 있는 《Bangkok Post》의 한 사설이 불교 성직자들의 성적인 부패를 비난한 적이 있다. 이 사설에서 불교라는 말이 쓰인 자리에 가톨릭이라는 말을 집어넣는다면, 《The Boston Globe》나 《Irish Times》의 사설들과 구분하기가 거의 힘들 것이다. (Sanitsuda Ekachai, "Sex in the Monastery" http://www.bangkokpost.com/blogs/index.php/2009/01/30/sex-in-the-monastery?blog=64)

08 http://www.dnaindia.com/india/report_india-ranks-as-low-as-141-in-condition-of-women-survey_1591332.

09 Barna Group, 2004. "Born Again Christians Just as Likely to Divorce as are Non-Christians" http://www.barna.org/barna-update/article/5-barna-update/194-born-again-christians-just-as-likely-to-divorce-as-are-non-christians?q=divorce.

10 "Dumbfounded by Divorce" 바나의 연구에 대한 Christine Wicker의 보고서. http://www. adherents.com/largecom/baptist_divorce.html.

11 Lisa Takeuchi Cullen, "Pastors' Wives Come Together" (Time Magazine, 2007. 3. 29)http:// www.time.com/time/magazine/articla/0,9171,1604902,00.html. "Study Shows Average Divorce Rate Among Clergy" http://articles.latimes.com/1995-07-01/local/me-19084_I_divorce-rate.

12 Wicker, "Dumbfounded by Divorce"

13 인간과 포유류에서 처녀생식은 자연히 발생하지 않지만, 생쥐와 토끼를 비롯한 소수의 동물들에게 처녀생식을 유도하는 데 성공한 적은 있다. 처녀생식 유도에 관해 더 자세히 알고 싶다면, Kawahara, M., Wu, Q., 외(2007), 《High-frequency generation of viable mice from engineered bi-maternal embryos》 Nature Biotechonology, 25(9): 1045~50 참조.

14 리처드 캐리어와 주고받은 개인 서신. 그의 블로그 http://richardcarrier.blogspot.com/2011/06/pauline-interpolations.html과 《Not the Impossible Faith》 pp. 110~11(2009)에 나오는 초기 기독교 페미니즘에 관한 논의 및 관련 미주도 참조.

15 모르몬교의 공식 웹사이트는 일부다처제 문제에 관해 다음과 같이 답변한다. "이러한 섭리로 주

님은 초창기의 몇몇 성자들에게 일부다처제 결혼을 명하셨다. 예언자 조지프 스미스, 그리고 브리검 영과 헤버 C. 킴볼 등 그의 가까운 측근들은 이 명령에 부담을 느꼈으나 순종했다. 교회 지도자들은 일부다처제 결혼과 관련된 규정을 만들었다. 이 규정에 따라 승인을 받은 사람만이 그런 결혼을 할 수 있고, 권위를 지닌 성직자의 주재로 식이 치러져야 했다. 1890년에 윌포드 우드러프 회장은 교회 지도자들이 일부다처제 결혼을 더 이상 가르치지 말아야 한다는 계시를 받았다." http://mormon.org/faq/#Polygamy.

16 아리우스파는 하나님의 아들이 항상 존재한 것이 아니라 아버지 하나님에 의해 창조되었다고 생각했다(따라서 그는 아버지 하나님과 별개의 존재이며 하나님보다 열등하다). 이 믿음은 요한복음 14장 28절에 근거한 것이다. "내가 갔다가 너희에게로 온다 하는 말을 너희가 들었나니 나를 사랑하였다면 나의 아버지께로 감을 기뻐하였으리라 아버지는 나보다 크심이니라."

17 2차 콘스탄티노플 공의회(서기 381년)

18 영국국교의 일반기도서(서기 1662년)

19 드리스콜이 온라인에서 무료로 배포하고 있는 책을 http://theresurgence.com/books/porn_again_christian에서 볼 수 있다.

20 당대의 가장 영향력이 큰 랍비 중의 한 사람인 게르숌 벤 유다Gershom ben Judah(c. 960~1040)는 많은 규정과 율법으로 일부다처제의 관에 못을 박았다. 유대교의 일부 종파는 그 뒤로도 일부다처제를 시행했지만, 그것은 드문 경우였다.

21 De Wette의 Luther's Letters 선집(1826)에서.

22 대개는 polygamy가 일부다처제를 의미하는 단어로 쓰이지만, 이제부터는 이보다 정확한 단어인 polygyny를 쓰겠다. 일처다부제를 뜻하는 polyandry와의 대조를 위해서다.

23 《Journal of Discourses》Vol. 4, p. 259 참조. 이 책은 모르몬 교회 초기 지도자들의 공개 설교를 모은 것이다.

24 이 개념에 대한 더 자세한 설명을 보려면, 필자의 전작인 《The God Virus: How Religion Infects Our Lives and Culture》 4장, "God Loves You – The Guilt that Binds" p. 83 참조.

25 이 점을 좀 더 깊이 살펴보고 싶다면, Steven Pinker의 에세이, 《The Moral Instinct》(New York Times Magazine, 2008. 1. 13) 참조. http://www.nytimes.com/2008/01/13/magazine/13Psychology-t.html?pagewanted=all에서도 볼 수 있음.

26 예를 들어 "Earl 'The Abomination' Paulk is the Father of his own Nephew" The Independent Conservative 참조. http://www.independentconservative.com/2007/10/24/earl_paulk_abomination/

27 학대가 종교와 관련되어 있음을 시사하는 증거들이 압도적으로 많다. Jackson 외(1999), "Predicting abuse-prone parental attitudes and discipline practices in a nationally representative sample" in Child Abuse & Neglect, 23(1)과 John Hules가 2005년에 부모의 신앙심과 자녀에 대한 성 학대를 연관시킨 100건 이상의 연구를 모아서 발표한 자료, www.hules.us/SCI_SUM2.pdf 참조.

28 Benjamin Edelman, "Red Light States: Who Buys Online Adult Entertainment?" Journal of Economic Perspectives, 23(1), Winer 2009.

29   2011년 9월, 캔자스시티 SlutWalk KC에서 행한 연설, "Rape and Religion"

30   Miller, A. S.와 Hoffman, J. P. (1995년 3월), "Risk and Religion: An Explanation of Gender
     Differences in Religiosity" Journal for the Scientific Study of Religion, 34(1).

31   2011년 Texas Freethought Convention. DVD로도 나와 있음.

32   예를 들어 Tim Stafford, "Can you become a virgin again?" http://www.christianitytoday.com/
     iyf/hottopics/sexabstinence/7c2041.html.

33   캔더스의 이야기를 LivingAfterFaith.com, 26회에서 더 자세히 들을 수 있다.

34   열왕기 하 2:23~24와 신명기 21:18~2에 나오는 이야기들이 좋은 예다.

35   Richard Dawkins의 에세이, "The Emptiness of Theology" 참조. http://richarddawkins.net/
     articles/88-the-emptiness-of-theology.

36   수십 년 동안 성추행을 저지른 캘리포니아의 O'Grady 신부를 다룬 다큐멘터리 〈Deliver Us
     From Evil〉(Lionsgate, 2006) 참조.

37   Irish Government Commission to Inquire into Child Abuse Orphanages and School for the
     Deaf, http://www.childabusecommission.com/rpt/ExecSummary.php.

38   Joseph Claude Harris, "The Disturbing Trends behind Parish Closings" (2005. 5), http://
     www.americamagazine/org/content/article/cfm?article_id=4164.

39   "Faith in Flux: Changes in Religious Affiliation" (2009, 2011년에 수정), http://pewforum.org/
     Faith-in-Flux(3).aspx.

40   Mary Francis Wilkens가 아마존닷컴에 남긴 서평. http://www.amazon.com/Unbreakable-
     Child-Kim-Michele-Richardson/에/1933016914/ref=sr_I_I?s=books&ie=UTF8&qid=13213757
     89&sr=I-I.

41   이 연구에 비판적인 식물학자 Johann Siegesbeck은 리나에우스의 식물 분류 체계를 가리켜 "역
     겨운 매음 행위"라고 말했다. http://www.ucmp.berkeley.edu/history/linnaeus.html 참조.

42   Brennan 연구팀의 간략한 논문 목록을 보려면 http://www.yale.edu/eeb/prum/evolution.htm
     참조.

43   Susan Milius가 Brennan의 연구를 검토하고 비평한 글 참조. Wired, 2010년 8월호. http://www.
     wired.com/wiredscience/2010/08/duck-penises/에서도 볼 수 있음.

44   같은 글.

45   Wilson의 블로그, http://carlywilson.com/2010/08/free-love-in-the-animal-kingdom/.

46   Kingan 외(2003), "Reduced Polymorphism in the Chimpanzee Semen Coagulating Protein,
     Semenogelin I" Journal of Molecular Evolution, 57:159~169. http://www.oeb.harvard.edu/
     faculty/edwards/people/postdocs/papers/Kingan2003.pdf.

47   de Waal, 《Our Inner Ape》(2005), p. 90.

48   같은 책, p. 95.

49   Jared Diamond's, 《The Third Chimpanzee: The Evolution and Future of the Human Animal》
     (2006), p. 75 참조.

50   Johnston, V. S., Hagel, R., 외 (2001), "Male facial attractiveness: Evidence for Hormone-

Mediated Adaptive Design" Evolution and Human Behavior, 22(4).

51   Hughes, S. M., Dispenza, F., Gallup, J. G. G. (2004), "Ratings of Voice Attractiveness Predict Sexual Behavior and Body Configuration," Evolution and Human Behavior, 25.

52   로빈 베이커 자신의 설명을 보려면, http://www.robin-baker.com/videos/v2/에 있는 동영상 참조.

53   Diamond,《The Third Chimpanzee》p. 75.

54   Gallup, G. G.와 Burch, R. L., (2004), "Semen displacement as a sperm competition strategy in humans" Evolutionary Psychology, 2.

55   앞에서 밝혔듯이, Kingan 외, (2003), "Reduced Polymorphism in the chimpanzee semen coagulating protein" Dixson과 Anderson (2002), "Sexual selection, seminal coagulation and copulatory plug formation in primates"(Folia Primatologica: International Journal of Primatology, 73(2~3)), Dorus, Wyckoff 외 (2004), "Rate of molecular evolution of the seminal protein gene SEMG2 correlates with levels of female promiscuity"(Nature Genetics, 36)도 참조.

56   Roy Baumeister, "Is There Anything Good About Men?" American Psychological Association 초청 강연, 2007. http://www.psy.fsu.edu/~baumeistertice/goodaboutmen.htm에서 원고를 볼 수 있음.

57   Alexander, M. G.와 Fisher, T. D. (2003), "Truth and Consequences: Using the bogus pipeline to examine sex differences in self-reported sexuality" The Journal of Sex Research, Vol. 40.

58   Kinsey의 연구에 포함된 데이터. http://www.kinseyinstitute.org/research/ak-data.html#extramaritalcoitus에서 볼 수 있음.

59   특히 다음의 책들 참조. Barash와 Lipton의《The Myth of Monogamy》, Ryan과 Jetha의《Sex at Dawn: The Prehistoric Origins of Modern Sexuality》, Robin Baker의《Sperm Wars: Infidelity, Sexual Conflict and other Bedroom Battles》

60   Schore, A. (2001), "Effects of A Secure Attachment Relationship On Right Brain Development, Affect Regulation, and Infant Mental Health" Infant Mental Health Journal, 22(1~2).

61   Bereczkei, T., Gyuris, P., Weisfeld, G. (2004)《Sexual imprinting in human mate choice》 The Royal Society, 271.

62   Langstrom N, Rahman Q, Carlstrom E, Lichtenstein P. (2010) "Genetic and environmental effects on same-sex sexual behavior: a population study of twins in Sweden" Archives of Sexual Behavior, 39(1).

63   Bailey, J. M., Pillard, R. C. (1991) "A Genetic Study of Male Sexual Orientation" Archives of General Psychiatry, 48(12).

64   Parks, L., Ostby, J, 외 (2000) "The Plasticizer Diethylhexyl Phthalate Induces Malformations by Decreasing Fetal Testosterone Synthesis during Sexual Differentiation in the Male Rat" Toxicological Sciences, 58(2).

65   Hanan, Mary, "Women With Male DNA All Female"

66   이 아이디어를 발전시킨 내 친구 Dan Dana 박사의 도움이 컸다.

67   Josephs, R. A., Sellers, J. G., Newman, M. L., Mehta, P. H. (2006) "The mismatch effect: When

testosterone and status are at odds" Journal of Personality and Social Psychology, 90(6).

68 Bernhardt P. C., Dabbs, J. M. Jr., Fielden, J. A. Lutter, C. D. (1998) "Testosterone changes during vicarious experiences of winning and losing among fans at sporting events" Physiology & Behavior, 65(1).

69 Robert Sapolsky, 《This Is Your Brain on Metaphors》(The New York Times, 2010. 11. 14)

70 종교와 역겨움에 관해 더 자세히 설명한 자료를 보려면, Steven Pinker, 《The Better Angels of Our Nature: Why Violence Has Declined》(2011) 참조.

71 Ray, D. W., Brown, A. (2011) "Sex and Secularism: What Happens When You Leave Religion" 보고서 전문을 보려면 IPCPress.com 참조. 16장에서 이 연구에 대해 다시 논의하겠다.

72 더 자세한 정보를 알고 싶다면, Ogi Ogas와 Sai Gaddam, 《A Billion Wicked Thoughts: What the world's largest experiment reveals about human desire》(2011) 참조.

73 Robert Sapolsky, 《A Primate's Memoir: A Neuroscientist's Unconventional Life Among the Baboons》(2002).

74 농업이 인간의 건강에 미친 부정적인 영향을 훌륭하게 요약한 글을 보려면, http://www.scribd. com/doc/2100251/Jared-Diamond-The-Worst-Mistake-in-the-History-of-the-Human-Race 를 참조하거나, Jared Diamond의 책 《Guns, Germs and Steel》 (2005) 참조.

75 하드자 부족에 관한 뛰어난 글을 보려면, National Geographic, 2009년 12월호 참조.

76 Frank Marlowe, 《Why the Hadza are Still Hunter-Gatherers, Ethnicity, Hunter-Gatherers, and the "Other"》 Susan Kent 편집(2002), p. 252.

77 같은 책, p. 255.

78 같은 책, p. 256.

79 Marshall, D. S., 《Human Sexual Behavior: Variations in the Ethnographic Spectrum》 (1971), Robert C. Suggs 편집, p. 103.

80 Worell, J., 《Encyclopedia of Women and Gender: sex similarities and differences》 Vol. I (2002), p. 295.

81 Donal Symons, 《The Evolution of Human Sexuality》(1981), p. 263.

82 Ryan과 Jetha, 《Sex at Dawn: How We Mate, Why We Stray, and What it Means for Modern Relationships》 (2007), p. 127.

83 《Encyclopedia of Sex and Gender: Men and Women in the World's Cultures》 Carol R. Ember 와 Melvin Ember 편집 (2003), p. 702.

84 같은 책, p. 608.

85 같은 책, p. 704.

86 Bramanti B, 외 (2009), "Genetic discontinuity between local hunter-gatherers and Central Europe's first farmers" Science, 326(137).

87 Marlowe, F. (2004) "Marital Residence among Foragers" Current Anthropology, 45(2).

88 Pseudo-Demosthenes, 《Against Neaera》 122.

89 고대 중국 성문화 박물관에 대해 더 자세히 알고 싶다면, http://www.regenttour.com/

chinaplanner/sha/sha-sights-sex.htm 참조.

90 "Arrest Warrant Issued for Richard Gere Over Kiss" (People Magazine, 2007. 4. 26) 참조.

91 Jared Diamond가 《Guns, Germs, and Steel: the Fates of Human Societies》(1997), p. 357에서 제
    시한 추정치.

92 예를 들어 Ronald Robertson, 《Rotting face: smallpox and the American Indian》(2001), pp.
    107~108 참조.

93 영화 〈Cut: Slicing Through the Myths of Circumcision〉 중에서.

94 켈로그 시리얼로 유명한 인물.

95 다음은 여성 할례를 정당화하는 근거로 자주 인용되는 구절이다. "움 아티야트 알-아나리야
    가 말했다. 옛날 메디나에서는 여자들도 할례를 했다고. 예언자가 그녀에게 말했다. '그것이 여
    자에게도 더 좋고 남편에게도 더 바람직한 일이나 지나치게 자르지는 말라." (http://www.
    religioustolerance.org/fem_cirm.htm 참조). 최근의 사례를 언급한 기사도 있다. "Cleric Says
    Female Circumcision Recommended by Islam"

96 World Health Organization, UNICEF, UNFPA 등, "Eliminating Female genital mutilation: An
    interagency statement" 제네바, 1997, 2008년 갱신. Waris Dirie의 《Onze verborgen tranen》(우리
    의 감춰진 눈물) (2005)도 참조.

97 16장에서 이 점에 관해 자세히 다룰 것이다.

98 "Adolescent Sexual Health in Europe and the US" 참조. http://www.advocatesforyouth.org/
    publications/419?task=view에서 볼 수 있음.

99 General Social Survey, NORC. 1977~2002. http://www3.norc.org/GSS+Website/에서 볼 수 있음.

100 Guttmacher Institute, "Characteristics of U.S. Abortion Patients, 2008" 저자 Rachel K. Jones,
    Lawrence B. Finer, Susheela Sin. http://www.guttmacher.org/pubs/US-Abortion-Patients.pdf에
    서 볼 수 있음.

101 Jamila Bey와의 인터뷰, 2011년 10월 31일.

102 이에 대한 훌륭한 분석을 보려면, Sikivu Hutchinson의 《Moral Combat: Black Atheists, Gender
    Politics, and the Values Wars》(2011) 참조.

103 http://wordsofwrath.blogspot.com/2008/05/invisibility-of-black-atheist.html에서 볼 수 있음.

104 Cohen, Susan A., "Abortion and Women of Color: The Bigger Picture" http://www.guttmacher.
    org/pubs/gpr/11/3/gpr110302.html에서 볼 수 있음.

105 http://atheism.about.com/od/religiousright/ig/Christian-Propaganda-Posters/Pregnancy-
    Punishment-Sex.htm에서 볼 수 있음.

106 예를 들어 Lindsay Tanner의 "Gay Teen Suicides (And Straight) More Common in Politically
    Conservative Areas" http://www.huffingtonpost.com/2011/04/18/gay-teen-suicides-and-str_
    n_850345.html 참조.

107 모르몬교를 믿는 열두 살짜리 소년 모두에게 이 소책자가 배포된다. 책자 전문을 보고 싶다면,
    http://www.lds-mormon.com/only.shtml 참조.

108 보고서 전문은 IPCPress.com, "Sex and Secularism: What Happens When You Leave Religion"에

서 볼 수 있음.

109 애무petting: 성교나 기타 직접적인 성접촉 없이 서로를 어루만지거나 전희를 하는 것.

110 UCSF 보고서는 "수백만 달러의 돈을 들인 이 사업이 조금이라도 긍정적인 효과를 낳는다는 믿을 만한 증거가 없을 뿐만 아니라, 학교에서 금욕만 강조하는 교육을 받은 젊은이들은 성적인 상황에서 자신을 보호할 수 있는 도구가 하나도 없다고 근심할 만한 이유도 있다"고 밝혔다(Collins, C., Alagiri, P., Summers, T., 2002, "Abstinence only vs. comprehensive sex education: What are the arguments? What is the evidence?" 캘리포니아 대학 샌프란시스코 에이즈 연구소). 또 다른 연구 보고서는 "연구 결과는 처음 1년이 지난 뒤에 관찰된 효과에도 불구하고, 교육 프로그램들이 궁극적인 행동에 통계적으로 의미 있는 영향을 미치지 못했음을 시사한다. 최종 후속연구의 데이터를 기반으로 봤을 때, 이 연구프로그램에 참가한 청소년들은 금욕이라는 측면에서 대조 그룹과 차이를 보이지 않았다. 섹스를 했다고 응답한 사람들의 파트너 숫자도 프로그램에 참가한 청소년들과 대조 집단 사이에 그리 차이가 없었으며, 두 집단이 섹스를 시작하는 평균 연령도 같았다." (Christopher Trenholm 외, 2007, "Impacts of Four Title V, Section 510 Abstinence Education Programs: Final Report" Mathematica Policy Research, Inc.)

111 마태복음 5:27~28 "또 간음치 말라 하였다는 것을 너희가 들었으나 나는 너희에게 이르노니 여자를 보고 음욕을 품는 자마다 마음에 이미 간음하였느니라."

112 1980년대에 Zhahai Stewart가 처음 이 말을 만들어냈을 가능성이 높지만, 널리 쓰이게 된 것은 1990년대다. 자세한 설명을 보려면, Stewart가 잡지 《Loving More》 26호에 기고한 글 "What's All This NRE Stuff, Anyway?" 참조.

113 "Abstinence-Only Education Does Not Lead to Abstinent Behavior, Researchers Find" ScienceDaily. http://www.sciencedaily.com/releases/2011/11/111129185925.htm에서 볼 수 있음.

114 The Atheist Experience Television, #688. http://www.youtube.com/watch?v=YO8eubj23dQ에서 볼 수 있음.

115 Benjamin Edelman, "Red Light States: Who Buys Online Adult Entertainment?" Journal of Economic Perspectives, 23(1), 2009년 겨울호.

116 Helen Fisher가 《Anatomy of Love: The Natural History of Monogamy, Adultery, and Divorce》 (1992)에서 이 4년짜리 욕망에 대해 묘사한 내용 참조.

117 National Survey of Family Growth, 2006. http://www.icpsr.umich.edu/icpsrweb/ICPSR/ series/48에서 볼 수 있음.

118 Ray와 Brown, "Sex and Secularism: What Happens When You Leave Religion" pp. 19~20 참조. 보고서 전문을 보려면 IPCPress.com 참조.

119 "The 50-0-50 rule: Why parenting has virtually no effect on children" 참조. http://www. psychologytoday.com/blog/the-scientific-fundamentalist/200809/the-50-0-50-rule-why-parenting-has-virtually-no-effect-chi에서 볼 수 있음.

120 Waller, N. G., Kojetin, B. A., Bouchard, T. J. Lykken, D. T., Tellegen, A. (1990), 《Genetic and environmental influences on religious interests, attitudes and values: A study of twins reared apart and together》 Psychological Science, I, 138~142.

121 Koenig, L. B., McGue, M., Krueger, R. F., Bouchard, T. J. (2005) 《Genetic and environmental influences on religiousness: Findings for retrospective and current religiousness ratings》 Journal of Personality, 73, 471~488. Kenneth S. Kendler 팀이 실시한 훨씬 더 대규모의 연구에서도 종교성에 대한 유전적 영향을 강하게 뒷받침해주는 증거가 발견되었다. (Vance, T., Maes, H. H., Kendler, K. S. 2010, 《Genetic and evironmental influences on multiple dimensions of religiosity: a twin study》 Journal of Nervous and Mental Disease, 198, 755~761.

122 Baumeister, R. F. (2000), 《Gender Differences in erotic plasticity: The female sex drive as socially flexible and responsive》 Psychological Bulletin, 126, 347~374.

123 Schmitt, D. P. (2005), 《Sociosexuality from Argentina to Zimbabwe: A 48-nation study of sex, culture, and strategies of human mating》 Behavioral and Brain Sciences, 28, 247~311.

124 여러분이 직접 이 9가지 항목의 설문조사를 해보고 점수를 매길 수 있다(처음 논문을 수정한 Penke의 미발표 글은 www.larspenke.eu/pdfs/Penke_in_press_-_SOI-R_chapter.pdf에서 볼 수 있다).

125 Bailey, J., Kirk, K. M., Zhu, G., Dunne, M. P., Martin, N. G. (2000), 《Do individual differences in sociosexuality represent genetic or environmentally contingent strategies? Evidence from the Australian twin registry》 Journal of Personality and Social Psychology, 78, 537~545.

126 Wilson, E. O., 《On Human Nature》 The Biology and Psychology of Moral Agency (1998), p. 58에서 재인용.

127 Schmitt, D. P. (2005), 《Sociosexuality from Argentina to Zimbabwe: A 48-nation study of sex, culture, and strategies of human mating》 Behavioral and Brain Sciences, 28, 247~311.

128 Dr. Richard J. Krejcir, "What is Going on with the Pastors in America?" Schaeffer Institute. http://www.intothyword.org/apps/articles/default.asp?articleid=36562에서 볼 수 있음.

129 Cullen, L., "Pastors' Wives Come Together" Time Magazine, 2007년 3월29일자. http://www.time.com/time/magazine/article/0,9171,1604902,00.html에서 볼 수 있음.

130 Sargant, W. (1957), 《Battle for the Mind: A Physiology of Conversion and Brainwashing》 사갠트의 생애와 경력에는 다소 논란의 여지가 있지만, 이 저서는 여전히 개종 현상에 대한 가장 흥미로운 분석 중 하나로 평가받고 있다.

131 "US Abstinence Only Programs Do Not Work, New Study Shows"

132 Strayhorn, J. M., Strayhorn, J. C. (2009) "Religiosity and teen birth rate in the United States" Reproductive Health, 2009년, 6:14.

133 앞에서 지적했듯이, 대개 여자들이 더 종교적이지만 이야기가 반대로 진행될 수도 있다.

134 17장에서 말했던 새로운 관계 에너지New Relationship Energy.

135 Living After Faith 팟캐스트, #38, http://livingafterfaith.blogspot.com에서 볼 수 있음.

136 예를 들어 http://www.dailymail.co.uk/news/article-2024150/Warren-Jeffs-trial-Paedophile-gets-life-sentence-50-brides-photo-emerges.html 참조.

137 http://feedlot.blogspot.com/2006/09/omaha-billionaire-warren-buffett.html 참조.

138 이 주제에 대한 짧은 글을 http://www.telegraph.co.uk/news/worldnews/northamerica/

usa/2095967/Why-having-an-affair-could-save-your-marriage.html에서 볼 수 있다.

139 Ray와 Brown, "Sex and Secularism: What Happens When You Leave Religion" 보고서 전문을 보려면 IPCPress.com 참조.

140 Coontz의 책 《Marriage, a History: How Love Conquered Marriage》(2005)에서 이런 정황을 엿볼 수 있다.

141 "Til 2013 do us part? Mexico mulls 2-year marriage"

142 최근 《Polyamory in the 21st Century: Love and Intimacy with Multiple Partners》(2010)라는 제목으로 개정판이 나왔다.

143 Gadoua는 이 주제에 관해 저서 두 권을 발표했다. 《Contemplating Divorce, A Step-by-Step Guide to Deciding Whether to Stay or Go》(2008)과 《Stronger Day by Day: Reflections for Healing and Rebuilding After Divorce》(2010)이다.

144 Margaret Meade의 《Coming of Age in Samoa: A Psychological Study of Primitive Youth for Western Civilization》은 1929년에 처음 출판되었다.

145 Malinowski의 《The Sexual Life of Savages》는 1929년에 처음 출판되었다.

146 Steven Pinker가 《How the Mind Works》(1997)에서 펼친 주장뿐만 아니라, Tooby, J., Cosmides, L., "Toward Mapping the Evolved Functional Organization of the Mind and Brain" in M. S. Gazzaniga 편집, 《The New Cognitive Neuro-sciences》(2000, 2판, pp. 1167~1178).

147 예를 들어 David J. Buller의 "Jealousy and Violence: A Skeptical Look at Evolutionary Psychology" 참조. http://www.skeptic.com/reading_room/sex-jealousy-and-violence/에서 볼 수 있음.

148 국제 단체인 StopHonorKillings.com은 전 세계에서 벌어지는 명예살인을 추적하고 있다. 이 범죄에는 질투심 외에도 많은 것이 작용하고 있지만, 동기가 질투심이든 아니든 많은 나라에서 이 범죄가 기소 대상이 되는 경우는 드물다. 남성들과 가족들에게 제멋대로 구는 딸이나 여성을 죽일 권리가 있다고 여겨지기 때문이다.

149 Blackstone, E. (1783), Blackstone's Commentaries.

150 Mullen, P. (1995), "Jealousy and Violence" Hong Kong Journal of Psychiatry 5, 18~24.

151 Diekstra, R. F. W. (2008), "Effectiveness of school based social and emotional education programmes worldwide"

152 Payton, J., Weissberg, R. P. 외)2008), "Positive Impact of Social and Emotional Learning for Kindergarten to Eighth Grade Students: findings from three scientific reviews" CASEL. http://casel.org/publications/positive-impact-of-social-and-emotional-learning-for-kindergarten-to-eighth-grade-students-findings-from-three-scientific-reviews-executive-summary/에서 볼 수 있음.

153 http://en.wikipedia.org/wiki/Compersion 참조.

154 장기적으로 지속되고 있는 팟캐스트 "Polyamory Weekly"는 오래 전부터 다양한 시각에서 질투심을 다루고 있다. 성적으로 일부일처제를 고수하는 사람들이 이 방송을 들으면서 그 내용이 자기들의 관계 유지에 도움이 된다고 생각한다는 점이 무엇보다 흥미롭다. 온라인 주소는 http://

polyweekly.com/.

155 Heinlein, R. (1991), 《Stranger in a Strange Land》. 이 책은 원래 1961년에 출판되었지만, 출판사 측에서 책 내용이 마음에 들지 않는다면서 27퍼센트의 분량을 잘라낸 상태였다. 1991년에 하인라인의 미망인이 삭제된 원고를 모두 되찾아서 무삭제판을 출간했다. 그 결과 다자간 사랑을 추구하는 인물들이 등장하는, 훨씬 더 완전하고 흥미로운 작품이 되었다. 하지만 다자간의 사랑polyamory이라는 용어는 아직 만들어지기 전이었다.

156 Ellis, A. (1975), 《A New Guide to Rational Living》

157 Mauricio Delgado, "To Trust or Not to Trust: Ask Oxytocin" in Scientific American. http://www.scientificamerican.com/article.cfm?id=to-trust-or-not-to-trust에서 볼 수 있음.

158 Hein, H. (2001), 《Sexual Detours: The Startling Truth Behind Love, Lust, and Infidelity》.

159 Barash, D. P.와 Lipton J. (2001), 《The Myth of Monogamy: Fidelity and Infidelity in Animals and People》.

160 Ray, D. (2009), 《The God Virus: How Religion Infects Our Lives and Culture》.

161 http://www.relevantmagazine.com/digital-issue/53?page=66에서 볼 수 있음.

162 Anugrah Kumar, The Christian Post. http://www.christianpost.com/news/apologist-josh-mcdowell-internet-the-greatest-threat-to-christians-52382에서 볼 수 있음.

대럴 W. 레이 Darrel W. Ray

심리학자이며 종교·사회 연구가. 완고한 근본주의 기독교 집안에서 태어나 감리교 신학대학에서 종교학으로 석사 학위를, 조지 피바디 대학에서 상담심리학으로 박사 학위를 받았다. 30대 초반에 불가지론자가 되었으며, 마흔 살 때 무신론자가 되었다. 지금은 종교에서 벗어난 사람들을 위한 단체인 RR(Recovering from Religion)을 설립하여 강연과 저술 활동을 활발히 펼치고 있다. 또 다른 저서로는 《신들의 생존법: 종교는 우리의 삶과 문화를 어떻게 감염시키는가The God Virus: How Religion Infects Our Lives and Culture》가 있다.

김승욱

성균관대 영문과를 졸업했으며 뉴욕시립대학 대학원에서 여성학을 공부했다. 동아일보 문화부 기자를 지냈으며, 현재 전문번역가로 활동하고 있다. 옮긴 책으로 《분노의 포도》《행복의 지도》《인도 이야기》《위대한 약속》《괴짜 생태학》《자전거로 얼음 위를 건너는 법》《신은 위대하지 않다》《신 없는 사회》《우아한 연인》《신을 찾아 떠난 여행》 등이 있다.

침대위의 신 SEX & GOD: HOW RELIGION DISTORTS SEXUALITY

초판 1쇄   2013년 10월 25일
초판 2쇄   2013년 11월 20일

지은이   대럴 W. 레이
옮긴이   김승욱
펴낸이   김정한
책임편집   한봉희
북디자인   남상원
펴낸곳   어마마마출판사

출판등록   2010년 3월 19일 제 300-2010-35호

주소   110-070 서울특별시 종로구 사직로 8길 42 광화문시대 513호
문의   070.4213,5130(편집) 02,725,5130(팩스)

ISBN   979-11-950446-1-0 03330
정가   18,000원

잘못된 책은 바꾸어 드립니다.